中国农民工市民化问题研究

沈水生　著

中国劳动社会保障出版社

图书在版编目(CIP)数据

中国农民工市民化问题研究/沈水生著. —北京：中国劳动社会保障出版社，2015

ISBN 978-7-5167-1914-5

Ⅰ.①中… Ⅱ.①沈… Ⅲ.①民工-城市化-研究-中国 Ⅳ.①D422.64

中国版本图书馆 CIP 数据核字(2015)第 287467 号

中国劳动社会保障出版社出版发行

(北京市惠新东街 1 号　邮政编码：100029)

*

北京市艺辉印刷有限公司印刷装订　新华书店经销

787 毫米×1092 毫米　16 开本　26.25 印张　310 千字

2015 年 12 月第 1 版　2015 年 12 月第 1 次印刷

定价：66.00 元

读者服务部电话：(010) 64929211/64921644/84626437

营销部电话：(010) 64961894

出版社网址：http://www.class.com.cn

序　一

——有序推进农民工市民化*

新型城镇化的核心是人的城镇化，有序推进农业转移人口市民化是实施新型城镇化的战略任务。农业转移人口主要是农民工及其家属，也可以说是有序推进农民工市民化。

农民工是我国改革开放和工业化、城镇化快速发展进程中成长起来的新型劳动大军。近年来，农民工转移就业规模持续扩大，已成为我国产业工人的主体力量。2013 年，全国农民工总量 2.69 亿人，其中外出农民工 1.66 亿人。与此同时，农民工工资收入大幅增加，参加社会保险人数较快增长，劳动保障权益维护显著加强，享受基本公共服务范围逐步扩大，关心关爱农民工的社会氛围已经形成。但是，受城乡分割的户籍制度影响，被统计为城镇人口的广大农民工及其随迁家属未能在城镇落户，在子女教育、医疗卫生、住房保障等方面未能平等享受城镇基本公共服务，大量农民工及其随迁家属难以融入城市社会，农民工市民化进程滞后。

党的十八大和十八届三中全会明确提出，要有序推进农业转移人口市民化，努力实现城镇基本公共服务常住人口全覆盖。在中央城镇化工作会议上，习近平总书记指出，解决好人的问题是推进新型城镇化的关键。从目前我国城镇化发展要求来看，主要任务是解决已经转移到城镇就业的农业转移人口落户问题，努力提高农民工融入城镇的素质和能力；李克强总理提出到 2020 年，重点解决好

* 原载《行政管理改革》2014 年第 8 期。此文为代序。

“三个1亿人”的工作目标，也就是约1亿农业转移人口落户城镇、约1亿人口的城镇棚户区和城中村改造、约1亿人口在中西部地区的城镇化，这大部分包括了农民工及其家属。

农民工规模之大、涉及面之广、情况之复杂，在世界范围前所未有。有序推进农民工市民化，不仅是需要继续深入研究的理论问题，更是新型城镇化中的重大社会实践问题。

一、积极探索具有中国特色的农业劳动力转移道路

（一）农业劳动力向非农产业转移是世界各国工业化、城镇化的普遍规律。发达国家的经验表明，在经济起飞的快速增长过程中，都经历了农业劳动力向非农产业和城镇快速转移的过程。英国在近200年的工业化进程中，实现了典型的以圈地运动为特征的农村劳动力强制转移；美国大约用了150年，完成了工业化进程中农村劳动力自由迁移式的转移；日本政府进行有效干预，在近100年内快速实现了工业化进程中的农村劳动力转移。虽然转移模式不同，但这些国家都先后完成二元经济的转换，在工业化进程中实现了大规模的农业剩余劳动力的转移，农业劳动力在社会总劳动力中的比重都由50%以上下降到10%以下，英、美还不到3%。

世界各国农业劳动力转移的成功模式虽有不同，但有共同特点：一是工业化与城镇化进程基本同步；二是转移农业劳动力“进厂就业”与“进城生活”基本同步。相反，有些国家没能解决好两个“基本同步”问题，缺乏政府有效的管理和服务，诱发了诸如“城市病”“贫民窟”等一系列社会问题，如印度、巴西等国在农业劳动力转移过程中曾发生过这样的现象，涌入城镇的大量农业劳动力没能享受到经济社会发展成果，进而通过贫困传导机制影响到下一代人的发展，不利于经济社会的长远发展。

（二）从我国实际出发，探索具有中国特色的农业劳动力转移道路。我国农业劳动力大规模转移是改革开放的产物。20世纪80年代改革开放初期，农村实行家庭联产承包责任制，乡镇企业异军突起，

大量农村劳动力离开土地进入乡镇企业，开创了以从事二、三产业为主的“就地进工厂”的就业局面。90年代东部沿海地区对劳动力需求旺盛，一大批农村劳动力进城务工经商，开创了农村劳动力“离乡进工厂”的新局面。进入21世纪，我国加入了WTO，在经济全球化中我国工业化、城镇化的快速发展，开创了农村劳动力“进厂又进城”的新发展时期。到2013年，我国已有近一半的农村劳动力实现了转移就业，其中近2/3的农民工进城务工经商，1/3强就地就近转移就业，在世界农业劳动力转移史上探索出具有中国特色的发展道路。

从国际比较看，我国农村劳动力转移道路具有三个鲜明的特征：一是“就业带动”。坚持统筹城乡就业，引导农民工有序外出务工就业，鼓励农民工就近就地转移，扶持农民工自主创业。二是“保障地权”。坚持依法保障农民的土地承包经营权，宅基地使用权和部分地方的集体经济收益分配权，让农民能够在城乡间双向流动，不会既失业又失地，同时也避免了大规模的“城市病”或“贫民窟”现象。三是“渐进转移”。坚持分阶段、分类型促进农村劳动力转移就业和融入城市，落户城市。

在我国工业化、信息化、城镇化和农业现代化建设进程中，农民工为农村增加了收入，为城镇创造了财富，为改革发展增添了活力。国际上颇具影响力的《时代》周刊以中国农民工形象为封面，将中国农民工评选为年度人物，充分肯定了他们在应对金融危机中对中国经济乃至全球经济增长的贡献。

农民工外出务工、经商成为工业反哺农业、城市带动农村、发达地区帮扶落后地区的有效途径。一方面，他们的务工收入成为农村家庭收入的主要来源，提升了农民工及其家庭的消费水平，拉动了内需。另一方面，返乡农民工促进了农村经济的发展，上百万“五有”农民工带着技能、资金、营销意识、办厂能力和对农村的感情返乡创业，成为兴办农场、专业合作社等新型经营实体的活跃力量。

农民工的发展壮大日益成为我国工业化和城镇化建设的重要力量，为产业工人注入了新鲜血液。目前农民工已成为我国制造业、建筑业和第三产业的主力军，约占制造业就业的七成，占建筑业就业的八成，占第三产业就业的一半以上，在中国工业化进程中功不可没，为新型城镇化建设发挥着难以替代的作用。欢迎、包容农民工进城务工、经商，积极推进城镇基本公共服务均等化，逐步创造条件实现农民工市民化，这将成为我国新型城镇化最具特色的篇章。

农民工为改革发展增添了活力。农业劳动力向非农产业和城镇的大规模、快速的转移，冲破了城乡二元体制的束缚，不仅促进传统劳动用工制度的变革，而且推动消除对农民工流动就业的歧视性障碍，实现市场配置劳动力资源，有力推动了跨地区、跨城乡的统一劳动力市场的逐步形成。农民工与生俱来的市场经济特质，使他们对市场配置资源的改革抱有积极态度，与新型城镇化的市场需求和政策导向往往高度契合。

（三）以新生代为主体的农民工期望融入城镇、共享经济社会发展成果，实现自身全面发展。新生代农民工，通常指20世纪80年代、90年代出生的登记为农村户籍而在城镇就业的人群。2013年，全国1980年以后出生的新生代农民工12 528万人，其中，10 061万人选择外出从业，占新生代农民工的80.3%，占外出农民工60.6%，新生代农民工已经成为外出农民工的主体。

与老一代农民工相比，新生代农民工文化素质高、视野开阔、接受新鲜事物快、易于融入城市。年轻而富有活力的新生代农民工是我国宝贵的人力资源。如果说老一代农民工转移就业促进了经济规模的迅速扩大，那么新生代农民工的贡献则不仅有量的扩大，更有质的提高。从一定意义上讲，新生代农民工不仅适应着产业结构的升级，并且支持着“中国制造”向“中国创造”的转变。但是，与老一代农民工相比，新生代农民工经历的困难较少，需要有个磨炼的过程。

与老一代农民工背着蛇皮袋进城务工有很大的不同，新生代农民工更多是拖着拉杆箱进城，融入城市生活的动机强烈。他们的权益诉求与其父辈相比正发生着明显的变化：由以往进城挣钱回乡向进城谋取城市生活转变；由要求工资支付保障向要求提供社会保险转变；由改善住宿条件向要求提供公共服务转变。同时，他们的追求也开始向精神层面拓展：由单纯谋生向追求归宿感延伸；由忍耐坚持向追求权益平等延伸；由承担家庭经济责任向实现自我价值延伸；他们的“市民梦”比其父辈更为执着。分析新生代农民工的特点，研究他们的合理诉求，满足他们的殷切期待，是新型城镇化的重要内容。

二、当前农民工市民化面临的三大突出问题

（一）农民工就业面临日益突出的区域流动、技工供需、产业分布的结构性矛盾。虽然今后一个时期农民工总量供大于求，但就业和招工“两难”的结构性矛盾将常态化。这种“两难”是市场选择的结果。其中，普工招工难反映的是农民工供给的有限性，技工招工难反映的是转型升级过程中技能人才的短缺性。从根本上看，我国农业转移劳动力正从无限供给向有限供给转变，“刘易斯拐点”理论把这种转变描述为第一转折点。据初步预测，“十二五”期间，我国农村劳动力转移年均约800万人，“十三五”期间将继续下降。农民工就业正在从总量压力为主向“两难”结构性矛盾突出转变。其原因主要是三个方面：

一是区域流动矛盾。东部沿海地区用工需求保持稳定与中西部地区用工需求快速上升并存将成为发展趋势。根据国家统计局统计监测显示，近年来外出农民工就业多数仍然在东部，占60%以上，但东部地区农民工出现了低增长甚至负增长，中西部地区持续较快增长。尽管中西部地区务工收入略低于东部地区，由于离家较近、生活成本低、便于照顾家庭等因素，使得中西部地区就业的吸引力

在增强。

二是技工供需矛盾。我国产业结构的升级，迫切需要企业劳动者技能素质提升，一定意义上讲，也推动我国由“农民工大国”向“技工大国”转变。目前约有2/3的农民工尚未接受过职业技能培训，技能水平总体偏低，迫切需要政府和企业、院校、培训机构和农民工共同加大技能培训力度。新型城镇化规划中提出的农民工职业技能提升计划，正是适应市场需要、解决“两难”问题的战略措施。

三是产业分布矛盾。目前大多数农民工从事以制造业、建筑业为主的第二产业，而我国调整经济结构、发展服务业需要大量农民工到第三产业特别是服务业就业。2013年我国第三产业增加值超过第二产业，据测算，GDP每增长1个百分点，带动约150万人就业，第三产业正在发挥对就业的重要拉动作用。2013年农村外出劳动力中，从事制造业的占35%，建筑业占23.5%，从事住宿餐饮、居民服务、修理和其他服务业的占16.4%，仅家庭服务业每年就要吸收新增100万以上农民工就业。据有关研究，全国城镇约有2亿户家庭，即使平均有15%的家庭需要提供服务，也可提供3 000万个就业岗位，而目前全国家庭服务业从业人员约2 000多万人。传统服务业与现代服务业的融合，使家庭服务业为农民工就业提供了很大的市场发展潜力。

（二）农民工融入城镇中面临总体技能偏低、缺乏住房保障和难以落户的障碍。农民工缺乏技能是成为现代产业工人的主要障碍。当前，农民工多数从事中低端劳动，就业稳定性差、合同期短、流动性大，难以融入城镇。不少大城市尤其是特大城市实施积分制落户政策，“高技能先落户、低技能后落户、少技能难落户”，缺乏技能的农民工往往成为城市过客。当前，农民工总体上已进入以技能促就业、以公共服务促进融入城市阶段，解决农民工特别是新生代农民工的技能缺乏问题是当务之急。一旦农民工掌握了技能，他们在城市面临的诸多问题就全盘皆活。

农民工缺乏住房保障是融入城镇的突出问题。大量农民工租住在地下室、工棚、集体宿舍，居住条件差，生活质量低，易于引发卫生、安全等问题，也存在夫妻两地分居带来的家庭和婚姻问题。多渠道解决农民工的住房问题，需要纳入政府住房保障体系，建立政府、企业、个人成本分担机制。

没有在城市落户或平等享受城镇基本公共服务是农民工转变为新市民的重要束缚。我国现有的户籍制度带有深深的身份烙印，与之捆绑在一起的还有养老、教育、医疗、住房、低保等制度与福利的城乡差异。加快户籍制度改革，推动符合条件的农民工顺畅地在城镇落户，推进城镇基本公共服务常住人口全覆盖，是解决农民工问题的治本之策。

（三）维护农民工合法权益面临部分企业拖欠工资、劳动合同签订率低和劳动条件较差的突出问题。近几年，虽然侵害农民工合法权益的突出问题得到了有效遏制，但仍未根本解决，集中表现为“三低两多”，即小企业农民工劳动合同签订率低、参加职工社会保险的比例较低、工资水平总体偏低，在高危行业、污染企业工伤事故和职业病较多，劳动争议案件较多，尤其是受到三大顽症的侵害：一是工资拖欠时有发生。近几年政府大力清理农民工工资拖欠情况，加上《劳动合同法》、刑法修正案（八）关于拒不支付劳动报酬罪的出台和执行，农民工工资支付基本得到保障，恶意欠薪事件基本得到遏制。但在经济增速放缓的情况下，拖欠农民工工资现象有所反弹，而且出现了一些讨薪的极端事例。仅2014年元旦、春节期间集中开展了全国农民工工资支付专项检查活动，为150.29万名农民工补发被拖欠工资及赔偿金108.87亿元。二是小企业劳动合同签订率低。主要是在建筑、餐饮等领域和边境地区贸易、加工等企业以及劳务派遣中的用工不规范，一些小企业往往采取口头约定等形式来规避法律责任。三是有些企业劳动条件差。城市“苦、脏、累、险”

的岗位主要由农民工承担。在高危行业中发生工伤死亡事故的，在粉尘、高毒物品的污染企业发生职业病的多数是农民工。

三、现阶段促进农民工市民化要做到“十有”

在新型城镇化中有序推进农民工市民化，主要是着力稳定和扩大农民工就业创业，着力维护农民工的劳动保障权益，着力推动农民工平等享受城镇基本公共服务和在城镇落户，着力促进农民工社会融合。实现农民工体面劳动、有尊严地生活，现阶段要努力做到“十有”：

（一）进城有工作。要进一步清理针对农民工就业的歧视性规定，保障城乡劳动者平等就业权利。积极促进农民工就业创业，实现就业信息全国联网，为农民工提供免费的就业信息和政策咨询服务。要大力发展农民工就业容量大的服务业特别是家庭服务业和中小微企业以及劳动密集型产业，实现农民工就业规模持续扩大。引导有市场、有效益的劳动密集型产业优先向中西部转移，吸纳东部返乡和就近转移的农民工。将农民工纳入创业政策扶持范围。同时，做好老少边穷地区、牧区、库区、渔区农牧渔民转移就业工作，促进农民工境外就业。

（二）上岗有培训。实施农民工职业技能提升计划，一是对转移到非农产业务工、经商的农村劳动者开展就业技能培训，每年培训1 000万人次；二是对与企业签订一定期限劳动合同的在岗农民工进行在岗技能提升培训，每年培训农民工1 000万人次；三是对符合条件的具备中高级技能的农民工实施高技能人才培训，每年培训100万人次；四是开展社区的公益性培训；五是面向农村未继续升学的初高中毕业生开展劳动预备制培训。到2020年，使农民工都能够得到1次以上由政府提供补贴的实用技能培训，基本消除新成长劳动力无技能上岗现象，从总体上缓解农民工就业和招工“两难”的结构性矛盾。

（三）劳动有合同。要对各类企业经营者特别是小微企业经营者开展劳动合同法培训，指导和督促用人单位与农民工依法普遍签订并履行劳动合同。在每年春天用工旺季实施“春暖行动”，推动农民工劳动合同签订率提高。建筑业、餐饮业、家庭服务等流动性大的行业可使用简易合同。完善适应家政服务特点的劳动用工政策和劳动标准，督促家庭服务企业根据具体情况与从事家庭服务业的农民工签订劳动合同或劳务协议。依法规范劳务派遣用工行为，积极推动劳动用工备案制度建设。

（四）报酬有保障。要采取经济、行政、法律等手段解决工资拖欠问题，在易发生拖欠行为的建筑领域等行业中，推行工资保证金制度，在有条件的市县建立欠薪应急周转制度，完善并落实工程总承包企业对所承包工程的农民工工资支付负责制度、劳动保障监察执法与刑事司法联动治理恶意欠薪制度、解决欠薪问题属地管理、分级负责、省政府负总责制度。切实提高对欠薪事件的快速处理能力，依法及时妥善处置群体性欠薪事件，特别是对涉嫌拒不支付劳动报酬的犯罪案件及时移送公安机关，严厉打击欠薪犯罪。从法律层面研究制定《工资支付保障条例》，从源头上杜绝拖欠工资问题。建立职工工资正常增长机制，保障农民工收入随劳动生产率提高合理增加，支撑起到 2020 年实现城乡居民收入比 2010 年翻一番。

（五）参保有办法。要努力扩大农民工参加职工社会保险覆盖面。研究完善灵活就业农民工参加基本养老保险政策。切实落实城镇企业职工基本养老保险关系转移接续暂行办法、城乡养老保险制度衔接暂行办法，保障他们“不管到哪儿干，养老保险接着算”。依法将农民工纳入城镇职工基本医疗保险，允许灵活就业农民工参加当地城镇居民基本医疗保险，落实好流动就业人员基本医疗保障关系转移接续暂行办法。努力实现用人单位的农民工全部参加工伤保险，着力解决未参保用人单位的农民工工伤保险待遇保障问题。推动农民工与城镇职工平等参加失业保险、生育保险并平等享受待遇。

（六）子女有教育。要将农民工随迁子女义务教育纳入各级政府教育发展规划和财政保障范畴，合理规划学校布局，科学核定教师编制，足额拨付教育经费，保障农民工随迁子女以公办学校为主接受义务教育。要大力发展普惠性学前教育，采取政府购买服务等方式引导和支持民办幼儿园为农民工随迁子女提供普惠性服务。要逐步完善农民工随迁子女在流入地接受中等职业教育免学费政策，推动各地建立健全并落实好农民工随迁子女接受义务教育后在流入地参加升学考试的实施办法。

（七）住宿有改善。各级政府要统筹规划城镇常住人口规模和建设用地面积，将解决农民工住房问题纳入住房发展规划。完善住房保障制度，采取廉租住房、公共租赁住房、租赁补贴等多种方式改善农民工居住条件。农民工集中的开发区和产业园区可以建设单元型或宿舍型公共租赁住房，面向用人单位或农民工出租，允许农民工数量较多的企业在符合规定标准的用地范围内建设农民工集体宿舍。组织实施农民工标准化宿舍行动，重点推进企业农民工住宿由简易工棚向适宜居住的标准化宿舍转变，有条件的向公寓发展。

（八）维权有渠道。要针对农民工劳动争议多数为简易案件的特点，制定简易劳动争议仲裁程序，提高农民工集体劳动争议的处理效能；按照“鼓励和解、强化调解、加快仲裁、衔接诉讼”的要求，及时公正处理农民工劳动争议。加强劳动保障监察，及时受理和依法查处用人单位侵害农民工权益的违法行为。加大对农民工司法救济力度，使符合条件的农民工及时便捷地获得法律援助；完善农民工法律援助案件异地协作机制，方便农民工异地申请获得法律援助。加强法制宣传教育，引导农民工合法理性维权。

（九）生活有文化。要把农民工纳入城市公共文化服务体系，继续推动公共文化服务设施向农民工免费开放。落实好对农民工集中居住点实施的“两看一上”工程，使农民工方便地看报纸、看电视，有条件的能上网。积极开展符合农民工特点的精神文化活动，鼓励文化单位、文艺工作者和其他社会力量为农民工提供免费或优惠的文化产品与服务，有条件的地方要为农民工文化消费提供适当补贴。要加强对农民工的人文关怀。要加强舆论引导，通过宣传、表彰优秀农民工等方式，努力营造理解、尊重和关爱农民工的良好社会氛围。

（十）发展有目标。农民工市民化要实现两个基本转变，一是从普工到技工的转变，成为稳定就业的新型产业工人；二是从农村居民向城镇常住居民转变，成为平等享受城镇基本公共服务或在城镇落户的新市民。促进农民工的发展，一方面要深化户籍制度改革，因地制宜地实行差别化落户政策，不搞指标分配，不搞层层加码，优先解决好进城时间长、就业能力强，可以适应城镇和市场竞争环境的人，使他们及其家庭在城镇扎根落户，有序引导人口流向；另一方面要积极推进城镇基本公共服务由主要对本地户籍人口提供向对常住人口提供转变，逐步解决在城镇就业居住但未落户的农业转移人口享有城镇基本公共服务问题。要建立政府、企业、个人共同参与的农民工市民化成本分担机制和研究财政转移支付同农民工市民化挂钩机制。要保障农民工依法享有民主政治权益，加强农民工党团组织建设，积极推荐优秀农民工作为各级党代会、人大、政协的代表、委员。要支持农民工在职工代表大会、居民委员会、村民委员会等组织中依法行使民主权利。探索从优秀农民工中考录基层公务员的办法。

中国梦是中华民族的梦，也是每个农民工的梦。只有激发农民工这支举世无双的新型劳动大军的力量，实现中国梦的力量才能更加强大。农民工绝大多数从事中低端劳动，他们改变现状、融入城市的愿望更加强烈，实现梦想的空间更大。梦想承载希望，成就未来，有梦想，有机会，才能激励农民工克服困难去奋斗，用3亿农民工的勤劳与智慧汇集起实现中华民族复兴的磅礴力量，使农民工成为实现中国梦的最大奋斗群体和受益群体。

农民工发展是一个历史过程。解决农民工市民化的问题胆子要大、步子要稳、鼓励探索、分步推进、成熟先行。有序推进农民工市民化，要敢于冲破思想观念的障碍，突破利益固化的藩篱，让农民工融入企业，子女融入学校，家庭融入社区，群体融入城市，农民工尤其是新生代农民工充分发展之时，也是走中国特色新型城镇化道路取得更大成效之日。

杨志明

全国政协委员

国务院农民工工作领导小组原办公室主任

人力资源社会保障部原党组副书记、副部长

2015 年 12 月

序　二

农民工是在我国改革开放和工业化、城镇化、农业现代化进程中涌现出的一支新型劳动大军，目前已经成为产业工人的主体，为国家现代化建设做出了巨大贡献。党中央、国务院一直高度重视解决农民工问题，2006 年国务院印发《关于解决农民工问题的若干意见》，成立了国务院农民工工作联席会议，协调推动解决农民工问题，取得了重要进展。党的十八大提出“有序推进农业转移人口市民化”，指明了未来农民工发展的方向。十八大以来，十八届三中全会、中央城镇化工作会议、中央经济工作会议对有序推进农业转移人口市民化提出了明确要求，《国家新型城镇化规划（2014—2020 年）》《国务院关于进一步推进户籍制度改革的意见》《国务院关于进一步做好为农民工服务工作的意见》等一系列重要文件相继出台，对有序推进农业转移人口市民化做出了全面深入的部署。如何结合实际贯彻落实好党中央、国务院的决策部署，进一步推动解决仍然存在的农民工转移就业不稳定、劳动权益受侵害、不能平等享受城镇公共服务等问题，有序推进、逐步实现有条件、有意愿的农民工市民化，是各地区、各有关部门需要研究解答的一个重要和紧迫的课题。沈水生同志的《中国农民工市民化问题研究》对此进行了探讨，我为此感到由衷高兴。

沈水生同志在大学本科和研究生学的是劳动经济学专业，毕业后在劳动部、劳动保障部、人力资源社会保障部的多个司局工作，并且从事过近 8 年的法制工作、近 6 年的农民工专职工作，知识面、工作面比较宽。他长期热忱为包括农民工在内的广大劳动者服务，

勤于学习、思考，注重调查研究，在工作之余坚持笔耕不辍，不时有颇有见地的理论和政策研究文章见诸报刊。这本《中国农民工市民化问题研究》，是他对有序推进农业转移人口市民化的最新研究成果，值得一读。

首先，这本书具有较强的实务性。如何提高农民工职业培训的实效？如何解决疑似患职业病的农民工在无法确认劳动关系情况下的医疗和生活待遇问题？如何推进符合条件的农民工在城镇落户？农民工全家在城镇落户后，其原有的土地承包经营权、宅基地使用权如何处理？如何逐步实现城镇基本公共服务常住人口全覆盖？这些都是各地区、各有关部门在实践中需要解决的实际问题，不能空发议论、议而不行。这本书对这些问题都进行了研究，并提出了有一定参考价值的具体建议。

其次，这本书还具有一定的理论性。关于农民工问题产生的根源、从根本上解决农民工问题的途径等，理论界和社会舆论一直存在不同观点；对有序推进农民工市民化，也存在不同的声音，有的站在农民、农业、农村的立场上，有的站在城市、市民的立场上，提出顾虑、质疑甚至反对。对这些不同的观点如何看？这本书就此进行了深入辨析，并提出了自己的理论观点。比如关于农民工问题产生根源的“双因素论”、关于推进农民工市民化的“两条腿走路”、关于农民工全家进城落户后土地权益处理问题的“七因素”分析框架。相信这种辨析和探讨有助于各方面形成共识。

其三，这本书的研究视野比较开阔。从研究对象来说，农民工是包括数亿人的社会群体，农民工问题不是单一领域的问题，而是涉及培训就业、劳动保障权益、子女就学、医疗卫生、住房、文化等广泛领域的综合性问题。从研究类型来说，这本书属于应用研究类型，与基础研究类型的著作具有不同特点。基础研究的弹性较大，既可以对某个领域进行全面研究，归纳提出一定的范式；也可以只专注于某一个问题深入研究，提出研究者就某一方面的观点。而应用研究的目的是为了提出真正能够付诸实践的操作性建议，必须统筹考虑各方面因素。既要考虑对农民工群体利益的影响，也要考虑对其他相关群体利益的影响；既要考虑对社会建设的影响，也要考虑对经济建设、政治建设、文化建设、生态文明建设的影响。从研究方法来说，上述研究对象和研究类型的特征决定了，农民工市民化问题必须运用多门学科理论、采取多种方法进行研究。通观这本书，作者努力运用经济学、社会学、法学、行政管理学等多学科知识，采取调查研究、文献研究、历史研究、比较研究等多种方法，尽可能考虑到各种相关影响因素，对有序推进农民工市民化的“路线图”“时间表”以及有关职业培训、劳动关系、职业病防治、土地权益、住房、落户、公共服务、社会融合、监测调查等专题进行了比较全面深入的研究，研究视野比较开阔，提出了一系列创新性的观点和建议，相信对读者能够有所启发。

有序推进农民工市民化是一项重大、复杂、长期的战略任务，在实际工作中一定要坚持问题导向、统筹规划，努力虑事周全，不能执其一端、不及其余。为此，需要理论界、实务界群策群力，在理论和实践方面不断进行研究和探索。《中国农民工市民化问题研究》在这方面做出了努力，希望今后有越来越多的专家学者和实务人员开展这方面的研究和探索，也希望沈水生同志继续深入研究，取得更多的成果。

是为序。

邱小平

国务院农民工工作领导小组成员、办公室主任

人力资源社会保障部副部长

2015 年 12 月

目录

第一篇　总体研究

第一篇

总体研究

农民工问题关系我国的工业化、城镇化、农业现代化，关系改革发展稳定大局，是我国努力实现社会主义现代化历史进程中一个战略性的关键问题。可以说，只有从根本上解决了农民工问题，中国的现代化才能实现。党中央、国务院高度重视农民工问题，社会各界对农民工问题也予以广泛关注。如何从根本上解决农民工问题，是处于现代化关键阶段中的中国面临的一个重大课题，需要从理论和实践层面予以探索研究。

本篇拟从全面的、历史的视角对农民工问题进行宏观总体研究，根据有关统计调查数据大致描绘出一幅农民工群体的“画像”，分析农民工群体如何产生、存在的问题及其根源，探讨如何从根本上解决农民工问题。在提出笔者自己的意见建议的同时，对一些不同观点进行辨析。

第一章　农民工基本情况

改革开放以来，随着工业化、城镇化、农业现代化的发展，大量农村劳动力逐渐转移到二、三产业就业，到城镇常住，出现了一个被称为“农民工”的群体。三十多年过去，农民工群体的基本情况如何？呈现出一幅什么样的图画？

一、“农民工”概念的内涵和外延

“农民工”是指户籍仍在农村但从事非农产业的劳动者群体。[①]其关键特征有两个，一是户口性质为农业户口，二是职业性质为二、三产业工人。所有的农民工都是农业户口，但在二、三产业就业方面，不同农民工之间区别较大：有的每年从事非农就业6个月以上，也有的非农就业6个月以下；有的跨乡镇外出就业，也有的在本乡镇内非农就业；有的进城就业，也有的在本地农村或外地农村就业；有的在用人单位就业，也有的创办企业、从事个体经营或从事其他自由职业。

在实际工作中，不同情形下“农民工”概念指称的范围可能有所不同，仅指广义农民工群体中的某个部分。比如在维护农民工工资权益工作中，农民工仅指在用人单位就业的那部分，不包括创办企业、从事个体经营或从事其他自由职业者，后者在法律上不存在

① 资料来源于《国务院关于解决农民工问题的若干意见》（国发［2006］5号）。

用人单位向其支付工资问题。在解决农民工随迁子女在输入地接受教育的工作中，农民工不仅包括在用人单位就业的那部分，还包括创办企业、从事个体经营或从事其他自由职业者，因为不管其有无用人单位，其随迁子女均需要在输入地上学。在推动农民工平等享受城镇基本公共服务工作中，农民工仅指进城就业那部分，不包括在本地农村或外地农村就业者。

国家统计局每年发布的全国农民工监测调查报告，其定义的“农民工”是以非农就业时间为标准，指跨乡镇外出就业6个月以上和在本乡镇内非农就业6个月以上的农业转移劳动力。

二、为什么使用“农民工”这个称谓

近年来，对于“农民工”这个称谓，存在较大争议。不少人认为“农民工”称谓存在歧视，应当取消或变更。应该说，这种观点是可以理解的：在实际的社会心理层面，确实有部分人（包括部分农民工）认为这一称谓带有歧视性，出于尊重、关心农民工的立场，因此建议取消或变更这个称谓。对此问题，国务院研究室受国务院农民工办委托进行了全面深入的调查研究，建议继续使用“农民工”称谓。[①] 笔者认为，国务院研究室的建议是客观合理的，如果从另一个角度看待这个问题，也会得出同样的看法。

第一，维护农民工平等的权利比取消或变更称谓更重要。目前，农民工仍然面临不少突出问题，比如农民工随迁子女在输入地还不能接受与户籍人口完全平等的教育；尽管法律规定用人单位不得克扣或无故拖欠任何劳动者的工资、要做好职业病防治工作，但实际

① 国务院研究室课题组．农民工称谓问题研究［C］//中国农民工发展研究课题组．中国农民工发展研究．北京：中国劳动社会保障出版社，2013：491-498.

中拖欠农民工工资现象时有发生，患职业病的劳动者也主要是农民工。在农民工面临的突出问题被根本解决之前，农民工群体还将存在一段时期，因此需要有特定称谓指称这一群体，以便完善政策、部署工作，有针对性地逐步解决他们遇到的问题。如果取消了“农民工”称谓，在任何场合都必须与城镇户籍职工统称为“职工”，则会掩盖农民工群体在实际中遇到的独特问题，反而不利于维护其平等的权利。在那种情况下，正如很多人所说：如果农民工遇到的实际问题未能解决，称谓再好听也无多大意义。

第二，除“农民工”外，很难找出一个准确、简洁、各方认可的称谓来指称户籍为农业户口但从事非农产业的劳动者群体。据查证，“农民工”称谓最早出现于1984年中国社会科学院《社会学通讯》，目前已使用了30年，社会上多数人对其所指称的对象是清楚的、形成共识的。如果现在换一个新称谓，则很难为多数人所理解、认可。实践中，有的地方用“外来务工人员”“异地务工人员”“新市民”称谓，但在不同地区之间流动就业的城镇户籍群体也符合这一称谓；有的地方用“进城就业农民”称谓，但近1/3的农民工是在本乡镇内从事二、三产业就业。

第三，“农民工”从字面看是偏正词组，指的是“农民”户籍的“工人”，称谓本身并无歧视含义。实际生活中存在部分人对此群体的歧视心态，根源在于城乡二元结构和二元管理体制等多方面原因造成的对“农民”的歧视。去掉“农民工”中的“农民”二字，似乎是去掉了对农民工群体的歧视心态，实质上却是加深了对留在农村的农民群体的歧视。因此，正确的处理办法是：全社会应当在维护农民工群体和农民群体权益、帮助其解决实际问题的同时，消除部分人对农民群体的歧视心态，进而消除对农民工群体的歧视心态。

第四，即使保留“农民工”称谓，也应不断减少使用，鼓励农民工与城镇户籍职工、城镇户籍居民实现社会融合。农民工群体的出现是阶段性的历史现象，随着工业化、信息化、新型城镇化、农业现代化同步推进，农民工最终将实现市民化，届时将不再存在一个面临特殊困难和问题的农民工群体，“农民工”称谓也将随之消失。我们既要看到这是一个循序渐进的过程，在此过程中需要针对农民工群体遇到的问题采取有效措施逐步维护其各项权益，因此不得不暂时保留特定的称谓；又要看到不能固化农民工群体，在立法、制定政策以调整职工、市民的权利义务关系时，在落实法规政策时，尽量不要将农民工与城镇户籍职工、城镇户籍居民区别对待。目前，《劳动合同法》《就业促进法》《劳动争议调解仲裁法》《社会保险法》《职工带薪年休假条例》等法律法规都是统一调整用人单位与劳动者的权利义务关系，而不区分农民工或城镇户籍职工。很多用人单位在执行法律法规时也不区分农民工或城镇户籍职工，在其内部不存在“农民工”概念；一些地方将农民工群体称为“新市民”，不断赋予其更多的市民权益。这些单位和地方都是值得肯定的先行者。

第五，党的十八大报告、十八届三中全会决定、2014 年《政府工作报告》《国家新型城镇化规划（2014—2020 年）》等重要文件中，均在统筹考虑各方面因素后继续使用了“农民工”称谓。

综上所述，目前情况下仍然需要暂时保留“农民工”称谓。与此同时，应当努力采取措施，从根本上解决农民工问题，届时“农民工”称谓将自然消失。

三、农民工目前的情况

根据国家统计局公布的 2014 年全国农民工监测调查报告[①]，2014 年农民工总体情况如下。

① 数据来源于国家统计局发布的《2014 年全国农民工监测调查报告》。

（一）农民工总量

全国全年跨乡镇外出从事非农产业 6 个月及以上（外出就业）或在本乡镇内从事非农产业 6 个月及以上（本地就业）的农民工总量为 27 395 万人，其中外出就业农民工 16 821 万人、本地就业农民工 10 574 万人。另据 2014 年人力资源和社会保障事业发展统计公报有关数据①，年末全国就业人员 77 253 万人，其中第一产业就业人员占 29.5%。

根据以上数据分析（忽略统计口径的差别而估算），农村劳动力总量约为 50 185 万人，农民工总量约占农村劳动力总量的 54.6%，超过一半；其中外出农民工总量约占农村劳动力总量的 33.5%，也就是说只有约 1/3 的农村劳动力外出就业。

（二）农民工就业方式

在外出就业和本地就业的全部农民工中，83%的农民工为受雇就业，17%的农民工为自营就业。大致来说，有用人单位的农民工，约为 22 738 万人。

（三）举家外出农民工数量

在外出就业农民工中，举家外出的有 3 578 万人。也就是说，约有 1/5 的外出就业农民工已经全家进城常住。

（四）外出就业农民工的输出区域分布

在外出就业农民工中，来自东部地区的为 5 001 万人，占 29.7%；来自中部地区的为 6 467 万人，占 38.5%；来自西部地区的

① 数据来源于人力资源和社会保障部发布的《2014 年人力资源和社会保障事业发展统计公报》。

为 5 353 万人，占 31.8%。

这反映出东部地区城乡统筹发展进展更快，乡镇经济比较发达，吸纳了大量农民工在本乡镇内就业，因而跨乡镇外出就业的农民工人数与中西部地区相比较少。

（五）外出就业农民工的输入区域分布

在外出就业农民工中，7 867 万人跨省流动，8 954 万人省内流动，分别占外出就业农民工的 46.8%和 53.2%。东部地区外出就业农民工以省内流动为主，中西部地区外出就业农民工以跨省流动为主。

另据国家统计局公布的 2013 年全国农民工监测调查数据，东部地区跨省流出农民工 882 万人，72.6%仍在东部地区省际间流动；中部地区跨省流出农民工 4 017 万人，89.9%流向东部地区；西部地区跨省流出农民工 2 840 万人，82.7%流向东部地区。在跨省流动农民工中，流向东部地区 6 602 万人，占 85.3%；流向中西部地区 1 068 万人，占 13.8%；还有部分农民工到境外就业。

根据以上数据分析：影响中央财政转移支付、高考等政策实施的跨省流动农民工数量，约为 7 867 万人，不到外出就业农民工总量的一半（46.8%）。从农民工流动对人口区域分布的影响来看，2013 年从中西部地区流动到东部地区的农民工约为 5 960 万人；也有约 242 万东部地区的农民工流动到中西部地区；东部地区净流入约 5 718 万人。

（六）外出就业农民工城镇流向分布

在外出就业农民工中，在直辖市就业的占 8.1%，在省会城市就业的占 22.4%，在地级市中就业的占 34.2%，在小城镇就业的占 34.9%，其他占 0.4%。

根据以上数据分析：在外出就业农民工中，进城就业的占 99.6%；在地级以上城市就业的占 64.7%，约为 2/3。

（七）农民工的行业分布

在全部农民工中，从事制造业的占 31.3%，建筑业占 22.3%，居民服务、修理和其他服务业占 10.2%，批发和零售业占 11.4%，住宿和餐饮业占 6%，交通运输、仓储和邮政业占 6.5%，其他行业占 12.3%。

根据以上数据分析：在国民经济行业分类除农林牧渔业（即第一产业）之外的 19 个门类中，农民工主要集中于 6 个知识和技能含量相对较低的门类中就业。而电力、热力、燃气及水生产和供应业，信息传输、软件和信息技术服务业，金融业，房地产业，租赁和商务服务业，科学研究和技术服务业，水利、环境和公共设施管理业，教育，卫生和社会工作，文化、体育和娱乐业，公共管理、社会保障和社会组织，国际组织等知识和技能含量相对较高的行业门类中，农民工就业人数很少。这也说明，农民工就业的行业分布很窄。

（八）外出就业农民工的收入和消费

外出就业农民工人均月收入（不包括包吃包住）2 864 元。分行业看，交通运输、仓储和邮政业人均月收入 3 301 元，建筑业 3 292 元，制造业 2 832 元，批发和零售业 2 554 元，住宿和餐饮业 2 566 元，居民服务、修理和其他服务业 2 532 元。外出就业农民工人均月生活消费支出 944 元，其中，人均月居住支出 445 元。另据国家统计局发布的统计数据[①]，2014 年城镇非私营单位就业人员年平均工资 56 339 元，城镇私营单位就业人员年平均工资 36 390 元。按月计算，则分别为 4 695 元、3 032 元。

---

① http://www.stats.gov.cn/tjsj/zxfb/201505/t20150527_1110630.html；http://www.stats.gov.cn/tjsj/zxfb/201505/t20150527_1110632.html.

根据以上数据分析：尽管近些年农民工工资增长较快、部分人的工资水平甚至远超过社会平均工资水平，但是从总体上看，外出就业农民工的人均月收入水平仍然远低于城镇户籍职工的人均月工资水平，即使与城镇私营单位就业人员的平均工资水平相比也要低。外出就业农民工的生活消费水平较低，且只约占收入的1/3，其中居住支出又大约占了消费支出的1/2，因此，农民工外出就业带有较强的挣钱、存钱的目的，提高在城镇的生活水平尚未成为其目标。

（九）外出就业农民工的住宿状况

外出就业农民工中，在务工地自购房的占1%（其中在小城镇自购房的占自购房农民工的49.1%），租赁住房的占36.9%，住单位宿舍的占28.3%，在生产经营场所或工地工棚住宿的占17.2%，乡外从业回家居住的占13.2%，其他占3.4%。

根据以上数据分析：在城镇就业的农民工基本上居无定所（自购房的只有1%），绝大多数暂时不具备举家在城市独立居住的条件（自购房与租房总共不到38%）。

（十）新生代农民工的比重及特征

根据国家统计局2013年全国农民工监测调查报告，1980年及以后出生的新生代农民工为12 528万人，占农民工总量的46.6%；其中外出就业的为10 061万人，占新生代农民工总量的80.3%，占外出就业农民工总量的60.6%，自2010年以来已经成为农民工的主体。与老一代农民工相比，新生代农民工具有一些明显的特征：

1. 受教育程度比老一代农民工有所提高。初中及以上学历的占93.9%，高中及以上学历的占33.3%。而在老一代农民工中，初中及以上学历的占75.3%，高中及以上学历的仅占14.1%。

2. 主要集中在东部地区就业。新生代农民工中，8 118万人在东

部地区就业，占新生代农民工总量的64.8%；2 217万人在中部地区就业，占17.7%；2 155万人在西部地区就业，占17.2%。另有部分新生代农民工在境外就业。

3. 主要集中在大中城市就业。新生代农民工中，6 872万人在地级以上大中城市就业，占新生代农民工总量的54.9%，占外出就业新生代农民工总量的68.3%。

4. 缺乏务农的意愿和能力。2013年，87.3%的新生代农民工没有从事过任何农业生产劳动。

5. 以从事制造业为主。新生代农民工中，39%从事制造业，14.5%从事建筑业，10.1%从事批发和零售业，10%从事居民服务和其他服务业。老一代农民工中，29.5%从事建筑业，26.5%从事制造业，10.9%从事批发和零售业，10.6%从事居民服务和其他服务业。从事苦、脏、累、险的建筑业的新生代农民工所占比重大幅下降，不及老一代农民工的一半。

6. 外出就业更倾向就地消费。新生代农民工外出就业期间的月生活消费支出人均939元，比老一代农民工高19.3%；新生代农民工2013年人均寄回、带回老家的现金为12 802元，比老一代农民工少29.6%。外出就业的新生代农民工更愿意选择租房居住，其中，单独租赁住房或与他人合租住房的占40.4%，在单位宿舍居住的占34.1%，在工地工棚居住的占7.3%。月租房支出人均为567元，占月均生活消费支出的60.4%，高于全部农民工的平均水平。

四、农民工做出的巨大贡献

农民工群体的产生、壮大，是顺应中国改革开放和工业化、城镇化发展潮流的结果；与此同时，农民工也推动了改革开放和工业化、城镇化发展，为中国的社会主义现代化建设做出了巨大贡献。

（一）促进了经济社会发展

在基础设施建设方面，改革开放以来，中国交通运输设施日益完善。2012 年，我国铁路营运里程达到 9.8 万公里，比 1978 年增长 88.8%（1949 年为 2.2 万公里，1978 年为 5.2 万公里），居世界第二位；公路里程 424 万公里，增长 3.8 倍；民用航空航线里程 328 万公里，增长 21.0 倍；输油（气）管道里程 9 万公里，增长 9.9 倍；沿海主要港口货物吞吐量 66.5 亿吨，增长 32.5 倍，连续多年居世界第一。改革开放之初我国尚无高速公路，2012 年，我国高速公路里程达到 9.62 万公里，位居世界第二。高速铁路飞速发展，生产出时速高达 350 公里的动车组，标志着我国铁路运输达到国际先进水平，2012 年，高铁运营里程达 9 356 公里，居世界第一位。固定电话用户由 192.5 万户提高到 2.8 亿户，增长 144.5 倍；移动电话业务从无到有，手机已由 20 世纪 90 年代的奢侈品变为现在的生活必需品，2012 年普及率达到每百人 82.50 部。互联网设施迅猛发展，互联网普及率由 2002 年的 4.6%迅速提高到 2012 年的 42.1%。2012 年，我国能源生产总量达到 33.2 亿吨标准煤，比 1978 年增长 4.3 倍，年均增长 5.0%。能源生产结构不断优化，水电、核电、风电等清洁能源和可再生能源生产量在能源生产总量中的比重由 1978 年的 3.1%提高到 2012 年的 10.3%。① 在以上基础设施工程建设取得的巨大成就中，凝聚着农民工的辛勤劳动和重要贡献，一条条铁路、公路、管道，一个个机场、港口，密如蛛网的电力、通信等设施，农民工是施工建设的主力队伍。

在工业发展方面，改革开放以来，中国由一个落后的农业国成

① 国家统计局．人民日报刊发国家统计局报告：改革开放铸辉煌　经济发展谱新篇——1978 年以来我国经济社会发展的巨大变化［EB/OL］．［2013-11-06］．http://www.stats.gov.cn/tjgz/tjdt/201311/t20131106_456188.html.

长为世界制造业大国。2012 年，原煤产量达到 36.5 亿吨，比 1978 年增长 4.9 倍；粗钢 7.2 亿吨，增长 21.8 倍；水泥 22.1 亿吨，增长 32.9 倍；汽车 1 928 万辆，增长 128.3 倍；家用电冰箱由 1978 年的 2.8 万台增加到 2012 年的 8 427 万台；彩色电视机由 0.4 万台增加到 1.3 亿台。移动通信手持机和微型电子计算机从无到有，2012 年产量分别达到 11.8 亿台和 3.5 亿台。根据世界银行数据，2010 年我国制造业增加值占世界的比重已达到 17.6%。按照国际标准工业分类，在 22 个大类中，我国在 7 个大类中名列第一，钢铁、水泥、汽车等 220 多种工业品产量居世界第一位。近年来，新能源、新材料、新医药等战略性新兴产业蓬勃发展，成为经济增长新亮点。外汇储备大幅增长，实现从外汇短缺国到世界第一外汇储备大国的巨大转变。1978 年，我国外汇储备仅 1.67 亿美元，位居世界第三十八位。随着我国对外经济的发展壮大，经常项目贸易盈余不断积累，外汇储备的短缺迅速成为历史，1990 年外汇储备超过百亿美元，达到 111 亿美元；1996 年超过千亿美元，达到 1 050 亿美元；2006 年超过 1 万亿美元，达到 10 663 亿美元，超过日本位居世界第一位；2011 年超过 3 万亿美元，2012 年达到 33 116 亿美元，连续七年稳居世界第一位。[①] 在以上工业化的快速发展和巨大成就中，农民工逐渐成为产业工人主体，满足了工业化对劳动力的需求，在一定程度上可以说，农民工支撑了中国成为“世界工厂”。

（二）促进了经济社会体制改革

改革开放之前，与当时实行的计划经济体制相适应，中国实行统包统配的用工制度。20 世纪 80 年代中期，国家率先在转移就业的

① 国家统计局. 人民日报刊发国家统计局报告：改革开放铸辉煌　经济发展谱新篇——1978 年以来我国经济社会发展的巨大变化［EB/OL］.［2013-11-06］. http://www.stats.gov.cn/tjgz/tjdt/201311/t20131106_456188.html.

农民中招用农民合同制工人，试行劳动合同制。到20世纪90年代初期，劳动合同制普遍推行。正是因为农民工群体的出现，促进了市场导向、自主择业、竞争就业机制的形成，推动了用人单位和劳动者双向选择的市场用工机制的建立。随着农民工群体的不断壮大，其面临的劳动社会保障权益问题、市民权益问题日益突出。国家在推动解决农民工劳动社会保障权益和市民权益过程中，坚持问题导向的改革原则，促进了劳动社会保障制度、户籍管理制度、城乡二元管理体制等方面的改革。

2008年底，受国际金融危机的冲击，中国经济面临突发的巨大的下行压力，就业形势严峻，近2 000万农民工失去就业岗位。与一些发生国际金融危机的发达国家失业人员持续上街游行示威、社会治安和稳定出现危机相比，中国的农民工迅速、平静地回到家乡就业或创业，保持了社会稳定和谐。美国《时代周刊》2009年年度人物评选中，中国农民工成为榜单上的唯一上榜群体。《时代周刊》评价称，在金融危机肆虐全球的时期，中国经济仍在高速发展，并逐步带领全球走出金融危机的阴影，首先要归功于千千万万勤劳坚韧的中国农民工。

可以说，农民工为中国的改革开放增添了活力，为市场就业机制的建立做出了牺牲，为保持社会稳定和谐做出了贡献。

（三）为城市创造了财富、为城市居民生活提供了方便

改革开放以来，中国城市数量不断增加、规模不断扩大、设施不断完善。1978—2013年，城镇常住人口从1.7亿人增加到7.3亿人，城镇化率从17.9%提升到53.7%，年均提高1.02个百分点；城市数量从193个增加到658个，建制镇数量从2 173个增加到20 113个。城市道路、桥梁、水、电、气、热、信息网络等基础设施显著改善，教育、医疗、文化体育、社会保障等公共服务水平明显提高，

人均住宅、公园绿地面积大幅增加。[①] 城市的高楼大厦、道路桥梁、水电气热、信息网络等基础设施建设基本上都是以农民工为主体参与施工建设，城市的环境卫生、公用设施运营基本都有农民工在维护，城市居民的衣食住行用等日常生活服务更加离不开农民工的劳动。可以说，假如农民工群体离开了城镇，城镇的建设将显著放缓，城镇居民的日常生活将出现明显不便。

（四）为改变城乡二元结构、解决“三农”问题闯出了一条新路

在增加农民收入方面，农民工工资收入增长越来越成为农民增收的重要渠道。据国家统计局数据，2013 年农村居民人均纯收入达到 8 896 元，扣除价格因素实际增长 9.3%。农村居民人均纯收入实际增速高于城镇居民人均可支配收入增速 2.3 个百分点，城乡居民收入之比连续 4 年下降，由 2009 年的 3.33∶1 下降到 3.03∶1。农业部政策法规司负责人介绍，农民收入结构继续优化，其中工资性收入 4 025 元，占人均纯收入的 45.2%，超越家庭经营纯收入成为农民收入的首要来源；家庭经营纯收入 3 793 元，占 42.6%，同比下降 2 个百分点；转移性收入、财产性收入分别占 3.3%、8.9%，同比均提高 0.2 个百分点。农民人均工资性收入同比增长 16.8%，对增收的贡献高达 58.9%。[②]

在提高农民素质方面，外出就业能够开阔农民工的视野，提高农民工的职业技能水平和综合素质。传统农民劳作在田地、生活在农村，除了赶集购物偶尔上城镇，基本上生活在乡村淳朴但又封闭的生产生活环境中。农民工到二、三产业就业，到城镇生活后，更能贴近市场经济，信息更加灵敏，对外部世界会有更加全面深入的

① 资料来源于《国家新型城镇化规划（2014—2020 年）》。

② 中国经济网. 2013 年农民增收实现“十连快”人均纯收入 8896 元［EB/OL］.［2014-2-13］. http://www.ce.cn/cysc/sp/info/201402/13/t20140213_2292857.shtml.

了解，从事二、三产业的职业技能会得到提升，包括法律法规、文化素质、待人接物等在内的综合素质会进一步得到提高。

在新农村建设方面，不少农民工从城镇返乡创业就业，他们带回了一些资金、技术、管理经验和新观念，发展了农村经济，推动了农村进步，促进了社会主义新农村建设。

第二章　农民工问题及其根源

农民工群体的出现，不仅促进了经济社会改革和发展，促进了城市和国家建设，而且为城镇居民生活提供了方便，为解决“三农”问题闯出了一条新路。因此，从总体上看，农民工群体的出现，对国家、对城镇、对农村、对农民工自身都是有利的。与此同时，正如唯物辩证法的对立统一规律所提出，矛盾是普遍存在的、变化发展的。农民工群体的出现，也不可避免会产生矛盾和问题；随着时间的推移，一些老的矛盾和问题被解决，一些新的矛盾和问题又产生。目前阶段，农民工问题主要包括两个方面：一是从农民工的立场来看，他们在转移到二、三产业就业，到城镇常住的过程中，还面临着很多困难和问题；二是从国家和全社会的立场来看，尤其是站在农民工之外的立场来看，农民工现象的存在，也带来一些社会问题。

一、农民工面临的问题

（一）就业方面的问题

一是农民工群体平均学历低、技能低，在城镇二、三产业实现充分就业难。根据2013年全国农民工监测调查报告推算，在全国农民工中初中以下文化程度的占16.0%，初中文化程度的占61.0%，高中及以上文化程度的仅占 23.0%。在全国农民工中，接受过技能培训的农民工仅占 32.7%。[①] 而根据教育部抽样统计，2007 年全国职工中具有高中及以上文化程度的就占 63.6%，具有职称和中级工以上职业资格证书的占 61%[②]。由于农民工群体平均学历低、技能低，往往难以从事管理岗位、专业技术岗位、高技能岗位，致使一方面存在用人单位对技能人员"招工难"，另一方面存在部分农民工找不到工作，在城镇二、三产业实现充分就业难。二是很多农民工工作在苦、脏、累、险岗位，收入低，实现素质就业难。矿山井下、建筑施工、粉尘作业、环境卫生，各种工作条件差的岗位，主要由农民工在承担。三是农民工主要从事技能简单的工作，容易受到企业生产经营情况变化和人力资源市场波动的冲击，劳动合同期限较短，流动性大，实现稳定就业难。四是由于户籍制度的影响，在部分地区仍然存在限制外地农民工从事某些岗位的歧视性做法，农民工与城镇户籍职工公平就业难。

（二）劳动保障权益方面的问题

在用人单位就业的农民工，劳动保障权益总体上依法得到了保护，但也存在一些问题：一是工伤职业病多发。以 2010 年为例，全国全年认定（含视同）工伤 114.1 万人，评定伤残等级人数为 41.9 万人。[③] 新发职业病 27 240 例，其中尘肺病 23 812 例，急性职业中毒 617 例，慢性职业中毒 1 417 例，其他职业病 1 394 例。从行业分布看，煤炭、铁道和有色金属行业报告职业病病例数分别为 13 968 例、2 575 例和 2 258 例，共占全国报告职业病病例数的 69.02%。[④]

① 数据来源于国家统计局发布的《2013 年全国农民工监测调查报告》。

② 数据来源于教育部办公厅发布的《二〇〇七年全国职工教育培训统计（汇总）表及分析报告》。

③ 数据来源于人力资源社会保障部发布的《2010 年度人力资源和社会保障事业发展统计公报》。

④ 职业卫生网. 我国 2005—2011 年职业病发病情况统计［EB/OL］.［2012-3-22］. http://www.zywsw.com/news/2627.html.

由于农民工主要从事苦、脏、累、险工种，这些工种安全系数不高、安全措施不到位，加之农民工文化程度相对偏低，安全意识薄弱，使得农民工往往成为工伤事故的高发人群，在发生工伤事故伤害和职业病的劳动者中占大多数。① 二是劳动合同签订率低。据人力资源社会保障部门统计，2013 年末，全国企业职工劳动合同签订率达到 88.2%。② 但小微企业与农民工签订劳动合同的比例较低。据国家统计局监测调查，与雇主或单位签订了劳动合同的农民工比重只有 41.3%。其中，签订一年以下劳动合同的农民工比重为 3.9%，签订一年以上劳动合同的农民工比重为 23.2%，签订无固定期限劳动合同的农民工比重为 14.3%。③ 三是工资被拖欠时有发生。2008—2013 年，外出农民工被拖欠工资的比重分别为 4.1%、1.8%、1.4%、0.8%、0.5%、0.8%。④四是参加社会保险比例低。据国家统计局监测调查，2013 年全国 26 894 万农民工中，83.5%的农民工为受雇就业，16.5%的农民工为自营就业。⑤据此估算，受雇就业农民工总数约为 22 456 万人。据人力资源社会保障部门统计，2013 年末，参加城镇职工基本养老保险、基本医疗保险、失业保险、工伤保险的农民工人数，分别为 4 895 万人、5 018 万人、3 740 万人、7 263 万人。⑥五是超时劳动比较普遍。2013 年，外出农民工年从业时间平均为 9.9 个月，月从业时间平均为 25.2 天，日从业时间平均为 8.8 个小时。其中，日工作超过 8 小时的农民工比重为 41%，周工作超过 44 小时的农民工比重为 84.7%。⑦

（三）享受城镇公共服务方面的问题

进城就业农民工往往在随迁子女接受教育、住宿、医疗卫生等

① 数据来源于江苏省农民工工作领导小组办公室发布的《关于江苏省农民工工伤问题的调研报告》。

②⑥ 数据来源于人力资源社会保障部发布的《2013 年度人力资源和社会保障事业发展统计公报》。

③④⑤⑦ 数据来源于国家统计局发布的《2013 年全国农民工监测调查报告》。

方面，难以与城镇户籍市民平等享受基本公共服务。其中最突出的问题，一是农民工随迁子女在就业地还不能平等地接受教育。2013年，在1 395万适龄农民工随迁子女中，大约有20%的孩子不能在父母就业地公办中小学接受义务教育；绝大多数在就业地接受义务教育的中学生，还不能在父母就业地参加中考、高考。二是绝大多数农民工还不能被纳入就业地住房保障制度，住宿条件较差。2013年，外出就业农民工中，在务工地自购房的只占0.9%。在生产经营场所或工地工棚住宿的占17.7%，大多条件简陋。独立租赁住房的占18.2%，与人合租住房的占18.5%，大多数租住在市区地下室、城中村、城乡接合部，基础设施老旧甚至缺失，"脏乱差"问题严重。

（四）在城镇落户及社会融合方面的问题

2013年，我国常住人口城镇化率为53.7%，户籍人口城镇化率只有36%左右，相差17个百分点，被统计为城镇人口的2.34亿农民工及其随迁家属尚未在城镇落户。一些举家外出的农民工、20世纪80年代后出生的新生代农民工，具有在大中城市落户的意愿，但由于大中城市落户政策较为严格等原因，农民工的落户意愿难以实现。实际处境反映到个人心理上，使部分农民工尤其是新生代农民工自认为属于城市的"边缘人"，在心理上也难以融入城市。

（五）农村留守儿童、留守妇女、留守老人"三留守"问题

农村留守儿童是指父母双方或一方从农村流动到其他地区，孩子留在户籍所在地的乡村，并因此不能和父母双方共同生活在一起的18岁以下人口。全国妇联于2008年、2013年分别发布了留守儿童调查研究报告。2013年研究报告提出，根据《中国2010年第六次人口普查资料》样本数据推算，全国有农村留守儿童6 102.55万，占农村儿童总数的37.7%，占全国儿童总数的21.88%。与2005年

全国1%人口抽样调查估算数据相比，五年间全国农村留守儿童增加约242万。其中，46.74%的农村留守儿童的父母都外出，在这些孩子中，与祖父母一起居住的比例最高，占32.67%；有10.7%的留守儿童与其他人一起居住。单独居住的留守儿童占所有留守儿童的3.37%，达205.7万人①。留守儿童中存在的比较严重的问题，一是学业失教。6～11岁和12～14岁的农村留守儿童在校比例分别为96.49%和96.07%，虽然表明他们绝大部分正在学校接受义务教育，义务教育总体状况良好，但仍然有4%左右的适龄儿童辍学，主要是部分中西部地区的农村留守儿童。更为严重的是隔代照料农村留守儿童的祖父母的受教育程度很低，绝大部分为小学文化程度，甚至有8%的祖父和25%的祖母未上过学。由于受教育水平的限制，祖父母在抚养和教育留守儿童时面临诸多的困难和挑战。二是生活失助。由年迈老人看护的留守儿童在吃穿用行等生活方面难以得到全面细致照料，特别是在生病等特殊情况下，难以得到及时的帮助。三是亲情失落。心理学认为，处于成长发育时期的儿童最需要亲情的呵护。但留守儿童由于长期与父母分离，难以体会到父母的亲情，导致亲情失落，不少孩子郁郁寡欢、缺乏自信，每到节假日对父母的思念尤盛，盼望与父母团聚的心情尤切。四是心理失衡。一些留守儿童由于长期亲情失落、缺乏良好的家庭教育，养成了迷恋网络游戏、逃学、说谎、偷窃和打架等不良行为习惯，对陌生人敌视，攻击性强，有的甚至出现反社会型人格障碍特征。五是安全失保。由于父母不在身边，年迈老人的看护时有疏漏，留守儿童往往面临着很多人身安全隐患，甚至发生人身安全事件，包括被杀害或伤害、被拐卖、女童遭受性侵害、溺水、火灾伤害等。

农村留守妇女是指丈夫外出就业、自己独自在家务农和照顾家

① 数据来源于2013年5月全国妇联发布的《我国农村留守儿童、城乡流动儿童状况研究报告》。

庭的农村妇女。据民政部统计，截至2010年年底，全国有4 700万留守妇女。留守妇女面临的问题主要有：一是生产负担重。丈夫外出就业后，留守妇女成为家庭农业生产的主力，劳动力不足、无技术、生产资料购买困难等是留守妇女在农业生产中遇到的主要困难。留守妇女普遍劳动时间偏长，农忙时节的劳动时间更长达10小时以上。二是家务负担重。留守妇女独自承担家务劳动、赡养老人、抚育孩子等家庭责任，尤其是当老人生病和孩子不认真学习时，会给她们造成身心上最大的负担。三是情感缺失和婚姻危机。留守妇女因为交通不便、花费较多、农活较忙、家庭离不开自己等原因，很少去看望外出就业的丈夫；丈夫也很难经常回家探亲，双方主要通过电话、网络联系沟通。留守妇女通常有"三怕"：一怕丈夫不挣钱，二怕丈夫不安全，三怕丈夫有外遇。空间距离的扩大阻碍了夫妻情感的交流以及性交流，很多人因此变得焦躁、脆弱，甚至出现极端不良情绪，离婚率明显提高。四是身体健康受损。留守妇女肩负着本应由夫妻双方共同承担的生产生活责任，由于过度劳累而导致疾病发病率较高。很多人患病后因为没有钱、没有空余时间而不去医院治疗，身体健康受到影响。五是安全状况堪忧。留守妇女在缺乏丈夫保护的状况下，人身与财产安全更加容易受到侵害，如性骚扰、强奸、盗窃等。据有关部门统计，农村性侵害案件中，62%的受害者是留守妇女，37%的留守妇女家庭遭受过盗窃等不法行为的侵害。①

农村留守老人是指成年子女外出就业、老年夫妇双方或一方留在农村生活的老人。据有关方面调查研究，② 留守老人面临的问题主

① 全国妇联. 农村留守妇女问题研究报告［C］//中国农民工发展研究课题组. 中国农民工发展研究. 北京：中国劳动社会保障出版社，2013：323-329.

② 中国政法大学政治与公共管理学院. 农村留守老人问题研究报告［C］//中国农民工发展研究课题组. 中国农民工发展研究. 北京：中国劳动社会保障出版社，2013：330-345.

要有：一是经济基本处于普遍贫困状态。据调查，留守老人的经济收入主要依靠自身劳动收入和子女提供生活费，80%的留守老人收入水平不能达到农民人均纯收入水平。其中，16.4%的老人其子女未提供任何供养，生活处境艰难。二是照顾孙辈压力巨大。留守老人以同老伴、孙辈同住者居多，不仅自身缺乏子女照料，需要自我照顾和与配偶相互照顾，而且还得照料孙辈。不需要照料孙辈的留守老人（及其配偶）仅占调查样本的35.1%，有30.3%的需要照看1个孙辈，有25.3%的需要照看2个孙辈，有7.0%的需要照看3个孙辈，还有2.3%的需要照看4个及以上孙辈。三是农业劳动负担沉重。年轻子女外出就业后，留守老人大都要从事不同性质的劳动，包括务农劳动、看管孙辈、做家务等。调研样本中，60%以上的留守老人平日主要进行务农劳动，家庭人均耕地面积1.46亩，最多的人均17亩，务农劳动压力格外沉重。四是健康状况堪忧与医疗问题突出。调研样本中，认为自己身体一般、较差和非常差的占比为56.6%，接近40%的留守老人不能完全自理，有1种及以上慢性病的留守老人占60%以上，视力大多数有不同程度的衰退，接近50%的人睡眠不好。由于看病就医的费用多数由自己或子女负担，很多留守老人选择“小病拖，大病扛”。五是精神生活贫乏和生活态度悲观。成年子女外出就业，留守老人与子女的联系沟通较少，务农和家务又劳碌，日常生活中能够进行精神交流的只有配偶，而丧偶老人则更加缺乏精神交流。农村精神文化生活单调，多数留守老人受教育水平低，难以通过读书看报以了解社会、自娱自乐。这些因素导致调查样本中，70%左右的留守老人在劳作之余有不同程度的孤独感和无聊感，其中经常甚至一直有孤独感和无聊感的留守老人达23.4%。43.1%的留守老人对生活持有不同程度的悲观态度。随着年龄增长，老人对他人照料和关怀的依赖程度逐渐增加，生活不能由自己掌控，更容易产生不安全感和消极情绪。

二、农民工现象的存在带来的社会问题

（一）每年春运期间交通运输压力问题

由于全国有2亿多农民工及其随迁家属外出就业、常住，大部分人在春节前返乡过年、春节后再外出返岗或寻找新的工作，极大地增加了春节期间的交通运输压力。“春运”成为二三十年来中国特有的典型社会现象，并由此引发买票难、人员滞留、乘车环境差、交通事故多发等一系列问题。

（二）部分外出就业农民工患性病艾滋病问题

在外出就业农民工中，夫妻分居的占多数，其中部分人有婚外性行为，并感染艾滋病病毒。国家卫生计生委统计，2012年1—10月全国新报告艾滋病病毒感染者和病人68 802例；截至2012年10月底，全国累计报告艾滋病病毒感染者和病人492 191例，存活的感染者和病人383 285例。性途径已成为主要的传播途径，在2012年1—10月新报告的艾滋病病毒感染者中经性途径传播所占比例为84.9%。农民工是预防艾滋病工作的重点人群之一。[①] 另据中国疾病预防控制中心性病艾滋病预防控制中心负责人介绍，2008年新报告的感染者4.5万人、病人1.4万人，共5.9万人，17.5%是户籍与现在住址不一致的流动人口；其中大部分是农民工，20～39岁的占67.8%。[②] 另外，有的外出就业丈夫感染性病艾滋病病毒后，妻子成为被动感染性病艾滋病病毒的受害者。

---

① 数据来源于2012年11月28日国家卫生计生委发布的《我国艾滋病防治工作进展情况》。

② 搜狐健康. 刘康迈：我国的农民工与艾滋病防治工作［EB/OL］.［2009-11-30］. http://health.sohu.com/20091130/n268583667.shtml.

（三）部分外出就业农民工组成“临时夫妻”问题

部分外出就业农民工由于夫妻长期分居，对性生活和情感交流的正常生理心理需求得不到合理满足，使得部分外出就业男女农民工在自己的家庭之外，组成“临时夫妻”，不仅对社会道德造成冲击，而且容易引发家庭矛盾，严重的导致家庭破裂，人身伤害事件也时有发生。

（四）新生代农民工犯罪问题

2008 年和 2009 年，江苏省扬州市三成的刑事案件罪犯是新生代农民工；江西省萍乡市 2008 年的 289 件刑事案件中，新生代农民工犯罪案件占 48%，2009 年则上升到 52%；济南市中级人民法院审结的各类刑事案件 665 件、刑事犯 998 人，其中涉及新生代农民工的犯罪案件 383 件、刑事犯 652 人，分别占总数的 57.6%、65.3%。2010 年 1—10 月，北京市顺义区人民法院受理的刑事案件中，新生代农民工被告人达 413 人，占全部刑事案件被告人总数的 39%。① 据广州大学人权研究中心基于广东三大监狱新生代农民工犯罪调查的数据，农民工罪犯中九成以上在 26 岁以下。②

从新生代农民工犯罪特点看，一是犯罪类型以侵财性、暴力性犯罪案件为主，犯罪标的额较小。常犯类型包括盗窃罪、抢劫罪、抢夺罪、诈骗罪、聚众斗殴和寻衅滋事等。二是犯罪具有群体性特征。多人共同犯罪，或为同乡，或为亲戚，有的甚至是父子、兄弟。三是犯罪具有明显的“自救”性特征。比较典型的案件是被克扣或无故拖欠工资的农民工纠集一些同乡去用人单位讨工资，遭拒绝后

---

① 新生代农民工犯罪调查：强烈失落感致心灵扭曲 [N]. 国际先驱导报，2011-1-18.

② 农民工罪犯 26 岁以下占九成 性侵害犯罪难以避免 [N]. 广州日报，2009-11-9.

就砸东西、殴打相关人员，或者将单位的物品偷出变卖，严重者甚至酿成故意杀人、故意伤害以及抢劫、绑架等恶性案件。四是犯罪具有冲动性特征。中国青少年研究中心2006年的调查显示，一些大城市中，新生代农民工的犯罪率呈上升趋势，新生代农民工罪犯有74.7%在犯罪前无固定工作和稳定收入，有68.4%的受访者表示犯罪是出于“一时的冲动”。①

从新生代农民工犯罪成因看，既有社会原因，也有个人原因。社会方面的原因，一是城乡贫富差距大，农民工社会地位低，一些地方存在对农民工的歧视，农民工难以融入城市，使部分新生代农民工心理失衡。二是部分农民工合法权益得不到有效保护，法定的权利救济途径未充分发挥作用，使得一些农民工自行采取违法措施保护自己的权益。三是由于收入较低、闲暇时间较少、受教育程度不高，农民工很少看电影、上图书馆、参观博物馆，参与其他文化活动也不多，文化生活很单调。有的利用有限的空闲时间赌博、看色情影片书籍。无聊、压抑的情绪和不良诱惑容易引发犯罪。四是法律调控手段不力。应对社会犯罪的专门机构普遍力量不足，经费不充分。② 在体制变革、经济社会发展转型的潮流中，原有的社会组织体系和职能都发生了巨大的变化，人员流动性大、管理难度加大，相应的管理方式还不能很好地适应新的挑战。五是留守儿童现象造成的不良影响。据广州大学人权研究中心基于广东三大监狱新生代农民工犯罪调查的数据，八成犯罪的新生代农民工在幼年时期被留守农村无人看管。③ 亲情失落、心理失衡引起部分留守儿童对他人、对社会的仇视心理，成为其成人后犯罪的诱因。个人方面的原因，

---

① 郑风田. 新生代农民工市民化的关键［N］. 北京青年报，2010-4-24.

② 钱军，徐烨. 关于农民工犯罪问题的调查研究［EB/OL］.［2006-3-31］. http://www.chinacourt.org/article/detail/2006/03/id/201272.shtml.

③ 农民工罪犯26岁以下占九成 性侵害犯罪难以避免［N］. 广州日报，2009-11-9.

一是部分人法律意识不强。很多人没有接受完整的教育，在学校学到的法律知识很少，从各种途径接受的法律宣传教育少，这些因素导致很多农民工是法盲。二是部分人好逸恶劳。有的人文化素质低，精神空虚，禁不住诱惑，抵抗能力差，常会因一些琐事而引起争斗，从而酿成大祸。同时，有的人好逸恶劳，既羡慕他人出手阔绰尽情享受生活，又不愿意通过诚实劳动创造财富，而是想通过非法渠道快速致富，最终却是身陷囹圄。[①]

（五）部分农民工与用人单位发生纠纷导致的群体性事件问题

一直以来，由于用人单位侵害农民工劳动社会保障权益而引发的群体性突发事件时有发生，成为影响社会稳定和谐的一个重要因素。群体性事件的表现方式包括用人单位的农民工集体停工停产、到政府机关上访、阻碍道路桥梁交通等。造成群体性事件的直接原因，主要是用人单位存在普遍的严重的违法行为，包括用人单位克扣或无故拖欠农民工工资、不依法为农民工参加社会保险并缴纳社会保险费、在集体性裁员等情况下不依法支付经济补偿金等。造成群体性事件的主要深层次原因，一是城乡二元管理体制下对农民工的歧视，使得农民工的权益容易受到侵害，而农民工在长期压抑后也容易心理失衡。二是很多用人单位尤其是小微企业法律意识淡薄，为减少成本、追求利润而不择手段，违反国家劳动社会保障法律法规的规定。三是一些地方政府片面追求经济增长、法治观念不强，对用人单位的违法行为置若罔闻，甚至阻碍行政部门对用人单位违法行为的执法处理。四是一些地方人力资源社会保障部门由于监察执法人员少、任务重等客观原因，或者偏向用人单位、轻视农民工、

---

① 郭锐. 农民工犯罪原因分析及对策研究［EB/OL］.［2005-12-22］. http://www.110.com/ziliao/article-5044.html.

不履责不作为等主观原因，不能做到对违反劳动社会保障法律法规的行为“违法必究”。五是其他领域的执法情况存在问题，比如建筑行业违法分包、层层转包现象普遍，造成建筑行业用工混乱，进而使建筑行业农民工工资拖欠、不缴纳社会保险费等问题突出。六是劳动社会保障法律法规有待完善，比如对建筑劳务分包的性质认定等问题缺乏明确规定。七是部分农民工依法维权意识低，在自身权益受到侵害后，首先不是依法向人力资源社会保障部门的劳动保障监察机构投诉、举报，而是采取极端手段处理。

（六）一些农民工与就业地政府或户籍居民发生冲突导致的群体性事件问题

近几年来，一些农民工与就业地政府、社区或户籍居民发生矛盾冲突而导致的群体性事件也开始出现，广州增城群体性事件就是一个典型案例。据媒体报道，2011 年 6 月 10 日晚，20 岁的四川开江县人王某来到广州市增城区大敦村一家超市门口，摆开地摊卖牛仔裤。该超市位于创业西街，是村里的黄金地段，对于王某这样的外乡人而言，如果没有向治安队缴纳治保费，是被禁止在这里摆摊的。王某此前三个月才开始这项营生，还不熟悉当地的“行规”。当晚 21 时左右，几名治安队员来到创业西街收取治保费，轮到王某时，她未加配合，有治安队员动手掀摊，争执中，有孕在身的王某被治安队员推倒在地。双方的争执引起了人群围观。面对人群，一名治安队员脱口而出：“打死了赔 50 万就是。”此话一出，引发众怒。人群开始推搡，有人向治安队队员投掷砖头，冲突迅速扩散，争斗的主体为治安队队员和外来打工者。进而引发一场近万人参与、延续三天的群体性事件。因 6 月 11 日冲突最为激烈，当地称之为“6・11”

事件。[①] 有专家分析导致增城群体性事件的深层次原因主要有：一是外来农民工在当地没有得到同等的公共服务，包括无相应的居民委员会等组织的选举权等；一些地方不是强调外来农民工与本地户籍居民都是中国公民和作为公民的权利，相反在很多时候强化地域管理，加深一些群体间的隔阂。二是外来农民工的劳动收入与当地居民的财产性收入之间巨大的差距，引起农民工的不公平感。三是一些地方执法人员的水平低，矛盾发生后，不是通过民事调解、有效沟通等方式化解，反而采取不合法的手段激化双方的矛盾。四是外来农民工与本地户籍居民之间新的二元管理体制，导致很多农民工心里积压着怨气，在出现一个导火线后就会爆发。[②]

三、农民工问题产生的根本原因：双因素论

农民工遇到的各种具体问题，以及农民工现象的存在带来的社会问题，其产生的具体原因多样而复杂，可以从不同角度进行分析。在众多的具体原因背后，什么是根本原因呢？关于农民工问题产生的根本原因，自有农民工现象以来，一直存在着探讨。很多观点认为，产生农民工问题的根本原因是中国城乡分割的户籍管理制度。在这种户籍管理制度下，农民工在城镇受到种种歧视，难以平等享受城镇公共服务和其他市民权益，形成农民工只能在城乡之间双向流动、权益被侵害的局面。为此，要从根本上解决农民工问题，必须立即废止这种户籍管理制度。这种观点可以概括为关于产生农民工问题根本原因的“单因素论”，即“户籍管理制度决定论”。笔者认为，研究农民工问题产生的原因，不仅要研究农民工现象本身，

---

① 鲁伟. 从广东增城群体事件看社会管理［J］. 财经，2011（12）.

② 剖析潮州、增城打砸烧事件：“不能认为外来人口就要惹事”［N］. 东方早报，2011-6-20.

而且还要研究古今中外的发展史，从宏观整体的角度、国际比较的视野来分析。运用后一种分析研究方法进行研究后，笔者认为，产生农民工问题的根本原因可以概括为“双因素论”，即“发展阶段和户籍管理制度共同决定论”。产生农民工问题的根本原因有两个，一是社会发展特定阶段的客观限制条件，二是中国独特的户籍管理制度。

（一）社会发展特定阶段的客观限制条件

1. 分析社会发展阶段的几种尺度。①工业化尺度。[①] 钱纳里“标准结构”理论将一国所处的经济发展阶段划分为前工业化阶段（初级产品生产阶段）、工业化阶段、后工业化阶段（发达经济阶段）三个阶段，其中工业化阶段又分为初期、中期、后期三个时期。判断依据主要有人均收入水平、三次产业结构、就业结构、城市化水平等标准。②城市化（城镇化）尺度。[②] 美国城市学者诺瑟姆（Ray. M. Northam）1979年提出了“城市化过程曲线”，认为经过实证研究，可以把一个国家和地区的城镇人口占总人口比重的变化过程概括为一条稍被拉平的“S”形曲线，并把城市化过程分为3个阶段：一是城市化水平较低且发展缓慢的初始阶段（initial stage）。城市化水平达到10%就表明城市化进程开始启动，该阶段城市人口占区域总人口的比重低于25%，第一产业和乡村人口在经济社会结构中占很大比重，人口增长模式处于“高出生率，高死亡率”的阶段，因此城市发展水平低，速度缓慢，经历的时间长，区域处于传统农业社会状态。二是城市化水平急剧上升的加速阶段（acceleration stage）。城市人口占区域总人口的30%以上，工业化速度的加快推进

① 冯飞，王晓明，王金照. 对我国工业化发展阶段的判断［EB/OL］.［2012-8-1］. http://china-do.cn/ReadNews.asp? NewsID=2734.

② 王建军，吴志强. 城镇化发展阶段划分［J］. 地理学报，2009（2）.

人口开始大量进入城市，第二产业成为国民经济的主导，第三产业比重上升，技术进步使人口增长模式转变为“高出生率，低死亡率”，城市人口快速增加，城市规模扩大，数量增多，城市人口占区域总人口的比重达到60%～70%。但可能会出现地区劳动力过剩，交通拥挤，住房紧张，环境恶化等问题；交通便利后，许多人和企业会开始迁往郊区，出现了郊区城市化现象。三是城市化水平较高且发展平缓的稳定阶段（terminal stage）。城市人口占区域总人口的60%以上后，经济发展以第三产业和高科技产业为主导，人口增长模式向“低出生率，低死亡率”转变，城市人口增长速度趋缓甚至出现停滞，处于稳定的发展时期，城乡差别越来越小，区域空间一体化，并有可能出现逆城市化现象。[①] ③人均国民总收入（GNI）尺度。[②] 世界银行将世界各经济体按年人均国民总收入划分为四组，即低收入、下中等收入、上中等收入、高收入，并每年公布新调整的标准。其中，“下中等收入”和“上中等收入”统称为“中等收入”。

2. 各国在工业化阶段、城市化发展加速阶段、中等收入阶段的共同特征。自18世纪60年代英国工业革命以来，西方国家相继进入和完成了工业化、城市化的发展阶段，其他国家也努力推进工业化、城市化发展。英国既是世界上第一个实现工业化的国家，也是第一个实现城市化的国家，从18世纪60年代工业革命开始，到1851年，英国花了近90年的时间，成为世界上第一个城市人口超过总人口50%的国家，初步实现了城市化（1830年初步完成工业化）。此后，英国城市化用大约70年时间逐步发展到成熟阶段，到1921年，城市化率已达77.2%。[③] 德国的工业化、城市化起步较晚但速度较快，从

① 邹德慈，等. 城市规划导论［M］. 北京：中国建筑工业出版社，2002.

② 杨文彦. 中国已跨入上中等收入阶段　专家分析如何避免掉入中等收入陷阱［EB/OL］.［2012-6-29］. http://politics.people.com.cn/n/2012/0629/c1001-18409265.html.

③ 马先标. 英国城市化发展的特征与启示［EB/OL］.［2012-7-16］. http://www.cssn.cn/sf/bwsf_jj/201310/t20131022_447536.shtml.

19世纪40年代开始工业化、城市化快速发展，1871年统一的帝国建立后，工业化、城市化发展进入繁荣和鼎盛时期，到20世纪头十年德国初步实现城市化，比法国和美国更早。① 美国的工业化、城市化阶段，大约起始于19世纪30年代，初步完成于20世纪20年代。19世纪60年代，美国的城市化率为19.8%；20世纪20年代，上升到51.2%。到20世纪60年代，达到64.7%。② 日本从1868年明治维新开始发展工业化、城市化，1920年城市人口上升到18%；从1920年开始，日本逐渐具备自我积累的发展能力，带动了城市化的较快发展，1940年，人口城市化率已达37.9%；从1950年开始，日本进入战后经济高速增长和快速城市化阶段，1956—1973年是工业发展的黄金时期，18年间工业生产年均增长13.6%。③ 1955年，日本城市化率达到56%。

对比世界各国的发展历史，在由前工业化阶段发展到工业化阶段、由城镇化初始阶段发展到加速阶段、由低收入阶段发展到中等收入阶段的这一特定发展阶段，各国都有一些共同特征：

（1）农业人口流动规模大。在这一阶段，各国农民人口数量远远大于城市人口数量，快速工业化对二、三产业劳动力（工人）的需求大幅增长，工业相对于传统农业更高的劳动生产率提高了劳动报酬水平，吸引大量农民跨区域流动，由乡入城在二、三产业就业。尽管他们在城镇遇到很多困难和问题，但城镇就业相对于务农高得多的劳动报酬，使得他们仍然做出进城从事二、三产业的选择，且转移人口规模不断扩大。

（2）劳资矛盾激烈。在这一阶段，一是受经济发展水平的制约，国家中等教育、高等教育普及程度不高，占国家人口多数的农村劳

① 徐旭华．德国城市化迅速完成的原因浅析［J］．大观周刊，2011（5）．

② 王春艳．美国城市化的历史、特征及启示［J］．城市问题，2007（6）．

③ 蒋苇苇，王铭玉．日本城市化的四个历史阶段［N］．大连日报，2014-4-28．

动力平均受教育年限较短、职业技能水平较低，经济和社会地位处于底层。二是物质财富以惊人的速度被创造出来，但人均物质财富尚处于较低水平，人对物质的追求欲望强烈，很多企业主为了追逐利润而不择手段，资本的“原始积累”随处可见。三是在劳动力市场上，农业富余劳动力处于刘易斯拐点之前的无限供给阶段，与用人单位相比，劳动者处于弱势竞争地位。四是经济结构的大调整、人口的大流动、社会生活方式的大变革，超过了社会上多数人的认知能力和适应能力，法制建设和政府监管也滞后于实践。所有因素的结合，就导致了农业转移劳动力权益被用人单位严重侵害，劳资矛盾激烈。

在这样的时代背景下，出现了很多思想家、革命家、政治家，研究分析当时出现的种种问题及其原因，探索解决问题的办法，劳动者阶层也团结起来维护自身权益。1883 年，德国俾斯麦政府制定并颁布了世界上第一部社会保险法，即《疾病保险法》；1884 年和 1889 年，德国又相继制定颁布了《工伤保险法》《养老、残疾、遗属保险法》。1866 年，第一国际日内瓦会议提出八小时工作制的口号。1886 年 5 月 1 日，以芝加哥为中心，美国劳动者举行了约 35 万人参加的大规模罢工和示威游行，要求改善劳动条件，实行八小时工作制。5 月 3 日，芝加哥政府出动警察进行镇压，开枪打死两人，事态扩大。5 月 4 日，罢工工人在干草市场广场举行抗议，由于不明身份者向警察投掷炸弹，最终警察开枪，先后共有 4 名工人、7 名警察死亡，史称“干草市场暴乱”或“干草市场屠杀”。在随后的宣判中有 8 名无政府主义者以谋杀罪被起诉，4 名无政府主义者被绞死，1 名在牢中自杀。为纪念这次工人运动及抗议随后的宣判，在世界范围内举行了工人的抗议活动。这些活动成为“国际劳动节”的前身。1889 年 7 月，在恩格斯组织召开的第二国际成立大会上宣布将每年的 5 月 1 日定为“国际劳动节”。第一次世界大战结束后，1919 年相关国家在法国凡尔赛召开了和平大会，通过了《凡尔赛和约》，决定成立国际劳工组织，作为国际联盟的附属机构。总部设在瑞士日内瓦，其秘书处被称为国际劳工局。国际劳工组织的主要活动是从事国际劳工立法，即制定国际劳工标准，包括国际劳工公约和国际劳工建议书，全面维护劳动者的劳动权益。可以说，“五一”劳动节、休息休假制度、职业安全卫生制度、社会保障制度等现代劳动和社会保障法律制度，都是在发达国家当年处于这一特定发展阶段时，为了应对劳资激烈冲突而发源产生的。在今天，印度、巴西、南非等发展中国家，也仍然存在严重的用人单位侵害劳动者权益现象，劳资矛盾比较尖锐。

（3）城镇综合承载能力不足。在这一阶段，一是由于经济发展整体水平不高、人均国民收入和财富水平较低，基础设施、公共服务供给总体有限。二是由于公平分配、高效利用的制度和完备的法制尚未建立，使得城镇综合承载能力与不断增长的农业转移劳动力的需求相比严重不足，大量农业转移劳动力难以平等享受到城镇基本公共服务。

1760—1851年，英国初步城市化完成期间，大量失业工人生活居住条件恶化，死亡率上升，社会贫富差距拉大，环境污染严重。正如马克思在《资本论》中所说的那样，“在伦敦，拥有万人以上的贫民窟约有20个，那里的悲惨景象是英国任何其他地方都看不见的，就说是地狱生活，也不算过分”。政府解决城市化中伴生的负面影响，主要是通过制定有关法规—设立专门机构—提供市场失灵领域的公共住房、就业与福利保障这样一条主线展开的。1866年通过了《环境卫生法》，1875年英国第二次通过《公共卫生法》，建立了为贫困无助者提供居住和工作的济贫制度；1909年通过了第一部涉及住房和城市规划的法律，1945年通过了《工业分布法》，1946年通过了《新城法》，1947年通过了《城乡规划法》，1949年通过了

《国家公园和乡村通道法》，1952 年通过了《城镇发展法》。1952 年发生的“伦敦烟雾事件”，更是推动政府拉开了第二次大规模治理城市化负面问题（城市病）的序幕。这一次英国主要利用法律法规推行“福利国家制度”，以解决市场机制配置资源的局限性给城市化所带来的一系列社会不和谐问题。英国把福利国家的社会保障看成是中央政府和地方政府共同承担的重要职责，通过总的纲领和服务措施解决以下几个方面的问题：向居民提供基本生活保障；提供医疗服务；提供符合体面生活的住房；提供教育服务，即向公民提供“从摇篮到坟墓”的全面的社会保障。福利国家全面的社会保障依赖一种“正式的城市体系”来贯彻，这个“正式的城市体系”是指用于集体消费的公共物品和服务，由提供各种公共服务的组织机构和各种服务项目（集体消费部分）组成。包括土地、道路、下水道、饮用水、电、煤气等，也包括了规划、警察、消防、卫生、教育、住房等。提供这些服务和物品的是各级地方政府、中央政府部门和国营企业，他们的运作对城市生活起着决定性的重要作用。[①] 可以说，现代社会政策，也是在发达国家当年处于这一特定发展阶段时，为了应对城市化发展过程中存在的社会问题而发源产生的。

在今天，拉美、南亚一些国家的很多城市仍然存在农业转移劳动力生活的“贫民窟”，毒品、卖淫、枪杀等恶性社会问题严重影响人民生活质量和社会稳定。1987 年，巴西全国约有 2 500 万人居住在贫民窟，并且呈加剧发展趋势，据 2000 年的人口普查，全国有贫民窟 3 905 个，比 1991 年增加 717 个。贫民窟遍及巴西所有大城市，现已发展到中等城市。预计到 2020 年，巴西全国还会有 5 500 万人居住在贫民窟，占全国总人口的 25％。[②]

---

① 马先标. 英国城市化发展的特征与启示［EB/OL］.［2012-7-16］. http://www.cssn.cn/sf/bwsf_jj/201310/t20131022_447536.shtml.

② 周志伟. 巴西城市化问题及城市治理［J］. 中国金融，2010（4）.

3. 中国目前所处的发展阶段。从工业化尺度衡量，根据钱纳里“标准结构”理论分析，多数观点认为，我国改革开放至今，处于由前工业化阶段发展到工业化阶段中后期。① 从城镇化尺度衡量，多数专家认为，改革开放以来，我国城镇化发展由初始阶段发展到快速发展阶段（加速发展阶段）。② 1978 年，我国城镇化率只有 17.9%；2011 年达到 51.27%，历史上首次超过 50%；2013 年达到 53.7%。从人均国民总收入尺度衡量，根据世界银行 2011 年 7 月的调整，低收入的标准为年人均国民总收入 1 005 美元及以下，下中等收入为 1 006～3 975 美元，上中等收入为 3 976～12 275 美元，高收入为 12 276 美元及以上。多数专家认为，1978—2001 年，中国处于“低收入”阶段（低于人均 GDP 1 000 美元），按照世界银行调整的标准，2010 年中国人均 GDP 超过 4 200 美元，标志着正式跨上“上中等收入”的新台阶，这是继 2001 年从“低收入”进入“下中等收入”行列之后的第二次历史性跨越。③

综上所述，中国目前正处于工业化阶段、城市化发展加速阶段、中等收入阶段，因此，必然会出现其他国家在相同发展阶段出现的相似问题，包括农业人口流动规模大、劳资矛盾激烈、城镇综合承载能力不足等，从而导致农业转移人口权益受侵害等一系列问题。这是世界各国，包括目前的发达国家当年处于这一阶段之时以及目前的发展中国家，在工业化、城市化过程中普遍出现的农业转移劳动力面临的、带来的共性问题；也是之所以产生中国农民工面临的、带来的一系列问题，在经济基础方面的根本原因。辩证唯物主义提出，物质决定意识、经济基础决定上层建筑。只要中国仍然处于工

---

① 冯飞，王晓明，王金照. 对我国工业化发展阶段的判断［EB/OL］.［2012-8-1］. http://china-do.cn/ReadNews.asp? NewsID=2734.

② 刘新卫. 中国城镇化发展阶段、趋势和特点［J］. 资源，2007.

③ 杨文彦. 中国已跨入上中等收入阶段　专家分析如何避免掉入中等收入陷阱［EB/OL］.［2012-6-29］. http://politics.people.com.cn/n/2012/0629/c1001-18409265.html.

业化阶段、城市化发展加速阶段、中等收入阶段，这一社会发展特定阶段的客观限制条件就不可避免地导致农业转移人口面临的、带来的一系列问题。

（二）中国独特的户籍管理制度

与发达国家和其他发展中国家相比，中国的农村劳动力转移模式（即农民工模式）除了具有以上所分析的各国共同的特征以外，也具有不同特点，那就是中国自20世纪50年代开始实行的以户籍管理制度为核心的城乡二元管理体制。根据伯克、刘易斯等经济学家的研究，各国在发展过程中都存在过（或正存在着）传统农业部门和城市工业部门构成的二元经济，这是一种客观存在。而针对城乡实行以户籍管理制度为核心的二元管理体制，则是中国独特的制度安排。

1. 户籍管理制度的基本内容。所谓户籍管理制度，就是将全国人口登记为农业户口与非农业户口两大类，并且明确到具体的行政区划，其中农业户口指依靠自己生产口粮的农业人口即农民，非农业户口指城镇人员。公民出生后初始登记户口时，由其父母的户口性质决定其本人的户口性质。父母为农民，则孩子的户口也为农业户口，户籍所在地登记为某省（自治区、直辖市，下同）某市某县某乡某村；父母为城镇人员，则孩子的户口也为非农业户口，户籍所在地登记为某省某市某区某街道。公民享有的很多权利、待遇与户口挂钩，户口从城乡、行政区划两个层面影响权利和待遇，既可能因农业户口与非农业户口的不同而不同，比如某市市区户口与该市所辖农村的农业户口挂钩的权利和待遇不同；也可能因行政区划不同而不同，比如甲市市区户口与乙市市区户口挂钩的权利和待遇不同。公民在出生后至死亡前的时间段内，可以迁移户口，但是必须符合规定的条件，一般来说，由农业户口迁移为非农业户口、由小城市户口迁移为大中城市户口往往很难，因为后者挂钩的权利、待遇更多。

在户籍管理制度的框架下，与户口性质相挂钩的权利、待遇中，一项非常重要的权利是土地权益。国家规定，城市土地实行全民所有制；农村土地实行集体所有制，属于农村集体经济组织所有，改革开放后，农民作为农村集体经济组织的成员，享有土地承包经营权、宅基地使用权、集体经济收益分配权。除国家依法征收或农民本人依法流转土地承包经营权外，任何人、任何组织不得剥夺、买卖、兼并土地。

2. 户籍管理制度的影响。户籍管理制度这种中国独特的制度模式，其性质是社会人口的组织方式。如果说计划经济条件下的“单位”是以生产劳动为基础的社会人口组织方式，那么“户籍”可以说是以城乡和区域为基础的社会人口组织方式，它将社会人口限定在某一个特定的行政区域的城镇或农村，在此空间内生产和生活，地方政府对此空间内的人口给予相应的权利和待遇。如果由于国家需要或个人需求而迁移户口，则必须经过政府部门的批准。这样一种固定的甚至僵化的社会人口组织方式，虽然有其有利影响，但是本质上必然与工业化、城镇化所要求的农业人口大转移、大流动不相适应。

（1）有利影响。一是在一个农民占多数的人口大国，这种户籍管理制度维持了社会的稳定。二是保证了农民即使进城就业也仍然拥有农村的土地和房屋，一旦在城镇失业还能在农村拥有最后的保障，避免了欧美国家工业化阶段因大量农民失地、失房又失业而导致的一系列社会问题，尤其是避免了拉美和南亚一些国家普遍存在的“贫民窟”问题。

（2）不利影响。一是导致进城就业常住的农业转移人口在法律上不能与城镇户籍人口平等地享有各项权利。在户籍管理制度下，

公民的权利和待遇主要由户籍地政府予以提供，人口与户口迁移的决定权不属于公民而属于迁入地政府，农村人口即使已经转移到城镇长期就业，但就业地政府和城镇户籍居民并不接纳农村劳动力为本地居民，而仅仅视其为“招之即来、挥之即去”的流动劳动力，导致农业转移人口很难将户口迁移为大中城市非农业户口，难以享受与该城市非农业户口挂钩的权利、待遇。

二是由于“路径依赖”的原因，农业转移人口不能享有平等权利的状况难以在短时期内改变。新制度经济学中的“路径依赖”理论认为，人类社会中的技术演进或制度变迁均有类似于物理学中的惯性，即一旦进入某一路径（无论是“好”还是“坏”），就可能对这种路径产生依赖；惯性的力量会使这一选择不断自我强化，不能轻易走出去。户籍管理制度实行以后，“路径依赖”特征明显，新增加的涉及公民的各方面权利和待遇陆续与户籍挂钩，致使附着在户籍上的权利和待遇越来越多，户籍的重要性不断自我强化。要想改变这种制度安排，赋予农业转移人口平等权利和待遇，无论客观的城镇综合承载能力上还是主观的突破既得利益约束上，都十分困难，难以在短时期内根本改变。

三是加深了对农民和农业转移人口的歧视。在不发达国家中，由于农民的经济地位、政治地位、受教育程度不高，对农民的歧视比较常见，是一种普遍的不文明现象，在中国亦如此。而户籍管理制度作为法律制度，赋予农民与城镇户籍居民不同的权利和待遇，形成城乡二元管理体制，则进一步加深了对农民和农业转移人口的歧视，将农民和农业转移人口视为“二等公民”，认为其本来就应该留守在家乡耕作好“一亩三分田”，不要到城镇占用市民公共资源的社会心态比较严重。这种不公平的社会心态必然加剧对农业转移人口的权益侵害，引发更多的社会问题。

总之，中国农民工问题产生的根本原因是世界各国共性的工业化、城镇化、人均国民总收入发展特定阶段的客观限制条件和中国独特的以户籍管理制度为核心的城乡二元管理体制的共同作用，前者是经济基础，后者是上层建筑。如果看不到前者，把农民工问题全部归因于中国独特的户籍管理制度，就解释不了未实行户籍管理制度的发达国家在工业化阶段出现的劳资冲突、阶级革命等种种问题，解释不了未实行户籍管理制度的拉美、南亚等发展中国家至今存在的“贫民窟”等问题，也解释不了中国一些能力强、技能高的农民工通过经商务工获得较高收入并且在城镇买房定居，就无助于从根本上解决中国农民工问题。如果看不到后者，把农民工问题全部归因于各国工业化、城镇化、人均国民总收入发展特定阶段的客观限制条件，就解释不了改革开放以来尤其是以人为本的科学发展观确立以来社会体制改革对维护农民工权益所起到的巨大推动作用，就看不到目前人的城镇化已经滞后于工业化（工业化已经创造出持续稳定的二、三产业就业岗位并吸纳农民工就业，但这些人还不能成为市民），就会在国家已经具备了逐步解决农业转移人口享受平等权益的实力时而不努力推动进一步的改革，同样无助于从根本上解决中国农民工问题。

第三章　解决农民工问题的三个历史阶段

中国农民工问题产生的根本原因是世界各国共性的工业化、城镇化、人均国民总收入发展特定阶段的客观限制条件和中国独特的以户籍管理制度为核心的城乡二元管理体制的共同作用，前者是经济基础，后者是上层建筑。因此，要从根本上解决中国农民工问题，一靠发展，也就是要努力成功地完成工业化、城镇化历史进程，跨过“中等收入陷阱”，从而进入后工业化阶段、城镇化稳定发展阶段、高收入阶段。改革开放以来，党中央、国务院始终坚持以经济建设为中心，坚持发展是硬道理，坚持全面协调可持续的科学发展，推动中国经济建设、政治建设、文化建设、社会建设、生态文明建设取得了全面巨大进步。这为过去 30 多年逐步解决农民工问题奠定了经济基础，未来要从根本上解决农民工问题，仍然需要依靠发展。二靠改革，也就是要适应工业化、城镇化、农业现代化发展所要求的农业人口大转移、大流动的客观形势和趋势，加快改革以户籍管理制度为核心的城乡二元管理体制，保障农业转移人口的平等权益。

党中央、国务院始终高度重视解决好农民工问题，在着力推动经济社会发展的同时，推进一系列改革、采取一系列政策措施，维护农民工权益、促进农民工发展。关于农民工发展历史阶段的划分，比较有代表性的观点是 2006 年国务院研究室牵头的“农民工问题调研和文件起草组”在《中国农民工问题研究总报告》中提出的三阶段论，以及2011年国务院农民工办、国务院发展研究中心课题组在《中国农民工发展研究总报告》中提出的四阶段论。国务院研究室课题组的“三阶段论”提出，我国涉及农民工（农村劳动力流动就业）的政策大致经历了三个发展阶段：一是从“自由迁移”到“严格控制”阶段，其中自新中国成立之初至1958年，采取“自由迁移”政策，自1958年颁布《户口登记条例》到1978年，采取“严格控制”政策；二是从“离土不离乡”到“离土又离乡”阶段，其中自党的十一届三中全会至20世纪80年代后期，采取“离土不离乡”政策，自20世纪80年代后期至90年代中后期，采取“离土又离乡”政策；三是从“消极应对”到“积极引导”阶段，其中在20世纪90年代中后期为了应对农民进城务工就业、城镇新增劳动力就业、下岗失业人员再就业“三峰叠加”的严峻就业形势，一些城市采取“消极应对”政策，进入21世纪，特别是党的十六大以后，采取“积极引导”政策。[①] 国务院农民工办、国务院发展研究中心课题组的“四阶段论”提出，我国促进农村劳动力转移就业和融入城市可以分为四个阶段：一是20世纪80年代起逐步消除农民“离土”的限制，允许农民“离土不离乡，进厂不进城”；二是20世纪90年代起逐步消除农民“离乡”的限制，允许农民跨地区流动和进城打工；三是进入21世纪后，逐步放宽对农民工在城镇落户定居的限制，确保农村人口转移和城镇化有序推进；四是自21世纪10年代起，将进入“以技能就业促进城，以公共服务促定居”的阶段，农民工市民化将逐步进入高峰时期。[②]

以上观点从不同角度划分农民工发展阶段，都具有合理性。笔者认为，还可以从权益的角度来划分农民工发展阶段，因为农民工

① 国务院研究室课题组. 中国农民工调研报告［M］. 北京：中国言实出版社，2006：2-3.

② 国务院农民工办，国务院发展研究中心. 中国农民工发展研究总报告［C］//中国农民工发展研究课题组. 中国农民工发展研究. 北京：中国劳动社会保障出版社，2013：2.

问题的本质是农民工权益的缺失，解决农民工问题就是在发展和改革的基础上逐步保障好农民工的权益。从权益的角度来回顾农民工工作和农民工发展历史，概括地说，就是在工业化、城镇化、农业现代化大背景下，一段农业转移劳动力（即农民工）逐步实现就业平权、劳动平权、市民平权的历史。也就是说，是农业转移劳动力作为中国公民逐步享有与城镇户籍劳动力平等的在城镇二、三产业就业的权益（就业平权），作为用人单位的劳动者逐步享有与城镇户籍职工平等的劳动法定权益（劳动平权），作为城镇常住人口逐步享有与城镇户籍居民平等的市民权益（市民平权）的历史。

一、第一阶段：就业平权阶段（自改革开放到2002年）

改革开放前，以1958年颁布《户口登记条例》为标志，我国实行城乡分割的二元管理体制，严格控制农村人口向城市迁移。这种控制通过两个机制发挥作用：一是行政审批。农村人口没有自由到城镇就业、常住的权利，想要成为城镇居民，只能通过上大中专院校、参军提干、劳动部门招工、经审批的家属随迁等途径。这些途径实行严格的计划指标和行政审批管理，人数很少。二是经济所有制结构。当时的经济所有制基本上全部为公有制，包括全民所有制、集体所有制，基本上不存在私有企业、外商投资企业，禁止自谋职业从事个体经营。这种经济所有制结构也决定了城镇缺乏吸纳农民工就业的机会。因此，从20世纪50年代后期到70年代后期，我国城镇化基本处于停滞状态，新中国成立初期中国的城市化率为20%,[①] 到1978年城镇化率只有17.9%。[②]

① 凤凰网财经. 厉以宁：中国城镇化速度太低 30年后要达到75%［EB/OL］.［2010-1-25］. http://finance.ifeng.com/news/special/myqynh/20100125/1752331.shtml.

② 数据来源于《国家新型城镇化规划（2014—2020年）》。

改革开放后，国家实行一系列改革，为农村人口转移到城镇二、三产业就业提供了权利和机会，由此产生了“农民工”群体，并于1984年首次出现“农民工”称谓。与此相关的重要改革主要有：一是经济所有制改革。1978年12月，安徽省凤阳县小岗生产队的农民实行分田到户、家庭承包，开始了所有制改革的探索，只允许公有制存在的所有制结构被打破；此后，私营企业、外商投资企业、个体经济组织等迅速发展，公有制与非公有制经济共同发展的所有制格局形成并不断完善。经济所有制改革为农业转移人口在二、三产业就业创造了岗位。二是就业制度改革。农村家庭承包制改革，除了具有调动劳动积极性的基本效果之外，同样重要的是，通过给予农户安排劳动时间、决定劳动方式和劳动内容的自主权，解放了劳动力这一最重要的生产要素。可以说，这项改革是劳动力市场改革的出发点和认识改革过程的逻辑起点。20世纪80年代以来，政府逐步解除限制农村劳动力流动的政策。随着农村劳动力就地转移渠道日益狭窄，1983年政府开始允许农民从事农产品的长途贩运和自销，第一次给予农民异地经营以合法性。1984年进一步放松对劳动力流动的控制，甚至鼓励劳动力到临近小城镇打工。而到1988年中央政府则开了先例，在粮票制度尚未取消的情况下，允许农民自带口粮进入城市务工经商。[①] 就业制度改革赋予了农业转移人口在二、三产业就业的权利。三是粮食流通体制改革。1953年开始，国家对粮食实行统购统销，1955年开始发行粮票。由于粮食短缺、凭票购买，农民想要外出连吃饭都存在问题。改革开放后，1979—1981年，国家提高粮食统购价格，恢复粮食集市贸易。1982—1984年，国家实行征购、销售、调拨包干，允许多渠道经营。1983年初，农村家庭

① 蔡昉．改革开放30年我国就业制度改革的回顾与思考［EB/OL］．［2008-12-8］．http://news.ifeng.com/history/special/30yearsystem/200812/1208_5154_912744.shtml.

联产承包责任制的推行，打破了我国农业生产长期停滞不前的局面，促进农业从自给半自给经济向较大规模的商品生产转化。这一年，经国务院同意，在完成粮油统购任务后实行多渠道经营，国营粮食商业是粮食多渠道经营中的主渠道，同时积极开展议购议销业务，参与市场调节；供销社和农村其他合作商业组织可以灵活购销，农民私人也可以经营。1985—1992 年，国家取消粮食统购，实行合同定购。1993 年，国家放开粮食价格和经营，积极探索粮食购销市场化的改革路子，粮油实现敞开供应，粮票已无用武之地，被正式宣告停止使用。[①] 粮食流通体制改革使农业转移人口进城能有饭吃，在二、三产业就业成为可能。

农民工群体出现后，进入了发展的第一阶段——就业平权阶段，即农业转移劳动力作为中国公民逐步享有与城镇户籍劳动力平等的在城镇二、三产业就业权益的阶段，农民工的转移就业权益不断扩大。这一阶段大致可分为三个步骤：先是 20 世纪 80 年代初期“离土不离乡”。随着乡镇企业异军突起，大量农民离开土地进入乡镇企业就业，开创了“离土不离乡”的农村劳动力转移就业模式。据统计，1983—1988 年，乡镇企业共吸纳农村劳动力 6 300 万人。再是 20 世纪 80 年代后期“离土又离乡”。随着对外开放和城市改革的深入，东部沿海地区经济快速发展，对劳动力提出了旺盛的需求。在这种情况下，国家适时调整限制政策，准许农民在不改变身份、不改变城市供给制度的前提下进城务工就业，呈现出农村劳动力转移就业“离土又离乡”的新模式。据调查，1989 年的农村外出就业劳动力由改革开放初期的不到 200 万人增加到 3 000 万人。然后是 20 世纪 90 年代中期“离乡又跨省”。1992 年邓小平同志南方谈话发表后，我国

① 颜波，陈玉中. 粮食流通体制改革 30 年［EB/OL］.［2009-3-10］. http://www.tech-food.com/news/2009-3-10/n0237596_5.htm.

经济发展进入了新一轮快速增长期，农民外出务工就业也出现了新的高潮，并且流动的范围越来越大，跨省转移就业尤其是转移到沿海地区就业的农民工人数不断增加。据调查，1993 年全国农民工达到 6 200 多万人，比 1989 年增加了 3 200 万人；其中跨省流动的约为 2 200 万人，比 1989 年翻了一番多。①

在这一阶段，农民工平等就业权总的来说在不断扩大，但与经济体制渐进式改革的宏观背景相似，由于客观因素影响和对农民工转移就业的认识有一个逐渐提升的过程，在这个阶段仍然存在对农民工平等就业权的限制和反复。具体表现在：一是“盲流”称谓的再次使用。1952 年，当时的中央劳动就业委员会提出要“克服农民盲目地流向城市”，“盲流”这个具有歧视性的称谓由此产生。1957 年，国务院发布《关于制止农村人口盲目外流的指示》；1959 年，中共中央、国务院联合发出《关于制止农村劳动力盲目外流的紧急通知》；1961 年，中共中央批转公安部《关于制止人口自由流动的报告》，决定在大中城市设立“收容遣送站”，负责将饥荒中的流民收容起来遣送原籍。② 改革开放初期，在允许农民转移就业的同时，在出现国民经济增长速度明显放慢的情况下，“盲流”称谓再次使用，1989 年 4 月，民政部、公安部印发《关于进一步做好控制民工盲目外流的通知》（[89] 民电 124 号），1995 年 8 月，公安部印发《关于加强盲流人员管理工作的通知》，要求各级公安部门积极会同民政部门做好对盲流人员的收容遣送工作。二是流动就业审批制度的实施。1994 年 11 月，原劳动部颁布《农村劳动力跨省流动就业管理暂行规定》（劳部发 [1994] 458 号），规定当本地劳动力无法满足需求，并符合该《规定》明确的条件的，用人单位可跨省招用农村劳动力。

---

① 国务院研究室课题组. 中国农民工调研报告 [M]. 北京：中国言实出版社，2006：3.

② 国务院研究室课题组. 农民工称谓问题研究 [C] //中国农民工发展研究课题组. 中国农民工发展研究. 北京：中国劳动社会保障出版社，2013：491.

用人单位或其委托代理人从应招对象户口所在地招收农村劳动力，须向该地劳动就业服务机构提交必要的文件，经核准后在劳动就业服务机构的协助下招收，并接受该地劳动行政部门的监督。用人单位一般不得在本地直接招收外省的农村劳动力。被用人单位跨省招收的农村劳动者，外出之前，须持身份证和其他必要的证明，在本人户口所在地的劳动就业服务机构进行登记并领取外出人员就业登记卡；到达用人单位后，须凭出省就业登记卡领取当地劳动部门颁发的外来人员就业证；证、卡合一生效，简称“流动就业证”，作为流动就业的有效证件。农村劳动力跨省流动从事农业生产和在本省内的大中城市流动就业，以及城镇劳动力跨省流动就业，可参照本《规定》执行。三是对农民工就业行业和岗位的限制。虽然这个阶段政策重点是允许和积极引导农村劳动力有序流动，但是，20 世纪 90 年代中后期深化国有企业改革和城市就业制度改革，使得大量国有企业富余人员下岗失业。为了解决这些下岗失业人员的再就业问题，不少城市采取了就业保护制度，对一些就业岗位作出规定，将外来农村劳动力排斥在外。[①] 四是在这个阶段，农民工作为用人单位的劳动者并不能享有与城镇户籍职工平等的劳动法定权益，更不能作为城镇常住人口享有与城镇户籍居民平等的市民权益。从法律条文看，1995 年 1 月 1 日起施行的《劳动法》规范的是用人单位与“劳动者”的权利义务关系，并未将农民工排除在“劳动者”之外。但是在实践中，“劳动者”主要被认为是城镇户籍职工，而不包括农民工，以至于有人戏称劳动部门为“城市劳动部门”。

---

① 蔡昉，都阳，等. 农村劳动力转移与就业：阶段、现状与趋势［C］//中国农民工发展研究课题组. 中国农民工发展研究. 北京：中国劳动社会保障出版社，2013：55-59.

二、第二阶段：劳动平权阶段（自2002年至2012年）

2002年11月党的十六大召开以后，党中央提出科学发展观的指导思想。科学发展观的第一要义是发展，核心是以人为本，基本要求是全面协调可持续，根本方法是统筹兼顾。重点是“统筹城乡发展、统筹区域发展、统筹经济社会发展、统筹人与自然和谐发展、统筹国内发展和对外开放”。农民工是一个人数数以亿计的弱势群体，坚持以人为本就必须维护好农民工权益；大量农民工从农村转移到城镇就业、常住，从中西部地区转移到东部地区就业、常住，他们不仅是经济发展中的生产要素，而且是社会发展的重要主体，因此，统筹城乡发展、统筹区域发展、统筹经济社会发展，就必须维护好农民工权益。在科学发展观指导下，农民工发展进入了新的阶段。2003年1月国务院办公厅印发《关于做好农民进城务工就业管理和服务工作的通知》（国办发［2003］1号），这是国务院第一次专门针对农民工群体制定政策性文件，由此开启了也标志着农民工发展进入第二阶段，即劳动平权阶段。这一阶段的主要任务和成就是：

（一）从法律上巩固和确立了农民工就业平权

国办发［2003］1号文件规定：取消对农民进城务工就业的不合理限制。各地区、各有关部门要取消对企业使用农民工的行政审批，取消对农民进城务工就业的职业工种限制，不得干涉企业自主合法使用农民工。要严格审核、清理农民进城务工就业的手续，取消专为农民工设置的登记项目，逐步实行暂住证一证管理。各行业和工种尤其是特殊行业和工种要求的技术资格、健康等条件，对农民工和城镇居民应一视同仁。在办理农民进城务工就业和企业用工的手

续时，除按照国务院有关规定收取的证书工本费外，不得收取其他费用。严禁越权对农民工设立行政事业性收费项目，提高收费标准。各级物价、财政部门要严格检查、督促落实，防止变换手法继续向农民工乱收费。要严格执行《城市流浪乞讨人员收容遣送办法》的规定，不得将遣送对象范围扩大到农民工，更不得对农民工强制遣送和随意拘留审查。

2005 年 2 月 7 日，原劳动和社会保障部印发《关于废止〈农村劳动力跨省流动就业管理暂行规定〉及有关配套文件的通知》（劳社部函［2005］18 号），提出根据党中央、国务院关于改善农民进城就业环境，清理和取消限制农民进城就业的政策规定的要求，经研究决定废止原劳动部颁布的《农村劳动力跨省流动就业管理暂行规定》（劳部发［1994］458 号）、原劳动部《关于严禁滥发流动就业证卡的紧急通知》（劳部发［1995］59 号）、原劳动部办公厅《关于“外出人员就业登记卡”发放和管理有关问题的通知》（劳办发［1996］99 号）。停止执行劳动和社会保障部办公厅《关于印发做好农业富余劳动力流动就业工作意见的通知》（劳社厅发［2000］3 号）中关于“外出人员就业登记卡和外来人员就业证是搞好流动人口管理，掌握流动就业状况，开展流动就业管理服务的基础手段。要坚持在劳动力输出地发卡。外出人员就业登记卡应反映外出前职业培训情况，反映权益保障和就业服务等信息。外来人员就业证应记录外来后培训、就业、缴纳及享受社会保险等情况。流动就业证卡应实行省内统一管理，防止重复发放”的规定。

2007 年 8 月，全国人大常委会通过《就业促进法》，规定：“农村劳动者进城就业享有与城镇劳动者平等的劳动权利，不得对农村劳动者进城就业设置歧视性限制。”这就意味着，在第一阶段逐步扩大农村劳动力转移就业权的基础上，国家从法律制度上巩固和确立了农民工与城镇劳动者平等的就业权利。

在立法巩固和确立农民工与城镇劳动者平等的就业权利的同时，国家还组织实施对农民工的职业技能培训，提高就业质量。2003年9月，《国务院办公厅转发农业部等部门2003—2010年全国农民工培训规划的通知》（国办发［2003］79号）印发，开始实施农业部、劳动保障部、教育部、科技部、建设部、财政部联合制定的《2003—2010年全国农民工培训规划》，目标是2003—2005年，对拟向非农产业和城镇转移的1 000万农村劳动力开展转移就业前的引导性培训，对其中的500万人开展职业技能培训；对已进入非农产业就业的5 000万农民工进行岗位培训。2006—2010年，对拟向非农产业和城镇转移的5 000万农村劳动力开展引导性培训，并对其中的3 000万人开展职业技能培训；同时，对已进入非农产业就业的2亿多农民工开展岗位培训。2010年1月，《国务院办公厅关于进一步做好农民工培训工作的指导意见》（国办发［2010］11号）印发，提出到2015年，力争使有培训需求的农民工都得到一次以上的技能培训，掌握一项适应就业需要的实用技能。

（二）从法律上开创和确立了农民工劳动平权

按照科学发展观关于统筹经济社会发展、深化社会体制改革、加强社会建设的精神，2003年选举产生的第十届全国人大常委会大力加强社会领域立法，将《劳动合同法》《就业促进法》《劳动争议调解仲裁法》《社会保险法》列入立法规划。2007年6月，《劳动合同法》通过、颁布；2007年8月，《就业促进法》通过、颁布；2007年12月，《劳动争议调解仲裁法》通过、颁布；2010年12月，《社会保险法》通过、颁布。这是继1994年7月《劳动法》通过、颁布后，劳动和社会保障立法上的重大突破。这四部法律在立法指导思想上均着眼于深化社会体制改革，将农民工纳入调整范围，赋予农民工与城镇户籍职工平等的劳动和社会保障权利，包括平等的劳动关系建立和终止、工资、休息休假、劳动保护、职业培训、养老保险、医疗保险、工伤保险、失业保险、生育保险、劳动争议处理等权利。其中，《劳动合同法》规定："中华人民共和国境内的企业、个体经济组织、民办非企业单位等组织（以下称用人单位）与劳动者建立劳动关系，订立、履行、变更、解除或者终止劳动合同，适用本法。""国家机关、事业单位、社会团体和与其建立劳动关系的劳动者，订立、履行、变更、解除或者终止劳动合同，依照本法执行。"《劳动争议调解仲裁法》规定："中华人民共和国境内的用人单位与劳动者发生的下列劳动争议，适用本法。"也就是将包括农民工在内的一切与用人单位建立劳动关系的劳动者均纳入调整范围。《就业促进法》规定："农村劳动者进城就业享有与城镇劳动者平等的劳动权利，不得对农村劳动者进城就业设置歧视性限制。"《社会保险法》规定："进城务工的农村居民依照本法规定参加社会保险。"

在这一阶段，国务院还颁布了《工伤保险条例》《劳动保障监察条例》《职工带薪年休假条例》《劳动合同法实施条例》等行政法规，在赋予劳动者工伤保险权利、带薪年休假权利、劳动保障监察救济权利等方面，均对农民工与城镇户籍职工一视同仁。

以上法律和行政法规首次开创并且确立了同样作为与用人单位建立劳动关系的劳动者，农民工与城镇户籍的职工享有完全平等的劳动和社会保障权利、履行完全平等的义务。各种部门规章、地方性法规、地方政府规章、其他规范性文件，凡是与以上法律和行政法规相抵触的，都属于违反规定，应当依法予以纠正。

（三）从政策上探索逐步赋予农民工市民平权

农民工市民平权指的是农民工作为城镇常住人口（新市民）逐步享有与城镇户籍居民（老市民）平等的城镇市民权益。由于城镇市民权益涉及面广、不同城镇综合承载能力不同、城乡和区域发展差距较大，因此赋予农民工市民平权难以一蹴而就，不宜通过立法强制性地明确从法律实施之日起赋予全体农民工与城镇户籍居民各项平等权益。为此，国家通过深化户籍制度改革和各项公共服务供给制度改革，从政策上探索逐步赋予农民工市民平权。

1. 在农民工随迁子女教育方面，逐步解决其在输入地城镇接受义务教育、学前教育，参加中考高考问题。2003 年 9 月，《国务院办公厅转发教育部等部门关于进一步做好进城务工就业农民子女义务教育工作意见的通知》（国办发［2003］78 号）印发实施，提出“两为主”原则，即“以流入地政府为主、以全日制公办中小学为主”，逐步解决进城务工就业的农民工随迁子女接受义务教育问题。从此，越来越多的农民工随迁子女能够在父母就业的城镇的全日制公办中小学接受义务教育。2010 年 11 月，《国务院关于当前发展学前教育的若干意见》（国发［2010］41 号）印发实施，明确“城镇小区没有配套幼儿园的，应根据居住区规划和居住人口规模，按照国家有关规定配套建设幼儿园。新建小区配套幼儿园要与小区同步规划、同步建设、同步交付使用。建设用地按国家有关规定予以保障。未按规定安排配套幼儿园建设的小区规划不予审批。城镇小区配套幼儿园作为公共教育资源由当地政府统筹安排，举办公办幼儿园或委托办成普惠性民办幼儿园。城镇幼儿园建设要充分考虑进城务工人员随迁子女接受学前教育的需求”。2012 年 8 月，《国务院办公厅转发教育部等部门关于做好进城务工人员随迁子女接受义务教育后在当地参加升学考试工作意见的通知》（国办发［2012］46 号）印发实施，要求做好进城务工人员及其他非本地户籍就业人员随迁子女接受义务教育后在当地参加中考和高考工作，并于 2012 年底前出台具体实施方案。2012 年底前，各省、自治区、直辖市除西藏（农民工及其随迁子女很少）外，均按要求出台了实施方案。

2. 在住房方面，从集体宿舍、住房公积金、公共租赁住房、保

障性安居工程等环节逐步改善农民工居住条件。2006 年 1 月，《国务院关于解决农民工问题的若干意见》（国发［2006］5 号）印发实施，要求“招用农民工数量较多的企业，在符合规划的前提下，可在依法取得的企业用地范围内建设农民工集体宿舍。农民工集中的开发区和工业园区，可建设统一管理、供企业租用的员工宿舍，集约利用土地”，“各地要把长期在城市就业与生活的农民工居住问题，纳入城市住宅建设发展规划。有条件的地方，城镇单位聘用农民工，用人单位和个人可缴存住房公积金，用于农民工购买或租赁自住住房”。2007 年 12 月，建设部、发展改革委、财政部、劳动保障部、国土资源部联合印发《关于改善农民工居住条件的指导意见》（建住房［2007］276 号），提出落实国发［2006］5 号文件的具体意见。2009 年 12 月 31 日，中共中央印发《中共中央国务院关于加大统筹城乡发展力度进一步夯实农业农村发展基础的若干意见》（中发［2010］1 号），要求“多渠道多形式改善农民工居住条件，鼓励有条件的城市将有稳定职业并在城市居住一定年限的农民工逐步纳入城镇住房保障体系”。2010 年 6 月，建设部、发展改革委、财政部、国土资源部、人民银行、税务总局、银监会联合印发《关于加快发展公共租赁住房的指导意见》（建保［2010］87 号），提出“公共租赁住房供应对象主要是城市中等偏下收入住房困难家庭。有条件的地区，可以将新就业职工和有稳定职业并在城市居住一定年限的外来务工人员纳入供应范围”，“在外来务工人员集中的开发区和工业园区，市、县人民政府应当按照集约用地的原则，统筹规划，引导各类投资主体建设公共租赁住房，面向用工单位或园区就业人员出租”。2011 年 9 月，《国务院办公厅关于保障性安居工程建设和管理的指导意见》（国办发［2011］45 号）印发实施，要求“大力推进以公共租赁住房为重点的保障性安居工程建设”，“公共租赁住房面向城镇中等偏下收入住房困难家庭、新就业无房职工和在城镇稳定就业的外来务工人员供应”，“外来务工人员集中的开发区、产业园区，应当按照集约用地的原则，统筹规划，集中建设单元型或宿舍型公共租赁住房，面向用工单位或园区就业人员出租”。

3. 在医疗卫生方面，从疾病预防控制、健康教育、特定传染病免费治疗、儿童免疫、医疗保障等环节维护农民工及其随迁子女健康权益。国发［2006］5号文件要求，“输入地要加强农民工疾病预防控制工作，强化对农民工健康教育和聚居地的疾病监测，落实国家关于特定传染病的免费治疗政策。要把农民工子女纳入当地免疫规划，采取有效措施提高国家免疫规划疫苗的接种率”。2006年4月，卫生部印发《关于贯彻落实〈国务院关于解决农民工问题的若干意见〉的通知》（卫疾控发［2006］168号），明确了具体规定。2009年3月，《中共中央国务院关于深化医药卫生体制改革的意见》（中发［2009］6号）明确，“签订劳动合同并与企业建立稳定劳动关系的农民工，要按照国家规定明确用人单位缴费责任，将其纳入城镇职工基本医疗保险制度；其他农民工根据实际情况，参加户籍所在地新型农村合作医疗或务工所在地城镇居民基本医疗保险”。

4. 在计划生育方面，从知识普及、避孕药具、技术服务、休假、生产经营支持、社会救助及避孕节育情况检查等环节维护农民工权益。国发［2006］5号文件要求，“实行以输入地为主、输出地和输入地协调配合的管理服务体制。输入地政府要把农民工计划生育管理和服务经费纳入地方财政预算，提供国家规定的计划生育、生殖健康等免费服务项目和药具。用人单位要依法履行农民工计划生育相关管理服务责任。输出地要做好农民工计划生育宣传、教育和技术服务工作，免费发放《流动人口婚育证明》，及时向输入地提供农民工婚育信息。加强全国流动人口计划生育信息交换平台建设”。2009年5月，国务院颁布《流动人口计划生育工作条例》，对以农民工为主的流动人口计划生育管理做出了规定，同时规定了其享有的服务权益，包括在现居住地免费参加有关人口与计划生育法律知识和生殖健康知识普及活动；依法免费获得避孕药具，免费享受国家规定的其他基本项目的计划生育技术服务；晚婚晚育或者在现居住地施行计划生育手术的，按照现居住地省、自治区、直辖市或者较大的市的规定，享受休假等；实行计划生育的，按照流动人口现居住地省、自治区、直辖市或者较大的市的规定，在生产经营等方面获得支持、优惠，在社会救济等方面享受优先照顾。流动人口户籍所在地的地方各级人民政府和县级以上地方人民政府有关部门应当依法落实法律、法规和规章规定的流动人口计划生育服务和奖励、优待。流动人口现居住地从事计划生育技术服务的机构应当按照所在地省、自治区、直辖市或者较大的市的规定，为已婚育龄妇女出具避孕节育情况证明。流动人口户籍所在地的县级人民政府人口和计划生育部门、乡（镇）人民政府或者街道办事处不得要求已婚育龄妇女返回户籍所在地进行避孕节育情况检查。

5. 在精神文化生活方面，从公益性文化设施和服务、文化消费补贴、用人单位文化活动、引导社会力量参与农民工文化工作等环节丰富农民工精神文化生活。国发［2006］5 号文件要求，“完善社区公共服务和文化设施，城市公共文化设施要向农民工开放，有条件的企业要设立农民工活动场所，开展多种形式的业余文化活动，丰富农民工的精神生活”。2011 年 10 月，十七届六中全会通过《中共中央关于深化文化体制改革推动社会主义文化大发展大繁荣若干重大问题的决定》，要求“引导企业、社区积极开展面向农民工的公益性文化活动，尽快把农民工纳入城市公共文化服务体系”，“有条件的地方要为困难群众和农民工文化消费提供适当补贴”。2011 年 9 月，文化部、人力资源和社会保障部、全国总工会联合印发《关于进一步加强农民工文化工作的意见》（文社文发［2011］45 号），对农民工文化工作做出具体部署，要求将公共图书馆、文化馆等公益性文化设施免费向农民工开放，推进重大农民工文化惠民工程建设，推进“两看一上”（看报纸、看电视、有条件的能上网）工程，加强“职工书屋”建设，以“公共电子阅览室”建设为依托进行“农民工网（夜）校”试点，鼓励、引导和调动各种社会力量参与农民工文化工作等。

6. 在法律援助与法律服务方面，从降低申请法律援助的门槛、免费开展法律援助、方便就近申请法律援助、法律咨询和普法宣传等环节为农民工提供服务。国发［2006］5号文件要求，“要把农民工列为法律援助的重点对象。对农民工申请法律援助，要简化程序，快速办理。对申请支付劳动报酬和工伤赔偿法律援助的，不再审查其经济困难条件。有关行政机关和行业协会应引导法律服务机构和从业人员积极参与涉及农民工的诉讼活动、非诉讼协调及调解活动。鼓励和支持律师和相关法律从业人员接受农民工委托，并对经济确有困难而又达不到法律援助条件的农民工适当减少或免除律师费。政府要根据实际情况安排一定的法律援助资金，为农民工获得法律援助提供必要的经费支持”。2006年10月，司法部、财政部联合印发《贯彻落实〈国务院关于解决农民工问题的若干意见〉的意见》（司发通［2006］69号），要求“各级司法行政机关要按照国务院5号文件要求，认真组织法律服务、法律援助机构和法制宣传部门全面开展对农民工法律帮助和普法教育。组织引导律师和律师事务所在农民工较为集中的区域，定期或不定期开展农民工义务法律咨询活动，有条件的律师事务所要设立农民工免费法律咨询热线。对于经济确有困难又达不到法律援助条件的农民工，适当减少或免除服务费用。保证符合国务院5号文件规定条件的农民工及时获得法律援助。畅通申请渠道，为农民工及时就近申请法律援助提供组织保障。法律援助机构可以通过接受邮寄申请的方式，方便农民工在异地申请法律援助。创新服务方式，根据需要采取代书、诉讼指引和非诉讼调解的方式，节省法律援助资源，减少诉讼，以最小的投入达到最佳的维权效果。建立输入地与输出地法律援助工作协作机制。输出地可以依托本地政府在输入地的办事机构设立法律援助联系点，向家乡农民工提供咨询等法律帮助。输入地和输出地法律援助机构之间可以就申请移送、案件调查取证、送达法律文书等事项进行协作，降低农民工维权成本”，“加强对农民工的法制宣传教育。建成一批服务于农民工的法制宣传栏、法律图书室和法制培训基地”，“各级财政部门要在现有法律援助业务经费的基础上，增加为农民工提供法律援助所需的经费，农民工输入较多的地方可以建立农民工法律援助专项资金，专门用于农民工法律援助工作”。

7. 在民主政治方面，从发展农民工入党、入团，参加工会、职代会、居委会、村委会，参选党代表、人大代表，评选劳模、先进，晋升职务、职称等环节维护农民工民主政治权利。国发［2006］5号文件要求，“保障农民工依法享有的民主政治权利。招用农民工的单位，职工代表大会要有农民工代表，保障农民工参与企业民主管理权利。农民工户籍所在地的村民委员会，在组织换届选举或决定涉及农民工权益的重大事务时，应及时通知农民工，并通过适当方式行使民主权利。有关部门和单位在评定技术职称、晋升职务、评选劳动模范和先进工作者等方面，要将农民工与城镇职工同等看待。依法保障农民工人身自由和人格尊严，严禁打骂、侮辱农民工的非法行为”。2011年12月，民政部印发《关于促进农民工融入城市社区的意见》（民发［2011］210号），要求“进一步完善社区民主选举制度，探索农民工参与社区选举的新途径，在本社区有合法固定住所、居住满一年以上、符合《中华人民共和国城市居民委员会组织法》选民资格条件的农民工，由本人提出申请，经社区选举委员会同意，可以参加本社区居民委员会的选举。鼓励符合条件的农民工经过民主程序担任居民委员会成员、居民小组长、居民委员会下属委员会成员、楼栋长和居民代表。凡拟订社区发展规划、兴办社区公益事业、制定社区公约和居民自治章程等涉及农民工切身利益的重要事项，都应听取农民工或农民工代表的意见。在农民工聚居的社区，召开社区居民会议或居民代表会议应有一定数量的农民工或农民工代表参加，保障农民工参与管理社区公共事务和公益事业的民主权利。积极探索社区听证会、社区评议会、民情恳谈会、网上论坛等有效形式，鼓励支持农民工广泛参与，引导农民工理性、合法地表达自己的诉求，提高自我管理、自我约束的能力”。2010 年 12 月，国务院国资委印发《关于中央企业做好农民工工作的指导意见》（国资发法规［2010］192 号），要求各中央企业“积极创造条件保障农民工代表参加企业职工代表大会，组织吸纳本企业农民工加入企业工会”，“引导农民工参与企业技术革新，鼓励农民工走上企业管理岗位，拓展农民工参与企业管理和监督的途径”。

8. 在城镇落户方面，逐步细化户口迁移政策，积极稳妥推进符合条件的农民工及其随迁家属在城镇落户。国发［2006］5 号文件要求，“深化户籍管理制度改革。逐步地、有条件地解决长期在城市就业和居住农民工的户籍问题。中小城市和小城镇要适当放宽农民工落户条件；大城市要积极稳妥地解决符合条件的农民工户籍问题，对农民工中的劳动模范、先进工作者和高级技工、技师以及其他有突出贡献者，应优先准予落户。具体落户条件，由各地根据城市规划和实际情况自行制定”。《中共中央国务院关于加大统筹城乡发展力度进一步夯实农业农村发展基础的若干意见》（中发［2010］1 号）要求，“深化户籍制度改革，加快落实放宽中小城市、小城镇特别是县城和中心镇落户条件的政策，促进符合条件的农业转移人口在城镇落户并享有与当地城镇居民同等的权益”，“采取有针对性的措施，着力解决新生代农民工问题。统筹研究农业转移人口进城落户后城乡出现的新情况新问题”。2011 年 2 月，《国务院办公厅关于积极稳妥推进户籍管理制度改革的通知》(国办发［2011］9号)印发实施，分类明确了户口迁移政策，提出户口迁移政策的一般原则是“在县级市市区、县人民政府驻地镇和其他建制镇有合法稳定职业并有合法稳定住所(含租赁)的人员，本人及其共同居住生活的配偶、未婚子女、父母，可以在当地申请登记常住户口”，“在设区的市(不含直辖市、副省级市和其他大城市)有合法稳定职业满三年并有合法稳定住所(含租赁)同时按照国家规定参加社会保险达到一定年限的人员，本人及其共同居住生活的配偶、未婚子女、父母，可以在当地申请登记常住户口”，“继续合理控制直辖市、副省级市和其他大城市人口规模，进一步完善并落实好现行城市落户政策”。

在从政策上探索逐步赋予农民工市民平权的同时，鉴于大多数农民工在较长的过渡时期内还将会在城乡之间双向流动，其农村的土地权益、留守儿童妇女老人问题也需要解决，因此国家也探索对农民工在农村的权益予以维护：

一是依法维护农民工的土地承包经营权、宅基地使用权、集体经济收益分配权。《农村土地承包经营法》、2007年3月通过的《物权法》对维护农民的土地用益物权做出了规定。国发［2006］5号文件要求，“保护农民工土地承包权益。土地不仅是农民的生产资料，也是他们的生活保障。要坚持农村基本经营制度，稳定和完善农村土地承包关系，保障农民工土地承包权益。不得以农民进城务工为由收回承包地，纠正违法收回农民工承包地的行为。农民外出务工期间，所承包土地无力耕种的，可委托代耕或通过转包、出租、转让等形式流转土地经营权，但不能撂荒。农民工土地承包经营权流转，要坚持依法、自愿、有偿的原则，任何组织和个人不得强制或限制，也不得截留、扣缴或以其他方式侵占土地流转收益”。2008年10月，十七届三中全会通过的《中共中央关于推进农村改革发展若干重大问题的决定》提出，“依法保障农民对承包土地的占有、使用、收益等权利。加强土地承包经营权流转管理和服务，建立健全土地承包经营权流转市场，按照依法自愿有偿原则，允许农民以转包、出租、互换、转让、股份合作等形式流转土地承包经营权，发展多种形式的适度规模经营”，“完善农村宅基地制度，严格宅基地管理，依法保障农户宅基地用益物权”。《国务院办公厅关于积极稳妥推进户籍管理制度改革的通知》（国办发［2011］9号）明确，“现阶段，农民工落户城镇，是否放弃宅基地和承包的耕地、林地、草地，必须完全尊重农民本人的意愿，不得强制或变相强制收回”。

二是维护农民工留在农村的留守儿童、留守妇女、留守老人（“三留守”）权益。2007年5月，全国妇联、教育部、公安部、民政部、司法部、财政部、农业部、卫生部、国家人口计生委、中央文明办、全国总工会、共青团中央、中国关心下一代工作委员会联合印发《关于开展“共享蓝天”全国关爱农村留守流动儿童大行动的通知》（妇字［2007］20号），明确各部门（单位）分工负责、相互配合，开展对农村留守流动儿童的支持行动、维权行动、关爱行动、宣传行动。2007年7月，中共中央组织部、全国妇联、教育部、公安部、民政部、卫生部、共青团中央联合印发《关于贯彻落实中央指示精神积极开展关爱农村留守流动儿童工作的通知》（妇字［2007］34号），对共同做好农村留守流动儿童的教育管理、户籍管理、权益保护、救助保障、医疗保健、关爱支持等工作提出了要求。2010年4月，共青团中央印发《关于开展“共青团关爱农民工子女志愿服务行动”的通知》（中青发［2010］5号），要求各级团组织广泛动员青年志愿者，按照“基层团组织或青年志愿者团队＋农民工子女＋接力”的结对模式，为农民工随迁或留守子女提供学业辅导、亲情陪伴、感受城市、自护教育、爱心捐赠等志愿服务。

（四）建立多部门参加的工作协调机制，抓好法律法规和政策的落实

农民工工作涉及面广，为了落实好以上法律法规和政策的规定，国务院建立了高层次、多部门参加的工作协调机制。这一协调机制产生于解决拖欠工程款和农民工工资问题，逐步发展成为综合协调机制。

1. 建立解决拖欠工程款和农民工工资问题的协调机制。2003 年 11 月，国务院办公厅印发《关于切实解决建设领域拖欠工程款问题的通知》（国办发〔2003〕94 号），明确由建设部牵头，会同发展改革委、财政部、劳动保障部、人民银行、银监会等有关部门建立工作协商制度，指导各地开展工作，解决拖欠工程款和农民工工资问题。2004 年 10 月，《国务院办公厅转发建设部等部门关于进一步解决建设领域拖欠工程款问题意见的通知》（国办发〔2004〕78 号）印发实施，明确要健全和完善解决拖欠工程款部际工作联席会议制度，部际工作联席会议由建设部、发展改革委、监察部、司法部、财政部、劳动保障部、铁道部、交通部、信息产业部、水利部、人民银行、审计署、民航总局、统计局、银监会、保监会以及最高人民法院等 17 个部门和单位组成。工作目标是对 2003 年年底以前已竣工项目的拖欠工程款，要在三年内完成清欠任务；对 2003 年年底前拖欠的农民工工资，要在 2005 年春节前清偿；建立长效机制，防止在建项目和新开工项目发生新的拖欠工程款和农民工工资。自 2003 年年底至 2006 年年底，国务院召开五次全国清理建设领域拖欠工程款电视电话会议，部署和指导工作。经过各地各部门努力，到 2007 年 1 月 19 日，2003 年年底前全国建筑企业通过中国工程建设信息网上报的已竣工项目拖欠工程款 1 860 亿元，已解决 1 834 亿元，占拖欠总额的 98.6%；同时共偿还未在网上申报的拖欠工程款 99.2 亿元。

全国2003年年底前共拖欠农民工工资337亿元，到2005年年初，绝大部分已经偿还；到2007年1月，已偿付336.95亿元，历史旧欠问题基本得到解决，并初步建立了防止拖欠的长效机制。

2. 建立农民工工作综合协调机制。2005年4月，经国务院领导同志批准，国务院研究室牵头成立“农民工问题调研和文件起草组”，经广泛调查研究形成了《中国农民工问题研究总报告》，并组织起草文件。2006年1月，《国务院关于解决农民工问题的若干意见》（国发［2006］5号）印发实施，作为一份指导农民工工作的综合性文件，全面地提出了解决农民工问题的各项政策。为了全面抓好贯彻落实，文件明确要完善农民工工作协调机制，国务院建立农民工工作联席会议制度，统筹协调和指导全国农民工工作。各有关部门要各司其职、分工负责，检查督促对农民工的各项政策的落实。地方人民政府也应建立相应的协调机制，切实加强对农民工工作的组织领导。2006年3月，《国务院关于同意建立农民工工作联席会议制度的批复》（国函［2006］19号）印发，明确联席会议由国务院办公厅、发展改革委、教育部、科技部、公安部、监察部、民政部、司法部、财政部、劳动保障部、建设部、农业部、文化部、卫生部、人口计生委、人民银行、国资委、税务总局、工商总局、统计局、安全监管总局、法制办、国研室、扶贫办、西部开发办和中宣部、中农办、高法院、全国总工会、共青团中央、全国妇联共31个部门和单位组成。2011年，又增加国土资源部为联席会议成员单位。联席会议办公室设在劳动保障部（2008年国务院机构改革后为人力资源社会保障部），负责联席会议的日常工作。国务院农民工工作联席会议总召集人由国务院分管劳动保障工作的领导同志担任，召集人为劳动保障部（人力资源社会保障部）部长、国务院副秘书长、国务院研究室副主任，成员为各成员单位一名分管领导。

国务院农民工工作联席会议每年由总召集人、国务院分管领导

主持召开一至两次全体会议，总结前一阶段工作、部署下一阶段工作、研究农民工重大问题，并每年向国务院汇报工作进展情况。每年年初，联席会议印发年度工作要点，明确各成员单位工作任务；每年年底，联席会议组织开展全国农民工工作督察，督促检查工作任务完成情况，总结新经验、发现新问题、研究新对策，并将督察情况向联席会议全体会议汇报。针对出现的有关农民工的重大问题，联席会议及时研究政策措施，为党中央、国务院决策提供意见建议。2008年年底，针对当时国际金融危机的影响不断加深，国内部分企业生产经营遇到困难，就业压力明显增加，相当数量的农民工开始集中返乡带来的新问题，联席会议组织起草并报请国务院同意，印发了《国务院办公厅关于切实做好当前农民工工作的通知》（国办发［2008］130号）。2010年1月，针对农民工培训工作存在着培训项目缺乏统筹规划、资金使用效益和培训质量不高、监督制约机制不够完善等问题，联席会议组织起草并报请国务院同意，印发了《国务院办公厅关于进一步做好农民工培训工作的指导意见》（国办发［2010］11号）。2010年2月，针对当时在一些地区接连发生因企业特别是建设领域企业拖欠农民工工资引发的群体性事件，严重影响社会稳定问题，按照党中央、国务院的要求，经国务院批准，国务院办公厅印发了《关于切实解决企业拖欠农民工工资问题的紧急通知》（国办发明电［2010］4号）。2011年5月，国务院分管领导主持召开国务院农民工工作联席会议第九次全体会议，围绕从根本上解决农民工问题，部署中国农民工发展研究工作。联席会议办公室会同各成员单位和国务院发展研究中心以及有关专家学者，广泛开展调研、深入进行研究，充分听取各地区、各有关部门、部分企业和农民工代表意见，用1年多的时间，形成了《中国农民工发展研究总报告》和21个分报告，提出了推进农民工市民化的建议。

经过10年努力，在农民工发展的第二阶段，农民工与城镇户籍劳动者平等的就业权、劳动和社会保障权已经从法律上得到了确立。2012 年全国农民工总量达到 26 261 万人，其中外出就业农民工 16 336 万人，比 2002 年增加约 7 000 万人；2012 年末，外出农民工月收入 2 290 元，比 2003 年的 781 元增长近 2 倍；大规模拖欠农民工工资的现象基本得到遏制，农民工被拖欠工资的比重只有 0.5%；农民工参加职工基本养老保险的人数为 4 543 万人，参加基本医疗保险 4 996 万人，参加失业保险 2 702 万人，参加工伤保险 7 179 万人。农民工逐步在城镇平等享受基本公共服务，2012 年全国 1 394 万适龄农民工随迁子女中 80.1%在输入地公办中小学平等免费接受义务教育，30 个省（区、市）按要求出台了进城务工人员及其他非本地户籍就业人员随迁子女接受义务教育后在当地参加中考高考的实施方案；流动孕产妇住院分娩率超过 98%，流动儿童免疫规划基本实现全覆盖；流动人口计划生育免费服务综合覆盖率达到 84.5%。到 2012 年年底，全国农村留守流动儿童关爱服务体系试点工作顺利推进，在 19 个省（区、市）确立了 40 个示范、试点市（县、区）；共青团关爱农民工子女志愿服务行动已结对农民工子女较集中学校 4.6 万所，结对农民工子女 1 140 万人，累计建设服务阵地“七彩小屋”752 个。农民工社会地位不断提升，关心关爱农民工的社会氛围正在形成，2008 年 1 000 名全国优秀农民工得到国务院农民工工作联席会议的表彰，国务院领导在人民大会堂为他们颁发奖章；2008 年，广东省的胡小燕（四川籍）、上海市的朱雪芹（江苏籍）、重庆市的康厚明（重庆籍）等 3 名农民工当选为十一届全国人大代表，这是农民工首次当选为全国人大代表；2012 年，26 名农民工当选为党的十八大代表，这是农民工首次当选为党的全国代表大会代表。

农民工发展第二阶段是承前启后的重要阶段，从法律和政策上全面确立和巩固了农民工发展第一阶段就业平权的改革发展成果，开创和确立了农民工劳动平权制度，同时大力推动了农民工的市民

平权，为农民工发展进入市民平权新阶段奠定了基础。农民工问题开始真正受到各级政府和社会各界的高度重视，探索研究解决农民工问题成为社会上强烈的愿望和自觉的行动。不过，在这一阶段，法律赋予农民工的劳动和社会保障权利仍然存在未完全落实到位问题，多数农民工仍然不能作为城镇常住人口享有与城镇户籍居民平等的市民权益。

三、第三阶段：市民平权阶段（2012 年以后）

2012 年 11 月，党的十八大报告提出："加快改革户籍制度，有序推进农业转移人口市民化，努力实现城镇基本公共服务常住人口全覆盖。"这开启了农民工发展的第三阶段：市民化阶段或称市民平权阶段，即农民工作为城镇常住人口逐步享有与城镇户籍居民平等的市民权益的阶段。当农民工市民化任务完成，中国的农民工问题将从根本上得到解决。

党的十八大后，在全面深化改革、全面部署新型城镇化建设的大背景下，党中央、国务院对推进农民工市民化做出了总体部署。2013 年 6 月，国务院办公厅印发《关于成立国务院农民工工作领导小组的通知》（国办发〔2013〕60 号），指出：为进一步加强对农民工工作的组织领导，国务院决定成立国务院农民工工作领导小组，作为国务院议事协调机构，国务院农民工工作联席会议同时撤销。2013 年 11 月，党的十八届三中全会通过的《中共中央关于全面深化改革若干重大问题的决定》提出"推进农业转移人口市民化，逐步把符合条件的农业转移人口转为城镇居民"。2013 年 12 月，中央城镇化工作会议召开，提出要以人为本，推进"以人为核心"的城镇化，提高城镇人口素质和居民生活质量，把促进有能力在城镇稳定就业和生活的常住人口有序实现市民化作为首要任务。2014 年 3 月，中共中央、国务院印发《国家新型城镇化规划（2014—2020年）》，将“有序推进农业转移人口市民化”作为单独一篇，且位列“规划背景”“指导思想和发展目标”之后的政策措施的首篇。2014年7月，《国务院关于进一步推进户籍制度改革的意见》（国发［2014］25号）印发实施。2014年10月，《国务院关于调整城市规模划分标准的通知》（国发［2014］51号）印发实施。2014年9月，《国务院关于进一步做好为农民工服务工作的意见》（国发［2014］40号）印发实施，这是继《国务院关于解决农民工问题的若干意见》（国发［2006］5号）印发实施以来，国务院印发的第二个全面系统地指导做好农民工工作的综合性文件；该文件由国务院农民工工作领导小组办公室组织30个成员单位起草，是今后一个时期做好农民工工作的具体指南。这些重要会议和文件围绕贯彻落实党的十八大关于“有序推进农业转移人口市民化”的战略决策，对有序推进农民工市民化的总体目标、指导思想、基本原则、政策措施等做出了全面的总体部署。

（一）有序推进农民工市民化的指导思想、基本原则和总体目标

1. 指导思想。以邓小平理论、“三个代表”重要思想、科学发展观为指导，全面贯彻落实党的十八大、十八届三中全会、中央城镇化工作会议精神和国务院的决策部署，按照工业化、信息化、新型城镇化、农业现代化同步发展的要求，积极探索中国特色农业劳动力转移道路，着力稳定和扩大农民工就业创业，着力维护农民工的劳动保障权益，着力推动农民工逐步实现平等享受城镇基本公共服务和在城镇落户，着力促进农民工社会融合，有序推进、逐步实现有条件有意愿的农民工市民化。

2. 基本原则。一是坚持以人为本、公平对待。推进以人为核心的城镇化，公平保障农民工作为用人单位职工、作为城镇常住人口

的权益，帮助农民工解决最关心最直接最现实的利益问题，实现改革发展成果共享。二是坚持统筹兼顾、优化布局。按照区域发展总体战略和国家新型城镇化规划，逐步完善生产力布局和城镇化布局，引导农民工在东中西不同区域、大中小不同城市和小城镇以及城乡之间合理分布。三是坚持城乡一体、改革创新。适应推动城乡发展一体化的需要，着力改革城乡二元体制机制，逐步建立完善有利于农民工市民化的基本公共服务、户籍、住房、土地管理、成本分担等制度。四是坚持分类推进、逐步实施。按照自愿、分类、有序的要求，因地制宜、存量优先，尽力而为、量力而行，重点促进长期在城镇居住、有相对稳定工作的农民工有序融入城镇，循序渐进地推进农民工市民化。

3. 总体目标。到 2020 年，转移农业劳动力总量继续增加，每年开展农民工职业技能培训 2 000 万人次，农民工综合素质显著提高、劳动条件明显改善、工资基本无拖欠并稳定增长、参加社会保险全覆盖，引导约 1 亿人在中西部地区就近城镇化，努力实现 1 亿左右农业转移人口和其他常住人口在城镇落户，未落户的也能享受城镇基本公共服务，农民工群体逐步融入城镇，为实现农民工市民化目标打下坚实基础。

（二）有序推进农民工市民化的主要政策措施

1. 着力稳定和扩大农民工就业创业。一是充分发挥人力资源社会保障部门的职业培训主管职能和主体作用，实施农民工职业技能提升计划。对农村转移就业劳动者开展就业技能培训，对在岗农民工开展岗位技能提升培训，对具备中级以上职业技能的农民工开展高技能人才培训，将农民工纳入终身职业培训体系。二是充分发挥扶贫、科技、教育、住房城乡建设等部门在农民工职业培训中的重要作用，制定农民工职业技能培训综合计划，相关部门按分工组织实施。三是改进农民工职业培训工作。加大培训资金投入，合理确定培训补贴标准，落实职业技能鉴定补贴政策。改进培训补贴方式，形成培训机构平等竞争、农民工自主参加培训、政府购买服务的机制。四是加快发展农村新成长劳动力职业教育，努力实现未升入普通高中、普通高等院校的农村应届初高中毕业生都能接受职业教育或参加劳动预备制培训，从源头上提高农民工职业技能水平。五是进一步清理针对农民工就业的户籍限制等歧视性规定，保障城乡劳动者平等就业权利。六是完善农民工就业服务。实现就业信息全国联网，方便农民工异地求职；完善城乡均等的公共就业服务体系，有针对性地为农民工提供政策咨询、职业指导、职业介绍等公共就业服务；加强农民工输出输入地劳务对接，输出地可在本地农民工相对集中的输入地设立服务工作站点，输入地应给予支持；组织开展农民工就业服务“春风行动”。七是开发适合农民工的就业岗位。大力发展服务业特别是家庭服务业和中小微企业；积极支持农产品产地初加工、休闲农业发展；引导有市场、有效益的劳动密集型产业优先向中西部转移，吸纳从东部返乡和就近转移的农民工就业。针对一些地方农民工流动摊贩与城市管理之间存在的矛盾，要建设减免收费的农贸市场和餐饮摊位，满足市民生活需求和促进农民工就业。八是促进农民工创业。将农民工纳入创业政策扶持范围，运用财政支持、创业投资引导和创业培训、政策性金融服务、小额担保贷款和贴息、生产经营场地和创业孵化基地等扶持政策，促进农民工创业。

2. 着力维护农民工的劳动保障权益。一是依法规范劳务派遣用工行为。二是清理建设领域违法发包分包行为。三是推行“一卡两金三制”，构建治理拖欠农民工工资的长效机制。即推广实名制工资支付银行卡，在建设领域和其他容易发生欠薪的行业推行工资保证金制度，在有条件的市县探索建立健全欠薪应急周转金制度，完善

并落实工程总承包企业对所承包工程的农民工工资支付全面负责制度、劳动保障监察执法与刑事司法联动治理恶意欠薪制度、解决欠薪问题地方政府负总责制度。四是要在经济发展基础上合理调整最低工资标准，推动农民工参与工资集体协商，促进农民工工资水平合理增长。五是实施“全民参保登记计划”，推进农民工等群体依法全面持续参加社会保险。六是完善制度，研究完善灵活就业农民工参加基本养老保险政策，推动农民工与城镇职工平等参加失业保险、生育保险并平等享受待遇。七是着力解决未参保用人单位的农民工工伤保险待遇保障问题；对劳务派遣单位或用工单位侵害被派遣农民工社会保险权益的，依法追究连带责任。八是强化高危行业和中小企业一线操作农民工安全生产和职业健康教育培训，将安全生产和职业健康相关知识纳入职业技能教育培训内容。九是加大工伤职业病预防工作力度，重点整治矿山、工程建设等领域农民工工伤多发问题。十是实施农民工职业病防治和帮扶行动，深入开展粉尘与高毒物品危害治理，保障符合条件的无法追溯用人单位及用人单位无法承担相应责任的农民工职业病患者享受相应的生活和医疗待遇。十一是畅通劳动保障监察、劳动争议调解仲裁、法律援助、法律服务等农民工维权渠道。

3. 着力推动农民工逐步实现平等享受城镇基本公共服务和在城镇落户。一是从两方面同步推进农民工逐步平等享有市民权益。一方面要进一步推进户籍制度改革，实施差别化落户政策，促进有条件有意愿、在城镇有稳定就业和住所（含租赁）的农民工及其随迁家属在城镇有序落户并依法平等享受城镇公共服务；另一方面要深化基本公共服务供给制度改革，积极推进城镇基本公共服务由主要对本地户籍人口提供向对常住人口提供转变，努力实现城镇基本公共服务覆盖在城镇未落户但常住的农民工及其随迁家属，使其逐步平等享受市民权益。二是实行差别化落户政策。全面放开县级市和建制镇落户限制，有序放开城区常住人口 50 万至 100 万人的中等城市落户限制，合理放开城区常住人口 100 万至 300 万人的大城市落户限制，合理确定城区常住人口 300 万至 500 万人的大城市落户条件，严格控制城区常住人口 500 万以上的特大城市、超大城市人口规模。三是完善农民工享受基本公共服务的相关制度和方式。各地区、各有关部门要逐步按照常住人口配置基本公共服务资源，明确农民工及其随迁家属可以享受的基本公共服务项目，并不断提高综合承载能力、扩大项目范围；实行居住证制度，农民工及其随迁家属在输入地城镇未落户的，依法申领居住证，持居住证享受规定的基本公共服务；在农民工输入相对集中的城市，建立农民工综合服务平台，为农民工提供便捷、高效、优质的“一站式”综合服务。四是保障农民工随迁子女平等接受教育的权利。公办义务教育学校要普遍对农民工随迁子女开放，与城镇户籍学生混合编班，统一管理；积极创造条件，着力满足农民工随迁子女接受普惠性学前教育的需求；进一步完善和落实好符合条件的农民工随迁子女接受义务教育后在输入地参加中考、高考的政策；输入地政府要将符合规定条件的农民工随迁子女教育纳入教育发展规划，合理规划学校布局，科学核定公办学校教师编制，加大公办学校教育经费投入；对在公益性民办学校、普惠性民办幼儿园接受义务教育、学前教育的，采取政府购买服务等方式落实支持经费，指导和帮助学校、幼儿园提高教育质量；开展关爱流动儿童活动。五是加强农民工医疗卫生和计划生育服务工作。落实农民工获得基本公共卫生服务方面的权利，保障农民工适龄随迁子女平等享受预防接种服务，强化农民工健康教育、妇幼健康和精神卫生工作，加强农民工艾滋病、结核病、血吸虫病等重大疾病防治工作；完善社区卫生计生服务网络，将农民工纳入服务范围；鼓励有条件的地方将符合条件的农民工及其随迁家属纳入当地医疗救助范围；做好农民工计划生育工作，开展流动人口卫

生计生动态监测和“关怀关爱”活动。六是逐步改善农民工居住条件。改变在住房发展规划中只考虑城镇户籍人口的做法，统筹规划城镇常住人口规模和建设用地面积，将解决农民工住房问题纳入住房发展规划；支持增加中小户型普通商品住房供给，规范房屋租赁市场，积极支持符合条件的农民工购买或租赁商品住房，并按规定享受购房契税和印花税等优惠政策；逐步将在城镇稳定就业的农民工纳入住房公积金制度实施范围；将符合条件的农民工纳入住房保障实施范围；加强城中村、棚户区环境整治和综合管理服务，使居住其中的农民工住宿条件得到改善；农民工集中的开发区、产业园区可以按照集约用地的原则，集中建设宿舍型或单元型小户型公共租赁住房，面向用人单位或农民工出租；允许农民工数量较多的企业在符合规划和规定标准的用地规模范围内，利用企业办公及生活服务设施用地建设农民工集体宿舍，督促和指导建设施工企业改善农民工住宿条件。七是保障农民工土地承包经营权、宅基地使用权和集体经济收益分配权。现阶段，不得以退出土地承包经营权、宅基地使用权、集体经济收益分配权作为农民进城落户的条件。

4. 着力促进农民工社会融合。一是保障农民工依法享有民主政治权利。重视从农民工中发展党员，加强农民工中的党组织建设；积极推荐优秀农民工作为各级党代会、人大、政协的代表、委员，在评选劳动模范、先进工作者和报考公务员等方面与城镇职工同等对待；支持农民工在职工代表大会和社区居民委员会、村民委员会等组织中依法行使民主选举、民主决策、民主管理、民主监督的权利。二是丰富农民工精神文化生活。把农民工纳入城市公共文化服务体系，继续推动图书馆、文化馆、博物馆等公共文化服务设施向农民工同等免费开放；推进“两看一上”（看报纸、看电视、有条件的能上网）活动，引导农民工积极参与全民阅读活动；举办示范性农民工文化活动；在农民工集中居住地规划建设简易实用的文化体育设施；利用社区文化活动室、公园、城市广场等场地，经常性地开展群众文体活动，促进农民工与市民之间交往、交流；鼓励企业开展面向农民工的公益性文化活动，鼓励文化单位、文艺工作者和其他社会力量为农民工提供免费或优惠的文化产品和服务。三是加强对农民工的人文关怀。关心农民工工作、生活和思想状况，开展“人文关怀进企业、进一线”活动；通过依托各类学校开设农民工夜校等方式，开展新市民培训；对有需要的农民工开展心理疏导。四是建立健全农村留守儿童、留守妇女和留守老人关爱服务体系。实施“共享蓝天”关爱农村留守儿童行动，依托中小学、村民委员会普遍建立关爱服务阵地，做到有场所、有图书、有文体器材、有志愿者服务；加强农村“妇女之家”建设，培育和扶持妇女互助合作组织，帮助留守妇女解决生产、生活困难；全面实施城乡居民基本养老保险制度，建立健全农村老年社会福利和社会救助制度，发展适合农村特点的养老服务体系，努力保障留守老人生活。

（三）加强对农民工工作的领导

1. 完善农民工工作协调机制。一是各级人民政府要把农民工工作列入经济社会发展总体规划和政府目标考核内容，建立健全考核评估机制。二是县级以上地方人民政府也要成立农民工工作领导小组，加强统筹协调和工作指导。

2. 加大农民工公共服务等经费投入。一是深化公共财政制度改革，建立政府、企业、个人共同参与的农民工市民化成本分担机制和财政转移支付同农民工市民化挂钩机制。二是中央和地方财政部门要按照推进基本公共服务均等化的要求，统筹考虑农民工基本公共服务的资金需求，加大投入力度，为农民工平等享受基本公共服务提供经费保障。三是各级财政部门要将农民工工作经费纳入公共财政预算支出范围。

3. 动员各方面力量共同做好农民工工作。一是创新和加强工青妇组织对农民工的服务。积极创新工会组织形式和农民工入会方式，将农民工组织到工会中来；以输入地团组织为主、输出地团组织配合，逐步建立农民工团员服务和管理工作制度，积极从新生代农民工中发展团员；切实履行维护农民工权益的职责，努力为农民工提供服务。二是发挥社会组织服务农民工的积极作用。按照培育发展和管理监督并重的原则，对为农民工服务的社会组织正确引导、给予支持；通过开展业务培训、组织经验交流、政府购买服务等方式，引导和支持其依法开展服务活动。

4. 夯实做好农民工工作的基础性工作。一是建立输入地与输出地相结合、综合统计与部门统计相结合、标准统一、信息共享的农民工统计调查监测体系，做好农民工市民化进程动态监测工作。二是继续深入开展农民工工作的理论和政策研究，为党和政府相关决策提供依据。三是组织引导新闻媒体运用多种方式，加强政策阐释解读，积极宣传农民工工作的好经验、好做法和农民工中的先进典型，对相关热点问题开展及时有效的舆论引导；对优秀农民工和农民工工作先进集体及个人按规定进行表彰奖励，进一步营造关心关爱农民工的社会氛围。

第四章 有序推进农民工市民化的必要性和可行性

农民工市民化目标提出前后，社会舆论一直存在不同观点，尽管主流观点主张有序推进农民工市民化，但是也有很多反对或担忧的声音。即使在党中央、国务院做出了有序推进农业转移人口市民化的决策部署后，这些反对或担忧的声音仍然存在。因此，对于有序推进农民工市民化的必要性和可行性，有必要进行深入分析。

一、有序推进农民工市民化具有高度必要性、迫切性

（一）农民工市民化是人类社会发展的客观规律

18 世纪 60 年代，英国发生以机器取代人力、以大规模工厂化生产取代个体工场手工生产的生产与科技革命——工业革命，在世界各国中率先进入工业化发展阶段；工业化的发展，带来产业和劳动力的集聚，从而推动了城镇化发展；随着农村人均耕地面积的增多、科技和机械在农业上的逐步应用，又带动了农业现代化发展；最终，先进的生产力推动英国成为世界上第一个现代化国家。在英国之后，法国、美国、德国等西方国家也相继进入工业化、城镇化、农业现代化的发展阶段并实现了国家的现代化。到 20 世纪，前苏联和东欧、亚洲、南美、非洲国家也纷纷确立了国家现代化的发展目标。

从这些国家发展的历程看，实现现代化的过程，最基础的就是工业化、城镇化、农业现代化的过程。中国在近现代发展中，也一直在追求国家现代化，尤其是改革开放以后，确立了社会主义现代化的发展目标，提出到新中国成立一百年时建成富强民主文明和谐的社会主义现代化国家。实现这一目标的过程，最基础的也是推进工业化、城镇化、农业现代化。

在工业化、城镇化、农业现代化的过程中，各国的实践都呈现出几个共同特征：一是随着发展的推进，经济结构会发生转变，第一产业（农林牧渔业）增加值在GDP中的比重逐步降低，而第二产业（采矿业、工业和建筑业）、第三产业（服务业）增加值在GDP中的比重逐步提高，最终表现为第三产业增加值比重高于第二产业，第二产业增加值比重高于第一产业。二是就业结构会发生转变，第一产业就业人数在全社会就业总量中的比重逐步降低，而第二产业、第三产业就业人数在就业总量中的比重逐步提高，最终表现为第三产业就业人数比重高于第二产业，第二产业就业人数比重高于第一产业。三是在发展过程中都会伴随着农业人口的转移，即农业人口会逐步由务农农民转变为二、三产业工人，由农村居民转变为城镇市民。目前发达国家农业人口占总人口的比重不足5%，在农村居住的人口占总人口的比重为20%左右。1983年，美国农业人口就降至全部人口的1.9%，成为仅次于英国（1.8%）的农业人口比重最少的国家。[①] 可见，农民工市民化或者说农业人口逐步转变为工人、市民，是人类社会发展的客观规律，是各国在努力实现现代化过程中的必由之路。

---

① 李胜军. 美国农业劳动力转移［J］. 美国研究，1989（3）.

（二）农民工结构和诉求发生重大变化

从改革开放到20世纪末，外出就业农民工中的绝大多数人出生于20世纪50年代至70年代，他们成长于发展停滞、物资匮乏的时期，长期生活在闭塞的农村，能够吃苦耐劳，但是文化素质和职业技能较低，对现代事物陌生，外出就业的最大目标是挣钱回家，当合法权益遭遇侵害时往往忍气吞声。进入21世纪，外出就业农民工中出生于20世纪80年代后的新生代农民工逐渐增多，到2010年，新生代农民工已占外出就业农民工的60%左右，成为外出就业农民工的主体。

与老一代农民工相比，新生代农民工具有一些明显不同的特征：一是出生成长的时代和环境背景不同。新生代农民工出生成长于改革开放后的经济社会高速发展时期，其中部分人出生和成长于父母就业的城镇。二是能力不同。他们的平均受教育程度更高，部分人接受过职业教育，具备现代化生产的基本职业技能，对现代事物了解甚至熟悉，视野比较开阔。三是意志、品格不同。由于物质条件的进步和家庭少子化的影响，新生代农民工吃苦耐劳的意志品格明显比不上老一代农民工，很多人从来没有从事过农业生产，也不愿务农。四是生活方式不同。新生代农民工长期生活甚至出生成长在城镇，与城镇户籍青年一样追求时尚，消费倾向较强，很多人的衣着打扮、言谈举止、外表特征与城镇户籍青年没有什么区别。五是权利意识不同。他们的权利意识和法律意识更强，对法律知识更了解，在合法权益受到侵害时不再忍气吞声，而是选择反抗。六是目标追求不同。多数老一代农民工自己设定的目标是挣钱回家，而多数新生代农民工自己设定的目标是成为城镇市民，他们期望融入城镇、共享经济社会发展成果。

当期望市民化的新生代农民工已经成为外出就业农民工的主体，

如果他们不能市民化，将会成为既不能融入城镇、又不愿回到农村的“边缘人”，带来一系列经济社会问题。

（三）农业富余劳动力供给发生重大变化

1954年，诺贝尔经济学奖获得者阿瑟·刘易斯发表《劳动无限供给条件下的经济发展》论文；1972年，刘易斯又发表了题为《对无限劳动力的反思》的论文，在这两篇经典论文中，刘易斯提出了自己的“二元经济”发展模式。他认为，在一国发展初期存在二元经济结构，一个是以传统生产方式生产的“维持生计”部门（以传统农业部门为代表）；一个是以现代生产方式生产的“资本主义”部门（以工业部门和城市为代表）。农业部门人口多、增长快。由于边际生产率递减规律，其边际生产率非常低甚至为零，农业部门出现大量劳动力剩余。此时，只要工业部门能够提供稍大于维持农村人口最低生活水平的既定工资，农业部门大量劳动力就将涌入到工业部门，为工业部门的扩张提供无限的劳动力供给（所谓“既定工资”是指农业部门劳动力维持生活需要的最低收入水平；“无限的劳动力供给”是指劳动力供给曲线在既定工资水平下具有无限弹性。通俗地说：企业只要提供比农业转移劳动力务农收入更高的、维持生活需要的最低工资水平，就有无限多的农业转移劳动力来应聘）。由于在既定工资水平上劳动力的供给是无限的，工业部门在实际工资不变的情况下，可以转化为再投资的利润更多，从而加速资本积累过程，将生产经营规模不断扩大，直到将农业剩余劳动力全部吸收完，这个时候工资便出现了由水平运动到陡峭上升的转变，即“刘易斯第一拐点”，也就是工业部门不再能够维持既定工资水平，而必须提高工资水平才能招聘到农业转移劳动力。刘易斯将“刘易斯第一拐点”之前的发展第一阶段称为劳动力无限供给阶段，之后的发展第二阶段称为劳动力短缺阶段（实际上是对于既定工资水平的相对短缺阶段）。“二元经济”发展到劳动力开始出现相对短缺的第二阶段后，随着农业的劳动生产率不断提高，务农收入水平不断增长，工业部门必须进一步提高劳动生产率以支撑更高的工资水平，才能招聘到农业转移劳动力。在传统农业部门与现代工业部门的劳动生产率和收入水平交互提高的过程中，当出现两个部门的边际产品相等、工资水平大体相当时，意味着一个城乡一体化的劳动力市场已经形成，经济发展将结束“二元经济”的劳动力剩余状态，开始转化为新古典学派所说的“一元经济”状态，这种转变被称为“刘易斯第二拐点”。

2004 年以来，我国各地不断出现“民工荒”“招工难”现象，农民工工资增速较快。2011 年，我国的劳动力资源总量达到峰值，2012 年首次出现了下降的情况，比上年减少 345 万人（劳动力资源总量一般以劳动年龄人口总量来计算，其中实际上就业了或希望就业的人口总量被称为经济活动人口总量或劳动力供给总量，经济活动人口总量是就业人口总量与失业人口总量之和。因此，在实践中，劳动力资源总量大于经济活动人口总量，经济活动人口总量大于就业人口总量；劳动力资源总量下降并不意味着劳动力供给总量下降，而只是意味着劳动力供给的潜力下降）。很多研究认为，自 2004 年开始，我国进入了“刘易斯第一拐点”，并将持续多年。[①] 我国农业富余劳动力正由无限供给向有限供给转变，年龄大、技能低的农民工“就业难”与年轻农民工“招工难”现象将长期并存。这将使企业稳定发展所需的劳动力供不应求、人工成本上升，从而要求企业和地方政府更好地维护农民工权益，赢得劳动力市场中的竞争，并且要提高农民工职业技能和劳动生产率，以化解人工成本上升压力。

① 蔡昉. 中国劳动力市场发育与就业变化［J］. 经济研究，2007（7）.

（四）经济发展方式发生重大变化

一段时期以来，我国一些企业“高能耗、高污染、低人工成本”的发展模式造成了一系列资源环境问题、经济问题。单从经济角度分析，这些企业通过对农民工提供低工资、低劳动保护投入、不缴纳社会保险费等方式压低人工成本，从而压低产品出口价格，大量向国外出口，造成了不少问题。一是使农民工不能分享经济发展的成果，很多农民工难以享有社会保障，有的企业工伤和职业病高发，给农民工个人、家庭和社会遗留下长期负担。二是在给国外消费者提供廉价商品的同时，反而给国外一些贸易保护主义者提供了指责中国的借口，针对中国的反倾销案件增多，贸易摩擦增加。三是给国外投机者逼迫人民币大幅升值提供了口实，而日本在20世纪80年代被迫与西方大国签订“广场协议”，日元短时间内大幅升值导致日本经济长达10多年停滞的教训，使中国不能接受人民币被迫大幅升值。四是导致外贸顺差过大、外汇储备过多。2007年，中国全年贸易顺差为2 622亿美元；截至2007年年底，外汇储备达到15 280亿美元，比全球第二位的日本多5 546亿美元。一定的外汇储备是一国进行经济调节、实现内外平衡的重要手段。但是外汇储备过多，相当于用我国货真价实的商品和服务，换回记载在账户上的表示国外货币的几个数字，不仅增加了我国经济发展的机会成本，加大了因外币贬值而遭受损失的风险，而且由于外汇储备的增加要相应扩大人民币供应量，还增加了通货膨胀的压力。

2007年10月，党的十七大报告提出，“加快转变经济发展方式，推动产业结构优化升级，这是关系国民经济全局紧迫而重大的战略任务”。2010年10月，党的十七届五中全会提出，“十二五”规划期间，要“以科学发展为主题，以加快转变经济发展方式为主线”。“加快转变经济发展方式是我国经济社会领域的一场深刻变革，必须贯穿经济社会发展全过程和各领域，坚持把经济结构战略性调整作为加快转变经济发展方式的主攻方向，坚持把科技进步和创新作为加快转变经济发展方式的重要支撑，坚持把保障和改善民生作为加快转变经济发展方式的根本出发点和落脚点，坚持把建设资源节约型、环境友好型社会作为加快转变经济发展方式的重要着力点，坚持把改革开放作为加快转变经济发展方式的强大动力，提高发展的全面性、协调性、可持续性，实现经济社会又好又快发展”。2012 年 11 月，党的十八大报告提出，“以科学发展为主题，以加快转变经济发展方式为主线，是关系我国发展全局的战略抉择。要适应国内外经济形势新变化，加快形成新的经济发展方式，把推动发展的立足点转到提高质量和效益上来，着力激发各类市场主体发展新活力，着力增强创新驱动发展新动力，着力构建现代产业发展新体系，着力培育开放型经济发展新优势，使经济发展更多依靠内需特别是消费需求拉动，更多依靠现代服务业和战略性新兴产业带动，更多依靠科技进步、劳动者素质提高、管理创新驱动，更多依靠节约资源和循环经济推动，更多依靠城乡区域发展协调互动，不断增强长期发展后劲”。2013 年 11 月，党的十八届三中全会提出，要“紧紧围绕使市场在资源配置中起决定性作用，深化经济体制改革，坚持和完善基本经济制度，加快完善现代市场体系、宏观调控体系、开放型经济体系，加快转变经济发展方式，加快建设创新型国家，推动经济更有效率、更加公平、更可持续发展”。2014 年 12 月，中央经济工作会议提出，“我国经济正在向形态更高级、分工更复杂、结构更合理的阶段演化，经济发展进入新常态，正从高速增长转向中高速增长，经济发展方式正从规模速度型粗放增长转向质量效率型集约增长，经济结构正从增量扩能为主转向调整存量、做优增量并存的深度调整，经济发展动力正从传统增长点转向新的增长点”，“从生产要素相对优势看，过去劳动力成本低是最大优势，引进技术和

管理就能迅速变成生产力，现在人口老龄化日趋发展，农业富余劳动力减少，要素的规模驱动力减弱，经济增长将更多依靠人力资本质量和技术进步，必须让创新成为驱动发展新引擎”。2015 年的经济工作要“坚持以提高经济发展质量和效益为中心，主动适应经济发展新常态，保持经济运行在合理区间，把转方式调结构放到更加重要位置，狠抓改革攻坚，突出创新驱动，强化风险防控，加强民生保障，促进经济平稳健康发展和社会和谐稳定”。

转变经济发展方式对农民工发展产生了重大影响：一是从扩大内需特别是消费需求看，迫切要求提高边际消费倾向更高的农民工的收入水平和消费水平，为其建立社会保障安全网。二是从调整产业结构角度看，迫切要求将农民工尤其是新生代农民工培养成为具备较高职业技能的新型产业工人，满足现代化生产对技能劳动者的需求。三是从调整外贸出口结构看，迫切要求改变以往以牺牲农民工权益为代价的低价竞争策略，落实农民工与城镇户籍职工平等的法定劳动社会保障权益，实现外贸出口结构升级。

（五）经济发展重心发生重大变化

回顾我国 21 世纪头十年的经济发展，可以说有两个重心：一是利用比较优势发展外向型经济。2001 年，我国加入世界贸易组织，为外向型经济发展提供了良好的外部环境。2002 年，我国进出口贸易额为 6 207.7 亿美元，2011 年增至 36 418.6 亿美元，年均增长 21.7%，较同期全球贸易额年均约 10%的增速高出 1 倍多。已连续三年稳居全球对外贸易第二大国位置。[①] 2002 年，我国外贸依存度（进出口贸易总额占 GDP 的比重）为 42.7%，2011 年达到 50.1%。[②]

① 外贸十年我国贸易结构明显改善 [N]. 法制日报，2012-10-2.

② 云林秋实. 2001—2012 年我国对外贸易依存度分析 [R]. http://www.docin.com/p-708830052.html.

二是城镇化发展。2011 年，我国城镇化率首次突破 50%，达到 51.3%，比 2002 年提高 12.2 个百分点；城镇就业人员占全国就业总量的比重为 47.0%，比 2002 年提高 12.7 个百分点。[①]

进入 21 世纪 10 年代以后，世界经济仍处在国际金融危机后的深度调整期，总体复苏疲弱态势难有明显改观，对中国的外贸出口造成极大影响。国内生产能力无限扩张和广大居民有支付能力的需求相对不足，投资需求难以高速增长。专家认为，我国“十三五”期间经济发展的主要矛盾是最终需求不足。为此，释放农业现代化和农民工市民化的潜力，是破解当前需求不足瓶颈的根本途径。[②] 基于经济形势的新变化，在经济发展新常态下，我国经济发展重心将发生重大变化，就是新型城镇化上升为国家经济发展的战略任务，成为扩大内需、促进发展、带动改革的主要着力点。党的十八大报告提出，“坚持走中国特色新型工业化、信息化、城镇化、农业现代化道路，推动信息化和工业化深度融合、工业化和城镇化良性互动、城镇化和农业现代化相互协调，促进工业化、信息化、城镇化、农业现代化同步发展”，“科学规划城市群规模和布局，增强中小城市和小城镇产业发展、公共服务、吸纳就业、人口集聚功能。加快改革户籍制度，有序推进农业转移人口市民化，努力实现城镇基本公共服务常住人口全覆盖”。党的十八届三中全会决定提出，“坚持走中国特色新型城镇化道路，推进以人为核心的城镇化，推动大中小城市和小城镇协调发展、产业和城镇融合发展，促进城镇化和新农村建设协调推进。优化城市空间结构和管理格局，增强城市综合承载能力”。

新型城镇化的核心是人的城镇化，要求改变过去“见物不见

---

① 中商情报网. 2002—2011 年中国城镇化率［EB/OL］. ［2012-8-20］. http://www.askci.com/news/201208/20/201615865490.shtml.

② 郑新立. 本届政府缺少传之于后世的重大项目［R］. 中国经济 50 人论坛 2015 年年会.

人”、城镇面积扩张但在城镇常住的农业转移人口不能平等享受市民权益的城镇化发展模式，将农民工逐步转变为在城镇稳定就业和定居的新市民，促进农民工发展；同时也不断扩大城镇基础设施建设投资需求和消费需求，促进经济持续健康快速发展。

（六）社会管理格局发生重大变化

改革开放以来尤其是以人为本的科学发展观确立以来，经过就业平权阶段和劳动平权阶段的发展，农民工就业权益、劳动社会保障权益、市民权益有了显著改善。但与此同时，农民工劳动权益受侵害的现象仍然较为严重，特别是新生代农民工诉求更高、法律意识更强，从而导致社会矛盾不减反增。突出表现在：

一是劳资矛盾激烈，权利争议数量居高不下，利益争议开始萌芽。从劳动关系理论看，劳动者与企业之间的劳动争议分为两类，一类是权利争议，即围绕法律规定和双方约定的权利和义务的履行情况而发生的争议，基本诉求是要求对方履行法定和约定义务，使己方享有法定和约定权利；另一类是利益争议，即围绕法律规定和双方约定的权利和义务以外的利益而发生的争议。权利争议是争取基本权益的争议，利益争议则是争取更高权益、期望公平分享企业发展成果的争议；处理权利争议有明确的依据，即法律法规规定和集体合同、劳动合同的约定，处理利益争议则没有明确具体的依据，需要当事各方协商确定依据；处理权利争议的机制是协商、调解，协商、调解不成的申请劳动争议仲裁、诉讼，处理利益争议的机制则是协商，协商不成的由政府部门组织同级工会和企业组织等三方共同协调处理。长期以来，我国的劳动争议基本上属于权利争议，主要是因企业不履行法定或约定义务，如不签订劳动合同、克扣或无故拖欠工资、低于最低工资标准支付工资、不支付加班工资、不参加社会保险、不给予工伤赔偿等而发生的争议。但以 2010 年 5 月

17日南海本田停工事件（广东南海本田汽车零部件制造有限公司数百名员工因对工资和福利不满而停工）为标志，一些地方部分企业不断发生因利益争议而导致的集体停工事件。这是我国劳动关系领域一个重要动向，意味着劳动争议进入到利益之争的新阶段。①

二是农民工与就业地户籍居民之间因矛盾激化而导致的群体性事件萌芽。长期以来，涉及农民工的群体性事件基本上是由于农民工与用人单位之间因劳动保障权益问题而产生激烈的劳动争议，直接当事人一方是农民工，另一方是用人单位。但是这一状态被2011年6月11日广东省增城市大规模群体性事件所打破。增城“6·11”群体性事件的主要原因是由于农民工群体在就业地未平等享受基本公共服务、未融入当地社会，从性质上看属于农民工与就业地户籍居民和地方政府之间的激烈矛盾。② 这表明，农民工与就业地户籍居民之间因矛盾激化而导致的群体性事件开始萌芽。2011年10月26日，浙江省湖州市织里镇也发生大规模群体性事件；2012年6月25日，广东省中山市沙溪镇又发生大规模群体性事件。这些群体性事件都反映出随着社会进步、农民工群体权利意识的增强，农民工群体已经对逐步平等享受就业地户籍居民的权益提出了更高的诉求。

面对新的形势，为了确保社会既充满活力又和谐稳定，2011年党中央、国务院做出加强和创新社会管理的重大决策，要求进一步加强和完善党和政府主导的维护群众权益机制，形成科学有效的利益协调机制、诉求表达机制、矛盾调处机制、权益保障机制，统筹协调各方面利益关系，加强社会矛盾源头治理，妥善处理人民内部矛盾，坚决纠正损害群众利益的不正之风，切实维护群众合法权益。加强和创新社会管理，重要任务之一就是需要形成科学有效的涉及

① 沈水生. 新生代农民工对劳动关系的影响及对策［N］. 中国人事报，2010-7-26.

② 剖析潮州、增城打砸烧事件：“不能认为外来人口就要惹事”［N］. 东方早报，2011-6-20.

农民工的利益协调机制、诉求表达机制、矛盾调处机制、权益保障机制，统筹协调农民工与用人单位、农民工与就业地户籍居民等各方面利益关系，使大多数“候鸟式”流动的农民工逐步稳定下来，成为城镇市民，实现新老市民社会融合。

（七）目前农民工市民化滞后于城镇化

城镇化本质上是指农业人口不断转变为城镇人口的过程。具体包括农业人口不断向城镇迁移和聚集的过程，农村地貌转变为城镇景观的过程，由农村传统的自然经济转化为城镇社会化大生产的过程，农村生活方式向城镇生活方式转变的过程。也就是说，城镇化一方面表现为人口由农村向城镇迁移聚集，同时又表现为地域景观的变化、产业结构的转变、生产生活方式的变革，是人口、国土空间、社会经济组织形式和生产生活方式由传统落后的乡村型社会向现代城镇社会转化的多方面内容综合统一的过程，是一个国家或地区经济社会发展进步的主要反映和重要标志。

衡量城镇化水平的指标，通常用城镇化率。城镇化率是指城市和建制镇的人口（城镇人口）占全部人口的比重。长期以来，我国的城镇化率统计中，城镇人口指的是非农业户口的人口，这意味着在城镇中就业的农民工及其随迁家属等群体并不被定义为“城镇居民”。直到2006年，国家统计局根据国际通行的做法，调整了城镇化率统计中“城镇居民”的定义，由非农业户口人口变更为“城镇常住人口”，后者指的是统计年度内在城镇居住6个月以上的人口，包括居住在城镇的非农业户口人口，也包括一年内在城镇居住6个月以上的农业转移人口。按照新的统计口径推算，2002年至2011年，我国城镇化率由39.1％提高到51.3％，上升了12.2个百分点，平均每年提高1.35个百分点，城镇常住人口平均每年增长2 096万人，历史上第一次实现城镇常住人口数量超过农村常住人口数量。

但是，在长期实行的城乡二元管理体制下，城镇常住人口中只有非农业户口的人口能够全面享受城镇市民权益，而农民工及其随迁家属虽然近些年逐步享受了部分基本公共服务，却尚不能完全平等地享有市民权益，还不是真正意义上的市民。2009 年，全国城镇常住人口 6.4 亿人，常住人口城镇化率 48%；其中非农业人口 4.5 亿人，户籍人口城镇化率只有 33.77%，相差 14.23 个百分点。[①] 2012 年，常住人口城镇化率达到 52.57%，但户籍人口城镇化率只有 35.29%，相差 17.28 个百分点。可见，我国的农民工市民化明显滞后于城镇化，在城乡二元结构之外，城镇内部又在形成新的“城市二元结构”。[②] 要实现经济社会全面协调可持续的发展，必须统筹城乡发展，着力消除城市二元结构，有序推进农民工市民化。

二、有序推进农民工市民化具有较强的可行性

（一）国家具备了较强的经济实力

有序推进农民工市民化，使常住城镇的农民工逐步平等享受城镇市民权益，需要有相应的经济实力支撑。1978 年，中国 GDP 总量占世界 GDP 的比例仅为 5.0%，人均 GDP 水平按当时高估的汇率计算，也只有 224.9 美元，排世界各国倒数第二位，仅是印度人均 GDP 的 2/3。[③] 改革开放以来，经过 30 多年的平稳较快发展，我国经济总量和人均 GDP 水平高速提升。2000 年中国 GDP 总量排名世界第六位，2001 年中国人均 GDP 由低收入国家进入下中等收入国家

① 栾贵勤，孟伟，盖伦. 人口流动对城镇化率的影响 [J]. 中国发展观察，2012 (11).

② 严善平. 城市劳动力市场中的人员流动及其决定机制——兼析大城市的新二元结构 [J]. 管理世界，2006 (8)；蓝海涛. 二元结构新演变凸显五大特征 [EB/OL]. [2008-1-3]. http://theory.people.com.cn/GB/49154/49156/6729505.html.

③ 周天勇. 三十年前我们为什么要选择改革开放 [N]. 学习时报，2008-9-1.

行列，2005 年中国 GDP 总量超过法国排名世界第五位，2006 年中国超过英国排名世界第四位，2007 年中国超过德国排名世界第三位。2010 年，中国 GDP 总量超过日本，成为全球第二大经济体，中国经济总量占世界经济总量的 10%左右；中国人均 GDP 由下中等收入国家进入上中等收入国家行列。2012 年中国 GDP 总量近 52 万亿元人民币，人均 GDP 超过 6 000 美元，综合国力大幅提升。

（二）区域协调发展的格局正在形成

改革开放之初，我国各地区经济社会发展普遍落后，但东、中、西部地区也存在生产力发展水平、经济技术水平和社会发展基础的差别，陆上邻国都是经济不发达的国家，因此，国家实施东部地区率先发展战略，选择将临近港澳地区、与发达国家海上交通相对方便、基础条件较好的东部沿海地区作为改革开放的突破口，设立经济特区和沿海开放城市，东部地区由此也率先得到了发展。这是基于国内国际客观情况的科学决策。不过，如果国内其他地区的发展长期跟不上，与东部地区的差距越来越大，则必然会影响经济社会的可持续发展。为此，2000 年，国家实施西部大开发战略。2002 年以后，在科学发展观关于“统筹区域发展”的指引下，2003 年国家实施东北地区等老工业基地振兴战略，2006 年国家实施中部崛起战略，全面形成了区域发展总体战略。2010 年，国务院批复《皖江城市带承接产业转移示范区规划》，这是我国批准设立的首个国家级承接产业转移示范区，它标志着产业梯度转移正式上升为我国国家战略之一。[①]

经过多年努力，中西部地区交通、通信、电力等基础设施建设取得显著成效，发展软环境有了很大改善，加上能源资源的优势开

① 产业梯度转移成为国家战略［N］. 中国经济导报，2010-1-28.

始显现，劳动力资源丰富，具有一定文化知识和技能水平的劳动力众多且工资价格有相对竞争优势，为中西部地区承接劳动密集型产业转移、加快发展经济提供了巨大的潜力空间，经济发展速度迅速提升。2007 年，西部地区经济增速首次超过东部地区；2008 年，中、西部和东北地区经济全面加速，均超过东部地区的增长水平；2009 年这一态势继续保持，中、西部和东北地区同比分别增长 12.6%、13.4%和 11.6%，比东部地区分别高出 1.9、2.7 和 0.9 个百分点。这标志着中国长期以来区域发展差距扩大的趋势得到初步遏制，区域发展增长格局从东部地区“一马当先”，向中西部地区全面加速、各区域协同并进转变。[①] 在经济快速发展的带动下，从 2009 年开始，中西部地区吸纳农民工的比重逐步提升。2009 年在东部地区务工的外出农民工占全国外出农民工人数的 62.5%，比上年降低 8.5 个百分点；在中部地区务工的外出农民工占全国外出农民工人数的 17%，比上年提高 3.8 个百分点；在西部地区务工的外出农民工占全国外出农民工人数的 20.2%，比上年提高 4.8 个百分点。[②] 中西部地区农民工返乡就业、创业逐渐增多，为合理分布人口、推进农民工市民化打下重要基础。

（三）城镇综合承载能力大幅度提升

推进农民工市民化，必须不断提高城镇综合承载能力。城镇综合承载能力是指城镇的资源禀赋、生态环境、基础设施、公共服务对城镇人口及经济社会活动的承载能力。[③] 其中，资源禀赋、生态环境包括城镇的土地资源、水资源、森林绿地资源等，主要具有自然

① 赵大春. 中西部经济增速超东部 区域差距扩大得到遏制［EB/OL］.［2010-12-13］. http://news.xinhuanet.com/2010-12/13/c_12875796.htm.

② 数据来源于国家统计局发布的《2009 年农民工监测调查报告》。

③ 叶裕民解读“城市综合承载能力”［J］. 前线，2007（4）.

属性，很难根本性改变；但同时也具有一定的社会属性，人类通过集约节约使用资源、加大对环境的保护力度，甚至采取水资源调配、植树造林等方式，可以充分发挥资源禀赋、生态环境对城镇人口及经济社会活动的承载能力。基础设施主要包括城镇交通、通信、住房、水电气热、垃圾处理等城镇物质工程设施，公共服务主要包括政府向市民提供的教育、社会保障、医疗卫生、文化体育等服务，都具有社会属性，在经济发展的基础上，通过加强城镇发展规划和建设，可以提高基础设施、公共服务对城镇人口及经济社会活动的承载能力。

目前，我国城镇综合承载能力有了大幅度提升：一是城市和建制镇数量大幅度增加、规模大幅度扩大。1978 年，全国城市只有 193 个、建制镇只有 2 173 个，其中 1 000 万以上人口城市数量为零，500 万～1 000 万人口城市 2 个，300 万～500 万人口城市 2 个，100 万～300 万人口城市 25 个，50 万～100 万人口城市 35 个，50 万以下人口城市 129 个。到 2010 年，全国城市达 658 个、建制镇达 19 410 个，其中 1 000 万以上人口城市 6 个，500 万～1 000 万人口城市 10 个，300 万～500 万人口城市 21 个，100 万～300 万人口城市 103 个，50 万～100 万人口城市 138 个，50 万以下人口城市 380 个。① 二是土地城镇化已快于人口城镇化，城镇人口密度有提升空间。1996—2012 年，全国建设用地年均增加 724 万亩，其中城镇建设用地年均增加 357 万亩；2010—2012 年，全国建设用地年均增加 953 万亩，其中城镇建设用地年均增加 515 万亩。2000—2011 年，城镇建成区面积增长 76.4%，远高于城镇人口 50.5%的增长速度。②三是城镇基础设施建设快速发展。2000 年至 2012 年，全国城市用水普及率由 63.9%提高到 97.2%，燃气普及率由 44.6%提高到 93.2%，人均道

①② 数据来源于《国家新型城镇化规划（2014—2020 年）》。

路面积由 6.1 平方米提高到 14.4 平方米，人均住宅建筑面积由 20.3 平方米提高到 32.9 平方米，污水处理率由 34.3%提高到 87.3%，人均公园绿地面积由 3.7 平方米提高到 12.3 平方米，普通中学由 14 473 所提高到 17 333 所，病床数由 142.6 万张提高到 273.3 万张。[①]

需要特别指出的是，现有农民工中的大多数已经生活在城镇，使用着城镇的道路和水电气热等基础设施，这意味着减轻了未来农民工市民化中城镇基础设施建设投资的压力。未来主要需要解决已进城农民工的住房建设，以及其随迁家属、新进城农民工及其随迁家属的基础设施使用问题，而适度的投资需求正是经济发展总需求的重要部分。此外，教育、医疗、文化等基本公共服务随着近几年均等化的推进，也具备了一定承载能力。

（四）农民工市民化相关政策不断完善

有序推进农民工市民化是一项系统工程，涉及落实法律法规维护农民工就业和劳动保障权益，涉及逐步推进农民工平等享受城镇基本公共服务和在城镇落户，涉及未来生产力和人口布局，涉及农民工市民化工作的具体组织领导等，需要完善相关法律法规和政策措施。在党的十八大作出“有序推进农业转移人口市民化”的战略决策之前，党中央、国务院陆续做出了一系列与农民工市民化相关的重大决策。一是 2011 年提出加强和创新社会管理，将农民工权益维护纳入了社会利益协调机制、诉求表达机制、矛盾调处机制、权益保障机制。二是 2011 年出台《国务院办公厅关于积极稳妥推进户籍管理制度改革的通知》（国办发［2011］9 号），分类明确户口迁移政策，逐步满足符合条件的农村人口落户需求。三是 2012 年印发

① 数据来源于《国家新型城镇化规划（2014—2020 年）》。

《国家基本公共服务体系“十二五”规划》（国发［2012］29号），这是“十二五”乃至更长一段时期构建国家基本公共服务体系的综合性、基础性和指导性文件，是政府履行公共服务职责的重要依据。这一规划提出了建立健全基本公共服务体系，促进基本公共服务均等化的目标和措施；明确了基本公共服务均等化，指全体公民都能公平可及地获得大致均等的基本公共服务，其核心是机会均等。这为农民工逐步平等享受城镇基本公共服务提供了政策平台。四是2010年印发《全国主体功能区规划》（国发［2010］46号），这是国土空间开发的战略性、基础性和约束性规划。该规划提出了推进形成主体功能区的战略目标和政策措施，明确要根据不同区域的资源环境承载能力、现有开发强度和发展潜力，统筹谋划人口分布、经济布局、国土利用和城镇化格局，确定不同区域的主体功能，并据此明确开发方向，完善开发政策，控制开发强度，规范开发秩序，逐步形成人口、经济、资源环境相协调的国土空间开发格局。该规划的出台，为制定新型城镇化规划、合理分布农业转移人口打下重要基础。五是2004年国务院审议通过《中长期铁路网规划》，2008年国家发改委又批复了《中长期铁路网规划（2008年调整）》；2004年国务院审议通过《国家高速公路网规划》；2007年国务院审议通过《综合交通网中长期发展规划》，2012年又印发了《“十二五”综合交通运输体系规划》（国发［2012］18号）。铁路公路骨干交通网的规划和建设，对城镇、产业、人口的布局和发展发挥着重要的引导和促进作用。六是2006年国务院农民工工作联席会议成立，各省、自治区、直辖市也建立了由30多个相关部门组成的农民工工作协调机制，为做好农民工工作、有序推进农民工市民化提供了组织保障。党的十八大以来，党中央专门召开了中央城镇化工作会议，《国家新型城镇化规划（2014—2020年）》《国务院关于进一步推进户籍制度改革的意见》（国发［2014］25号）、《国务院关于进一步做好为农民工服务工作的意见》（国发［2014］40号）、《国务院关于调整城市规模划分标准的通知》（国发［2014］51号）、《国务院办公厅关于成立国务院农民工工作领导小组的通知》（国办发［2013］60号）等一系列与农民工市民化相关的重要文件出台，为有序推进农民工市民化提供了良好的政策环境。

（五）一些地方已经积累了较好的实践经验

根据《国务院关于解决农民工问题的若干意见》（国发［2006］5号）关于输入地政府要转变思想观念和管理方式，对农民工实行属地管理，把农民工纳入城市公共服务体系；要深化户籍管理制度改革，逐步地、有条件地解决长期在城市就业和居住农民工的户籍问题等精神，近些年来，各地在把农民工纳入城镇基本公共服务体系的工作中积累了很好的经验。广东省、陕西省、重庆市、四川省成都市、浙江省宁波市等地在深化户籍制度改革、推进符合条件的农民工落户城镇方面也作了积极探索，积累了较好的实践经验。这些经验可以为全国范围内有序推进农民工市民化提供借鉴。

三、反对推进农民工市民化的观点是不科学的

针对有序推进农民工市民化的主张和政策，一些观点表达了担忧和反对，对此需要全面深入地辨析。

（一）一些观点站在维护农民农业农村权益的立场上表达了对农民工市民化的担忧和反对

一是认为农民工市民化的目的是为了将农民赶进城从而侵占农民的土地。二是认为农民工市民化将会导致年轻农民工都进城定居，将来无人从事农业生产经营，粮食和农业安全得不到保障。三是认

为农民工进城就业已经导致农村老人“空巢化”、人口“空心化”，市民化将会进一步加剧这种局面。四是认为农村青山绿水非常宜居，只要加强农村道路、通信、水电气热、垃圾处理等基础设施建设，在农村就可以过上与城镇同等水平的生活；推进城镇化、农民工市民化反而致使农民工远离农村的青山绿水。五是认为农业文明是中国传统文化的重要载体，而农民工市民化将会导致农村人口减少、农业文明凋敝，破坏中国传统文化的传承。六是认为农民工市民化导致农村传统的亲情关系被割裂，大量外出人口再也找不到心灵上的故乡，“有故乡的人回到故乡，没有故乡的人走向远方”。

从人的感情角度看，以上观点是站在维护农民农业农村权益的立场上，所表达出的担忧也情有可原；但从理性角度看，以此反对农民工市民化却是不科学的。

第一，如前文所述，工业化、城镇化和农业现代化以及与之伴生的农业人口向二、三产业和城镇转移，是世界各国实现现代化的必由之路。虽然我国赶上发达国家的发展水平还需要很长时间的艰苦努力，不能操之过急，但工业化、城镇化和农业现代化的大方向不能变、农民工市民化的大方向不能变。在我国城镇化率刚刚超过50%，其中还有2亿人左右虽然常住城镇但尚未真正市民化的情况下，决不能逆发展潮流而行、期望甚至要求大多数农民工都返回农村稳定工作和生活，而应当顺应历史的客观规律和发展潮流，逐步推进农民工市民化。

第二，农民工市民化是农民工及其家属自身的强烈愿望，根源于对更加幸福生活的追求。幸福是人类的追求，也是一种难以用统一标准衡量的心理感受。幸福既有主观性，也有客观性。什么是更加幸福的生活？从主观性来看，不同的人未必有相同的判断和选择，有的人可能认为城镇生活幸福，有的人则可能认为农村生活幸福；但从客观性来看，古往今来、国内国外，大多数人还是期望和选择从农村迁移到城镇，实现更加体面的就业、获得更高的收入、子女能接受更好的教育、看病更加方便、衣食住行娱乐能更加丰富多彩、能获得政府提供的更好的公共服务。农民工及其家属在进城就业的过程中确实付出了很大的代价，失去了很多原来乡村生活的美好之处，但不可否认且不能不尊重的是：由农村迁移到城镇是农民工及其家属自身在综合比较得失之后做出的选择，是他们对更加幸福生活的判断和追求。任何自己工作生活在城镇、享受着城镇现代生活的人，都不应该以任何借口要求农民工永远留守农村、反对农民工对市民化的追求。

第三，认为应当以加强农村基础设施建设来替代城镇化、替代农民工市民化的观点是违背经济规律的。在人类发展史上，城镇之所以能够出现并不断发展，重要原因之一就是城镇具有集聚效应和经济性。“集聚效应”是指各种产业和经济活动在空间上集中，从而产生的经济效果以及吸引经济活动向一定地区靠近的向心力，这是导致城市形成和不断扩大的基本因素。产业和人口在城镇的适度集聚，能够以最小投入产生最大产出，以最经济的方式建设好各类基础设施。反之，农民的居住分散，浪费了很多土地资源；在大范围的农民居住村落加强道路、通信、水电气热、垃圾处理等基础设施建设，投入大、成效小。而且，如果主要依靠农民自身的务农收入来投入基础设施建设，根本不具备可能性；如果依靠财政或企业来投入基础设施建设，在中国目前城镇化率只有50％多的情况下，实质上是期望由全国人口中常住城镇的约一半人去扶持常住农村的另一半人过上与城镇同等水平的生活，这也是不具备可能性的。相反，只有大力推进城镇化和农民工市民化，才能以人口数量更多、劳动生产率更高的城镇创造出的财力，去支持人口数量较少的农村加强基础设施建设，帮助在总人口中占少数的农村居民过上与城镇水平相似的现代生活。

第四，随着大量农民工及其家属进城就业和常住，很多农村村落确实出现了人口大幅度减少甚至空无一人的“空心化”现象，这是城镇化和农业人口转移过程中的必然现象。任何一个国家在由农业社会转向工业社会的过程中，都会出现这种现象，原因很简单：农村总人口减少了，就不需要那么多居住点了。这种新现象的出现，确实会冲击部分人的认知和价值判断，但这种新现象恰恰是工业化、城镇化、农业现代化快速发展的结果，应当站在人的全面发展高度、历史发展规律高度去认识、去顺应，而不能留恋几十年不变、几百年不变的农业社会，并反对城镇化和农民工市民化。

第五，任何一项正确决策只有在实践中正确地落实后才能取得预期的好成效，通俗地说，“好事要办好”才能符合国家、社会和群众的利益；如果好政策没有得到好的执行，则可能造成不良后果。从这个角度看，对推进新型城镇化、农民工市民化过程中可能出现的问题要见微知著、防微杜渐，及时发现新问题、解决新问题，对各种关于可能出现问题的担忧、批评应给予充分理解和重视；但不能“因噎废食”、因为可能出现的问题而从根本上否定正确的决策。目前，在一些地方的实践中确实存在政府部门违法侵占农民的土地，务农农民老龄化导致未来可能缺乏农业劳动力，农村村落中只有老人留守“空巢”致使难以老有所养，民风民俗等传统文化传承断裂，农村村落基础设施很差等问题。其中，吸引年轻劳动力务农、加强农村基础设施建设等问题，恰恰需要通过推进新型城镇化和农民工市民化然后反哺农村才能解决；违法侵占农民的土地、农村“空巢”老人的养老、传统文明的传承等问题，则属于在推进新型城镇化和农民工市民化的过程中，政策不完善、不周密或者落实不到位才会产生的问题；对此，需要国家和全社会高度重视，不断探索完善政策措施，切实落实到位，努力做到新型城镇化和农民工市民化顺利推进，同时农民的权益依法得到保障、老人有所养、文脉能传承、乡愁留得住。

（二）一些观点站在维护城镇户籍居民权益的立场上表达了对农民工市民化的反对

一是认为本地财政收入有限，难以承担农民工市民化所需的成本。二是认为大多数农民工未缴纳个人所得税，没有为本地财政收入做出贡献，不应该享受本地政府提供的基本公共服务及其他市民权益。三是认为农民工挤占了本地就业岗位，造成交通拥堵、市容环境差，农民工随迁子女对本地户籍学生参加中考、高考形成竞争，影响了本城镇户籍居民权益。四是认为农民工在农村享有土地承包经营权、宅基地使用权、集体经济收益分配权，很多农民工生育了两个甚至多个子女，而城镇户籍居民则不能享有这些权益，也不能到农村去买房、买地，因此推进农民工市民化对城镇户籍居民不公平。五是认为本城镇应当吸纳高层次人才，而农民工都是低层次劳动力，应限制农民工规模扩大。如果给予农民工很好的基本公共服务及其他市民权益，将会吸引更多的农民工来到本城镇，与本城镇目标相悖。六是认为历史上凡出现大量“流民”的时代都会造成社会动荡，大量农民工进城就业和市民化，也可能影响社会稳定。

以上观点是不成立的：

第一，财政支撑能力的大小不能成为反对农民工市民化的理由。从推进农民工市民化的结构和节奏看，未来将会是大中小城市和小城镇协调发展，东中西部地区在主体功能区规划下合理分布人口，用 10 至 20 年时间逐步解决农民工市民化问题。通过合理设置条件、加强宏观调控，可以避免大量农民工短期内集中涌入东部少数特大城市的问题，可以逐步解决农民工市民化的成本问题。从农民工市民化成本分担看，农民工本人和用人单位也将承担相应的成本，不会完全由财政提供支持。从现有财力看，实际上很多城市已经具备

了加快推进农民工市民化的财政支撑能力，一些发达城市按常住人口计算的人均GDP达到10万元。阻碍其加大对农民工市民化投入的不是财政收入有限，而是并没有真正树立以人为本、常住人口都是本地居民的观念。

第二，是否缴纳个人所得税以及纳税数额的多少不能成为公民享受市民权益的前提。其一，基本公共服务从性质上看是政府利用财政收入为全体公民提供的均等化的服务，属于社会收入再分配范畴，其服务对象是有此项服务需求的全体公民，而与公民个人收入是否达到了个人所得税起征点、缴纳了多少个人所得税无关。即使是失业无业者、老弱病残群体，也都有依法享受基本公共服务的权利。在城镇就业和常住的农民工已经成为城镇居民，当然应当依法享受基本公共服务。其二，尽管全国农民工的平均工资收入水平低于个人所得税起征点，大多数农民工未缴纳个人所得税，但不能据此否定农民工对就业地城镇做出的重要贡献。在我国的税制结构中，企业是主要纳税人。企业缴纳的增值税、营业税、企业所得税等，都来源于企业的经营收入和利润，其中包含着作为企业员工的农民工所创造的价值。即使是无用人单位的灵活就业农民工，其为企业及其员工、城镇居民提供服务，属于社会化分工中的一部分，促进了本地企业生产经营的发展，也间接地为本地财政收入增长做出了贡献。

第三，不能以农民工挤占了本地资源为借口而反对农民工市民化。其一，从国际比较看，建立统一的劳动力市场是各国普遍的基本制度，目的是维护国家的统一，增强国家的凝聚力和向心力，促进人力资源最优配置和经济社会发展。即使是美国、德国、加拿大、澳大利亚、俄罗斯、印度、巴西等实行中央和地方分权的联邦制国家，也都立法规定劳动者在全国范围内有自由择业的权利。中国是在中央统一领导下的单一制国家，更应当实行统一的劳动力市场制度。其二，从中国的实践看，凡是吸引农民工多的城镇，都是经济发展速度较快、水平较高的地方。一方面由于经济发展吸纳了更多农民工，另一方面农民工规模的扩大又促进了经济更好更快发展，从而创造出更多的就业岗位，两者相辅相成。因此，不能仅仅看到农民工对本地户籍劳动力形成了直接就业竞争，更要看到农民工间接促进了经济发展从而创造出更多的就业需求；不能仅仅看到农民工数量增加直接造成交通拥堵、影响市容环境，更要看到农民工间接提升本地财力，加快了本地基础设施建设和市容市貌的改观。如果人为阻碍农民工的流入，必将影响本地经济发展，从而影响本地户籍居民就业、基础设施建设、市容市貌的改观。其三，农民工进城就业和常住不仅为了提供劳动进而换取收入，而且有城镇户籍居民同样的生活需求，这是农民工作为中国公民理应享有的法定权利。向农民工随迁子女提供平等的教育服务，确实会由于参加考试的学生总人数增加而对本地户籍学生参加中考、高考形成竞争，但这是农民工作为在本地就业和常住的人口应有的权利。正如在城镇户籍人口中不能以职务高低、财富多少为标准限制参加中考、高考的学生人数一样，也不能以户籍为标准限制在本地就业和常住的农民工的随迁子女参加中考、高考。城镇户籍居民关心自己子女的升学是可以理解的，但应鼓励子女公平竞争。那种认为可以让农民工进城就业换取收入，但不能向其提供随迁子女教育等市民权益的观点，实质上类似于将农民工视为机器，无视其作为人的合法合理合情的生活需求，不符合以人为本、公平正义的理念。

第四，认为推进农民工市民化对城镇户籍居民不公平的观点是不客观的。其一，总体上看，新中国成立以后，农民为城镇、为国家做出了巨大牺牲。通过农产品“剪刀差”的非等价交换、农民工进城就业“同工不同酬”的非等价交换、农村土地低价征收、农村储蓄存款向城镇放贷等政策和市场行为，农民的产品和劳动力资源、

土地资源、金融资源在几十年里源源不断地非等价输向城镇。尽管21世纪以来国家实行工业反哺农业、城市支持农村的新政策，但农民累计为城镇做出的牺牲仍然巨大，农民平均收入和财富水平仍然远低于城镇户籍居民的平均水平。2010年城镇居民人均可支配收入与农村居民人均纯收入之比为3.23∶1，2011年该收入比为3.13∶1。① 其二，农民工在农村享有土地承包经营权、宅基地使用权、集体经济收益分配权，城镇户籍居民不能享有这些权益，而是享有社会保障、城镇福利等其他市民权益，这是城乡二元管理体制下的制度设计。无论从历史上看，还是从城乡二元管理体制逐步改革后的今天来看，在这种制度设计下农民的平均收入和财富水平一直远低于城镇户籍居民的平均水平。一些大城市郊区的农民由于土地征收、房屋拆迁而获得较高补偿收入，但这部分群体占农民和农民工总体中的比例很小，绝大多数农民和农民工并不能从土地权益中获得高收入。其三，有部分城镇户籍居民抱怨农民工可以进城市民化而城镇户籍居民不能到农村去买房、买地，但实际上很少有城镇户籍居民真正希望到农村务农和常住，部分人希望的只是在城镇就业和常住，同时到农村买房休闲、买地增值。当然，未来能否允许城镇户籍居民到农村买房，需要另作探讨，但不能以此反对农民工市民化。其四，由于城乡社会保障等区别，现行计划生育政策有关规定及其执行力度在城乡是有区别的，确实有很多农民工生育了两个甚至多个子女，这需要结合社会保障制度的完善而不断推进城乡计划生育政策的完善，切实落实法规政策规定，对违反法规政策的行为依法进行处理。但农民工生育子女的多少不能与其市民化权利挂钩，更不能因农民工的违法行为而惩罚其无辜的子女，即使是超生子女也具有平等接受教育、自由择业等公民的合法权利。

---

① 数据来源于国家统计局发布的《2011年城乡居民收入增长情况》。

第五，不能因为农民工多数是低层次劳动力而限制其市民化。任何一个城镇都是一个大系统，从产业和就业分工角度看，这个大系统需要由不同层次、不同功能的子系统构成，才能保证大系统的正常运转。一个城镇需要有政府及其工作部门、学校、医院、企业，也需要有个体工商户、灵活就业者；需要有公务员、教师、医生、企业经营管理者，也需要有一线操作员工、厨师、环卫工、家政服务员。城镇的产业结构可能不同，产业结构中的主导产业应当努力向更高端转型，但任何城镇的产业结构仍然会是一个大系统。尤其是环卫工、维修工、厨师、餐厅服务员、家政服务员等所谓的低层次就业岗位，提供的都是一个城镇必不可少的服务，有些岗位还是本地户籍居民不愿从事的苦、脏、累、险岗位，如果真的限制农民工流入，将会严重影响本地户籍居民的生活。

第六，认为农民工类似历史上的“流民”，可能影响社会稳定的观点是僵化的。历史上出现的“流民”现象，是在农业社会大背景下，主要由于战乱、瘟疫、自然灾害等原因而导致农民被迫背井离乡。如果“流民”在流入地衣食无着、难以生存，故乡又回不去，可能会造成社会动荡。农民工现象则是在工业化、城镇化、农业现代化的大背景下，由于工业生产、城镇生活的吸引而产生的农业人口主动向二、三产业和城镇转移。农民工市民化以就业为基础，以现代社会保障制度为支撑，只要不断完善政策措施并切实落实好，就不会影响社会稳定。

第五章　有序推进农民工市民化的基本思路：123453

有序推进农民工市民化是中国现代化进程中的重大战略任务，需要在贯彻落实党中央、国务院确立的总体方向、基本原则、主要任务、政策措施的前提下，明确基本思路，积极改革创新，不断结合实际探索完善具体政策措施，循序渐进地推进。综合分析农民工市民化的路径，可以概括为“123453”基本思路：围绕一个目标、两条腿走路、分三步实施、按照“四个着力”工作布局、重点推进五项改革、不断强化三大保障，有序推进、逐步实现农民工市民化。

一、围绕一个目标

这个目标就是：有序推进农民工市民化。关于“农民工市民化”的含义，一直存在不同的观点。一种在社会舆论中比较有代表性的观点认为，农民工市民化就是农民工在城镇落户。也有观点认为农民工市民化是以农民工整体融入城市公共服务体系为核心，推动农民工个人融入企业，子女融入学校，家庭融入社区，也就是农民工在城市“有活干，有学上，有房住，有保障”。[①] 还有观点认为农民工市民化是指在城市务工经商的农民工在自愿的基础上，借助于工

① 国务院发展研究中心课题组. 农民工市民化 制度创新与顶层政策设计［M］. 北京：中国发展出版社，2011：3.

业化和城市化的推动，从农民身份转变为市民身份，并获得相应的社会权利与福利待遇，顺利融入城市社会的现象和过程。市民化主要包括四个层面：一是职业由次属的、非正规劳动力市场上的农民工，转变成首属的、正规的劳动力市场上的非农产业工人；二是社会身份由农民转变成市民；三是农民工自身素质的进一步提高；四是农民工意识形态、生活方式和行为方式的城市化。[①]

以上观点从不同角度揭示了农民工市民化的内涵和外延，但也存在不足。综合分析，笔者认为应当明确“农民工市民化”的含义是农民工在城镇就业和常住，并且享有与城镇户籍居民平等的市民权益。这一定义的具体内涵包括：

1. 农民工市民化的对象是在城镇二、三产业就业的农民工，而非未在城镇就业的其他群体。也就是说，市民化应当以农业转移人口在城镇就业为前提条件，首先成为农民工，然后才能要求市民化。这是为了避免出现“贫民窟”现象和“福利移民”“高考移民”等道德风险。其一，国家推进农民工市民化的起因，是随着工业化、城镇化的发展，数以亿计的农业转移人口已经进城就业和常住，但尚未平等享有市民权益，因而需要推进其市民化。推进市民化的目的不能也不是为了单纯提高城镇化率、市民化程度，不能也不是为了将农业人口赶进城、即使未在城镇就业也推进其进城当市民。假如那样推进市民化，将可能产生大量城镇无业人口，出现“贫民窟”。其二，推进农民工市民化、逐步平等享受市民权益，如果不以在城镇稳定就业和居住为前提条件，将可能产生道德风险。由于大城市尤其是京津沪等超大城市市民福利较好、一些地区高考招生比例较高，可能会有一些人员并不在大城市尤其是京津沪等超大城市就业，甚至也不常住，却以市民化的理由要求享受该城市市民福利，要求

① 王爱华. 农民工市民化进程中的非制度障碍与制度性矫治 [J]. 江西社会科学，2013 (1).

子女在该地区参加高考，形成“高考移民”“福利移民”等不合理现象。

2. 农民工市民化是有条件、有意愿的大部分农民工的市民化，而非全部农民工的市民化。其一，市民化的对象是有意愿的农民工。现实中尽管大部分农民工尤其是新生代农民工希望一直就业和生活在城镇，但也有部分农民工只是想在城镇就业挣钱，然后回到家乡生活。推进农民工市民化应当尊重农民工本人的意愿，不能强迫其市民化。其二，市民化的对象是有条件的农民工。从农民工本人角度说，这里的“条件”是本人的就业能力、收入水平、家庭状况等客观因素。市民化的目的是为了过上更加幸福的生活，如果农民工本人自我评估就业能力弱、收入水平低、家庭负担重，在城镇生活的质量比不上在家乡生活的质量，那么其评估结论可能是自己不具备市民化的条件，因而影响本人市民化的意愿。从城镇政府的角度说，这里的“条件”是农民工在本地是否有稳定就业、稳定住所、参加城镇社会保险等客观因素。正如第二章第三部分分析，造成农民工问题的根本原因不仅有户籍管理制度，而且包括特定发展阶段的客观限制条件。即使废除了户籍管理制度，允许农民工在城镇自由落户，但如果本地经济发展和财政收入水平不足，仍然不可能让全部农民工真正享受到各项市民权益。为此，城镇政府有必要采取逐步推进的方式，对全部农民工进行分类，按照轻重缓急的不同而渐进推动市民化。

3. 农民工市民化的对象还应包括农民工的家属。家庭是社会生活的最小单元，市民化是家庭生活方式的转变，因此，推进农民工市民化不能仅仅指农民工个人的市民化，还应当包括其配偶、子女、父母等共同生活的家庭成员的市民化；在赋予农民工本人市民权益的同时，还应当赋予其共同生活的家庭成员以市民权益。

4. 市民化的本质含义是农民工享有与城镇户籍居民平等的市民

权益，而非仅仅指在城镇落户。其一，如果农民工在城镇落户了却不能享有全部市民权益，则不能称为市民化。比如一些地方取消本地城乡居民的“农业户口”与“非农业户口”性质区分，统一登记为“居民户口”，这是户口登记方面的进步。但是，如果对本地户籍的进城农民工仍然不能赋予与城镇户籍居民平等的市民权益，则这些农民工仍然尚未市民化。其二，如果农民工已经享有与城镇户籍居民平等的市民权益，那么即使其未在该城镇落户，也可称为市民化。也就是说，是否在城镇落户只是一种形式，而真正平等享有市民权益才是市民化的本质。农民工在城镇落户并且享有与本地户籍居民平等的市民权益，属于市民化；农民工即使未在城镇落户但也享有与本地户籍居民平等的市民权益，也属于市民化。正因为如此，认为农民工市民化就是农民工在城镇落户的观点是不全面、不准确的。

5. 作为市民化核心的市民权益不仅包括享受城镇基本公共服务的权利，而且包括城镇户籍居民享有的其他市民权益。其一，公民的权利是一个丰富复杂的体系，以权利对应的义务人为标准划分，包括以用人单位为义务人的劳动权利、以其他民事主体为义务人的民事权利，也包括以政府及其部门为义务人的政治和行政权利。其二，以政府及其部门为义务人的政治和行政权利，以享有权利和履行义务的地域为标准划分，又可分为作为国家公民身份享有的政治和行政权利以及作为地区居民身份享有的政治和行政权利。作为国家公民身份享有的政治和行政权利可以在全国各地享有，全国各地的政府及其部门应当依法按照职责履行相应的义务。比如任何一个公民，当其在某地受到人身权的侵害或威胁时，不管其是否具有当地户籍、是否在当地常住，都有权利向当地公安部门报警寻求对自己人身权的保护，该地区公安部门依法应当履行保护报警人的义务。作为地区居民身份享有的政治和行政权利，只能在该地区享有，该

地区的政府及其部门应当依法按照职责履行相应的义务，其他地区的政府及其部门则无此义务。比如最低生活保障权利，是国家统一规定的在全国城乡范围内普遍实施的一项赋予贫困家庭的权利，但具体落实由地方政府及其部门属地管理，只有当地居民才能在当地享有该项权利，非当地居民则不能要求当地政府及其部门履行给予本人家庭最低生活保障的义务。其三，作为地区居民身份享有的政治和行政权利，以地区层级为标准，又可以划分为作为省（自治区、直辖市）级、市（地、州、盟）级、县（区、旗）级、街道（乡镇）级、社区（村）级等不同层级的居民身份而享有的政治和行政权利。从农民工市民化角度研究市民权益，主要关注的是作为市级、区级、街道级、社区级、建制镇级居民身份而享有的政治和行政权利。农民工实现市民化的标准，应当是农民工享有了与本人就业和常住的城镇的本市、本区、本街道、本社区、本建制镇的户籍居民平等的政治和行政权利，缺少了任何一个层级的权利，农民工市民化都没有彻底实现。其四，农民工市民化所关注的平等市民权益，不仅包括在城镇享受基本公共服务的权利，而且包括平等享受未列入基本公共服务范围的，本市、本区、本街道、本社区、本建制镇结合本地实际而向户籍居民提供的其他公共服务和福利；还应包括民主选举、民主决策、民主管理、民主监督等非公共服务性质的权利。正因为如此，认为农民工市民化是以农民工整体融入城市公共服务体系为核心的观点，显得不够全面。

6. 有序推进农民工市民化涉及很多相关层面的工作，但衡量农民工是否市民化的标准只能是农民工是否享有与城镇户籍居民平等的市民权益。其一，认为市民化包括农民工职业由次属的、非正规劳动力市场上的工人，转变成首属的、正规的劳动力市场上的工人的观点是不准确的，因为即使是尚未市民化的农民工，有的也在正规劳动力市场就业；反之，即使是本地城镇户籍居民，有的也在非正规劳动力市场就业。由于发展经济和促进就业的客观需要，各国的自由职业者、钟点工等非正规劳动力市场一直都在与正规劳动力市场并存发展。因此，在正规或非正规劳动力市场就业，不能成为衡量农民工是否市民化的标准。其二，认为市民化包括农民工自身素质的进一步提高的观点也是不准确的，因为即使是尚未市民化的农民工，有的自身素质也很高；反之，即使是本地城镇户籍居民，有的自身素质也不高。其三，认为市民化包括农民工意识形态、生活方式和行为方式的城市化的观点也是不准确的，因为何谓“意识形态、生活方式和行为方式的城市化”缺乏统一标准、难以衡量。总之，衡量农民工是否市民化的标准只能是在本城镇就业和常住的农民工是否享有与本城镇户籍居民平等的市民权益。与此同时，为了实现更高质量的市民化，应当做好农民工就业创业、劳动保障权益维护、社会融合等相关层面的工作。

7. 农民工市民化不等同于城镇化。其一，城镇化是农业转移人口进城就业和常住的过程，城镇化率的统计中包括一年内在城镇居住 6 个月以上但未市民化的农民工，城镇化率的提高意味着城镇常住人口数量不断增加。今后，随着工业化、农业现代化的进一步发展，我国的城镇化进程将会继续推进，还会有更多的农业劳动力进城就业常住从而使农民工总量增加，还会有一些郊区农民被征地并进城常住，这些都是城镇化进程的具体表现。其二，农民工市民化则主要是推动已经在城镇稳定就业和常住的现有农民工逐步平等享有市民权益，真正成为“市民”。其三，农民工市民化是新型城镇化的核心任务。新型城镇化包括城镇布局、城镇规划和建设、农民工市民化等很多任务，其中农民工市民化是核心任务，其他任务都是为“人的城镇化”服务。

二、两条腿走路

明确了农民工市民化的含义是农民工享有与城镇户籍居民平等的市民权益，那么接下来一个重要问题就是：如何推进农民工享有与城镇户籍居民平等的市民权益。对此问题，也存在不同的观点。

（一）废除户籍管理制度论

第一种观点认为，推进农民工享有与城镇户籍居民平等的市民权益，途径就是废除户籍管理制度，从而消除农民工与本城镇户籍居民之间的权利差别。这种观点背后的逻辑是：产生农民工问题的根源在于户籍管理制度，因此，根本解决农民工问题的唯一途径就是改革甚至废除户籍管理制度。

以上观点是不可取的。其一，正如第二章第三部分所分析，产生农民工问题的根源不是“单因素”而是“双因素”，一个因素是社会发展特定阶段的客观限制条件，另一个因素是中国独特的户籍管理制度。因此，仅仅针对其中的一个因素提出解决方案，不可能从根本上解决农民工问题。其二，政府及其部门为了保障市民权益而履行相应的义务，在大多数情况下是需要投入财政资源的，包括直接向市民支付有关待遇以及由于提供公共服务而扩大机构人员规模、增加服务设施建设费用等。目前，尽管农民工在享受城镇基本公共服务方面已经取得积极进展，但总体上看，还有一些市民权益尚未对农民工开放（如居民最低生活保障权利），一些已经对农民工开放的市民权益的覆盖范围还很小（如适龄学生接受高中阶段教育的权利还只有部分农民工随迁子女能够享有）。假如立即废除户籍管理制度，向2亿多进城农民工及其随迁家属立即赋予与本城镇户籍居民平等的市民权益，政府将面临财政支出大幅度增加的局面，如果财政无力承担，那么农民工实际上难以真正平等享受市民权益，还可能由于政府不能兑现承诺而影响社会稳定；如果降低人均福利水平，本城镇户籍居民由于“待遇刚性”将难以接受。其三，区域和城乡之间协调发展是一项长期的任务，目前从总体上看，我国区域之间、城乡之间的经济社会发展水平、居民收入和生活水平、政府公共服务（居民福利）水平仍然存在较大差距。2012 年，北京市按常住人口计算的人均 GDP 为 87 091 元，城镇居民人均可支配收入 36 469 元，城市居民最低生活保障标准为家庭月人均 520 元，农村居民最低生活保障标准为家庭月人均 380 元；西部某州城乡人均 GDP 为 23 041 元，农民人均纯收入 6 419 元，农村居民最低生活保障标准为家庭年人均 900 元。假如立即废除户籍管理制度，任何公民可以到任何城镇要求享有与本城镇户籍居民平等的市民权益，那么可能出现农民工及其家属以外的大量贫困人口到发达城镇未就业而定居，并且要求平等享有城市居民最低生活保障待遇等市民权益。政府财力对此是不可能承受的，结果将会是市民权益体系崩溃，大量“贫民窟”充斥城镇。尽管国家已经普遍建立了最低生活保障制度，政府有义务保障每一位公民的基本生存，但在不同地区履行该义务的财政成本差别很大，如 2012 年西部某州人均最低生活保障成本为 900 元/年，而北京市则达到 6 240 元/年，是前者的近七倍。其四，户籍管理制度的人口登记管理功能是必不可少的。任何一个人既是国家的公民，又是本国某具体行政区域内城镇或农村的居民。任何国家都需要对人口进行登记，建立人口基础信息库，为社会管理提供支撑。社会管理的很多方面都需要以人口登记管理为基础，比如：了解国家或某行政区域的人口规模和结构以制定人口发展战略，为居民提供公共服务，加强治安管理以维护社会秩序，保障居民的民主选举和被选举政治权利等。假如立即废除户籍管理制度，将会冲击人口登记管理功能，导致社会管理缺乏人口基础信息。总之，针

对户籍管理制度对农民工造成的权利不平等问题，解决之道不能是简单地废除户籍管理制度，而要采取更精准的政策措施，避免老问题未解决、新问题又产生。

（二）全面放开各类城市落户条件论

第二种观点认为，推进农民工享有与城镇户籍居民平等的市民权益，途径是保留户籍管理制度，同时全面放开各类城市落户条件，让农民工能够按照自身意愿在就业地落户，成为就业地城市的户籍居民。这种观点背后的逻辑是：农民工市民化的含义就是农民工在城镇落户，因此推进农民工市民化当然要放开落户条件。

第二种观点也是不可取的。尽管按照这种观点的设想将保留户籍管理制度，不会冲击户籍管理制度的人口登记管理功能，但是假如立即全面放开各类城市的落户条件，同样有第一种观点所存在的前三项弊端。

（三）“两条腿走路”论

废除户籍管理制度论、全面放开各类城市落户条件论所提出的方案都是激进的、方式单一的，而实践中推进农民工市民化是一项艰巨、复杂、敏感、长期的系统工程，需要渐进的、多方式的推进方案。笔者认为，应当坚持“两条腿走路”，从两个途径同步推进农民工市民化，即一方面逐步推进有条件、有意愿的农民工在城镇落户，另一方面推进未落户农民工也能逐步平等享受市民权益。①

第一条途径：放宽城镇落户条件，逐步推进有条件、有意愿的农民工及其家属在城镇落户，使每年都有相当数量的农民工及其家属转变为就业地城镇户籍居民，平等享有各项市民权益。

---

① 沈水生. 关于农民工城镇化问题的探讨［N］. 中国人事报，2010-4-26.

这条途径的要点在于：其一，不能激进。既不能废除户籍管理制度，也不能全面放开各类城市落户条件，而是根据城镇综合承载能力等实际情况放宽城镇落户条件，每年推动一部分农民工及其家属在城镇落户，积少成多，逐步解决农民工及其家属在城镇落户问题。其二，不能保守。要进一步放宽农民工及其家属在城镇落户条件，防止出现城镇落户条件过严、落户步伐过慢的倾向。其三，不能强迫。要尊重农民工家庭自身意愿，防止出现强迫在城镇落户、侵害农民工土地权益等现象。其四，不能歧视。农民工及其家属一旦在城镇落户后，应当赋予其与本城镇户籍居民完全平等的市民权益，不得出现对新、老户籍居民划分“三六九等”、限制新落户农民工及其家属市民权益的现象。

第二条途径：逐步、逐项、逐地推动市民权益与城镇户籍脱钩，使尚未在城镇落户的农民工及其家属也能逐步享有各项市民权益。

由于城镇落户需要在一段时期内逐步落实，为了避免出现落户者享有全部市民权益、未落户者不享有任何市民权益的不利局面，努力维护尚未落户农民工及其随迁家属的权利，总结改革开放以来粮食、就业、义务教育等制度改革的经验，可以将与户籍挂钩的市民权益中的部分项目与户籍脱钩，使未落户者也可以享有，并随着国家经济社会的发展和城镇综合承载能力的提高，不断扩大与户籍脱钩的市民权益项目的范围。首先实现基本公共服务向未落户的常住农民工及其随迁家属提供，然后实现全部公共服务向未落户的常住农民工及其随迁家属提供，并赋予未落户的常住农民工及其随迁家属民主选举等权利。

这条途径的要点在于：其一，逐步推进。基于特定历史发展阶段的客观限制条件和区域之间、城乡之间发展的不平衡，实现农民工及其随迁家属完全平等地享有就业地市民权益的目标难以一蹴而就，需要用一段时期一步一步地推进。其二，逐项推进。如果说农

民工市民化的第一条途径是加快步伐让部分农民工及其家属在城镇落户，并将与城镇户籍挂钩的各项市民权益立即一揽子赋予他们，那么第二条途径就是将与城镇户籍挂钩的各项市民权益一项一项地分拆并逐项赋予未落户的常住农民工及其随迁家属。在分拆过程中，应当先分拆农民工及其随迁家属最关心、最直接、最现实的基本公共服务权利，后分拆其他公共服务。部分人之所以主张全面放开落户条件甚至废除户籍管理制度的激进观点，一个重要原因是农民工随迁子女在常住地不能平等接受教育，既不利于农民工随迁子女和农民工家庭，也不利于国家和社会，对这样的基本权益应当首先分拆出来与户籍脱钩。其三，逐地推进。实践中，各城镇与户籍挂钩的市民权益尤其是提供的非基本公共服务是有差别的，各城镇的综合承载能力也是有差别的，因此，对各城镇不能要求“齐步走”，而应在全国统一、全省（自治区、直辖市）统一明确的大框架下，要求各城镇结合实际情况参差有别地推进各项市民权益与户籍脱钩。

最终，当城镇各项市民权益都面向所有常住人口提供而与户籍脱钩，户籍只是发挥人口登记管理功能而不再具有“含金量”时，无论农民工及其家属是否在城镇落户，都能平等享有各项市民权益，实现了市民化。“农民工”这一阶段性历史现象，无论称谓还是实质，都将消失，农民工问题将从根本上得到解决。

三、分三步实施

（一）第一步：到“十二五”期末，解决农民工最关心最直接最现实且具备承载能力的基本公共服务问题

一是农民工随迁子女义务教育问题。应当将工作目标由“两为主”（以输入地政府为主，以全日制公办中小学为主）提升为“两基

本”（农民工随迁子女基本在输入地、基本在全日制公办中小学平等接受义务教育）。2012 年全国 1 394 万适龄农民工随迁子女中，80.1%的在输入地公办中小学平等免费接受义务教育。据此推算，尚未在输入地公办中小学平等免费接受义务教育的随迁子女只有约 277 万人。当然，目前农村还有大量留守儿童。全国妇联课题组根据《中国 2010 年第六次人口普查资料》样本数据推算，全国有农村留守儿童 6 102.55 万，占农村儿童的 37.7%，占全国儿童的 21.88%。留守儿童中，0～5 岁为 2 342 万人，占留守儿童的 38.37%；义务教育阶段留守儿童为 2 948 万人，占留守儿童的 48.31%，其中小学（6～11 岁）和初中（12～14 岁）学龄阶段儿童分别为 1 953 万人和 995 万人，分别占留守儿童的 32.01%和 16.30%。[①] 不过，从以往情况看，外出就业农民工随迁子女数量的增长是一个渐进的过程而不会出现短期内的突变。农民工会分析子女随迁进城的生活成本、本人照看孩子的精力、未来的中考高考、学校教育质量等一系列问题，综合权衡后做出是否让子女随迁进城的决策。因此，实行“两基本”政策既是必要的，也是可行的。

二是符合条件的农民工随迁子女在输入地参加中考、高考问题。2012 年年底前，除西藏外的各省（自治区、直辖市）均已出台贯彻落实《国务院办公厅转发教育部等部门关于做好进城务工人员随迁子女接受义务教育后在当地参加升学考试工作意见的通知》（国办发［2012］46 号）的工作方案，应当按要求落实。

三是农民工享受公共医疗卫生和计划生育服务、公共文化服务等其他问题。做好传染病的预防和控制、适龄儿童接种疫苗、计划生育服务等工作，既维护了农民工及其随迁家属的权益，也有利于预防和控制传染病的传播、有利于人口政策的落实，从而有益于全

① 数据来源于全国妇联发布的《我国农村留守儿童、城乡流动儿童状况研究报告》。

社会。免费向市民开放的公共文化场馆将农民工包括在内、开展农民工参与的公共文化活动，具有投入少、社会效益高的特点。这些问题都应当尽快解决。

（二）第二步：到2020年，解决除部分兜底保障权利以外的其他基本公共服务问题

《国务院关于印发国家基本公共服务体系“十二五”规划的通知》（国发［2012］29号）提出的主要目标包括，到2020年实现全面建设小康社会奋斗目标时，基本公共服务体系比较健全，城乡区域间基本公共服务差距明显缩小，争取基本实现基本公共服务均等化。《国家新型城镇化规划（2014—2020年）》提出的发展目标包括，稳步推进义务教育、就业服务、基本养老、基本医疗卫生、保障性住房等城镇基本公共服务覆盖全部常住人口。在这样的背景下，应当明确到2020年，基本解决农民工及其随迁家属在城镇平等享受基本公共服务问题，但对于部分兜底保障权利，可以有所保留。

这里所谓的兜底保障，指的是为了确保每一个公民的基本生存权，在公民及其共同生活的家庭成员符合国家规定的生活困难标准时，国家对其给予基本生活物质帮助。目前，兜底保障主要有12项：

一是最低生活保障。《社会救助暂行办法》第二章规定，国家对共同生活的家庭成员人均收入低于当地最低生活保障标准，且符合当地最低生活保障家庭财产状况规定的家庭，给予最低生活保障。《城市居民最低生活保障条例》第二条规定，持有非农业户口的城市居民，凡共同生活的家庭成员人均收入低于当地城市居民最低生活保障标准的，均有从当地人民政府获得基本生活物质帮助的权利。《国务院关于在全国建立农村最低生活保障制度的通知》（国发［2007］19号）规定，通过在全国范围建立农村最低生活保障制度，

将符合条件的农村贫困人口全部纳入保障范围，稳定、持久、有效地解决全国农村贫困人口的温饱问题。农村最低生活保障对象是家庭年人均纯收入低于当地最低生活保障标准的农村居民，主要是因病残、年老体弱、丧失劳动能力以及生存条件恶劣等原因造成生活常年困难的农村居民。

二是特困人员供养。《社会救助暂行办法》第三章规定，国家对无劳动能力、无生活来源且无法定赡养、抚养、扶养义务人，或者其法定赡养、抚养、扶养义务人无赡养、抚养、扶养能力的老年人、残疾人以及未满 16 周岁的未成年人，给予特困人员供养。特困人员供养的内容包括：提供基本生活条件；对生活不能自理的给予照料；提供疾病治疗；办理丧葬事宜。

三是医疗救助。《社会救助暂行办法》第五章规定，国家建立健全医疗救助制度，保障医疗救助对象获得基本医疗卫生服务。可以申请相关医疗救助的人员包括：最低生活保障家庭成员；特困供养人员；县级以上人民政府规定的其他特殊困难人员。医疗救助的方式包括：对救助对象参加城镇居民基本医疗保险或者新型农村合作医疗的个人缴费部分，给予补贴；对救助对象经基本医疗保险、大病保险和其他补充医疗保险支付后，个人及其家庭难以承担的符合规定的基本医疗自负费用，给予补助。

四是教育救助。《社会救助暂行办法》第六章规定，国家对在义务教育阶段就学的最低生活保障家庭成员、特困供养人员，给予教育救助。对在高中教育（含中等职业教育）、普通高等教育阶段就学的最低生活保障家庭成员、特困供养人员，以及不能入学接受义务教育的残疾儿童，根据实际情况给予适当教育救助。教育救助根据不同教育阶段需求，采取减免相关费用、发放助学金、给予生活补助、安排勤工助学等方式实施，保障教育救助对象基本学习、生活需求。

五是住房救助。《社会救助暂行办法》第七章规定，国家对符合规定标准的住房困难的最低生活保障家庭、分散供养的特困人员，给予住房救助。住房救助通过配租公共租赁住房、发放住房租赁补贴、农村危房改造等方式实施。

六是低收入家庭住房保障。为了解决城市低收入家庭住房困难问题，国家逐步建立了住房保障制度，政府为城市低收入家庭提供公共租赁住房等保障，使其住有所居。不过，目前住房保障制度尚处于探索阶段，制度未定型、未实现法制化、未成为居民具有确定性的权利（符合条件但未享受到住房保障的居民家庭尚不能申请法律救济，基本上按照排队等候或抽签的原则获得住房保障）。

七是就业救助。《社会救助暂行办法》第八章规定，国家对最低生活保障家庭中有劳动能力并处于失业状态的成员，通过贷款贴息、社会保险补贴、岗位补贴、培训补贴、费用减免、公益性岗位安置等办法，给予就业救助。最低生活保障家庭有劳动能力的成员均处于失业状态的，县级以上地方人民政府应当采取有针对性的措施，确保该家庭至少有一人就业。

八是零就业家庭就业援助。《就业促进法》第五十六条规定，县级以上地方人民政府采取多种就业形式，拓宽公益性岗位范围，开发就业岗位，确保城市有就业需求的家庭至少有一人实现就业。法定劳动年龄内的家庭人员均处于失业状况的城市居民家庭，可以向住所地街道、社区公共就业服务机构申请就业援助。街道、社区公共就业服务机构经确认属实的，应当为该家庭中至少一人提供适当的就业岗位。

九是临时救助。《社会救助暂行办法》第九章规定，国家对因火灾、交通事故等意外事件，家庭成员突发重大疾病等原因，导致基本生活暂时出现严重困难的家庭，或者因生活必需支出突然增加超出家庭承受能力，导致基本生活暂时出现严重困难的最低生活保障家庭，以及遭遇其他特殊困难的家庭，给予临时救助。临时救助的具体事项、标准，由县级以上地方人民政府确定、公布。

十是自然灾害救助。《社会救助暂行办法》第四章规定，国家建立健全自然灾害救助制度，对基本生活受到自然灾害严重影响的人员，提供生活救助。自然灾害发生后，县级以上人民政府或者人民政府的自然灾害救助应急综合协调机构应当根据情况紧急疏散、转移、安置受灾人员，及时为受灾人员提供必要的食品、饮用水、衣被、取暖、临时住所、医疗防疫等应急救助。受灾地区人民政府应当在确保安全的前提下，对住房损毁严重的受灾人员进行过渡性安置。

十一是受灾人员救助。《社会救助暂行办法》第四章规定，自然灾害危险消除后，受灾地区人民政府民政等部门应当及时核实本行政区域内居民住房恢复重建补助对象，并给予资金、物资等救助。自然灾害发生后，受灾地区人民政府应当为因当年冬寒或者次年春荒遇到生活困难的受灾人员提供基本生活救助。

十二是流浪乞讨人员救助。《社会救助暂行办法》第九章规定，国家对生活无着的流浪、乞讨人员提供临时食宿、急病救治、协助返回等救助。此前，《城市生活无着的流浪乞讨人员救助管理办法》对该救助制度做出了具体规定。

在以上 12 项兜底保障中，临时救助、自然灾害救助、受灾人员救助针对的是受意外事件、突发性自然灾害损害的对象，其即使接受了救助也难以完全弥补受害损失，出于人道主义考虑，同时鉴于这种情形下钻政策空子的道德风险很小，因此建议临时救助、自然灾害救助、受灾人员救助可涵盖非本地户籍人口；流浪乞讨人员救助本身针对的主要就是非本地户籍人口，但农民工属于就业人口，该权益基本与农民工无关。除此以外，其他 8 项保障制度都是地方政府在吃饭、看病、上学、住宿、就业等方面对符合条件的贫困居民的兜底保障。正如本章前文所分析，目前从总体上看，我国区域

之间、城乡之间的经济社会发展水平、居民收入和生活水平、政府公共服务（居民福利）水平仍然存在较大差距。尽管国家建立的兜底保障应当覆盖全国城乡符合条件的贫困居民，政府有义务保障每一位公民的基本生存，但在不同地区履行该义务的财政成本差别很大，由户籍地解决兜底保障问题能相对平衡财政负担，更具有可行性。假如任何公民到任何城市常住并可以要求享有该地兜底保障，而该城市政府必须保障其有饭吃、能看病、能上学、有房住、有工作，那么在全国范围内区域之间、城乡之间基本实现均衡发展之前，经济发达城市对此是难以承受的。因此，在 2020 年前可不承诺全面赋予常住农民工以上 8 项兜底保障权利，但鼓励有条件的地方先行。

（三）第三步：到 2030 年，基本实现农民工市民化

根据有关预测，到 2030 年，中国将基本完成工业化、快速城镇化阶段，[①] 大规模的农村劳动力向二、三产业和城镇转移也将基本结束，[②] GDP 总量将位列全球第一。[③] 随着国家综合实力的提升、区域城乡的均衡发展、各项相关制度的不断改革完善，届时将有能力解决常住人口的兜底保障权利问题。农民工及其随迁家属可自愿在城镇落户，未落户农民工也能够平等享有各项市民权益，农民工市民化目标得以基本实现，农民工问题从根本上得到解决。

需要强调的是：在以上各阶段中，在大力推进农民工逐步平等享有市民权益的同时，还要大力促进农民工就业创业、依法维护其劳动保障权益，每年解决一定数量的农民工及其家属在城镇落户，不断促进农民工社会融合。

---

① 国务院农民工办，国务院发展研究中心．中国农民工发展研究总报告［C］//中国农民工发展研究课题组．中国农民工发展研究．北京：中国劳动社会保障出版社，2013：16.

② 中国社科院人口与劳动经济研究所．农村劳动力转移与就业：阶段、现状与趋势［C］//中国农民工发展研究课题组．中国农民工发展研究．北京：中国劳动社会保障出版社，2013：81-87.

③ 林毅夫预言：到 2030 年中国的 GDP 将居世界第一位［N］．中华工商时报，2006-5-30.

四、“四个着力”工作布局

（一）着力稳定和扩大农民工就业创业

这是农民工市民化的基础。如果农业劳动力进城后无就业，将会形成“贫民窟”。为此要大力组织农民工开展减免培训费用、符合人力资源市场需要、质量高的职业培训，提高农民工职业技能水平。逐步使未升入普通高中和普通高校的农村应届毕业生都能接受职业教育。完善和落实促进农民工就业创业的政策，加强公共就业服务等。

（二）着力维护农民工的劳动保障权益

这是农民工市民化的基本。与政府单向提供的公共服务相比，劳动保障权益是劳动者用劳动从用人单位换来的权益，范围更大、实施更具强制性、意义更重要。为此要提高农民工劳动合同签订率，建立长效机制保证农民工工资按时足额支付，促进农民工工资水平合理提高，推动农民工参加职工社会保险，预防工伤和职业病等。

（三）着力推动农民工逐步平等享受市民权益

这是农民工市民化的关键。只有实现这一步，才意味着农民工真正转变为市民。为此要放宽城镇落户条件，逐步使符合条件的农民工能在城镇落户；对暂未落户的，要逐步保障其随迁子女教育、医疗卫生、计划生育、文化生活、住房、民主政治等权益。

（四）着力促进农民工社会融合

这是农民工市民化的重要支撑。只有由农民工转变的新市民与

本地城镇户籍的老市民相互接纳、包容、逐步融为一体，而不是相互排斥、冲突、形成两个群体，才能提高新、老市民双方的生活质量，促进社会稳定和谐，才能体现出农民工市民化的意义、保障农民工市民化可持续发展。为此要加强对老市民的舆论宣传和对新市民的人文关怀，设立农民工夜校开展新市民培训，组织开展新、老市民参加的群众文体活动，对有需要的农民工及其随迁家属开展心理疏导，促进农民工本人融入企业、子女融入学校、家庭融入社区、群体融入城镇。同时，还要同步解决农村留守儿童、妇女、老人问题。

五、重点推进五项改革

有序推进农民工市民化，要在经济社会发展的基础上，切实落实好已经出台的法律法规、政策措施，同时适应新形势、新任务的要求，不断深化相关体制改革，打破农民工市民化过程中的制度性障碍，建立完善促进农民工市民化的体制机制。尤其需要重点推进以下五项改革：

（一）户籍制度改革

长期以来，我国一直实行从严的户口迁移政策，农业转移人口在中等以上城市落户很困难，导致进城就业并常住的绝大多数农民工及其家属不能在城市落户。为了加快步伐推动有条件、有意愿的农民工及其家属逐步在城镇落户并平等享受市民权益，必须大力改革户籍制度，放宽特大城市以外的其他大中城市落户条件。2011年2月，国务院办公厅印发了《关于积极稳妥推进户籍管理制度改革的通知》（国办发［2011］9号）；2014年7月，国务院又印发了《关于进一步推进户籍制度改革的意见》（国发［2014］25号），对进一步推进户籍制度改革做出了部署。下一步，要切实抓好落实。

（二）基本公共服务供给制度改革

户籍制度建立以后，城镇各项公共服务基本上与户籍挂钩，只对本地户籍人口提供。随着经济社会体制改革的逐步推进，尤其是自 2002 年农民工工作进入劳动平权阶段、国家推进基本公共服务均等化工作以来，与农民工作为就业的劳动者相关的基本公共服务，如公共就业服务、职业培训、职工社会保险等，制度上已经全面向农民工提供；与农民工作为常住人口相关的基本公共服务（本书所述基本公共服务一般指的是与农民工作为常住人口相关的基本公共服务），如农民工随迁子女义务教育、公共卫生、计划生育、公共文化等服务，也开始向农民工及其随迁家属提供。

目前存在的问题：一是部分基本公共服务尚未从制度上明确规定为农民工及其随迁家属的法定权益，而是由地方政府自行向部分农民工提供。如随迁子女义务教育实行“两为主”原则（以输入地政府为主、以全日制公办中小学为主），2012 年全国 1 392 万随迁子女中在输入地公办中小学接受免费义务教育的占 80.1%，其中有的地方超过 90%，有的则不到 40%。二是部分基本公共服务项目尚未向农民工及其随迁家属提供。如城市限价房，目前仍然只对本城市户籍人口提供。三是除基本公共服务以外的其他公共服务大部分尚未向农民工及其随迁家属提供。如地方自行出台的对高龄老人发放的养老补贴等。存在这些问题的原因，既有经济发展阶段、区域城乡差距、城镇财力等方面的客观限制因素，也有具体公共服务制度、地方政府的理念和工作力度等主观因素。

下一步，要深化基本公共服务供给制度改革，目标是随着城镇综合承载能力的提高，将城镇基本公共服务乃至全部公共服务由只向城镇户籍人口提供，逐步转变为向包括农民工及其随迁家属在内的常住人口提供。一是将已经提供但未全面提供的部分基本公共服

务，从制度上明确规定为农民工及其随迁家属的法定权益。二是将尚未向农民工及其随迁家属提供的基本公共服务，先向部分农民工及其随迁家属提供，逐步扩大比例；能够一步到位的可以从制度上明确规定为农民工及其随迁家属的法定权益。三是按照“先基本、后全部”的原则，在实现城镇基本公共服务常住人口全覆盖目标后，逐步将其他公共服务也面向常住人口提供。

（三）公共财政制度改革

有序推进农民工市民化，需要成本投入，主要包括两方面。

一是城镇基础设施建设投入。城镇市民人数增多，必然导致城镇规模扩大，对道路交通、水电气热、通信、卫生、绿化等各种基础设施的需求增加，需要加大建设投入。当然，需要注意的是：其一，城镇基础设施建设主要与城镇常住人口数量相关，而与市民化人口数量相关性较弱。因为即使农民工未市民化，他们也已经在该城镇工作和生活，被统计为城镇常住人口，在使用着城镇的各种基础设施，城镇已经根据常住人口的增加相应地开展了基础设施建设。市民化进程对城镇基础设施建设投入的影响，主要是常住人口转变为市民后的生活标准提高（如现实中部分农民工住处缺乏燃气、供暖，市民化意味着当地政府有更大压力要解决他们的燃气、供暖问题）而增加建设投入。其二，交通、水电气热、通信等多数基础设施是有偿使用的，其建设成本是由使用者与财政共同分担的。所以，估算城镇基础设施建设投入尤其是财政投入时要全面考虑，既不能低估也不能高估。

二是城镇公共服务投入。农民工及其随迁家属转变为市民，对城镇公共服务的需求将会增加。《国家基本公共服务体系“十二五”规划》明确了9大类共80项基本公共服务，其中大部分与农民工及其随迁家属转变为市民相关，如随迁子女义务教育、学前教育、高中教育，公共医疗卫生、计划生育、住房保障、公共文化体育、居民养老保险、居民医疗保险、最低生活保障、医疗救助等基本公共服务。逐步让农民工及其随迁家属享受这些基本公共服务，需要增加相应财政投入。另外，今后享受高龄老人补贴等其他公共服务，也需要增加相应财政投入。当然，估算财政投入时也要看到：其一，经过多年努力，目前已经有部分基本公共服务覆盖到了部分农民工及其随迁家属，如随迁子女义务教育、公共医疗卫生、计划生育、公共文化体育等。其二，并不是所有农民工及其随迁家属都会享受全部基本公共服务，而只是部分有需要、符合条件的才会实际享受各项基本公共服务，如计划生育临床医疗服务仅部分育龄妇女需要享受。其三，部分基本公共服务的支出由财政与个人（有的还包括用人单位）共同承担，如居民养老保险、居民医疗保险。

通常来说，一个城镇农民工数量的多少与该城镇经济发展水平和财政收入多少呈正相关，农民工数量越大的城镇，其经济发展水平越高、财政收入越多、承担农民工市民化成本的能力越强。无论农民工个人是否缴纳个人所得税，其都为该城镇经济社会发展和财政收入做出了贡献，包括农民工所在企业的纳税，农民工为该城镇其他纳税单位和城镇居民提供了必不可少的服务、保证了城镇生产和生活的正常运行，地方财政有义务为农民工提供基本公共服务。所以，承担农民工市民化成本应当是城镇财政的重要责任，应当深化公共财政制度改革，逐步将非本城镇户籍的常住人口纳入财政支出预算范围。与此同时，即使在农民工数量相等的情况下，不同城镇由于产业结构不同、农民工年龄结构不同、农民工与户籍人口比例不同等因素，其承担农民工市民化成本的能力也会有差别，因此，也需要深化公共财政制度改革，建立财政转移支付同农业转移人口市民化挂钩机制，由上级财政对城镇予以转移支付，合理分担农民工市民化成本。

（四）行政管理体制改革

中国人口众多、幅员辽阔，未来城镇化和农民工市民化的重要方向之一是发展小城市和小城镇，增强其吸纳就业的能力，提高其公共服务和服务业水平，使部分农民工及其随迁家属能够就地就近在小城市和小城镇稳定就业、居住，并能享受较高水平的生活。要实现以上目标，就必须加强小城镇产业发展，做好小城镇规划、建设、管理等工作。从目前情况看，行政部门最低设置在县级人民政府，小城镇政府没有附属部门，也缺乏财权、建设用地指标等。为此，要探索完善小城镇行政管理体制，赋予其一定的财权、事权等经济社会管理权限，做好规划、建设、管理等工作。具体来说：一是向发展壮大后的小城镇赋予城市管理权，将符合标准的镇改为市；二是对按小城镇模式建设的农村社区，可以考虑将其改为镇，赋予必需的行政管理权；三是从更长远的视角来看，随着城镇化率不断提高，将来进入城镇化发展后期，城市和小城镇成为国民居住和生活的主要方式，现行的市、镇既管辖城区又管辖所属农村地区的行政管理体制可能也需要完善。在已经完成城镇化进程的发达国家中，市、镇基本上只管辖城区，而州、郡、县则是既管辖市、镇，又管辖农村地区的行政单位。

（五）土地管理制度改革

在农民工市民化的过程中，土地问题是最复杂最重要的影响因素，主要涉及几个关键问题：一是农民工举家在城镇落户后，其土地承包经营权、宅基地使用权、集体经济收益分配权如何合理处理；二是未在城镇落户的农民工的土地承包经营权如何流转，以防止土地撂荒、实现土地适度规模经营；三是农民工进城后，其生产、生活必然需要增加城镇建设面积，这些土地从哪里来？按照户籍人口数量审批城镇建设用地面积的土地管理方式已经不适应客观要求，需要转变为按照城镇常住人口规模审批城镇新增建设用地；四是在城镇建设用地规模扩大时，如何完善郊区农村集体土地征收制度，实现既维护郊区农民合理利益又维护非郊区进城农民工及其他群体合理利益等多重目标。要解决以上问题，必须经过试点探索、统筹协调推进土地管理制度改革。

六、不断强化三大保障

（一）统筹区域发展，优化城镇布局和产业布局

回顾历史，在改革开放初期，我国总体发展水平落后，同时城镇相对好于农村、东部地区相对好于中西部地区。为了引进境外资金、技术、管理制度，国家积极吸引境外投资。这些境外投资首选地区就是区位优势明显、基础条件相对较好的东部沿海省份，如欧美投资到北京和上海、港澳地区投资到广东、台湾地区投资到福建及江苏、日韩投资到山东。加上全球产业分工变化、中国加入世贸组织的影响，结果在沿海地区形成庞大的生产力，如果说中国是“世界工厂”，那么可以进一步说，中国的“世界工厂”在东部沿海地区。此时，中西部地区由于交通、通信、电力等基础设施薄弱，境外投资很少；即使政府、私人进行了投资，由于在市场竞争中能力不够，总体上既“少”又“弱”。在这样的生产力布局中，中西部农业富余劳动力只能大量到东部地区就业。与此同时，东部地区城镇虽然欢迎农民工来就业，但不愿意也确实难以向全部就业农民工提供与城镇户籍人口同等的市民权益。这种产业和城镇发展的区域格局如果不改变，就如同“孙悟空跳不出如来佛的手掌”，客观上决定了农民工尤其是中西部地区农民工的命运只能是“候鸟”式流动，

以及由此造成的不能平等享受市民权益，农村留守儿童、妇女、老人等一系列问题。

从“顶层设计”要求看，改变以上历史形成的不平衡的产业和城镇发展的区域格局，不断优化城镇布局和产业布局，努力实现东中西部地区协调发展，就是实现农民工市民化、从根本上解决农民工问题的一项基础性顶层设计。

从目前现实看，进入 21 世纪后，在科学发展观关于统筹区域发展的指导下，中西部地区交通等基础设施建设飞速。如宁夏面积 6.6 万平方公里，辖 5 市 13 县（县级市），2011 年高速公路通车里程已达 1 100 多公里；河南面积 16.7 万平方公里，辖 18 市 109 县，2011 年高速公路通车里程更超过 5 000 多公里，从郑州出发 3 小时内基本可达各市县，从郑州往东西方向、南北方向均有高铁。2007 年扩建的郑州机场年客流保障能力达 1 200 万人以上，2008 年扩建的银川机场年客流保障能力也达 300 万人以上，银川至郑州间也开通航班。2008 年以来，两省（区）承接产业梯度转移，经济发展迅速，政府适时出台政策鼓励农民工返乡创业、就业，外出农民工大量回流，2010 年，河南 2 400 万转移就业农民工中，留在本省的已达一半；宁夏 75 万转移就业农民工中，留在区内的占 2/3。这些情况表明：统筹区域发展取得重大进展，中西部地区又好又快发展的条件也大为改善，已经为从根本上解决农民工问题提供了重要基础。

下一步，有序推进农民工市民化需要继续坚持统筹区域发展，优化城镇布局和产业布局：按照国家主体功能区规划统筹协调好人口分布和经济布局、国土利用的关系，逐步调整产业和城镇建设布局，保持各地区、各城镇劳动力吸纳能力与市民吸纳能力的协调匹配。一是继续实施统筹区域发展战略，在鼓励东部地区率先发展的同时，更加着力实施中部崛起、西部大开发和东北等老工业基地振兴战略，加快中西部地区发展。二是对于劳动力吸纳能力高于市民吸纳能力的优化开发地区、城镇，要逐步调整产业结构、控制新的生产力投资、减少劳动力吸纳能力，或者加强城市基础设施建设、增加公共服务供给，逐步提高市民吸纳能力，使常住就业人口能逐步顺利实现市民化。东部地区一些就业吸纳能力远高于市民吸纳能力的城市，今后不能继续一边抱怨常住人口太多、无法对其全部提供市民权益，一边将城市定位于建设成各类中心、无限制地扩大生产力投资、增加劳动力就业吸纳能力。三是中西部和东部重点开发地区要大力承接产业梯度转移，在资源环境可承载范围内，加大产业和城镇建设力度，同步提高劳动力和市民吸纳能力。四是充分发挥人力资源市场在劳动力资源配置中的决定性作用，对于东部地区因待遇、市民权益等方面吸引力不足而出现的“招工难”不能强制干涉，鼓励东中西部地区对劳动力资源的良性竞争，引导农业富余劳动力在东中西部不同区域之间有序迁移和合理分布。

（二）统筹大中小城市和小城镇发展，提高城镇可持续发展能力

城镇自身的可持续发展是有序推进农民工市民化的第二大保障。假如城镇不能可持续发展，将难以留住人；即使留住了人，也难以过上更幸福的生活。

改革开放以来，伴随着工业化进程加速，我国城镇化经历了一个起点低、速度快的发展过程。1978—2013 年，城镇化率从 17.9％提升到 53.7％，年均提高 1.02 个百分点；城市数量从 193 个增加到 658 个，建制镇数量从 2 173 个增加到 20 113 个。京津冀、长江三角洲、珠江三角洲三大城市群，成为带动我国经济快速增长和参与国际经济合作与竞争的主要平台。城市水、电、路、气、信息网络等基础设施显著改善，教育、医疗、文化体育、社会保障等公共服务水平明显提高，人均住宅、公园绿地面积大幅增加，这些成就举世瞩目。与此同时，城镇化发展中也存在一些突出问题：城镇空间分

布和规模结构不合理，与资源环境承载能力不匹配，东部一些城镇密集地区资源环境约束趋紧，中西部资源环境承载能力较强地区的城镇化潜力有待挖掘；城市群布局不尽合理，城市群内部分工协作不够、集群效率不高；部分特大城市主城区人口压力偏大，与综合承载能力之间的矛盾加剧；中小城市集聚产业和人口不足，潜力没有得到充分发挥；小城镇数量多、规模小、服务功能弱，这些都增加了经济社会和生态环境成本。城市管理服务水平不高，"城市病"问题日益突出，一些城市空间无序开发、人口过度集聚，重经济发展、轻环境保护，重城市建设、轻管理服务，交通拥堵问题严重，公共安全事件频发，城市污水和垃圾处理能力不足，大气、水、土壤等环境污染加剧，城市管理运行效率不高，公共服务供给能力不足，城中村和城乡接合部等外来人口集聚区人居环境较差。自然历史文化遗产保护不力，城乡建设缺乏特色。体制机制不健全，阻碍了城镇化健康发展。①

为此，今后要统筹大中小城市和小城镇发展，不断提高城镇可持续发展能力。总结实践，提高一个城镇的可持续发展能力至少需要从以下几个方面着力：

一是能承载人口的自然资源和生态环境。城镇的经济社会活动需要以资源为支撑，有些资源，如石油、燃气、电力等，可以完全从城镇系统外部获得；有些资源，如人力资源、水资源等，可以部分从城镇系统外部获得；有些资源，如建设用地、空气、山水林草生态资源等，则只能从城镇系统内部获得。城镇的可持续发展需要拥有与人口需求相匹配的资源尤其是自身内部资源。

二是能吸纳就业的产业发展。城镇是二、三产业的聚集地，不具备自给自足的基础，必须与城镇系统外部发生经济联系，向外部

① 资料来源于《国家新型城镇化规划（2014—2020年）》。

提供产品和服务，并以此为交换从外部获得资源、产品和服务。因此，任何一个城镇必须在宏观经济系统和产业链条中找到自己的位置，有效地发展二、三产业，有能力向城镇系统外部提供所需要的产品和服务，从而吸纳本城镇人口就业、获得本城镇生存和发展的物质基础。

三是科学的城镇规划和管理。城镇是一个高密度的复杂系统，需要进行科学的规划和管理，对城镇内部土地空间、人口、产业、基础设施、生态绿化、文化等要素，以及城镇与外部的交通、资源交换等联系做出科学合理的安排，并进行有效的维护。

四是完善的城镇基础设施。在现代生活中，一个城镇的有效运行，需要具备完善的城镇系统内外交通、电力、通信、互联网、自来水、燃气、热力、污水和垃圾处理等基础设施。

五是便捷优质高效的公共服务。教育、医疗、防疫、文化、就业服务、社会保险、社区服务、治安、消防、防灾救灾等方面的基本公共服务，是保障和提升城镇居民生活品质的必需。

六是有特色的城镇文化。城镇要想让居民过上更加幸福的生活，除了产业、基础设施、基本公共服务等必备硬件条件之外，还需要提升城镇的文化特色。城镇的自然历史文化遗产、风俗习惯、自然景观、建筑特色等，是城镇文化特色的载体，需要很好地保护和发展。

（三）统筹城乡发展，推动城乡发展一体化

在农业劳动力向二、三产业和城镇转移的过程中，留守在农村的主要是妇女、儿童、老人，被人戏称为“38、61、99”部队，不仅造成“三留守”问题，而且导致一些地方目前从事农业生产的主要是45岁以上的男性劳动力和部分35岁以上女性劳动力，“80后”新生代农民工基本上不愿意回到农村务农。这表明：目前农业、农

村的小农生产经营方式以及较低的收入水平和生活水平，已经不能吸引新生代农村劳动力务农了。如果这种状况保持不变，假定农民可以劳作到65岁，那么20年以后，可能将面临无人从事农业生产的巨大问题，国家粮食安全、农业安全将面临危机。

为此，必须清醒地认识到：有序推进农民工市民化，不是要将全体农民工、所有农民都转变为市民；相反，有序推进农民工市民化的第三大保障就是统筹城乡发展，推动城乡发展一体化。要努力做到“三同步”，即：同步推进工业化与农业现代化，同步推进城镇化与新农村建设，同步推进大部分农民工市民化与小部分农民职业化，使三者相辅相成。通过工业化、城镇化发展和大部分农民工市民化，既解决大量农民工尤其是新生代农民工在城市处于“边缘人”地位问题，又可促进其土地依法流转到留乡农民手中，实现土地适度规模经营；通过土地适度规模经营和农业现代化、农民职业化，既提高农业劳动生产率，又可提高留乡农民的收入水平；通过新农村建设，完善农村社区的基础设施和公共服务，可提高留乡农民的生活水平。这样，在大部分农民工实现市民化的同时，小部分农民也实现了职业化，更高的收入水平和生活水平将吸引部分年轻的职业农民工作、生活在农村，国家粮食安全、农业安全将能够得到保障，呈现出一幅城乡一体化发展、现代都市与田园风光交相辉映、城市生活与乡村生活相得益彰的美丽画面。

第二篇

专题研究

第一篇从宏观角度分析了农民工面临的问题及其根源，梳理了解决农民工问题的历史阶段，论证了从根本上解决农民工问题之道就是有序推进农民工市民化，并且探讨了有序推进农民工市民化的基本思路，即：围绕一个目标、两条腿走路、分三步实施、按照“四个着力”工作布局、重点推进五项改革、不断强化三大保障，有序推进、逐步实现农民工市民化。

如果按照以上基本思路去开展工作将会发现，关于有序推进农民工市民化涉及的主要法律法规、政策措施目前已经出台，关键是结合实际抓好落实；但也还有一些难点问题目前尚缺乏清晰明确的规定，需要在实践中探索。比如，在着力稳定和扩大农民工就业创业方面，如何提高农民工培训的实效？在着力维护农民工的劳动保障权益方面，如何清理整顿建设工程领域违法发包分包行为、规范建设工程施工领域的用工行为？如何解决患职业病但找不到用人单位的农民工医疗救治和生活困难问题？在着力推动农民工逐步平等享受市民权益方面，如何推动农民工在城镇落户？农民工全家进城落户后，其原有的土地承包经营权、宅基地使用权、集体经济收益分配权如何处理？如何解决农民工在城镇的住房问题？如何推动在城镇常住但未落户的农民工逐步平等享受城镇公共服务？在着力促进农民工社会融合方面，如何理解社会融合的含义、从哪些方面着手开展工作？等等。本篇对这些难点问题，将从微观角度进行深入探讨。

第六章　农民工职业培训实效问题研究

自 2003 年 9 月《国务院办公厅转发农业部等部门 2003—2010 年全国农民工培训规划的通知》（国办发［2003］79 号）印发实施以来，各有关部门、各地区持续开展农民工职业培训，取得了很大的成绩。根据国家统计局《2013 年全国农民工监测调查报告》，在全国农民工中，接受过技能培训的农民工占 32.7%，约为 8 800 万人。[①] 不过，对农民工职业培训的批评也一直不断，主要包括：一是农民工职业培训力度不够，大多数农民工尚未接受过职业培训，职业技能水平较低；二是农民工职业培训由多个部门组织开展，缺乏统筹管理，致使培训资金不能统筹使用、同一职业（工种）的补贴标准不统一等；三是很多职业培训缺乏实效，不能真正提高农民工的职业技能；四是职业培训资金被骗取、被浪费的现象时有发生等。开展职业培训的目的是有效提高农民工的职业技能，以此来衡量，农民工职业培训中最大的问题是培训力度不够、培训实效不高。重点解决这个最大的问题，也有助于解决培训资金被骗取、被浪费等其他问题。

《国家新型城镇化规划（2014—2020 年）》提出，要实施“农民工职业技能提升计划”。《国务院关于进一步做好为农民工服务工作的意见》（国发［2014］40 号）提出，要“加大农民工职业培训工作力度，对农村转移就业劳动者开展就业技能培训，对农村未升学初

---

① 数据来源于国家统计局发布的《2013 年全国农民工监测调查报告》。

高中毕业生开展劳动预备制培训，对在岗农民工开展岗位技能提升培训，对具备中级以上职业技能的农民工开展高技能人才培训”，到2020年，“每年开展农民工职业技能培训2 000万人次”。为贯彻落实党中央、国务院的决策部署，人力资源社会保障部印发了《农民工职业技能提升计划——“春潮行动”实施方案》（人社部发[2014] 26号），扶贫、科技、农业、工会、共青团、妇联等部门和单位也组织本系统开展相应的农民工职业培训。可见，关于解决农民工职业培训力度不够问题已经明确了政策措施，下一步是抓好落实。那么，如何解决农民工职业培训实效不高问题呢？

一、职业培训的几个关键环节（分析职业培训实效问题的理论框架）

任何职业培训都有几个关键环节需要设计好、落实好，才能切实提高培训实效，开展农民工职业培训也同样如此。

（一）培训谁

也就是要明确职业培训的对象，详细分析其特点，结合其特点有针对性地组织开展培训。农民工职业培训的对象概括地说就是农民工，但是深入分析，其又可以划分为不同类别，各类农民工之间既有相同也有不同特点。

1. 农民工按培训需求划分的类别。一是不需要、不愿意接受职业培训的，如小商品市场、农贸市场上的小商小贩。二是需要接受就业技能培训的，包括农村新成长劳动力和已经转移就业但尚未接受过职业培训的农民工。三是需要接受岗位技能提升培训的，其已经在用人单位就业且具备一定的职业技能。四是需要接受高技能人才培训的，其已经获得中级工以上职业资格证书，希望获得高级工、

技师、高级技师职业资格证书。五是需要接受创业培训的，其希望自己创业。在组织开展农民工职业培训工作中，应当针对不同类别的农民工分类培训。

2. 影响农民工参加职业培训的主要因素。一是每个农民工的个性心理倾向，有的人积极、好学，希望不断提高技能水平，也有的人消极、厌学，缺乏参加培训、提高技能的动力。二是对职业培训信息的掌握程度，包括能否获得有关培训班的信息，是否信任该培训机构能提高自己的职业技能，是否全面了解提高职业技能与工资增长、职业发展之间的关系等。三是参加职业培训的费用成本，包括向培训机构交纳的培训费、参加培训的交通费、额外增加的餐费（一些农民工在单位食堂可以享受免费或便宜的餐食）、因参加培训不能工作挣钱而导致的机会成本等。四是参加职业培训的时间，主要是参加培训的时间安排与工作时间是否相冲突。由于农民工总体上工资收入水平较低、加班加点时间较多，因此参加职业培训的费用成本、时间安排等因素对其往往具有较大的影响，甚至决定着其是否参加、能否坚持接受职业培训。

3. 影响农民工职业培训实效的其他因素。一是农民工的学历水平总体上不高。在新生代农民工中，初中及以上学历的占 93.9%，高中及以上学历的占 33.3%；而在老一代农民工中，初中及以上学历的占 75.3%，高中及以上学历的仅占 14.1%。① 学历不高，影响到农民工的阅读和学习的兴趣、能力，一般来说，他们对理论性太强的内容兴趣不大，并且在阅读、听讲时比较吃力，难以很好地理解、掌握和运用。二是部分农民工尤其是少数民族农牧民工存在语言上的障碍。一些农民工普通话水平不够，有的甚至不懂国家通用语言，直接影响到接受职业培训时的实效。

---

① 数据来源于国家统计局发布的《2013 年全国农民工监测调查报告》。

（二）谁培训

也就是要明确职业培训的主体。职业培训主体是职业培训中的学校、教师、师傅，自身必须符合一定的资格条件，包括具备良好的职业技能、有教学指导的能力、有开展职业培训所需的设施设备等，不是任何机构或个人都能承担的。根据《就业促进法》《职业教育法》等法律法规和有关政策的规定，我国职业培训主体主要有：一是技工院校，包括技工学校、技工学院，依法经行政许可后设立，由人力资源社会保障部门主管。二是职业院校，包括中等职业技术学校、高等职业技术学院（大学），依法经行政许可后设立，由教育部门主管。三是职业培训机构，包括人力资源社会保障部门、工会、共青团、妇联等部门（单位）依法经行政许可后设立的职业培训机构，社会力量依法经行政许可后设立的职业培训机构，由人力资源社会保障部门主管。四是企业内部职业培训机构，一般是大中型企业设立的对本企业人员进行职业培训的非法人机构，不能面向企业外招生、培训。五是经认定的个人，比如技能大师工作室，这是从获得“中华技能大奖”“全国技术能手”“国务院特殊津贴”“省政府特殊津贴”“有突出贡献技师、高级技师”等称号的优秀高技能人才中选拔，由这些具有绝招绝技的高技能人才和技能带头人依托大中型企业、行业研发中心、技工院校（职业院校）和高技能人才培养示范基地等载体领办或创办，工作室设在企业班组、工段、实训（研发）中心等场所。

从提高农民工职业培训实效的角度分析，农民工职业培训的主体至少应当具备以下几个特征：

1. 职业培训主体的总量和结构与社会培训需求相匹配。也就是说，各类职业培训主体在一定时期内能够培训的学员总量与社会上需要参加培训的人员总量相匹配；各职业（工种）的学员培训数量

与社会上需要参加该职业（工种）培训的人员数量相匹配。如果社会上需要培训某职业（工种），而职业培训主体只能培训另一职业（工种），那么培训出来的学员将难以适应工作需要，培训也就缺乏实效。

2. 职业培训主体具备法定的条件。一是有组织机构和管理制度。二是有与培训任务相适应的教师和管理人员。三是有与进行培训相适应的场所、设施、设备。四是有相应的经费。这些条件都是开展职业培训所必不可少的保障，缺乏这些条件的机构将不能通过行政许可、不得开展职业培训。

3. 职业培训主体依法良好的运营。一是遵守法律法规，规范运营。二是面向社会需求、围绕提高培训实效，从各方面加强管理和运营，实现自身经济效益与社会效益的统一。

（三）培训什么

也就是要明确职业培训的职业（工种）和内容。从实践经验看，为了提高农民工职业培训实效，应当以社会生产经营需求为根本，来明确职业培训的职业（工种）和内容：

1. 明确农民工职业培训的职业（工种）。一是根据用人单位现在的需求确定。职业培训主体与用人单位合作，对用人单位在岗农民工或新招用农民工进行培训，培训职业（工种）由用人单位确定。二是根据用人单位未来的需求确定。职业培训主体与用人单位合作，对农民工开展订单式培训，培训职业（工种）由用人单位根据自身未来需求确定，培训合格后用人单位将招用这些农民工。三是根据对社会需求的分析预测确定。职业培训主体收集和分析经济发展趋势、经济结构和就业结构状况、人力资源市场供求状况等信息，预测未来社会需求的职业（工种），并组织开展培训。

2. 明确农民工职业培训的内容。一是根据职业技能标准确定。

职业技能标准是人力资源社会保障部依法组织业内专家，在职业分类的基础上，通过科学地划分职业（工种），总结社会生产经营活动对该职业（工种）的知识和技能水平要求，对其进行概括和描述从而形成的职业技能准则。根据技能水平的高低，职业技能标准可分为初级工、中级工、高级工、技师、高级技师五级。

职业技能标准的内容包括：①职业概况，是对本职业的基本情况的描述，包括职业名称、职业定义、职业等级、职业环境条件、职业能力特征、培训要求、鉴定要求等内容。②基本要求，包括职业道德和基础知识，其中职业道德是指从事本职业工作应具备的基本观念、意识、品质和行为的要求，一般包括职业道德知识、职业态度、行为规范；基础知识是指本职业各等级从业人员都必须掌握的通用基础知识，主要是与本职业密切相关并贯穿于整个职业的基本理论知识、有关法律知识和安全卫生、环境保护知识。③工作要求，是在对职业活动内容进行分解和细化的基础上，从技能和知识两个方面对完成各项具体工作所需职业能力的描述。包括职业功能、工作内容、技能要求、相关知识。其中职业功能是指一个职业所要实现的活动目标，或是一个职业活动的主要方面（活动项目）。根据不同职业的性质和特点，可按工作领域、项目或工作程序来划分。工作内容是指完成职业功能所应做的工作，可以按种类划分，也可以按照程序划分。每项职业功能一般包含两个或两个以上的工作内容。技能要求是指完成每一项工作内容应达到的结果或应具备的技能。相关知识是指完成每项操作技能应具备的知识，主要指与技能要求相对应的技术要求、有关法规、操作规程、安全知识和理论知识等。工作要求是职业技能标准的主体部分。④比重表，包括理论知识比重表和技能比重表。其中，理论知识比重表反映基础知识和每一项工作内容的相关知识在培训考核中应占的比例；技能比重表

反映各项工作内容在培训考核中所占的比例。[①]

二是直接根据社会生产经营活动对该职业（工种）的知识和技能水平要求来确定。职业技能标准来自于对社会实践的总结，因而有时会滞后于社会实践，不能及时充分地反映社会生产经营活动对该职业（工种）最新知识和技能水平的要求；另外，有些在社会生产经营活动中新出现的职业（工种），可能暂时还缺乏职业技能标准。因此，开展职业培训时，往往还需要直接根据社会生产经营活动对该职业（工种）的知识和技能水平要求来确定职业培训内容。

（四）如何培训

也就是要明确培训的组织管理。为了提高农民工职业培训实效，良好的组织管理至少应当做好以下几个方面的工作：

1. 确定合适的方式方法。一是强化操作性。这是职业培训的一个显著特征。开展职业培训不仅要学习理论知识，而且要安排一定时间的实际操作训练，包括在本培训机构的设施设备上训练、到公共实训基地进行训练、到用人单位的岗位上训练。二是提高通俗性。针对农民工学历水平不高的特点，教材、教学都应当尽量通俗易懂。三是针对一些农民工汉语普通话水平不够的实际，在开展职业培训的同时还要进行必需的语言培训。

2. 选配合适的师资。既包括具有教师资格的老师，也包括具有一定级别职业资格证书的一线技术工人。选配的师资既要有较高的职业技能水平，也要有较高的针对农民工通俗地进行培训的能力等。

3. 选用合适的教材。根据实际情况，可以选用针对各类劳动者的通用职业培训教材，也可以选用针对农民工特点的通俗易懂的专

---

① 中国就业网. 职业技能标准介绍［EB/OL］.［2010-3-9］. http://www.chinajob.gov.cn/TrainingSkillAccrenitaTion/content/2010-03/09/content_177959.htm.

门教材。

4. 安排合适的时间。既要根据培训内容的多少安排足够的课时，也要根据农民工加班加点多、脱产培训的机会成本较大等特点，尽量将培训安排在业余时间。

（五）培训补贴如何管理

农民工职业培训按照培训费用来源的不同，可以分为两大类，一是全部由农民工本人或（以及）用人单位支付培训费用，对这类培训应当完全由市场调节，有关部门依法加强对培训机构的行为监管。二是由政府部门（单位）给予全额或差额培训费用补贴，为了提高培训实效，对此类培训应当至少从以下几个方面完善培训补贴的管理制度：

1. 合理确定培训补贴标准。一是补贴要充足。根据开展特定职业（工种）培训的成本和培训机构合理收益，扣除农民工本人或企业能够承担的部分费用后，其余部分应当由政府补贴。二是培训补贴标准要统一。同一城市、同一级别、同一职业（工种）的职业培训，应当执行同一补贴标准。

2. 严密规定补贴的支付程序和方式。一方面要使规范良好地组织开展并且切实提高了农民工职业技能水平的职业培训，都能按照规定获得培训补贴；另一方面要防止无实效的职业培训甚至虚假的职业培训骗取补贴资金。目前，政府部门给予农民工培训补贴有三种方式：第一种是向职业培训机构支付。培训机构对农民工进行培训后，持参加培训的农民工名单向农民工培训项目的主管部门申请补贴；主管部门审核确认后，财政部门向职业培训机构支付补贴。第二种是向农民工个人支付。农民工培训项目主管部门向农民工支付培训券，农民工在主管部门认定的定点培训机构名单中进行选择，持培训券去该培训机构参加培训；该培训机构统一向项目主管部门

和财政部门申请兑付培训券，经审核符合条件的予以兑换费用。第三种是向企业支付。企业招用农民工并与其签订6个月以上期限劳动合同、在6个月以内依托本企业内部职业培训机构或政府部门认定的职业培训机构进行职业培训的，可以向项目主管部门申请培训补贴。各种补贴方式都应当规定严密的补贴支付程序。

3. 方便有关主体按规定领取培训补贴。在保障培训补贴资金安全的前提下，还要优化政府部门办事程序，使职业培训机构、农民工个人或企业等主体都能及时便捷地申请、获得培训补贴。

（六）职业培训计划如何制定

政府部门组织开展给予职业培训补贴的农民工职业培训，为了督促各地加大工作力度、合理安排支出预算，往往制定职业培训计划。那么，农民工职业培训计划从性质来看，属于指令性计划还是指导性计划？计划分为哪几个层级下达？计划任务的结构中是否可包括不同职业（工种）的培训人数？

考察高考招生计划等做法并结合农民工职业培训的实际进行分析，可以看出：假如农民工职业培训计划属于指令性计划，那么必须要以完善的动态的统计调查数据作为支撑，包括需要接受职业培训的农民工总数及地区分布、各类职业培训机构总的培训能力及地区分布。假如计划任务的结构中包括不同职业（工种）的培训人数，那么以上培训对象、培训机构的数据中还必须包括不同职业（工种）的结构数据。如果没有完善的动态的统计调查数据作为支撑，则不能制定层层下达的、包括职业（工种）结构的指令性计划。

二、影响农民工职业培训实效的原因

在以上建立的理论框架下分析目前影响农民工职业培训实效的

原因，主要表现在一些地方、一些部门在组织开展政府补贴的农民工职业培训时，存在下列问题：

（一）在职业培训对象方面

缺乏与农民工特点相适应的针对性。一是对职业培训的效果、意义等宣传解释不够，不能充分调动农民工参加职业培训的积极性、主动性。二是未充分考虑农民工参加职业培训的经济成本问题，致使有的培训班招生不足，全程参加培训的人数更不足。三是未充分考虑时间安排对农民工参加职业培训的影响，完全根据机关事业单位上班时间安排培训班上课时间，致使有的农民工难以坚持，“三天打鱼两天晒网”，出勤率不高。

（二）在职业培训主体方面

一是未充分发挥市场在资源配置中的决定性作用，未将所有依法设立的职业培训主体都纳入农民工职业培训参与范围，有的部门限定由本系统所属的职业培训机构承担农民工职业培训任务，不能合法公平地进行竞争。二是对职业培训主体监管不严，一些职业培训机构缺乏应有的设施设备、师资力量、管理制度，有效实施职业培训的能力不足。三是对宏观信息的统计和发布工作做得不够，职业培训主体与农民工很难获得本地经济发展趋势、经济和就业结构、人力资源市场供求状况、各职业（工种）累计培训的人数和等级结构等宏观信息，致使职业培训主体在总量和结构上与社会培训需求往往不相适应。

（三）在职业培训的职业（工种）和内容方面

一是不能根据社会生产经营活动的需求、用人单位用工需求来确定培训的职业（工种），往往根据职业培训机构本身现有的培训科

目来组织培训。有的农民工职业培训项目主管部门将培训补贴资金拨付给所属职业培训机构，由后者根据现有培训科目组织招生，培训出来的农民工所具有的职业（工种）技能与用人单位需求不匹配，浪费资源且影响农民工就业。二是未按照职业技能标准以及实践中职业（工种）的最新需求来安排培训内容，所安排内容结构不全面、缺项，程度不达标、缺真本事。

（四）在职业培训的组织管理方面

一是操作性不够。由于开展实训的设施设备不足、成本较高、组织起来费时费力等原因，很多职业培训机构组织开展农民工职业培训时，基本上是由老师在课堂上讲授理论知识，实训时间很少甚至没有，学员很难真正掌握操作技能。二是未充分考虑农民工学历水平不高的特点，教学理论性太强，通俗性不够，农民工难以理解、学习效果不佳。三是与农民工学历水平相适应的通俗易懂的教材比较缺乏，培训中使用通用教材的比较多，影响到农民工的理解、掌握。四是未充分考虑一些农民工语言上的障碍，影响其参加职业培训的效果。五是职业培训师资力量不足，既有较高职业技能水平，又有较高教学指导水平的老师比较缺乏。

（五）在职业培训补贴的管理方面

一是职业培训补贴标准较低。政府部门的培训补贴与用人单位或农民工的缴费之和，少于职业培训机构的成本与合理收益之和，所以职业培训机构不愿意承担培训任务，或者在承担了培训任务后缩短培训时间、减少实训安排，致使学员学不到真本事。二是职业培训补贴标准不统一。不同的农民工职业培训项目主管部门各自规定补贴标准，致使同一城市、同一级别、同一职业（工种）的职业培训的补贴标准不同，有的低、有的高。对于职业培训机构来说，有的培训质量低的机构因为是项目主管部门所属单位，可以纳入高标准的补贴范围，而培训质量高的机构可能只能纳入低标准的补贴范围，这妨碍了公平的市场竞争、不利于市场在资源配置中发挥决定性作用。对于参加培训的农民工来说，也会有不公平之感。三是培训补贴的支付程序不严密，骗取补贴资金的违法犯罪案件时有发生。有的培训机构在未实际开展农民工职业培训的情况下，虚列参加培训人员名单向项目主管部门申请补贴；有的培训机构用折扣价向农民工收购培训券，然后在未开展培训的情况下向项目主管部门申请补贴；有的项目主管部门工作人员向不合格的培训机构分配培训任务、拨付补贴资金，从中违法捞取利益。四是培训补贴的支付效率低。有的地方、部门规定的培训补贴申领程序烦琐，经办效率不高，致使培训机构需要很长时间才能领取到培训补贴，影响到培训机构资金周转及下一步的农民工职业培训安排。

（六）在职业培训计划的制定方面

一些地方在制定农民工职业培训计划时不遵循以完善的统计调查数据为依据的原则，而是“拍脑袋”、随意确定所属地区下级部门的培训人数任务，有的超出所属地区的培训能力。所属地区下级部门为了完成指令性计划任务，就将培训任务摊派到辖区内各职业培训机构。职业培训机构有的根据自身现有职业（工种）培训科目开展培训，而不考虑该职业（工种）与企业用工需求、农民工的职业培训需求是否匹配；有的缩短培训时间、加快培训频率，而不考虑培训对象掌握该项职业技能所实际需要的时间；有的甚至虚列职业培训人员名单。这些做法会导致农民工职业培训实效低、资源浪费严重，甚至出现骗取培训资金等违法犯罪行为。

三、对提高农民工职业培训实效的建议

（一）完善职业培训计划的制定方式

一是抓紧完善职业培训统计调查制度。各级人力资源社会保障部门和其他农民工职业培训项目主管部门（单位）都要掌握需要接受职业培训的农民工总人数、职业（工种）结构、地区分布，各类职业培训机构的培训总能力、职业（工种）结构、地区分布等信息。在此基础上科学制定农民工职业培训计划。二是在职业培训统计调查制度尚未完善，目前还不掌握全面信息的情况下，不要向所属地区下级部门下达指令性计划。可以根据分析预测下达指导性计划，也可以不层层下达计划，而制定鼓励开展农民工职业培训的政策措施并抓好落实，年终时做好实际培训情况的统计汇总。三是在未能下达指令性计划的情况下，上级财政向下级财政转移支付的农民工职业培训资金预算管理应当相应改革。不能在年初将当年预算资金分配并下拨各地，而应在年中及年末根据各地实际培训农民工情况确定转移支付数额并下拨。为了解决一些本地财力有限的地方“等米下锅”的问题，可以在年初借支部分资金，年末结算。

（二）完善职业培训补贴的支付制度

一是合理确定培训补贴的标准。由于各省、自治区、直辖市以及同一省（自治区）内不同城市之间的经济社会发展水平和物价水平可能存在差异，不同职业（工种）、同一职业（工种）的不同职业资格等级的培训成本也可能存在差异，因此，确定培训补贴标准不能搞全国、全省（自治区）、全部职业（工种）“一刀切”，而应根据具体城市、职业（工种）、等级的实际情况来确定。确定补贴标准的一般公式是：职业培训机构的成本与合理收益之和，减去企业和农民工个人所能接受的缴费数额。二是对同一城市、同一等级的同一职业（工种）实行同一补贴标准。有条件的地方可以对分别由不同项目主管部门（单位）管理的农民工职业培训资金统筹管理、集中使用；即使不能实现资金的统筹管理，也应当加强各项目主管部门之间的沟通协作、统筹规划，共同商定培训任务、补贴标准、准予参与项目的职业培训机构名单等。三是规定严密的职业培训补贴支付程序。应当优先选择补贴用工企业、补贴农民工个人（培训券）的方式，尽量少采取补贴职业培训机构的方式，因为农民工职业培训项目的目的归根到底是为了帮助农民工个人提高职业技能、帮助企业招用到更高素质的劳动者，因此，一般来说农民工个人和企业对使用该培训补贴是否真有实效、能够提高职业技能，会比职业培训机构更加关心、重视。申请职业培训补贴，应当要求提供可核实、能印证的材料。同时，在防止骗取培训资金、保证资金安全的前提下，还应当提高效率、方便申请人及时获得补贴资金。

（三）合理确定职业培训机构

一是所有参与农民工职业培训项目的各类职业培训机构都必须是依法成立的培训机构。未经人力资源社会保障部门、教育部门行政许可成立的，不得向社会开展职业培训经营活动，也不得参与农民工职业培训项目。农民工职业培训项目主管部门也不得未经依法行政许可而成立下属机构承担本部门（单位）的农民工职业培训任务。这是为了保证有关机构具备开展职业培训的资质条件而做出的法律规定。二是所有依法成立的各类职业培训机构都可以自愿参与农民工职业培训项目，由用工企业和农民工个人自由选择，各方在平等自愿、协商一致的基础上达成培训的协议。实践中，一些地方、部门以政府购买服务的名义，在依法成立的各类职业培训机构范围

内，再按照一定条件进行筛选，赋予其中部分机构参与农民工职业培训项目的资格。这种做法无必要，因为在已经明确了职业培训任务、职业培训补贴标准的情况下，不需要对依法成立的培训机构再行招标、筛选；不仅如此，这种做法实际上类似于增加了一道新的行政许可，浪费行政资源和社会资源，加大腐败的风险；未被筛选纳入的合法培训机构可能具备更高的职业培训能力、培训出来的学员职业技能水平更高，这种做法就妨碍了公平的市场竞争。三是加强对职业培训机构的依法监管，凡是申请获得了培训补贴却未取得培训实效，甚至骗取补贴资金的各类职业培训机构，都应当通报行政许可部门依法处理，应当吊销行政许可证书的坚决吊销，使其不仅不能再参与农民工职业培训项目，而且不能再面向社会开展职业培训经营活动。

（四）合理确定职业培训的职业（工种）和内容

一是由用工企业、农民工个人、职业培训机构共同确定培训职业（工种），项目主管部门可以发布本地经济发展趋势、经济结构和就业结构等信息加以指导，但不宜直接确定开展培训的职业（工种）人数。这样，在确定开展培训的职业（工种）人数时，用工企业会根据自身的生产经营及用工需要，农民工个人会根据自身的兴趣、特长、职业水平、职业发展等因素，职业培训机构会根据招生需要，各方意愿达成一致时才能开展职业培训；接受了培训的人员会真正提高了职业技能、找得到工作、提高了劳动生产率。二是依法监督职业培训机构以职业技能标准为基础，结合最新的职业（工种）需求来开展职业培训，取得培训实效。衡量培训实效的标准可以是用工企业的认可（招用该学员），也可以根据实际情况要求受训人员通过职业技能鉴定取得职业资格证书。

（五）完善和加强职业培训的组织管理

完善和加强农民工职业培训的组织管理，主要依靠职业培训机构，因为他们才是职业培训的施教者。农民工职业培训项目主管部门应当通过建立健全相关制度，使职业培训机构产生动力、感受压力、提高能力，从而主动、积极地完善和加强农民工职业培训的组织管理。允许和鼓励所有依法成立的职业培训机构参与农民工职业培训项目，加强对培训过程与结果的监督考核，对取得培训实效者给予标准合理的培训补贴，对培训无实效者不给予培训补贴甚至依法处理，这种培训补贴制度本身就是使职业培训机构产生动力、感受压力的制度设计。与此同时，农民工职业培训项目主管部门还应当进一步采取措施，指导、督促和帮助职业培训机构完善和加强农民工职业培训的组织管理：

一是加大宣传力度。广泛宣传农民工接受职业培训的重大意义、农民工职业培训补贴和鉴定补贴政策、农民工职业培训计划，各职业培训机构的名称、开展培训的职业（工种）目录、收费标准、地址，发放农民工职业培训券的机构、申请条件及地址等。通过宣传，让广大农民工懂得接受职业培训对于自己的重要作用，知晓具体的政策和培训安排，积极主动地参加职业培训，服从配合职业培训机构的组织管理，努力认真地学习。

二是针对农民工特点设计好培训项目。针对部分农民工对参加培训的成本很敏感的特点，有条件的地方可以考虑对于老少边穷地区的农民工，在给予培训补贴甚至免除培训费的同时，还可以给予餐费、交通费、误工费等补助。针对部分农民工工作时间长、不愿或不能请假参加职业培训的特点，可以要求参与培训项目的职业培训机构尽量在晚上、休息日、休假日也安排培训活动。针对部分农民工学历水平不高的特点，要求职业培训机构加强对教师的指导和

评估，要求教师用通俗易懂的语言授课。针对部分农民工尤其是少数民族农牧民工汉语水平低的特点，可以在职业培训中加入简易实用的汉语培训。

三是帮助职业培训机构提高培训能力。公共职业培训实训基地应当面向各职业培训机构开放；有关部门出面了解企业和职业培训机构对实习的需求，搭建双方之间合作的平台，由职业培训机构将受训学员派往企业实习训练。鼓励开展委托式培训、订单式培训。帮助职业培训机构开展职业培训师资培训，加强师资队伍建设。组织编写通俗易懂的农民工专门培训教材。

第七章　建设工程领域农民工权益维护问题研究

建筑业（包括建筑、铁路、交通、水利、信息产业、民航、电力等行业中的建设工程领域）是我国国民经济的支柱行业，在经济发展和国家建设中发挥了重要作用。可以预计，在我国快速推进现代化、由发展中国家向中等发达国家迈进的过程中，建筑业的重要地位还将至少持续几十年。不过，建筑业也是侵害农民工劳动权益最为严重的行业之一，每到春节期间都有很多农民工工资被拖欠，其中大部分属于建设工程施工领域；不签订劳动合同、不参加社会保险、工伤职业病多发等问题在建设工程施工领域也比较严重。为什么在建设工程领域侵害农民工权益问题比较严重？为什么这些问题长时间持续却得不到有效解决？对此有很多解答，比如一些地方政府部门本身作为建设单位（业主单位）却拖欠工程款，建设工程领域中维权能力弱的农民工比较多等，但很多人忽略了一个专业性很强的法律制度方面的原因，那就是：建设工程领域违法发包分包问题严重，导致用工不规范，难以明确劳动法律上的义务主体和责任主体。

一、建设工程领域用工不规范的第一阶段：包工头用工

2005 年以前，建设工程领域用工不规范的典型表现是包工头用

工。根据《合同法》《建筑法》的规定，建设工程的发包人可以与总承包人订立建设工程合同，总承包人经发包人同意，可以将自己承包的部分工作交由第三人完成。禁止承包人将工程分包给不具备相应资质条件的单位，禁止分包单位将其承包的工程再分包。但是，由于建设市场非常不规范，在当时的实践中，很多承包人将工程转包给自然人，即所谓的大包工头，大包工头将工程转包给中包工头，中包工头再将工程转包给小包工头。这些大小不同的包工头都不具备承包建设工程的相应资质条件，也不具备《劳动法》规定的用工主体资格，多数小包工头其实没有任何资本金，本身也是用劳动换取报酬的劳动者。在这种情况下，小包工头找来的工人（多数是农民工）的劳动关系处于不明确状态。违法分包的工程合法承包人认为，这些工人不是本企业招用的，而是包工头招用的，所以这些工人的用人单位不是本企业，而是包工头，因而对这些工人拒不承担用人单位的义务。由于劳动法律法规对于这类情况下工人的用人单位是谁并没有做出明确规定，因此违法分包的工程合法承包人的主张可能得到法院的支持。而包工头本身根本不具备用工主体资格，而且没有任何资本金的小包工头也根本不具备承担用人单位责任的经济能力。一旦发生拖欠工资、工伤赔偿、不缴纳社会保险费等问题，这些工人的合法权益往往难以得到保障。可见，由于建筑法领域执法的缺位和劳动法领域立法的缺位，从事建设工程施工的人数众多的农民工竟然没有合法用人单位，没有合法的劳动关系。由于劳动关系在劳动保障权益保护中处于龙头位置，农民工的工资、工伤赔偿、超时加班加点、社会保险、劳动保护等其他权益保护都以明确劳动关系为前提，因此，规范建设领域农民工的劳动关系是一个十分重要而且急迫的问题。

对此问题，理论和实务界进行了探讨，笔者也在《劳动保障通讯》2004年第七期发表《浅议规范建设领域农民工劳动关系问题》,[①]并提交为北京市法学会劳动法学和社会保险法学分会（我国劳动法泰斗关怀教授创立并任会长，姜俊禄、林嘉、叶静漪等知名劳动法专家任副会长）2004年年会论文，在年会上作了发言。文章分析了以上问题，并比较了不同的处理方案：

第一种做法，认定包工头是农民工的实际用人单位，应该承担用人单位的责任。这种做法存在很大弊端。一是，包工头普遍承担不起用人单位的责任，农民工权益无法得到保障。因为按照这种做法的逻辑，建设企业与大包工头之间存在的是发包与承包关系，那么，大包工头与中包工头之间、中包工头与小包工头之间也同样是发包与承包关系，其结果，直接带着几个农民工干活的小包工头就成为实际用人单位。如前所述，多数小包工头本身也是靠劳动获取工资的农民工，根本承担不起为其下属农民工缴纳社会保险费、给予工伤赔偿、支付工资等法定责任，也无能力履行签订劳动合同、改善劳动条件、加强安全生产等其他法定义务。二是，包工头不具备法定用人单位资格，执法面临两难境地。如果依法查处这些包工头的非法用工行为及非法经营行为，那么，各类工程建设将受到影响，几千万农民工的就业将受到影响。如果不查处包工头的违法行为，那么，几千万农民工竟然没有合法劳动关系，不能合法地享有社会保险、工资、休息休假等权益，政府部门也难以承受认为其面对如此普遍的违法行为竟然无动于衷的指责。

第二种做法，认定包工头是农民工的实际用人单位，但建设企业承担连带责任。这种做法与第一种做法相比，解决了在包工头承担不起工伤赔偿、支付被拖欠工资等用人单位的责任时，农民工权益无法得到保障的问题，更有利于维护农民工权益。但是，这种做

---

① 沈水生．浅议规范建设领域农民工劳动关系问题［J］．劳动保障通讯，2004（7）．

法也存在弊端，一是，仍然存在上述的包工头不具备法定用人单位资格，执法面临两难境地的问题。二是，连带责任是指依照法律规定或者当事人的约定，具有一定民事法律关系的两个或者两个以上当事人对其共同债务、共同民事责任或他人债务、他人的民事责任全部承担或部分承担，并能因此引起其内部债务关系的一种民事责任。承担连带责任的情形主要是依据法定或约定应该予以赔偿或清偿的时候。而劳动法律法规规定的用人单位的义务和责任，不仅仅是赔偿或清偿责任，它涉及工资支付、劳动合同签订、休息休假、劳动保护、社会保险等各项劳动者的劳动保障权益，贯穿于用人单位的日常生产和管理过程之中。因此，严格地说，劳动法律法规规定的用人单位的义务和责任，是无法完全通过连带责任而由第三方共同承担的。也就是说，第二种做法仍然不能全面维护农民工的各项劳动保障权益。三是，连带责任中任何一个债务人都有义务先行对债权人履行全部债务、民事责任，并可在已经履行债务、民事责任的基础上再依法向其他债务人追偿。这意味着建设企业在给予农民工工伤赔偿后，可以向小包工头追偿。对于那些带着几个邻居或亲戚一起干着繁重体力劳动、每月领取工资的小包工头来说，这种做法是不合理的。

第三种做法，认定农民工的实际用人单位是与农民工关系最接近的具备用工资格的单位。即，建设企业依法与具备用工资格的劳务企业签订协议，使用具备用工资格的劳务企业派遣的农民工的，该劳务企业是农民工的用人单位；建设企业违法将建设工程分包给不具备用工资格的单位或个人（包工头）的，或具备用工资格的劳务企业将劳务分包给不具备用工资格的单位或个人（包工头）的，认定该建设企业或劳务企业是农民工的用人单位。这种做法具有合理性：一是，这种做法避免了前两种做法的弊端，使几千万农民工有了合法的用人单位，无论从法律依据上还是从用人单位的经济能力上，都使农民工具有了依法享有各项劳动保障权益的条件，有利于农民工劳动保障权益的保护。二是，这种做法堵住了违法建设企业规避劳动保障义务的漏洞。在目前建筑法领域执法不到位（建设工程领域违法分包问题严重）和劳动法领域立法不到位（建设领域农民工劳动关系不规范）的情况下，一些建设企业违反《建筑法》《合同法》规定将工程层层分包给包工头，不仅没有因违反《建筑法》而受到查处，而且将劳动法律法规规定的用人单位的义务和责任推给包工头，这是极其不合理的。将农民工的用人单位认定为违法分包的建设企业，有利于堵住上述漏洞，体现公平、公正的法治原则。三是，这种做法也有利于《建筑法》的贯彻实施。一方面，通过完善劳动法律法规，将农民工的用人单位认定为违法分包的建设企业；另一方面，通过加强《建筑法》执法，严肃查处违法分包建设工程的行为，最终，可望形成这样一种局面：建设企业是其下属包工头及农民工的用人单位，履行劳动法律法规规定的用人单位的义务；包工头指挥农民工劳动的形式继续存在，但其性质不是一个独立的用工主体，而是建设企业内部的一种组织形式，类似于车间（大包工头）、班组（小包工头）的组织结构；建设企业及其下属包工头、农民工作为一个企业主体参与工程建设，不再存在违法工程分包关系。这种局面意味着农民工的劳动保障权益得到了保护，《建筑法》《合同法》得到了遵守，包工头指挥农民工劳动的形式得以合法化，建设工程和农民工就业没有受到影响，安全生产得到加强，是一种多赢局面。

基于以上分析，笔者建议采取第三种方案，并建议首先由劳动保障部联合建设部等部门共同发文进行规范，然后争取尽快出台《劳动合同法》并作出规定。

2005 年 5 月 25 日，原劳动保障部印发《关于确立劳动关系有关事项的通知》（劳社部发［2005］12 号），明确规定："建筑施工、矿

山企业等用人单位将工程（业务）或经营权发包给不具备用工主体资格的组织或自然人，对该组织或自然人招用的劳动者，由具备用工主体资格的发包方承担用工主体责任。”也就是说：对于建筑施工企业违法将工程发包给包工头的，包工头招用的劳动者的法定用人单位，不是包工头，而是建筑施工企业。此后，各级劳动保障部门、劳动争议仲裁委员会依照劳社部发［2005］12号文件规定执行，各级人民法院也参照执行。这对于维护劳动者尤其是农民工的劳动权益，防止建筑施工企业只享受劳动法上的权利，却不承担劳动法上的义务起到了重要作用。

二、建设工程领域用工不规范的第二阶段：建筑劳务分包企业用工

早在1989年6月28日，建设部发布《施工企业资质管理规定》（建设部第2号令，自1989年8月1日起施行），将施工企业分为等级企业和非等级企业，等级企业又分为一至四级。其中，非等级企业主要从事“工程分包和提供劳务”；在跨省经营中，三、四级企业和持有《资质审查证书》的非等级企业可以跨省向总包企业“分包工程或者提供劳务”。1995年，建设部发布《建筑业企业资质管理规定》（建设部第48号令，自1995年10月15日起施行，建设部第2号令同时废止），将工程施工企业分为工程施工总承包企业、施工承包企业和专项分包企业三类。其中，专项分包企业是指从事工程施工专项分包活动和承包限额以下小型工程活动的企业。可见，根据当时的规定，“提供劳务”是与“分包工程”并列的建筑业企业经营活动，“提供劳务”本身不是分包活动。

2001年4月18日，建设部修订印发《建筑业企业资质管理规定》（建设部第87号令，自2001年7月1日起施行，建设部第48号

令同时废止），将建筑业企业资质分为施工总承包、专业承包和劳务分包三个序列。其中，获得劳务分包资质的企业，可以承接施工总承包企业或者专业承包企业分包的劳务作业。这是首次在部门规章中将“劳务分包”确定为一种分包活动。不过，建设部第 87 号令施行后，实践中劳务分包企业并不普遍，建筑业用工多数仍实行包工头用工形式。

2005 年 5 月 25 日劳社部发［2005］12 号文件印发施行后，同年 8 月 5 日，建设部印发《关于建立和完善劳务分包制度发展建筑劳务企业的意见》（建市［2005］131 号），要求“从 2005 年 7 月 1 日起，用三年的时间，在全国建立基本规范的建筑劳务分包制度，农民工基本被劳务企业或其他用工企业直接吸纳，‘包工头’承揽分包业务基本被禁止”。由于劳社部发［2005］12 号文件明确对于建筑施工企业违法将工程发包给包工头的，包工头招用的劳动者的法定用人单位是建筑施工企业，在此压力下，建筑施工企业（包括施工总承包企业、专业承包企业）执行建市［2005］131 号文件的力度很大，纷纷要求大包工头注册成立建筑劳务分包企业，建筑业用工进入建筑劳务分包企业用工阶段。

2007 年 6 月 26 日，建设部再次修订印发《建筑业企业资质管理规定》（建设部第 159 号令，自 2007 年 9 月 1 日起施行，建设部第 87 号令同时废止），延续和强化了劳务分包。该部门规章规定：①建筑业企业资质分为施工总承包、专业承包和劳务分包三个序列。取得劳务分包资质的企业，可以承接施工总承包企业或专业承包企业分包的劳务作业。②劳务分包资质序列按照工程性质和技术特点分别划分为若干资质类别；各资质类别按照规定的条件划分为若干资质等级。建筑业企业资质等级标准和各类别等级资质企业承担工程的具体范围，由国务院建设主管部门会同国务院有关部门制定。③劳务分包序列资质的行政许可，由企业工商注册所在地设区的市人

民政府建设主管部门实施，许可的实施程序由省、自治区、直辖市人民政府建设主管部门依法确定。企业工商注册所在地设区的市人民政府建设主管部门应当自做出决定之日起30日内，将准予资质许可的决定通过省、自治区、直辖市人民政府建设主管部门，报国务院建设主管部门备案。④首次申请或者增项申请建筑业企业资质，应当提交以下材料：建筑业企业资质申请表及相应的电子文档；企业法人营业执照副本；企业章程；企业负责人和技术、财务负责人的身份证明、职称证书、任职文件及相关资质标准要求提供的材料；建筑业企业资质申请表中所列注册执业人员的身份证明、注册执业证书；建筑业企业资质标准要求的非注册的专业技术人员的职称证书、身份证明及养老保险凭证；部分资质标准要求企业必须具备的特殊专业技术人员的职称证书、身份证明及养老保险凭证；建筑业企业资质标准要求的企业设备、厂房的相应证明；建筑业企业安全生产条件有关材料；资质标准要求的其他有关材料。

2015年1月22日，住房和城乡建设部第三次修订印发《建筑业企业资质管理规定》（住房和城乡建设部令第22号，自2015年3月1日起施行，建设部令第159号同时废止），将“劳务分包”资质更名为“施工劳务”资质，并取消了其类别和等级。该部门规章规定：①本规定所称建筑业企业，是指从事土木工程、建筑工程、线路管道设备安装工程的新建、扩建、改建等施工活动的企业。建筑业企业资质分为施工总承包资质、专业承包资质、施工劳务资质三个序列。施工劳务资质不分类别与等级。国家鼓励取得施工总承包资质的企业拥有全资或者控股的劳务企业。②建筑业企业资质，由企业工商注册所在地设区的市人民政府住房城乡建设主管部门许可。资质许可程序由设区的市级人民政府住房城乡建设主管部门依法确定，并向社会公布。

在建筑劳务分包企业用工阶段，建筑业经营和用工的实际表现形态是：①建设工程的单个总承包企业或两个以上共同承包的专业承包企业（均为第一层承包）向建筑劳务分包企业分包劳务作业；或者工程总承包企业（第一层承包）将部分工程发包给具有相应资质条件的专业承包企业（第二层承包），专业承包企业（分包企业）再向建筑劳务分包企业分包劳务作业。②建筑劳务分包企业进一步将劳务作业发包给下一级建筑劳务分包企业，由其招用农民工提供劳动；或者将劳务作业发包给包工头，由包工头招用农民工提供劳动。③无论是建筑劳务分包企业直接招用的农民工，还是包工头招用的农民工，根据劳社部发［2005］12号文件规定，其用人单位均为建筑劳务分包企业。

以上经营和用工形态存在的问题是：①建筑劳务分包企业成为使用农民工的主体，但其基本上是由大包工头转变而来，在资本金、办公场所等不动产、技术装备、管理水平等方面远低于施工总承包企业、专业承包企业的资质水平。建筑劳务分包企业内部也基本上没有人力资源等职能管理部门，缺乏熟悉劳动法和人力资源管理的专业人才，造成不签订劳动合同、内部仍然沿用包工头式用工管理，执行劳动法情况较差，出现拖欠农民工工资等问题后承担法律责任的能力也较弱，不能依法维护好农民工劳动权益。②施工总承包企业、专业承包企业通过要求原来自然人性质的大包工头注册为具有法人资格的建筑劳务分包企业，从而建立了一道施工总承包企业、专业承包企业与农民工之间的“隔离墙”，可以继续享受承包工程、指挥农民工完成工程的权利，却将劳动法上的义务推给建筑劳务分包企业，规避了劳动法义务，显失公平。③由于建筑劳务分包企业内部基本上没有人力资源、安全生产等职能管理部门，管理水平弱，造成大量安全生产和职工工伤事故。④虽然在有关部门、建设单位（业主单位）、监理单位和总承包企业、专业承包企业的项目经理监督下，建设工程质量总体上能得到保障，但是也有一些总承包企业、

专业承包企业疏于加强建筑质量管理，将工程全部或部分转包给建筑劳务分包企业，而建筑劳务分包企业不具备法律要求的专业技术人员和设备设施、管理松懈，致使一些建设工程存在严重质量问题，“豆腐渣”工程时有发现。

三、为什么说建筑劳务分包企业用工是不规范用工

包工头作为自然人不属于劳动法律法规规定的合法用人单位，因而包工头用工属于违法的不规范用工，这个判断比较容易理解；但是建筑劳务分包企业属于经过了建设部门行政许可、并且经过了工商登记的企业，似乎应当享有用工权利、属于合法用人单位，为什么说建筑劳务分包企业用工是不规范用工呢？在此，提出一些个人观点，对此问题进行探讨：

第一，部门规章划分的“建筑劳务分包企业”不符合《建筑法》规定的“建筑施工企业”要求。

根据《公司法》以及其他企业法规定，依法设立企业可分为两大类，一类是直接经工商行政部门依法注册登记就合法设立的，另一类是法律、行政法规规定需要前置审批的，也就是需要首先向有关业务主管部门申请行政许可，经依法许可后，再向工商行政部门申请设立登记。根据 1998 年 3 月 1 日起施行的《建筑法》、1999 年 10 月 1 日起施行的《合同法》规定，建筑施工企业属于需要前置审批才能合法设立的。《建筑法》第二章“建筑许可”的第二节“从业资格”规定，从事建筑活动的建筑施工企业应当具备下列条件：有符合国家规定的注册资本；有与其从事的建筑活动相适应的具有法定执业资格的专业技术人员；有从事相关建筑活动所应有的技术装备；法律、行政法规规定的其他条件。从事建筑活动的建筑施工企业，按照其拥有的注册资本、专业技术人员、技术装备和已完成的

建筑工程业绩等资质条件，划分为不同的资质等级，经资质审查合格，取得相应等级的资质证书后，方可在其资质等级许可的范围内从事建筑活动。从事建筑活动的专业技术人员，应当依法取得相应的执业资格证书，并在执业资格证书许可的范围内从事建筑活动。《合同法》第十六章“建设工程合同”中也规定，禁止承包人将工程分包给不具备相应资质条件的单位。

根据以上规定，从事建筑施工活动的只能是建筑施工企业；为了保证工程质量和生产安全，建筑施工企业应当具备较高的准入门槛，申请设立建筑施工企业的，在向工商行政部门申请注册登记之前，必须首先向建设业务主管部门申请行政许可，而获得许可的条件至少包括：有国家规定的注册资本、已取得执业资格证书的专业技术人员、技术装备。对照《建筑法》《合同法》规定，《建筑业企业资质管理规定》将建筑施工企业划分为施工总承包企业、专业承包企业是符合法律规定的，但是该部门规章又划分了一种“劳务分包企业”（施工劳务企业），实践中由大小不同的包工头转变而来的建筑劳务分包企业，往往缺乏国家规定的注册资本，更不具备已取得执业资格证书的专业技术人员、从事相关建筑活动所应有的技术装备。这种做法违反了《建筑法》《合同法》规定，造成在法律规定的“建筑施工企业”之外又存在一种不具备独立施工资质而只能承接分包的“劳务作业”的“劳务分包企业”。

第二，根据《建筑法》《合同法》规定，建筑劳务分包也不是合法的建筑业分包方式。《建筑法》《合同法》均对建设工程的发包、承包、分包做出了明确规定：①建设工程最多只能实行两层承包。即建设单位（业主单位）可以将建设工程发包给一个建筑工程总承包单位，也可以将建设工程中的勘察、设计、施工分别发包给勘察、设计、施工单位（第一层承包）；第一层承包单位经建设单位同意，可以将自己承包的部分工程发包给具有相应资质条件的分包单位

（第二层承包）；禁止分包单位将其承包的工程再分包（禁止第三层承包）。实践中，建筑劳务分包往往处于第三层，有的甚至层层转包，违反了法律规定。②建设工程分包必须是专业分包。即建设单位或第一层承包单位可以将建设工程的勘察、设计、施工等专业工作分包给下一层承包单位。法律从来没有规定所谓的“劳务分包”。实践中，建筑劳务分包超出了法律规定的可以分包的领域，因而是不合法的。从合理性来看，无论是勘察、设计、施工还是各行各业其他一切工作，均由人来完成，需要人提供劳动（劳务）。如果建筑劳务可以分包，则建筑业各类企业只要有法定代表人即可，所有员工均可实行劳务分包，那将难以保证建筑业企业资质、难以保证建设工程安全生产和建设工程质量。其他各行各业也可以此为由普遍实行劳务分包，社会生产经营秩序和国家劳动法律制度将形同虚设。③分包单位必须具备相应资质条件。承包建筑工程的单位应当持有依法取得的资质证书，并在其资质等级许可的业务范围内承揽工程。建筑工程总承包单位可以将承包工程中的部分工程发包给具有相应资质条件的分包单位；禁止总承包单位将工程分包给不具备相应资质条件的单位。实践中，建筑劳务分包企业往往注册资本不足，缺乏已取得执业资格证书的专业技术人员和技术装备。④施工总承包的，建筑工程主体结构的施工必须由总承包单位自行完成。实践中，总承包单位往往通过建筑劳务分包企业完成工程主体结构的施工。如果建筑劳务分包企业的经营性质属于“分包”，那么总承包单位就违反了“必须由总承包单位自行完成”的法律规定。

从以上分析可以看出，《建筑业企业资质管理规定》认可的建筑劳务分包方式是不符合《建筑法》《合同法》规定的违法建筑业分包方式，其划分的所谓“劳务分包企业”（施工劳务企业）是不符合《建筑法》《合同法》规定的违法建筑施工企业，其设立以及依据其实施的对劳务分包企业的行政许可，是不符合《建筑法》《合同法》

规定的违法行政许可。因此，建筑劳务分包企业用工是违法的不规范用工。

四、对规范建筑劳务分包企业、维护农民工劳动权益的建议

建筑劳务分包企业既然是不合法的，那么就应当予以规范。进行规范的原则：一是合法原则。必须遵守《建筑法》《合同法》《劳动法》等法律和行政法规的规定。二是维护农民工劳动权益原则。企业的发展、用工机制的调整，不得以牺牲农民工合法权益为代价。三是保证建筑工程质量和安全生产原则。建筑施工企业必须具备规定的资质，有能力保证建筑工程质量和安全生产。四是促进建筑业健康发展原则。不能对建筑企业造成大的冲击，不能影响建筑业正常的生产经营秩序。根据这些原则，规范建筑劳务分包企业，可以有两种方案：

第一方案：废止或修改《建筑业企业资质管理规定》，取消“建筑劳务分包企业”（建筑施工劳务企业）序列。将《建筑法》规定的“建筑施工企业”严格按照《建筑法》《合同法》精神限定为“施工总承包企业”“专业承包企业”，申请设立“施工总承包企业”“专业承包企业”的，必须具备规定的注册资本、已取得执业资格证书的专业技术人员、从事相关建筑活动所应有的技术装备等条件，并依法获得有关主管部门行政许可。对目前存在的建筑劳务分包企业限期进行清理，符合法定条件的，可以申请设立施工总承包企业或专业承包企业；不符合法定条件的，予以注销。今后，从事建筑施工的，都必须是获得行政许可的施工总承包企业或专业承包企业；在建筑工地从事施工作业的农民工等劳动者，都必须是施工总承包企业或专业承包企业直接招用的劳动者；考虑到建筑业的行业特征，

施工总承包企业或专业承包企业可以根据《劳动法》《劳动合同法》等规定与农民工等劳动者签订“以完成一定工作任务为期限的劳动合同”。

第一方案遵守了《建筑法》《合同法》《劳动法》等法律和行政法规的规定，符合合法原则；施工总承包企业或专业承包企业直接招用农民工、与农民工签订劳动合同，有利于遵照执行劳动法律规定，在发生侵害农民工权益的案件时有利于依法追究用人单位责任，符合维护农民工劳动权益原则；施工总承包企业或专业承包企业具有法定资质，具备了保证建筑工程质量、加强安全生产的基础条件，符合保证建筑工程质量和安全生产原则；施工总承包企业或专业承包企业可以根据《劳动法》《劳动合同法》等规定以及建筑施工行业特征，与农民工签订“以完成一定工作任务为期限的劳动合同”，不会造成无施工任务时“养闲人”的问题，总体上看不会对建筑企业造成大的冲击、不会影响建筑业正常的生产经营秩序，符合促进建筑业健康发展原则。

不过，根据国家统计局监测调查，2013 年全国农民工中从事建筑业的占 22.2%，[①] 约为 5 970 万人。要在限定的期限内将这么多的农民工由建筑劳务分包企业用工（含其使用的包工头违法用工）转变为施工总承包企业或专业承包企业直接用工，施工总承包企业或专业承包企业可能难以适应，建筑劳务分包企业可能难以接受，有关行业主管部门可能也会存在疑虑。

第二方案：废止或修改《建筑业企业资质管理规定》，并在制定《建筑市场管理条例》以及未来修改《劳动合同法》时，将建筑劳务分包的法律性质确定为建筑劳务派遣，将“建筑劳务分包企业”更名为“建筑劳务派遣企业”，建筑劳务派遣企业的设立、经营、管理

① 数据来源于国家统计局发布的《2013 年全国农民工监测调查报告》。

适用《劳动合同法》《劳动合同法实施条例》等法律法规，建设工程施工企业不适用《劳务派遣暂行规定》关于“用工单位应当严格控制劳务派遣用工数量，使用的被派遣劳动者数量不得超过其用工总量的10%”的规定。具体内容可以明确为“禁止建设工程中实行劳务分包。建设工程施工总承包企业、专业承包企业可以通过劳务派遣方式用工，不适用被派遣劳动者数量不得超过其用工总量的10%的规定，由建筑劳务派遣企业将劳动者派遣到建设工程施工总承包企业、专业承包企业提供劳动。建设工程施工总承包企业、专业承包企业和建筑劳务派遣企业应当遵守《劳动法》《劳动合同法》《劳动合同法实施条例》等法律法规规定，维护被派遣劳动者合法权益，并对被派遣劳动者承担连带责任”。对目前存在的建筑劳务分包企业限期进行清理，符合法定条件的，可以依法向人力资源社会保障部门申请设立建筑劳务派遣企业；不符合法定条件的，予以注销。今后，施工总承包企业或专业承包企业可以直接招用农民工等劳动者从事建筑施工，也可以与建筑劳务派遣企业协商签订劳务派遣协议，由建筑劳务派遣企业将农民工等劳动者派遣到施工总承包企业或专业承包企业从事建筑施工。施工总承包企业或专业承包企业履行《劳动合同法》《劳动合同法实施条例》等法律法规规定的用工单位的义务、享有用工单位的权利，建筑劳务分包企业则履行劳务派遣单位的义务、享有劳务派遣单位的权利，两者都应当依法维护农民工等劳动者的权益，在农民工等劳动者的合法劳动权益受到侵害时，两者承担连带责任。

第二方案的优点：①符合合法原则。一是建筑劳务分包企业变更为建筑劳务派遣企业后，其法律性质不再属于建设部门行政许可设立的建筑施工企业，而属于人力资源社会保障部门行政许可设立的劳务派遣企业，因此不具备《建筑法》规定的法定注册资本、专业技术人员、技术装备等条件的企业，也并未违反《建筑法》关于

建筑施工企业设立条件的规定。二是建筑劳务分包企业变更为建筑劳务派遣企业后，根据《劳动合同法》规定，劳务派遣企业从事的是劳动力资源的派遣经营活动而不是建筑施工经营活动，因此实践中参与建设工程施工的法定主体只有施工总承包企业、专业承包企业，这样，他们的发包、承包、分包行为均符合《建筑法》《合同法》关于承包层级、资质、领域等方面的规定，避免了目前建筑业普遍存在的层层转包等违反《建筑法》《合同法》的尴尬局面。三是建筑劳务分包企业变更为建筑劳务派遣企业后，农民工等劳动者或者属于施工总承包企业、专业承包企业直接用工，或者属于被建筑劳务派遣企业招用后派遣到施工总承包企业、专业承包企业提供劳动的被派遣劳动者，这两种用工方式都符合《劳动合同法》的规定。②符合维护农民工劳动权益原则。一是施工总承包企业、专业承包企业的人力资源管理水平普遍高于目前存在的建筑劳务分包企业的管理水平，承担法定义务的经济实力也比后者更强。二是根据《劳动合同法》规定，在农民工等被派遣劳动者的合法劳动权益受到侵害时，施工总承包企业、专业承包企业与建筑劳务派遣企业将承担连带责任，而不能如同目前这样，总承包企业、专业承包企业将法律责任完全推卸给建筑劳务分包企业。这是维护农民工劳动权益最关键的制度措施。③符合保证建设工程质量和安全生产原则。施工总承包企业、专业承包企业具备更高的资质，依法直接在建设市场上承包工程，其主体意识相对更强、责任感相对更强、质量管理和安全生产管理的能力相对更强，因此，与建筑劳务分包企业经营和用工方式相比，劳务派遣方式更有利于保证建设工程质量和安全生产。④符合促进建筑业健康发展原则。如果根据第二方案的设想进行规范，目前的建筑劳务企业基本上仍然可以继续存在，施工总承包企业、专业承包企业仍然可以通过建筑劳务企业提供劳动力。进行规范的前后有所不同的只是法律性质和法律关系，即在现行建筑劳务分包定性下，建筑劳务企业以自身名义分包劳务（实际就是分包施工工程），并以用人单位名义单独承担对招用的农民工的劳动法律义务；而在建筑劳务派遣定性下，建筑劳务企业不是以自身名义分包工程，而是从事劳务派遣经营，其与施工总承包企业、专业承包企业共同连带承担对招用的农民工的劳动法律义务。对于施工总承包企业、专业承包企业来说，只是在农民工劳动权益受到侵害时，不再能够以建筑劳务分包企业为“挡箭牌”推卸法定责任；只要依法保证农民工工资不被拖欠、维护农民工工伤保险权益等，并没有额外增加负担，因此不会冲击实践中的经营活动和用工行为，不会影响建筑业健康发展。

比较以上第一方案与第二方案，第二方案的影响面较小，更适合在目前发展阶段采用；第一方案可以作为未来的发展目标。

第八章　尘肺病农民工待遇保障问题研究

农民工外出就业所受到的各种权益侵害中，最严重的是职业伤害，包括因安全生产事故而导致的工伤以及因职业危害因素导致的职业病。农民工发生工伤或者患职业病后，既对本人的生命和身体健康造成严重损害、带来极大心理痛苦，影响到本人的劳动能力和生活质量，同时也使家庭失去一个主要劳动力，给家庭造成经济和看护负担，给亲人带来心理苦痛。为了预防、减少工伤职业病发生，对已经发生的工伤职业病劳动者给予物质补偿，我国也按照国际惯例建立了安全生产监督管理制度、职业病防治制度、工伤保险制度。但由于制度本身的不完善、制度落实不到位，使得每年仍然有大量以农民工为主的劳动者发生工伤或者患职业病。如何进一步完善和落实好安全生产、职业病防治和工伤保险制度，预防和减少农民工遭受工伤职业病伤害，保障其合法权益，《安全生产法》《职业病防治法》《社会保险法》《工伤保险条例》等法律法规和政策文件已经做出了比较全面的规定，这里不再讨论。但有一个突出问题目前还没有明确相应的政策措施，需要探讨解决，这就是：如何保障无法追溯用人单位或用人单位无法承担相应责任的尘肺病农民工享受相应的生活和医疗待遇。

一、尘肺病农民工面临的问题及其原因

尘肺病是指在生产活动中吸入粉尘而发生的以肺组织纤维化为主的疾病，包括矽肺、煤工尘肺、电墨尘肺、碳墨尘肺、滑石尘肺、水泥尘肺、云母尘肺、陶工尘肺、铝尘肺、电焊工尘肺、铸工尘肺等多种类型。尘肺病无特异的症状，其表现多与合并症有关，往往是通过职业健康检查时才会发现。尘肺病按照病情发展、严重程度，分为Ⅰ、Ⅱ、Ⅲ三期。其普遍症状是胸闷、胸痛、气短、咳嗽、呼吸困难、全身无力，重者丧失劳动能力。[①] 据原卫生部统计，自20世纪50年代以来，全国累计报告职业病749 970例，其中累计报告尘肺病676 541例，死亡149 110例，现患527 431例。[②] 尘肺病患者占职业病患者的90%，因此尘肺病被称为中国头号职业病。

长期以来，一直有部分农民工在煤炭、采金、冶金、坑道建设等高粉尘、高污染的行业就业，有的甚至在土作坊、小矿山务工。由于这些用人单位无视职业病防治和劳动法律法规规定，当地有关部门监管不力，农民工本人自我保护意识和能力不足，致使这些用人单位未采取粉尘防治措施和作业人员防护措施，也不与农民工签订劳动合同，更不会依法对作业人员进行职业健康检查，造成这些农民工在生产过程中长期吸入生产性粉尘，产生大量尘肺病隐患。与其他职业病相似，尘肺病也具有一定的潜伏期，吸入生产性粉尘后往往不会立即发病，而是在很多年以后才表现出病发症状，此时农民工可能已经离开这些用人单位多年了。当发病农民工回想起曾经的职业经历和接触粉尘的历史，怀疑自己患上尘肺病，而向职业

① 中国煤矿尘肺病防治基金会. 尘肺病症状 [EB/OL]. http://www.cfbjjh.org.cn/.

② 数据来源于原卫生部发布的《2010年职业病防治工作情况和2011年重点工作》。

病诊断机构申请职业病诊断时，往往由于无法提供劳动合同以证明与用人单位存在劳动关系而被职业病诊断机构予以拒绝，或者虽然能够提供证明劳动关系的证据但是原用人单位已经因破产、解散等原因而不存在，或者虽然原用人单位仍然存在但是无法承担相应工伤赔偿责任，结果导致这些尘肺病农民工不能享受工伤保险待遇。

患上尘肺病却不能享受工伤保险待遇，给患病农民工及其家庭带来雪上加霜般的打击：一是由于不能享受工伤医疗待遇和伤残待遇，尘肺病农民工不仅不能按月获得伤残津贴，而且不得不花光家庭积蓄用于治病，导致家庭陷入贫困。二是家庭其他成员面对尘肺病农民工，不仅需要忍受心灵的痛苦，而且需要担负对其进行护理的责任，长期影响家庭其他成员的工作和生活。三是当无钱治疗时，尘肺病情恶化以及并发症将给农民工身心造成极度痛苦。由于晚期尘肺病人肺脏纤维化，导致呼吸功能衰竭、心功能衰竭，最后肺脏会像石头一样坚硬，胸痛、喘不动气、不停咳嗽。有的尘肺病农民工感觉“得了这种病，在后期，生不如死”；有的“瘦得只剩下骨头”，几天不能吃、不能睡，只能跪在床上，双手支撑身体，头抵着枕头，以跪着的姿势死去；有的因忍受不了极大的痛苦，宁愿自杀身亡。①

二、尘肺病农民工享受工伤保险待遇的障碍

（一）尘肺病农民工申请工伤保险待遇的法定程序

根据《职业病防治法》《社会保险法》《工伤保险条例》等法律法规规定，劳动者疑似患尘肺病等职业病，申请工伤保险待遇的，

① 周清树，陈一. 一个“尘肺乡”的呼吸之痛［N］. 新京报，2013-9-5.

应当按照以下程序执行：

1. 职业病诊断、鉴定，这是依法由医疗卫生机构诊断该劳动者是否患职业病的环节。劳动者可以在用人单位所在地、本人户籍所在地或者经常居住地的依法承担职业病诊断的医疗卫生机构进行职业病诊断。承担职业病诊断的医疗卫生机构不得拒绝劳动者进行职业病诊断的要求。承担职业病诊断的医疗卫生机构在进行职业病诊断时，应当组织三名以上取得职业病诊断资格的执业医师集体诊断，职业病诊断证明书应当由参与诊断的医师共同签署，并经承担职业病诊断的医疗卫生机构审核盖章。进行职业病诊断时，应当综合分析下列因素：病人的职业史，职业病危害接触史和工作场所职业病危害因素情况，临床表现以及辅助检查结果等。用人单位应当如实提供职业病诊断所需的劳动者职业史和职业病危害接触史、工作场所职业病危害因素检测结果等资料，安全生产监督管理部门应当监督检查和督促用人单位提供上述资料，劳动者和有关机构也应当提供与职业病诊断有关的资料。职业病诊断机构需要了解工作场所职业病危害因素情况时，可以对工作场所进行现场调查，也可以向安全生产监督管理部门提出，安全生产监督管理部门应当在十日内组织现场调查，用人单位不得拒绝、阻挠。

劳动者或者用人单位任何一方当事人对职业病诊断有异议的，可以向做出诊断的医疗卫生机构所在地地方人民政府卫生行政部门申请鉴定。设区的市级以上地方人民政府卫生行政部门根据当事人的申请，组织职业病诊断鉴定委员会进行鉴定；当事人对设区的市级职业病诊断鉴定委员会的鉴定结论仍然不服的，可以向省、自治区、直辖市人民政府卫生行政部门申请再鉴定。职业病诊断鉴定委员会按照国务院卫生行政部门颁布的职业病诊断标准和职业病诊断、鉴定办法进行职业病诊断鉴定，向当事人出具职业病诊断鉴定书。

2. 工伤认定，这是职业病诊断鉴定与工伤保险制度的衔接环节。

劳动者被诊断、鉴定为职业病后，所在单位应当自被诊断、鉴定为职业病之日起 30 日内，向统筹地区人力资源社会保障部门提出工伤认定申请；遇有特殊情况，经报人力资源社会保障部门同意，申请时限可以适当延长。用人单位未按前款规定提出工伤认定申请的，工伤职工或者其近亲属、工会组织在被诊断、鉴定为职业病之日起 1 年内，可以直接向用人单位所在地统筹地区人力资源社会保障部门提出工伤认定申请。用人单位未在规定的时限内提交工伤认定申请，在此期间发生符合《工伤保险条例》规定的工伤待遇等有关费用由该用人单位负担。

职业病患者及其用人单位提出工伤认定申请应当提交下列材料：工伤认定申请表；与用人单位存在劳动关系（包括事实劳动关系）的证明材料；职业病诊断证明书（或者职业病诊断鉴定书）。人力资源社会保障部门受理工伤认定申请后，对依法取得职业病诊断证明书或者职业病诊断鉴定书的，不再进行调查核实，自受理工伤认定申请之日起 60 日内做出工伤认定的决定，并书面通知申请工伤认定的劳动者或者其近亲属和该劳动者所在单位。人力资源社会保障部门对受理的事实清楚、权利义务明确的工伤认定申请，应当在 15 日内做出工伤认定的决定。

3. 劳动能力鉴定，这是判断患职业病劳动者的病情严重程度、是否影响到劳动能力和生活自理能力的环节。劳动者发生工伤职业病，经治疗伤情病情相对稳定后存在残疾、影响劳动能力的，应当进行劳动能力鉴定。劳动能力鉴定是指劳动功能障碍程度和生活自理障碍程度的等级鉴定。劳动功能障碍分为十个伤残等级，最重的为一级，最轻的为十级；其中一至四级为完全丧失劳动能力，五至六级为大部分丧失劳动能力，七至十级为部分丧失劳动能力。生活自理障碍分为三个等级：生活完全不能自理、生活大部分不能自理和生活部分不能自理。

劳动能力鉴定由用人单位、工伤劳动者或者其近亲属向设区的市级劳动能力鉴定委员会提出申请，并提供工伤认定决定和职工工伤医疗的有关资料。设区的市级劳动能力鉴定委员会收到劳动能力鉴定申请后，应当从其建立的医疗卫生专家库中随机抽取 3 名或者 5 名相关专家组成专家组，由专家组提出鉴定意见。设区的市级劳动能力鉴定委员会根据专家组的鉴定意见做出工伤职工劳动能力鉴定结论；必要时，可以委托具备资格的医疗机构协助进行有关的诊断。设区的市级劳动能力鉴定委员会应当自收到劳动能力鉴定申请之日起 60 日内做出劳动能力鉴定结论，必要时，做出劳动能力鉴定结论的期限可以延长 30 日。劳动能力鉴定结论应当及时送达申请鉴定的单位和个人。

申请鉴定的单位或者个人对设区的市级劳动能力鉴定委员会做出的鉴定结论不服的，可以在收到该鉴定结论之日起 15 日内向省、自治区、直辖市劳动能力鉴定委员会提出再次鉴定申请。省、自治区、直辖市劳动能力鉴定委员会做出的劳动能力鉴定结论为最终结论。自劳动能力鉴定结论做出之日起 1 年后，工伤劳动者或者其近亲属、所在单位或者经办机构认为伤残情况发生变化的，可以申请劳动能力复查鉴定。

根据《劳动能力鉴定　职工工伤与职业病致残等级分级》（GB/T16180—2006），Ⅰ期、Ⅱ期、Ⅲ期尘肺病按照病情对劳动能力和生活自理能力的影响程度不同，分别对应职业病伤残等级一级、二级、三级、四级、六级、七级。

4. 享受工伤保险待遇，这是患职业病劳动者获得物质补偿的环节。工伤保险待遇包括工伤医疗待遇、伤残待遇、工亡待遇。患职业病劳动者经工伤认定的，可以享受工伤保险待遇；其中，经劳动能力鉴定丧失劳动能力的，享受伤残待遇。工伤医疗待遇是受工伤或患职业病的劳动者进行治疗时享受的待遇，包括治疗工伤的医疗

费用和康复费用、住院伙食补助费、到统筹地区以外就医的交通食宿费、安装配置伤残辅助器具所需费用等，也包括治疗工伤期间的工资福利等。伤残待遇是因工伤职业病导致丧失劳动能力的劳动者所享受的待遇，包括劳动能力鉴定费、经劳动能力鉴定委员会确认的生活护理费、一次性伤残补助金、一至六级伤残劳动者按月领取的伤残津贴、五至十级伤残劳动者终止或者解除劳动合同时应当享受的一次性工伤医疗补助金和一次性伤残就业补助金等。工亡待遇是因工死亡的劳动者遗属所享受的待遇，包括遗属领取的丧葬补助金、供养亲属抚恤金和因工死亡补助金等。

各项工伤保险待遇的费用承担责任，分为四种情形：第一种情形是用人单位依法参加工伤保险并缴纳工伤保险费、及时向人力资源社会保障部门申请工伤认定的，用人单位只需要按照国家规定支付劳动者治疗工伤期间的工资福利、五至六级伤残劳动者按月领取的伤残津贴、五至十级伤残劳动者终止或者解除劳动合同时应当享受的一次性伤残就业补助金，其他费用均由工伤保险基金支付。第二种情形是用人单位依法参加工伤保险并缴纳工伤保险费，但未依照《工伤保险条例》规定及时向人力资源社会保障部门申请工伤认定的，在此期间发生符合《工伤保险条例》规定的工伤待遇等有关费用由该用人单位负担；用人单位或劳动者一方申请工伤认定后发生的符合规定的费用，依照第一种情形执行。第三种情形是用人单位依照《工伤保险条例》规定应当参加工伤保险而未参加工伤保险，或者未依法缴纳工伤保险费的，对于该用人单位的劳动者发生工伤职业病的费用，由该用人单位按照《工伤保险条例》规定的工伤保险待遇项目和标准支付。用人单位不支付的，从工伤保险基金中先行支付。从工伤保险基金中先行支付的工伤保险待遇应当由用人单位偿还。用人单位不偿还的，社会保险经办机构可以依照《社会保险法》第六十三条的规定追偿。用人单位参加工伤保险并补缴应当缴纳的工伤保险费、滞纳金后，由工伤保险基金和用人单位依照《工伤保险条例》的规定支付新发生的费用。第四种情形是无营业执照或者未经依法登记、备案的单位以及被依法吊销营业执照或者撤销登记、备案的单位的劳动者受到事故伤害或者患职业病的，由该单位向伤残劳动者或者死亡劳动者的近亲属给予一次性赔偿，赔偿标准不得低于《工伤保险条例》规定的工伤保险待遇。

（二）尘肺病农民工申请工伤保险待遇时遇到的障碍

1. 无法追溯疑似尘肺病农民工的用人单位，致使无法进行职业病诊断。在以上介绍的职业病诊断环节，承担职业病诊断的医疗卫生机构在进行职业病诊断时，除了要分析疑似职业病患者目前的临床表现以及辅助检查结果外，还应当综合分析病人的职业史、职业病危害接触史和工作场所职业病危害因素情况等。其中，劳动者职业史和职业病危害接触史、工作场所职业病危害因素检测结果等资料需要由产生职业病危害的用人单位提供，有时还需要对工作场所进行现场调查。但是，尘肺病农民工往往难以提供多年前与该用人单位存在劳动关系的证明，如劳动合同、工资支付清单、社会保险缴费记录、工作证等；该用人单位通常也不会承认与尘肺病农民工曾经建立过劳动关系。有时，该用人单位可能已经因破产、关闭、解散等原因而被注销登记。还有可能该单位属于无照经营的非法单位，目前已经不再存在。在这些情形下，职业病诊断机构就无法调查了解该劳动者职业史和职业病危害接触史、工作场所职业病危害因素等，无法做出是否属于尘肺病的诊断结论。缺乏职业病诊断环节，其后的工伤认定、劳动能力鉴定环节也就无法进行，疑似患尘肺病的农民工也就无法享受工伤保险待遇。

因为无法追溯用人单位、无法进行职业病诊断而导致不能享受工伤保险待遇，是目前疑似患尘肺病的农民工遇到的最大问题。

2. 导致农民工患尘肺病的用人单位未依法缴纳工伤保险费也无法承担相应责任，致使尘肺病农民工不能享受工伤保险待遇。在有些情形下，疑似患尘肺病的农民工能够证明与用人单位曾经存在劳动关系，依法经过了职业病诊断鉴定、工伤认定、劳动能力鉴定环节，进入到享受工伤保险待遇环节。但是造成其患尘肺病的用人单位未依法参加工伤保险或者未缴纳工伤保险费，如同以上关于工伤保险待遇费用的承担责任的第三种情形所介绍，这种情形下依法应当由该用人单位按照《工伤保险条例》规定的工伤保险待遇项目和标准支付待遇；用人单位不支付的，社会保险经办机构从工伤保险基金中先行支付，然后再向该用人单位追偿。用人单位参加工伤保险并补缴应当缴纳的工伤保险费、滞纳金后，由工伤保险基金和用人单位依照《工伤保险条例》的规定支付新发生的费用。

假若该用人单位具备支付工伤保险待遇的经济能力却拒不支付，患尘肺病农民工可以依法申请劳动争议仲裁，并申请人民法院强制执行；农民工也可以向社会保险经办机构申请由工伤保险基金先行支付，工伤保险基金先行支付后，社会保险经办机构再依法向该用人单位追偿。但是，现实中有些用人单位实际上已经资不抵债，难以承担工伤保险赔偿责任，既不依法向尘肺病农民工支付工伤待遇，也不补缴工伤保险费、滞纳金，农民工申请人民法院强制执行也难以解决问题；一些地区由于担心无法向用人单位成功追偿，因此未落实《社会保险法》关于工伤保险基金先行支付的规定，结果造成患尘肺病农民工不能依法享受工伤保险待遇。

3. 导致农民工患尘肺病的单位属于无营业执照或者未经依法登记、备案的单位以及被依法吊销营业执照或者撤销登记、备案的单位，致使患尘肺病农民工不能享受工伤保险待遇。在这种情形下，如同以上关于工伤保险待遇费用的承担责任的第四种情形所介绍，依法由该单位向伤残劳动者或者死亡劳动者的近亲属给予一次性赔偿，赔偿标准不得低于《工伤保险条例》规定的工伤保险待遇。但是，该单位可能已经不存在或无法承担工伤保险赔偿责任，农民工申请人民法院强制执行也难以解决问题，结果造成患尘肺病农民工不能依法享受工伤保险待遇。

三、关于解决尘肺病农民工医疗和生活待遇保障问题的探讨

（一）无法追溯用人单位的疑似患尘肺病农民工医疗和生活待遇保障问题

疑似患尘肺病农民工不能享受医疗和生活待遇问题的最大障碍，是不能启动职业病诊断，从而不能得出具有法律效力的该农民工患尘肺病的结论，也就不能依法享受工伤保险待遇，而只能作为普通病人按照医疗保险（或新型农村合作医疗）制度有关规定享受待遇。破除这个最大的障碍，从长远来说，需要安全生产监督管理部门、人力资源社会保障部门加强执法检查，督促用人单位依法采取职业病预防措施，按规定对接触职业病危害的劳动者进行职业健康检查并建立档案，依法与劳动者签订劳动合同；需要农民工提高自我保护和依法维权的意识和能力，依法要求用人单位签订劳动合同、采取粉尘防护措施，从而一旦出现疑似患尘肺病的农民工，能够顺利启动职业病诊断程序。不过，从现阶段来说，历史上已经遗留下来大量不能进行职业病诊断的疑似患尘肺病农民工，解决他们的困难和问题，需要另辟蹊径。

1. 第一种思路：能否依法修改职业病诊断程序和标准，进行尘肺病诊断只分析疑似职业病患者目前的临床表现以及辅助检查结果，而不必调查其用人单位以便综合分析疑似病人的职业史、职业病危

害接触史和工作场所职业病危害因素情况等。从而对无法追溯用人单位的疑似尘肺病患者启动职业病诊断程序，使其能够依法享受工伤保险待遇。

根据目前的医学研究资料介绍，尘肺病无特异的临床表现，其临床表现多与合并症有关。尘肺病人通常出现的咳嗽、咳痰、胸痛、呼吸困难、咯血、消化功能减退等症状，都不是尘肺病独有的特征。对于尘肺病人出现的肺部纤维化特征，也不是尘肺病独有的特征，其他如过敏性肺炎（空调湿化器肺等）、与药物或治疗相关的疾病（抗生素类等）、感染性疾病（肺结核等）、继发性肺疾病（成人呼吸窘迫综合征等），以及很多病因未明的疾病，如肺原发性疾病、胶原血管病相关的肺部疾病、肺泡充填性疾病等，也都会导致肺部纤维化。鉴于此，我国现行《尘肺病诊断标准》（GBZ 70—2009）规定的“诊断原则”明确“根据可靠的生产性粉尘接触史，以X射线后前位胸片表现为主要依据，结合现场职业卫生学、尘肺流行病学调查资料和健康监护资料，参考临床表现和实验室检查，排除其他肺部类似疾病后，对照尘肺病诊断标准片小阴影总体密集度至少达到1级，分布范围至少达到2个肺区，方可做出尘肺病的诊断”。在该标准使用说明中进一步指出“确切可靠的生产性粉尘接触史是诊断尘肺病的基本条件，应包括工作单位、工种、不同时间段接触生产性粉尘的起止时间、接触粉尘的名称和性质等”，“尘肺病患者虽可有不同程度的呼吸系统症状和体征及某些实验室检查的异常，但均不具有特异性，因此只能作为诊断尘肺病的参考。临床检查和实验室检查重点是排除其他X射线胸片表现与尘肺病相类似的疾病和进行鉴别诊断”。

从发达国家的做法来看，美国和欧洲的做法基本相似，可以美国为例来分析。美国的职业病诊断、鉴定的目的也是为了使职业病患者享受工伤保险赔偿。但是职业病与外伤不同，外伤的因果关系明确，而职业病的因果关系，即疾病与接触物质或工作条件的关系不容易搞清楚。职业病发生缓慢，其症状容易与年龄、吸烟和饮酒等因素相混淆。另外，职业病危害接触史通常不易获得或获取不完全，每一个体对接触同一致病物质会有不同的反应，工作外的接触也会成为疾病的主要原因。况且职业病的“诊断”还涉及临床医生、工业卫生医生、法律工作者和政府官员等各类专业人员以及信息支持系统。因此，职业病不能单靠诊断（diagnosis）来确认，它超越了临床医生的业务范围，美国使用“decision-making”（判定）一词说明这是一个严格的司法程序。①

美国国家不发布职业病诊断标准，也没有由政府部门专门设立的职业病诊断、鉴定机构。美国卫生与人类服务部的疾病控制中心（CDC）下属的国家职业安全与健康研究所（NIOSH）负责提供职业健康监护的技术支持。NIOSH 制定主要职业病前十名的名单，第一位的就是职业性肺病；出版职业病鉴别指南、疾病与工作关联指南；列举 14 种不同物理形态，涉及各种器官系统的致病物质引起的职业病的判定方法，类似于中国的职业病诊断标准。NIOSH 提出判定职业病的 3 个基本条件是：疾病的医学表现与接触的致病物质的效应一致；工作环境中存在相应的致病物质；有足够的证据支持某种疾病是职业引起的，而不是非职业因素。具体的判定程序可分为 6 个步骤：疾病证据；流行病学资料；接触证据；专家证词；其他有关因素；评价与结论。②

可见，从目前的医学角度看，如果缺乏疑似尘肺病人的职业史、职业病危害接触史和工作场所职业病危害因素情况，难以做出尘肺病诊断结论。因此，修改职业病诊断程序和标准以启动无法追溯用

---

① 顾友多. 美国和欧洲的职业病诊断标准体系［J］. 职业卫生与应急救援，2007，25（6）.

② 孙胤羚，邵华. 美国职业健康监护和职业病诊断鉴定制度研究及对我国的启示［J］. 工业卫生与职业病，2012，38（3）.

人单位的农民工的职业病诊断程序，是不可行的。

2. 第二种思路：由于在无法追溯疑似尘肺病患者的用人单位的情况下，无法进行职业病诊断，从而也就无法依法向患病农民工给予工伤保险待遇，那么，在这种特殊情况下能否将“职业病诊断”降低为“疑似尘肺病患者诊断”，同时将“工伤保险待遇”降低为“医疗和生活帮扶”，从而使疑似尘肺病患者能够享受医疗和生活帮扶。

根据《尘肺病诊断标准》（GBZ 70—2009）规定的“诊断原则”，虽然进行尘肺病诊断必须综合考虑职业病危害接触史等多种因素，但“以X射线后前位胸片表现为主要依据”。

据现行《尘肺病诊断标准》（GBZ 70—2009）和《尘肺病理诊断标准》（GBZ 25—2002）的主要起草单位——中国疾病预防控制中心职业卫生与中毒控制所介绍，尘肺病可以依据病理进行诊断，但只适用于尸体解剖和外科肺叶切除的标本的诊断，[①] 不适用于小片肺组织活检、肺引流区淋巴结活检、肺穿刺、肺灌洗液等标本的尘肺病理诊断；只适用于国家规定的无机尘肺的诊断，不适用于有机粉尘所致肺部疾患的诊断。虽然“根据详细可靠的职业史及规范化的检查方法得出的病理检查结果方可做出尘肺的病理诊断。患者历次X线胸片、病例摘要或死亡志及现场劳动卫生学资料是诊断的必需参考条件”，但是病理检查是主要依据。

目前的职业卫生学已经对尘肺病进行了比较深入的研究。我国法定职业病目录中包括矽肺、煤工尘肺、电墨尘肺、碳墨尘肺、滑石尘肺、水泥尘肺、云母尘肺、陶工尘肺、铝尘肺、电焊工尘肺、铸工尘肺以及根据《尘肺病诊断标准》和《尘肺病理诊断标准》可

---

① 中国疾病预防控制中心职业卫生与中毒控制所．粉尘及其职业危害知识问答［M］．北京：化学工业出版社，2008.

以诊断的其他尘肺。根据引起尘肺的矿物粉尘的性质，又可将尘肺划分为由含游离二氧化硅为主的粉尘引起的矽肺、由含硅酸盐为主的粉尘引起的硅酸盐尘肺、由煤尘及含碳为主的粉尘引起的尘肺、由金属粉尘引起的金属尘肺。对各种尘肺的病理特征研究也有进展，比如煤工尘肺病患者的肺部有大量煤尘，通过大容量全肺灌洗可以在回收液中发现黑色的煤尘物质。这些都是日常生活中病人所难以吸入的，即使由于缺少职业史、职业病危害接触史、工作场所职业病危害因素情况等调查资料，从而不能做出尘肺病诊断结论，也不能判断某个具体用人单位应该对农民工患尘肺病负有责任，但是基本上可以认为这是区别于一般肺病的疑似尘肺病。

综上所述，对于无法追溯用人单位的疑似尘肺病患者，虽然不能作出有法律效力的其已患尘肺病的诊断，但是可以通过医学检查判断具有高度可能性。在不涉及追究用人单位工伤赔偿责任、不涉及依法享受工伤保险待遇等法律问题的情况下，考虑到这些疑似尘肺病患者确实已患病，且有很大可能性是在国内某个地区某个用人单位接触职业病危害因素所致，基于以人为本、维护劳动者权益的理念，政府可以对疑似尘肺病患者给予低于工伤保险待遇但高于患病或非因工负伤病人的医疗保险（或新型农村合作医疗）待遇的医疗和生活帮扶。这种方案是必要且可行的。

3. 第二种思路的具体操作设想：增加疑似尘肺病患者的疑似尘肺病医学检查环节，经确认为疑似尘肺病患者的，享受无法追溯用人单位的疑似尘肺病患者医疗和生活帮扶待遇。

一是增加疑似尘肺病患者的疑似尘肺病医学检查环节。2011 年 12 月 31 日新修订的《职业病防治法》第四十四条第三款补充规定，“承担职业病诊断的医疗卫生机构不得拒绝劳动者进行职业病诊断的要求”。根据该款规定的精神，建议卫生部门出台配套规定，明确：劳动者申请进行尘肺病诊断的，承担职业病诊断的医疗卫生机构不

得以劳动者无法提供与用人单位存在劳动关系的证明为由而拒绝劳动者进行尘肺病诊断的要求，应当组织三名以上取得职业病诊断资格的执业医师集体诊断。在进行尘肺病诊断过程中，因劳动者无法提供与用人单位存在劳动关系的证明而无法调查劳动者职业史、职业病危害接触史、工作场所职业病危害因素的，职业病诊断机构可以只进行医学检查。符合《尘肺病诊断标准》（GBZ 70—2009）有关X射线后前位胸片表现或《尘肺病理诊断标准》（GBZ 25—2002）有关病理表现等医学标准的，可以确认为疑似尘肺病患者。疑似尘肺病患者诊断证明书由参与诊断的医师共同签署，并经职业病诊断机构审核盖章。

二是增加疑似尘肺病患者的劳动能力鉴定环节。从《劳动能力鉴定　职工工伤与职业病致残等级分级》（GB/T16180—2006）确定的标准和实践看，劳动能力鉴定环节与劳动者职业史、职业病危害接触史、工作场所职业病危害因素等无关，而只与病情对劳动能力和生活自理能力的影响程度相关。因此，建议人力资源社会保障部门会同卫生部门作出规定，明确对持有疑似尘肺病患者诊断证明书的劳动者申请进行劳动能力鉴定的，劳动能力鉴定机构应当受理并参照《劳动能力鉴定　职工工伤与职业病致残等级分级》（GB/T16180—2006）进行鉴定。根据鉴定结果，分别做出疑似尘肺病伤残等级一级、二级、三级、四级、六级、七级的劳动能力鉴定结论。劳动者不服的，可以参照《工伤保险条例》《工伤职工劳动能力鉴定管理办法》申请再次鉴定。

三是由民政部门对无法追溯用人单位的疑似尘肺病患者给予医疗和生活救助。《职业病防治法》第六十二条规定“用人单位已经不存在或者无法确认劳动关系的职业病病人，可以向地方人民政府民政部门申请医疗救助和生活等方面的救助”，“地方各级人民政府应当根据本地区的实际情况，采取其他措施，使前款规定的职业病病人获得医疗救治”。《社会救助暂行办法》第二十八条规定，县级以上人民政府规定的其他特殊困难人员可以申请相关医疗救助；第四十七条规定，国家对家庭成员突发重大疾病等原因导致基本生活暂时出现严重困难的家庭，以及遭遇其他特殊困难的家庭等群体，给予临时救助。据此精神，建议民政部门会同安全生产监督管理部门、卫生部门、人力资源社会保障部门、财政部门研究作出规定，将持有疑似尘肺病患者诊断证明书的劳动者明确为可以申请相关医疗救助的“其他特殊困难人员”，并且明确其医疗救助标准按照低于工伤保险医疗待遇、高于患病或非因工负伤病人的医疗救助待遇执行。同时，将持有疑似尘肺病患者劳动能力鉴定结论的劳动者家庭明确为可以申请临时救助的“遭遇其他特殊困难的家庭”，并且明确其临时救助标准按照低于工伤保险伤残待遇、高于一般临时救助待遇执行。考虑到疑似尘肺病患者户籍地基本上属于经济欠发达地区，财政支撑能力较弱；而且疑似尘肺病患者多数是在发达地区就业时接触职业病危害，户籍地政府在农民工患病问题上不存在失职责任，因此还应明确，中央和省级财政对疑似尘肺病患者医疗和生活救助资金予以补助。

四是鼓励和支持社会公益力量对疑似尘肺病患者给予医疗和生活帮扶。2003 年 10 月 31 日经民政部批准登记注册的中国煤矿尘肺病防治基金会，多年来开展“尘肺病康复工程”，委托各定点医院对尘肺病患者分期分批进行大容量肺灌洗治疗。医疗费由基金会予以补贴。针对少部分尘肺病人因为病情严重或患有其他的合并症而不能接受肺灌洗治疗，基金会安排他们在尘肺病康复中心（中国煤矿工人北戴河疗养院）疗养。2014 年，该基金会又组织开展“农民工洗肺清尘救助项目”，该项目是民政部批准的 2014 年中央财政支持社会组织参与社会服务项目，由中央财政和基金会共同出资 195 万元，委托 10 家定点医院救助中西部地区 750 名贫困尘肺病农民工患

者，对大容量肺灌洗每人补贴 3 000 元，综合治疗每人补贴 800 元。[①] 基金会对申请人不要求提交职业病诊断证明书，只需要本人填写申请表、到乡镇以上政府加盖公章即可。2009 年 1 月经民政部批准登记的中华社会救助基金会，自 2011 年 6 月起实施“大爱清尘·寻救中国尘肺病农民兄弟大行动”项目，截至 2014 年 6 月，“大爱清尘”项目在全国已有志愿者 3 800 多名，建立 36 个工作区、站；截至 2014 年 9 月 21 日，累计医疗救治 1 173 名尘肺农民，累计发放制氧机 510 台，累计助学尘肺农民子女 645 人，发放爱心包裹惠及近万个尘肺农民家庭，扶持部分尘肺农民创业。[②]

（二）用人单位无法承担相应责任的患尘肺病农民工医疗和生活待遇保障问题

对于上文介绍的能够提供与存在职业病危害的用人单位的劳动关系证明，经过了职业病诊断、工伤认定和劳动能力鉴定程序，但由于用人单位无法承担相应责任而不能享受工伤保险待遇的患尘肺病农民工，建议人力资源社会保障部门会同财政部门作出规定，明确由工伤保险基金通过先行支付制度保障其合法待遇。

1. 必要性分析。其一，国家设立工伤保险基金的主要目的就是为了维护工伤职业病劳动者的合法权益。人力资源社会保障部门、财政部门以及社会保险经办机构应当秉持以人为本的理念，按照法律法规的立法宗旨和具体规定，及时发现工伤职业病劳动者遇到的新问题，努力研究采取有效措施予以解决。这是国家设立工伤保险基金的宗旨，也是工伤保险基金存在价值的体现。其二，农民工经法定程序已经确认属于尘肺病病人，根据法律法规就应当得到工伤

---

① 资料来源于中国煤矿尘肺病防治基金会“农民工洗肺清尘救助项目简介”。

② 资料来源于中华社会救助基金会“大爱清尘基金简介”。

保险待遇的保障。如果由于用人单位存在违法行为且无法承担相应责任就导致患尘肺病农民工不能依法享受工伤待遇，则工伤保险基金职能的发挥就是有缺陷的。其三，《社会保险法》已经明确规定，“用人单位未依法缴纳工伤保险费，发生工伤事故的，由用人单位支付工伤保险待遇。用人单位不支付的，从工伤保险基金中先行支付”。《社会保险基金先行支付暂行办法》（人力资源和社会保障部令第 15 号）第六条规定，用人单位被依法吊销营业执照或者撤销登记、备案的，工伤职业病劳动者或者其近亲属可以持工伤认定决定书和有关材料向社会保险经办机构书面申请先行支付工伤保险待遇。各地区、各有关部门都应当落实法律和规章的规定。对于无营业执照或者未经依法登记、备案的单位的劳动者受到伤害或患职业病的，虽然法律法规规章未明文规定实行工伤保险基金先行支付制度，但是按照法律法规维护工伤职业病劳动者合法权益的精神，也可以实行工伤保险基金先行支付制度。其四，从国际比较看，发达国家通常不以用人单位未依法缴纳工伤保险费而否定工伤保险基金或国家对工伤职业病劳动者的补偿责任。德国工伤职业病劳动者享受工伤保险待遇，“不考虑其雇主是否已经为其向同业公会缴纳了工伤保险费”。[①] 日本《经济新闻》2014 年 10 月 10 日报道，因为曾经在大阪泉南地区的纺织工厂吸入石棉而患上肺癌等疾病，原工厂工人向日本政府提起索赔诉讼，日本最高法院第一小法庭就两起团体诉讼的上诉做出判决，认为国家“未能及时采取排气装置安装义务性对策属违法”，认定国家负有赔偿责任。日本最高法院判决中指出“有证据显示，1958 年前后石棉工厂劳动者的健康受损情况已经相当严重”。有关排气装置有效性的技术性认识正在提高，因此“国家要求

① 梁永胜. 德国的工伤保险制度［EB/OL］.［2008-1-28］. http://bjgy.chinacourt.org/article/detail/2008/01/id/860321.shtml.

工厂安装排气装置是可能的”，进而得出了国家应对举措违法的结论。换言之，判决认定国家不要求工厂安装排气装置属于超过容许限度的不作为。在日本，针对国家未采取任何措施的“不作为”行为，认定“超出容许限度、明显欠缺合理性时”成为赔偿理由的判例此前就已经确立。①

2. 可行性分析。目前，部分地区之所以未落实《社会保险法》《社会保险基金先行支付暂行办法》关于工伤保险基金先行支付制度规定的主要原因，一是担心先行支付的资金不能向用人单位成功追偿，从而造成资金支出增加，影响工伤保险基金的安全；二是认为先行支付资金如果不能成功追偿，在基金财务管理制度上没有相应的支出科目，如果被审计部门依法审计，可能会被追究责任。这种担心可以理解，但是理由不充分。首先，先行支付制度不会影响工伤保险基金安全。2011—2013 年，全国全年工伤保险基金收入分别为 466 亿元、527 亿元、615 亿元，支出分别为 286 亿元、406 亿元、482 亿元，年末工伤保险基金累计结存分别为 642 亿元、737 亿元、828 亿元，储备金结存分别为 101 亿元、125 亿元、168 亿元。② 各年度基金收入分别为支出的 1.63 倍、1.3 倍、1.28 倍；年末工伤保险基金累计结存（含储备金）分别为当年支出的 2.6 倍、2.12 倍、2.07 倍。也就是说，全国每年的工伤保险基金收入超过支出约 30%；即使当年不征收工伤保险基金，累计结存基金也能够承担 2 年以上的支出。2011—2013 年，全国全年认定（视同）工伤分别为 120.1 万人、117.4 万人、118.3 万人，评定伤残等级分别为 51.0 万人、51.3 万人、51.2 万人，享受工伤保险待遇人数分别为 163 万

---

① 中国新闻网. 日本最高法首次判国家“有罪”赔偿石棉受害者［EB/OL］.［2014-10-10］. http://www.chinanews.com/gj/2014/10-10/6662264.shtml.

② 数据来源于人力资源社会保障部发布的《2011 年度人力资源和社会保障事业发展统计公报》《2012 年度人力资源和社会保障事业发展统计公报》《2013 年度人力资源和社会保障事业发展统计公报》。

人、191万人、195万人。[①] 据此推算，每年人均待遇支出分别为1.75万元、2.13万元、2.47万元；即使按照每年认定（视同）工伤人数中10%需要先行支付来测算，则先行支付资金分别为21.02亿元、25亿元、29.22亿元。由此可见，先行支付制度不会影响工伤保险基金安全。当然，由于工伤保险基金以市级统筹为主，不同地市的基金收支能力不同，有的地市可能出现收不抵支问题，但这一问题同养老保险、医疗保险等险种遇到的问题类似，应当通过提高基金统筹层次、财政补贴等方式予以解决。其次，关于先行支付资金的支出科目、不能成功追偿时的财务核销等问题，属于落实《社会保险法》规定过程中的具体操作问题。国家财政部门有统一规定的，按照统一规定执行；国家无统一规定的，地方可作出规定。据北京市义联劳动法援助与研究中心发布的《工伤保险先行支付制度实施三周年调研报告》显示，全国有18个省份有先行支付的案例。[②] 其他地方可以借鉴这些已经落实先行支付制度地方的经验做法。

---

① 数据来源于人力资源社会保障部发布的《2011年度人力资源和社会保障事业发展统计公报》《2012年度人力资源和社会保障事业发展统计公报》《2013年度人力资源和社会保障事业发展统计公报》。

② 丁亚鹏. 工伤保险先行支付缘何难追偿［N］. 新华日报，2014-10-5.

第九章　与户籍挂钩的权益问题研究

农民工市民化的本质含义是农民工平等地享有市民权益，无论是积极稳妥地推进农民工在城镇落户并立即全面享有市民权益，还是着力推动未落户农民工逐步平等享有市民权益，首先都要搞清楚：与户籍挂钩的权益有哪些、各项权益的“含金量”有多少？从积极稳妥地推进农民工在城镇落户来说，与户籍挂钩的权益问题既影响各地区、各类城镇是否允许农民工及其家庭成员在本地区、本城镇落户的客观条件和主观意愿，又影响农民工及其家庭成员是否选择在城镇落户的主观意愿；从着力推动未落户农民工逐步平等享有市民权益来说，搞清楚与户籍挂钩的权益问题，才能够一项一项地推动市民权益向常住人口提供，这是推动工作的前提。与户籍挂钩的权益问题不仅十分重要，而且十分复杂。目前关于与户籍挂钩的权益问题的探讨很多，据国务院发展研究中心社会部“主体功能区人口管理政策研究”课题组调查，与户籍挂钩的个人权利有 20 多项，涉及政治权利、就业权利、教育权利、社会保障、计划生育等各个方面，其他还包括义务兵退役安置政策和标准、交通事故人身损害赔偿等①。也有的认为与户籍挂钩的权益多达 67 项②。但是目前尚未见到与户籍挂钩的各项权益的全面具体的列举研究。

---

① 中国青年报-国研中心提户籍改革新思路　户口承载福利逐步获得［EB/OL］.［2010-6-4］. http://news.xinhuanet.com/life/2010-06/04/c_12179041_2.htm.

② 户籍制度改革，触动谁的利益［EB/OL］.［2013-1-4］. http://finance.takungpao.com/q/2013/0104/1364503_2.html.

全面具体地列举研究与户籍挂钩的各项权益，需要各级政府及其各部门开展全面清理，难度很大。本章根据对《国家基本公共服务体系“十二五”规划》（国发〔2012〕29号）以及其他有关法律法规和政策文件的归纳汇总进行研究，并遵循以下原则：

（1）将“与户籍挂钩的权益”定义为只有特定的户籍人口（即特定行政区域内的农业户口或非农业户口）才能享有的权益。公民依法享有广泛的权益，其中大量权益与户籍不挂钩，比如一些研究将职工养老保险、职工医疗保险、工伤保险、失业保险、生育保险、职业介绍、职业指导等也归类为与户籍挂钩的权益，其实根据《社会保险法》《就业促进法》等规定，职工养老保险、职业介绍等权益已经与户籍脱钩，虽然现实中存在用人单位不为农民工缴纳职工养老保险费等问题，但属于违法行为，与户籍制度无关。再比如公共图书馆、博物馆等公共文化设施免费向社会开放，对符合规定的群体提供临时救助等，目前均已经对符合规定条件的公民提供，而与户籍无关。但在公民权益中，也有部分权益与户籍挂钩，申请人在申请享受这些权益时需要提供户籍证明，这是本章研究的对象。总结实际情况，这些与户籍挂钩的权益的具体挂钩形式又有不同的排列组合：一是不限定行政区域户籍但与城镇户籍挂钩；二是不限定行政区域户籍但与农村户籍挂钩；三是不限定行政区域户籍且城乡户籍均享有但权益标准与城乡户籍挂钩；四是不限定行政区域户籍且城乡户籍均享有但权益标准与行政区域户籍挂钩；五是既与本行政区域户籍挂钩又与城镇户籍挂钩；六是既与本行政区域户籍挂钩又与农村户籍挂钩；七是不限定城镇或农村户籍但与本行政区域户籍挂钩；八是与本行政区域户籍挂钩且城乡户籍均享有但权益内容与城乡户籍挂钩。

（2）“与户籍挂钩的权益”指的是具备相应的户籍是享有该项权益的必要条件，但不是充分条件。作为必要条件，享有该项权益必

须满足相应的户籍条件；与此同时，实践中各项权益的获得，往往都会设定与该项权益的功能相关的条件，只有同时满足户籍条件和与功能相关条件，才可以享有该项权益，而并不是只要满足了相应的户籍条件就可以享受该项权益。比如享受某地区的最低生活保障权益，不仅要求具备当地的户籍，而且要求满足家庭收入水平低于当地最低生活保障标准等条件。

（3）确定权益项目的口径为城乡或区域户籍有差别的、最小范围的、可独立享受的权利。现实中，确定权益项目的口径有不同标准，大小不一，如果口径标准不同，将会使权益项目数量相差较大。比如可以将教育权作为一项权益，也可以将教育权分为学前教育、义务教育、高中教育、高等教育、职业教育五项权益，还可以进一步将义务教育等细分为学费、杂费、住宿费等多项权益。由于研究与户籍挂钩的权益的目的是梳理了解城乡或区域户籍有差别的权益，因此本章选择的口径是当大则大、当小则小，当某项权益项目包含的子项目只有个别有差别时，以子项目为口径，当某项权益项目包含的子项目都有差别时，以该权益项目为口径。这也说明：关于与户籍挂钩的权益项目数量的多少，各种研究提出的数字都是相对而非绝对准确的，不能不考虑权益项目的口径有别而据此简单地得出与户籍挂钩的权益项目在全部权益项目中所占比例等结论。

（4）在权益项目的设定上只包括国家层面设定的权益项目。现实中，与户籍挂钩的权益既包括国家层面统一设定的权益项目，也包括地方各级人民政府及其有关部门设定的权益项目。因为关于31个省（自治区、直辖市）、几百个市（地、州、盟）、几千个县（市、区、旗）的有关部门设置的地方性权益项目的信息有限，本章不作研究。也就是说，本章研究的与户籍挂钩的权益比现实中的要少。

（5）将尚未完全与户籍脱钩的权益归属于与户籍挂钩的权益。这些年来，随着城乡二元管理体制逐步打破、各项改革逐步推进，一些与户籍挂钩的权益逐步面向符合条件的农民工等其他常住人口提供，既不属于完全与户籍挂钩，也不属于完全与户籍脱钩，其中有的权益放开力度大、能够享受该权益的非本地户籍人口比例大，有的则放开力度小、能够享受该权益的非本地户籍人口比例小。比如2013年，农民工适龄随迁子女中80%的能够在输入地公办学校平等接受义务教育，而参加高考的只有4 440人。从有序推进农民工市民化、逐步使农民工能够平等享受市民权益的目标出发，本章将尚未完全与户籍脱钩的权益归属于与户籍挂钩的权益。

(6) 以法律法规政策的规定为判断标准而非以实际落实情况为判断标准。实践中，有的权益项目虽然由国家做出了统一规定，但是在有的地方落实不到位。考虑到关于各项权益在各省（自治区、直辖市）、各市（地、州、盟）、各县（市、区、旗）区域内落实情况的具体信息有限，而且这不属于制度上的差别而属于执行中的问题，因此本章重点以法律法规政策的规定为判断标准研究与户籍挂钩的权益情况。不过，如果法律法规作出了某项规定但在全国范围内基本上尚未被执行，各地执行的仍然是与法律法规规定不同的既往政策，那么就以实际执行情况为标准来判断该项权益是否与户籍挂钩。

(7) 权益的政策依据以现行有效的法律法规规章及其他规范性文件为准，而不追溯设定该项权益的政策的历史源头。自1958年全国人大常委会通过《户口登记条例》正式建立户籍管理制度以来，城乡二元管理体制起先不断强化，改革开放以后又逐步弱化。在开始阶段，公民的很多权益与户籍挂钩，这是城乡二元管理体制下的通行做法，而且由于法制不完备，很多权益的设定可能采取印发各级政策文件的方式，并且此后又可能多次变更，追溯设定该项权益的政策的历史源头是一件很困难的任务而且与本章研究的目的无关，因此本章不对此进行研究。

(8) 判断某项权益是否与户籍挂钩，时间截止到2014年年底。

由于户籍制度处于不断深化改革的过程中，与户籍挂钩的权益因而是动态变化的，比如购买粮食权益、就业权益，在改革开放之前都是与户籍挂钩的，后来逐步与户籍完全脱钩。随着户籍制度改革的不断推进，今后一定会有更多权益逐步与户籍完全脱钩，而本章研究的是2014年年底时的情况。

按照以上原则进行研究，与户籍挂钩的各项权益至少包括以下八个方面。

一、不限定行政区域户籍但与城镇户籍挂钩的权益（任何地区的城镇户籍人口可在全国享有的权益）

这类权益与户籍挂钩的方式是：对申请享受该项权益者，不限定是本地或外地户籍，但要求属于城镇户籍（非农业户口）。该项权益的项目如表1所示。

表1　　不限定行政区域户籍但与城镇户籍挂钩的权益项目

权益项目	享受对象	权益内容	支出责任	政策依据
干部调配	城镇户籍人口中具有干部身份的人员	具备由组织人事部门在全国范围内进行调动的资格		《干部调配工作规定》（人调发［1991］4号）

二、不限定行政区域户籍但与农村户籍挂钩的权益（任何地区的农村户籍人口可在全国享有的权益）

这类权益与户籍挂钩的方式是：对申请享受该项权益者，不限定是本地或外地户籍，但要求属于农村户籍（农业户口）。该项权益的项目如表2所示。

表 2　不限定行政区域户籍但与农村户籍挂钩的权益项目

权益项目	享受对象	权益内容	支出责任	政策依据
农村户籍人口生育第二胎的权利	农村户籍的育龄人口	农村户籍人口除了享有不区分城乡户籍、符合条件者均享有的生育第二胎权利之外，还享有只针对农村户籍人口规定的生育第二胎的权利，如生育一个女孩后符合有关规定的，可以再生育第二胎等		《人口与计划生育法》以及各地实施该法的条例

三、不限定行政区域户籍且城乡户籍均享有但权益标准与城乡户籍挂钩的权益（任何地区的任何户籍均可在全国享有但城乡户籍权益标准或条件有差别的权益）

这类权益与户籍挂钩的方式是：对申请享受该项权益者，不限定是本地或外地户籍，也不限定是城镇户籍或农村户籍，但是权益标准或者享受权益的其他功能性条件因城镇户籍或农村户籍而不同。该项权益的项目如表 3 所示。

表 3　不限定行政区域户籍且城乡户籍均享有但权益标准与城乡户籍挂钩的权益项目

权益项目	享受对象	权益内容	支出责任	政策依据
人身损害死亡赔偿金	因人身损害而死亡的城镇户籍人口	一般按照受诉法院所在地上一年度城镇居民人均可支配收入标准，按 20 年计算。但 60 周岁以上的，年龄每增加一岁减少一年；75 周岁以上的，按 5 年计算	责任方依法承担	《最高人民法院关于审理人身损害赔偿案件适用法律若干问题的解释》

续表

权益项目	享受对象	权益内容	支出责任	政策依据
人身损害死亡赔偿金	因人身损害而死亡的农村户籍人口	一般按照受诉法院所在地上一年度农村居民人均纯收入标准，按 20 年计算。但 60 周岁以上的，年龄每增加一岁减少一年；75 周岁以上的，按 5 年计算	责任方依法承担	《最高人民法院关于审理人身损害赔偿案件适用法律若干问题的解释》
人身损害残疾赔偿金	因人身损害而残疾的城镇户籍人口	根据受害人丧失劳动能力程度或者伤残等级，一般按照受诉法院所在地上一年度城镇居民人均可支配收入标准，自定残之日起按 20 年计算。但 60 周岁以上的，年龄每增加一岁减少一年；75 周岁以上的，按 5 年计算	责任方依法承担	《最高人民法院关于审理人身损害赔偿案件适用法律若干问题的解释》
	因人身损害而残疾的农村户籍人口	根据受害人丧失劳动能力程度或者伤残等级，一般按照受诉法院所在地上一年度农村居民人均纯收入标准，自定残之日起按 20 年计算。但 60 周岁以上的，年龄每增加一岁减少一年；75 周岁以上的，按 5 年计算		

续表

权益项目	享受对象	权益内容	支出责任	政策依据
人身损害被扶养人生活费	因人身损害而残疾或死亡的城镇户籍人口的被扶养人	根据扶养人丧失劳动能力程度，一般按照受诉法院所在地上一年度城镇居民人均消费性支出标准计算。被扶养人为未成年人的，计算至18周岁；被扶养人无劳动能力又无其他生活来源的，计算20年。但60周岁以上的，年龄每增加一岁减少一年；75周岁以上的，按5年计算	责任方依法承担	《最高人民法院关于审理人身损害赔偿案件适用法律若干问题的解释》
	因人身损害而残疾或死亡的农村户籍人口的被扶养人	根据扶养人丧失劳动能力程度，一般按照受诉法院所在地上一年度农村居民人均年生活消费支出标准计算。被扶养人为未成年人的，计算至18周岁；被扶养人无劳动能力又无其他生活来源的，计算20年。但60周岁以上的，年龄每增加一岁减少一年；75周岁以上的，按5年计算		
中等职业教育（含技工学校）免学费	全日制在校城市家庭经济困难学生和涉农专业学生	免收学费（艺术类相关表演专业学生除外）	中央与地方财政按比例分担	《关于扩大中等职业教育免学费政策范围进一步完善国家助学金制度的意见》（财教［2012］376号）
	全日制在校农村户籍（含县镇）学生			

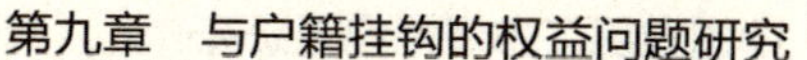

续表

权益项目	享受对象	权益内容	支出责任	政策依据
中等职业教育（含技工学校）国家助学金	全日制在校城乡涉农专业学生和非涉农专业家庭经济困难学生	资助每生每年不低于1 500元，资助两年	中央与地方财政按比例分担	《关于扩大中等职业教育免学费政策范围进一步完善国家助学金制度的意见》（财教［2012］376号）
	六盘山区等11个连片特困地区和西藏、四省藏区、新疆南疆三地州农村学生（不含县城）			
参加失业保险及享受失业待遇	城镇户籍职工	用人单位和职工分别按工资总额的2%和1%缴费。失业待遇包括支付失业保险金、基本医疗保险费、丧葬补助金、抚恤金以及职业培训和职业介绍补贴等，失业保险金标准不低于城市居民最低生活保障标准	基金出现支付不足时由县级以上政府给予补贴	《失业保险条例》
	农村户籍职工	用人单位按工资总额的1%缴费，个人不缴费。失业待遇为解除或终止劳动合同时，支付一次性补助		

四、不限定行政区域户籍且城乡户籍均享有但权益标准与行政区域户籍挂钩的权益（任何地区的任何户籍均可在全国享有但本地与外地户籍权益标准有差别的权益）

这类权益与户籍挂钩的方式是：对申请享受该项权益者，不限定是本地或外地户籍，也不限定是城镇户籍或农村户籍，但是权益标准因本地户籍或外地户籍而不同。该项权益的项目如表4所示。

表4　不限定行政区域户籍且城乡户籍均享有但权益标准与行政区域户籍挂钩的权益项目

权益项目	享受对象	权益内容	支出责任	政策依据
购买商品房	当地户籍居民	原则上对已拥有1套住房的当地户籍居民家庭，限购1套住房（含新建商品住房和二手住房）；对已拥有2套及以上住房的当地户籍居民家庭，要暂停在本行政区域内向其售房		《国务院办公厅关于进一步做好房地产市场调控工作有关问题的通知》（国办发［2011］1号）
	非当地户籍居民	原则上对能够提供当地一定年限纳税证明或社会保险缴纳证明的非当地户籍居民家庭，限购1套住房（含新建商品住房和二手住房）；对已拥有1套及以上住房的非当地户籍居民家庭、无法提供一定年限当地纳税证明或社会保险缴纳证明的非当地户籍居民家庭，要暂停在本行政区域内向其售房		

续表

权益项目	享受对象	权益内容	支出责任	政策依据
参加居民委员会选举	居住在本社区的本地城镇户籍人口	可以参加居民委员会选举		《城市居民委员会组织法》《中共中央办公厅　国务院办公厅关于加强和改进城市社区居民委员会建设工作的意见》(中办发［2010］27号)
	居住在本社区的非本地城镇户籍人口	探索社区流动人口在居住地参加社区居民委员会选举的方式方法，保障其民主政治权利		
参加村民委员会选举	本村户籍人口	户籍在本村并且在本村居住的村民；户籍在本村，不在本村居住，本人表示参加选举的村民，可以参加村民委员会选举		《村民委员会组织法》
	非本村户籍人口	户籍不在本村，在本村居住一年以上，本人申请参加选举，并且经村民会议或者村民代表会议同意参加选举的公民，可以参加村民委员会选举		

五、既与本行政区域户籍挂钩又与城镇户籍挂钩的权益（本地城镇户籍人口可以享有的权益）

这类权益与户籍挂钩的方式是：对申请享受该项权益者，既要求必须是本行政区域的户籍，又要求必须是城镇户籍。该项权益的项目如表5所示。

表 5　既与本行政区域户籍挂钩又与城镇户籍挂钩的权益项目

权益项目	享受对象	权益内容	支出责任	政策依据
就业援助	本地城镇零就业家庭和符合条件的就业困难人员	符合规定的享有社会保险补贴、岗位补贴；通过公益性岗位安置，保障城镇有就业需求的家庭至少有一人就业	地方政府负责，中央财政适当补助	《就业促进法》
灵活就业人员参加职工基本养老保险	本地城镇灵活就业人员	根据个人累计缴费年限、缴费工资、当地职工平均工资、个人账户金额、城镇人口平均预期寿命等因素确定基本养老金	参保人缴纳社会平均工资的20%，基金出现支付不足时由县级以上政府给予补贴	《国务院关于完善企业职工基本养老保险制度的决定》（国发［2005］38号）
廉租住房	本地城镇低收入住房困难家庭	享有实物配租的，人均住房建筑面积13 m²左右，套型建筑面积50 m²以内，租金标准由市、县政府确定；享有租赁补贴的，租赁补贴标准由市、县政府根据当地经济发展水平、市场平均租金、家庭经济承受能力等因素确定	市、县政府负责，省级政府给予资金支持，中央给予资金补助	《城镇最低收入家庭廉租住房管理办法》（建设部第120号令）
公共租赁住房	本地城镇中等偏下收入住房困难家庭、新就业无房职工、城镇稳定就业的外来务工人员	单套建筑面积以40 m²左右的小户型为主，租金水平由市、县政府根据市场租金水平和供应对象的支付能力等因素确定	市、县政府负责，引导社会资金投入，省级政府给予资金支持，中央给予资金补助	《公共租赁住房管理办法》（住房和城乡建设部令第11号）

续表

权益项目	享受对象	权益内容	支出责任	政策依据
购买经济适用房	本地城市低收入住房困难家庭	符合规定条件的可以购买经济适用房		《经济适用住房管理办法》（建住房［2004］77 号）
购买限价商品房	本地城镇户籍的中低收入群众	符合规定条件的可以购买限价商品房		《国务院办公厅转发建设部等部门关于调整住房供应结构稳定住房价格意见的通知》（国办发［2006］37 号）
棚户区改造	本地城镇符合条件的棚户区居民	实物安置和货币补偿相结合，具体标准由市、县政府确定（有国家标准的，执行国家标准）	政府给予适当补助，企业安排一定的资金，住户承担一部分住房改善费用	《国务院关于解决城市低收入家庭住房困难的若干意见》（国发［2007］24 号）
住房救助	本地城镇符合规定标准的住房困难的最低生活保障家庭、分散供养的特困人员	配租公共租赁住房、发放住房租赁补贴等	地方政府负责，中央财政补助	《社会救助暂行办法》
军队转业干部安置	除特别规定外，原户籍在本地的退出现役作转业安置的军官和文职干部	通过计划分配或者自主择业的方式安置		《军队转业干部安置暂行办法》

六、既与本行政区域户籍挂钩又与农村户籍挂钩的权益（本地农村户籍人口可以享有的权益）

这类权益与户籍挂钩的方式是：对申请享受该项权益者，既要求必须是本行政区域的户籍，又要求必须是农村户籍。该项权益的项目如表6所示。

表6　既与本行政区域户籍挂钩又与农村户籍挂钩的权益项目

权益项目	享受对象	权益内容	支出责任	政策依据
土地承包经营权	本地农村户籍人口	享有耕地、林地、草地等土地承包经营权		《农村土地承包经营法》
宅基地使用权	本地农村户籍人口	享有宅基地使用权		《土地管理法》
集体经济收益分配权	农村户籍的本集体经济组织成员	享有本集体经济组织收益的分配权		《物权法》
农村义务教育寄宿生生活补助	农村家庭经济困难寄宿学生	年生均补助小学1 000元，初中1 250元	地方政府负责，中央财政适当补助	《财政部　教育部关于调整完善农村义务教育经费保障机制改革有关政策的通知》（财教［2007］337号）
农村义务教育学生营养改善	贫困地区农村义务教育学生	在寄宿生生活补助基础上，集中连片特殊困难地区每生每天营养膳食补助3元（每年在校时间按200天计）	地方政府负责，国家试点地区中央财政承担，其他地区中央财政适当补助	《国务院办公厅关于实施农村义务教育学生营养改善计划的意见》（国办发［2011］54号）

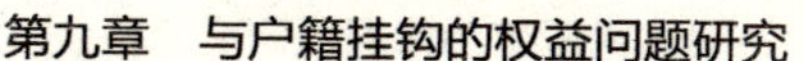

续表

权益项目	享受对象	权益内容	支出责任	政策依据
农村部分计划生育家庭奖励扶助	年满60周岁、只生育一个子女或两个女孩的农村计划生育家庭夫妇	奖励扶助金夫妇每人年均不低于960元	中央和地方财政按比例共同负担	《人口与计划生育法》及各地实施条例
“少生快富”奖励	特定农牧区可生三个孩子而自愿少生一个或两个孩子，并已落实安全适宜长效节育措施的夫妇	一次性奖励每对夫妇不少于3 000元。	中央财政负担80%，地方财政负担20%	《关于印发〈西部地区计划生育少生快富工程实施方案〉的通知》（国人口发［2006］117号）
农村危房改造	居住在危房中的农村分散供养五保户、低保户、贫困残疾人家庭和其他贫困户	每户建筑面积一般控制在40～60 m²，户均中央补助不低于6 000元，地方补助标准自行确定	省级政府负总责，中央财政安排补助资金、省级财政给予资金支持、个人自筹等相结合	《关于2009年扩大农村危房改造试点的指导意见》（建村［2009］84号）
游牧民定居工程	未定居的游牧民	每户建筑面积不低于60 m²（考虑家庭平均人口差异，内蒙古自治区户均50 m²），户均中央补助3万元，户均地方配套1.6万元	省级政府负总责，中央财政安排补助资金、地方财政给予资金支持、个人自筹相结合	《全国游牧民定居工程建设“十二五”规划》

续表

权益项目	享受对象	权益内容	支出责任	政策依据
农村广播电视	农村居民为主	无偿提供中央第一套广播节目、中央第一套和第七套电视节目及本省第一套广播电视节目等4套以上广播和电视节目服务，逐步增加节目套数和提高播放质量	中央和地方政府共同负责	《国务院办公厅关于进一步做好新时期广播电视村村通工作的通知》(国办发［2006］79号)
农村电影放映工程	农村居民	行政村一村一月放映一场电影，每场财政补贴200元	中央和地方财政按比例共同负担	《关于印发〈农村电影改革发展试点工作方案〉的通知》（广发办字［2006］7号）

七、与本行政区域户籍挂钩但不限定城镇或农村户籍的权益（本地户籍人口不分城乡均可平等享有的权益）

这类权益与户籍挂钩的方式是：对申请享受该项权益者，不区分城镇户籍或者农村户籍，但要求必须是本行政区域的户籍。该项权益的项目如表7所示。

表7　与本行政区域户籍挂钩但不限定城镇或农村户籍的权益项目

权益项目	享受对象	权益内容	支出责任	政策依据
入读公办幼儿园的权利	具有本市（区）或本县户籍的幼儿	幼儿在本市（区）或本县公办幼儿园入读		《幼儿园工作规程》（国家教委令第25号）以及各地的实施办法

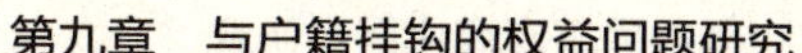

续表

权益项目	享受对象	权益内容	支出责任	政策依据
学前教育资助	本地户籍的家庭经济困难儿童、孤儿和残疾儿童	具体资助方式和标准由地方确定	地方政府负责，中央财政适当补助	《关于建立学前教育资助制度的意见》(财教［2011］410号)
就读公立义务教育学校的权利	具有本市（区）或本县户籍的适龄儿童、少年	适龄儿童、少年在户籍所在地学校就近入学		《义务教育法》及各地实施办法
义务教育阶段救助	本地户籍的在义务教育阶段就学的最低生活保障家庭成员、特困供养人员	发放助学金、给予生活补助等	中央和地方财政分担	《义务教育法》《社会救助暂行办法》
参加中考的权利	具有本市（区）或本县户籍的考生	可以在本市（区）或本县报名参加中考、按照本市或本县的办法和分数线录取，在本市（区）或本县公立高中就读		《中共中央国务院关于深化教育改革全面推进素质教育的决定》（中发［1999］9号）及各地实施办法
普通高中国家助学金	本地户籍的家庭经济困难学生	平均资助每生每年1 500元，地方结合实际在1 000～3 000元内确定	中央与地方财政按比例分担	《国家中长期教育改革和发展规划纲要（2010—2020年）》（中发［2010］12号）及《关于建立普通高中家庭经济困难学生国家资助制度的意见》（财教［2010］356号）

续表

权益项目	享受对象	权益内容	支出责任	政策依据
参加高考的权利	具有本省（自治区、直辖市）户籍的考生	可以在本省（自治区、直辖市）报名参加高考、按照本省（自治区、直辖市）的办法和分数线录取		《中共中央国务院关于深化教育改革全面推进素质教育的决定》（中发〔1999〕9号）及各地实施办法
高等教育新生入学救助	本地户籍的城乡家庭经济困难的学生	由民政部门发放一次性救助金		《高等教育法》《社会救助暂行办法》
参加城乡居民社会养老保险	本地户籍的年满16周岁（不含在校学生），不符合职工基本养老保险参保条件的城镇非从业居民和农村居民	中央确定基础养老金最低标准；地方人民政府可以根据实际情况适当提高基础养老金标准；对长期缴费的，可适当加发基础养老金。基础养老金由政府全额负担	中央财政对中西部地区按中央确定的基础养老金标准给予全额补助，对东部地区给予50%的补助；地方人民政府负责提高和加发的基础养老金的资金	《国务院关于建立统一的城乡居民基本养老保险制度的意见》（国发〔2014〕8号）
参加城乡居民社会养老保险的缴费补贴	本地户籍的所有参保人以及重度残疾人等缴费困难群体	地方人民政府对参保人缴费给予补贴；对重度残疾人等缴费困难群体，地方人民政府为其代缴部分或全部最低标准的养老保险费	地方人民政府负责	《国务院关于建立统一的城乡居民基本养老保险制度的意见》（国发〔2014〕8号）

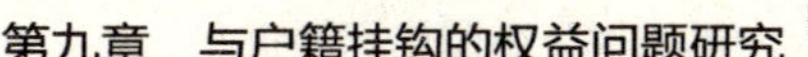

续表

权益项目	享受对象	权益内容	支出责任	政策依据
高龄津贴	本地户籍的80周岁以上低收入老年人	一般每月发放高龄津贴	地方人民政府负责	《老年人权益保障法》及各地实施办法
计划生育家庭老年人扶助	本地户籍的符合计划生育规定的老年人	一般每年发放奖励扶助金	地方人民政府负责	《老年人权益保障法》及各地实施办法
自然灾害救助	本地户籍的因自然灾害致使基本生活困难的人员	灾后12小时内基本生活得到初步救助	中央和地方政府共同负责	《自然灾害救助条例》《社会救助暂行办法》
殡葬补贴	本地户籍的推行火葬地区不保留骨灰者和低收入家庭身故者的家庭	不保留骨灰者骨灰撒海等服务免费；有条件的地方为低收入家庭身故者遗体运送、火化以及安葬等提供补贴	地方政府负责	《国务院关于印发国家基本公共服务体系“十二五”规划的通知》（国发〔2012〕29号）
退役士兵安置	本地户籍的退出现役的义务兵和士官	自主就业的，在领取退役金后，享受扶持就业优惠政策；其他分别采取安排工作、退休、供养等方式予以安置	中央和地方政府共同负责	《退役士兵安置条例》
军人残疾抚恤（供养）	本地户籍的退出现役的一级至四级残疾军人	由国家供养终身，其中，对需要长年医疗或者独身一人不便分散安置的，经省级人民政府民政部门批准，可以集中供养；分散安置的，由县级以上地方人民政府民政部门按照当地职工月平均工资的50%～30%发给护理费	中央和地方政府分级负担	《军人抚恤优待条例》

续表

权益项目	享受对象	权益内容	支出责任	政策依据
军人残疾抚恤（辅助器械配备）	本地户籍的退出现役的残疾军人	退出现役的残疾军人需要配制假肢、代步三轮车等辅助器械的，由省级人民政府民政部门负责解决	中央和地方政府分级负担	《军人抚恤优待条例》
军人优抚对象医疗补助	本地户籍的残疾军人、复员军人、带病回乡退伍军人以及因公牺牲军人遗属、病故军人遗属	帮助解决医疗费用困难问题	地方政府负责，中央财政适当补助	《军人抚恤优待条例》《优抚对象医疗保障办法》（民发［2007］101号）
困难人群治疗特定传染病的医疗救助	本地户籍的治疗特定传染病的困难人群	对治疗费用负担重的困难人群给予医疗救助	地方政府负责，中央财政适当补助	《传染病防治法》《社会救助暂行办法》
儿童保健	本地户籍的0～6岁儿童	免费建立保健手册，享有新生儿访视、儿童保健系统管理、体格检查、生长发育监测及评价和健康指导	地方政府负责，中央财政适当补助	《母婴保健法》
孕产妇保健	本地户籍的孕产妇	免费建立保健手册，享有孕期保健、产后访视及健康指导	地方政府负责，中央财政适当补助	《母婴保健法》
老年人保健	本地户籍的65岁及以上老年人	免费享有登记管理，健康危险因素调查、一般体格检查、中医体质辨识，疾病预防、自我保健及伤害预防、自救等健康指导	地方政府负责，中央财政适当补助	《老年人权益保障法》

续表

权益项目	享受对象	权益内容	支出责任	政策依据
慢性病管理	本地户籍的高血压、糖尿病等慢性病高危人群	免费享有登记管理、健康指导、定期随访和体格检查	地方政府负责，中央财政适当补助	《中共中央国务院关于深化医药卫生体制改革的意见》（中发［2009］6号）及《全国慢性病预防控制工作规范（试行）》（卫疾控发［2011］18号）
重性精神疾病管理	本地户籍的重性精神疾病患者	免费享有登记管理、随访和康复指导	地方政府负责，中央财政适当补助	《重性精神疾病管理治疗工作规范（2012年版）》（卫疾控发［2012］20号）
独生子女父母奖励	本地户籍的实行计划生育、子女未满18周岁的夫妇	奖励费每对夫妇每年不低于120元	中央、地方、企事业单位共同负担	《人口与计划生育法》及各地配套条例
计划生育家庭特别扶助	本地户籍的符合条件的死亡或伤残独生子女父母及节育手术并发症三级以上人员	根据不同情况，给予每人每月不低于135元、110元的扶助金；给予节育手术并发症一级、二级、三级人员适当补助	中央和地方财政按比例共同负担	《人口与计划生育法》及各地配套条例
残疾人教育资助	本地户籍的家庭经济困难的残疾儿童、青少年	义务教育、学前教育和高中阶段教育寄宿生享受生活费用和特殊学习用品、教育训练补助；高中阶段教育学费、杂费、课本费免费	中央和地方财政共同负担	《残疾人保障法》《社会救助暂行办法》

续表

权益项目	享受对象	权益内容	支出责任	政策依据
残疾儿童抢救性康复	本地户籍的0～6岁残疾儿童	对接受手术、辅具配置和康复训练等服务提供资助	中央和地方财政共同负担	《残疾人保障法》
居民身份证申领和发放	本地户籍人口	公民应当自年满16周岁之日起3个月内，向常住户口所在地的公安机关申请领取居民身份证。居民身份证由居民常住户口所在地的县级人民政府公安机关签发		《居民身份证法》
普通护照和出入境通行证办理	本地户籍人口	公民申请普通护照，应当由本人向其户籍所在地县级以上地方人民政府公安机关出入境管理机构提出，由后者依法办理		《中华人民共和国普通护照和出入境通行证签发管理办法》（公安部令第96号）

八、与本行政区域户籍挂钩且城乡户籍均享有但权益内容与城乡户籍挂钩的权益（本地城乡户籍人口均享有但城乡户籍人口权益内容有差别的权益）

这类权益与户籍挂钩的方式是：对申请享受该项权益者，要求必须是本行政区域的户籍，而且与城镇户籍或者农村户籍相对应的权益标准不同。该项权益的项目如表8所示。

表 8　　与本行政区域户籍挂钩且城乡户籍均享有但权益内容与城乡户籍挂钩的权益项目

权益项目	享受对象	权益内容	支出责任	政策依据
义务教育免费	本地城镇适龄儿童、少年	免学费、杂费	中央与地方财政按比例分担	《义务教育法》《国务院关于做好免除城市义务教育阶段学生学杂费工作的通知》（国发［2008］25号）
	本地农村适龄儿童、少年	免学费、杂费；免教科书费；免寄宿生住宿费		《义务教育法》《财政部　教育部关于调整完善农村义务教育经费保障机制改革有关政策的通知》（财教［2007］337号）
参加居民基本医疗保险（城镇居民基本医疗保险或新型农村合作医疗）	本地城镇非从业居民	政策范围内住院费用支付比例达到75%左右，最高支付限额达到当地城镇居民人均可支配收入的8倍左右	个人和政府共同负担，各级财政的补助标准提高到年人均不低于360元，基金出现支付不足时由县级以上政府给予补贴	《国务院关于开展城镇居民基本医疗保险试点的指导意见》（国发［2007］20号）
	本地农村居民	政策范围内住院费用支付比例达到75%左右，最高支付限额达到当地农村居民年人均纯收入的8倍左右		《国务院办公厅转发卫生部等部门关于建立新型农村合作医疗制度意见的通知》（国办发［2003］3号）

续表

权益项目	享受对象	权益内容	支出责任	政策依据
参加居民基本医疗保险的缴费补贴	本地城镇享受最低生活保障的老年人和符合条件的低收入家庭中的老年人，重度和贫困残疾人等	参加城镇居民基本医疗保险所需个人缴费部分，由政府给予补贴	地方政府负责，中央财政予以补助	《老年人权益保障法》《残疾人保障法》《国务院关于开展城镇居民基本医疗保险试点的指导意见》（国发［2007］20号）及《国务院办公厅转发卫生部等部门关于建立新型农村合作医疗制度意见的通知》（国办发［2003］3号）
	本地农村享受最低生活保障的老年人和符合条件的低收入家庭中的老年人，重度和贫困残疾人等	参加新型农村合作医疗所需个人缴费部分，由政府给予补贴		
城乡居民大病保险	参加城镇居民基本医疗保险的人员	在参保人患大病发生高额医疗费用的情况下，对城镇居民医保补偿后需个人负担的合规医疗费用给予保障。高额医疗费用，可以个人年度累计负担的合规医疗费用超过当地统计部门公布的上一年度城镇居民年人均可支配收入为判定标准，具体金额由地方政府确定	从城镇居民医保基金、新农合基金中划出一定比例或额度作为保险资金，委托商业保险机构承办城乡居民大病保险	《关于开展城乡居民大病保险工作的指导意见》（发改社会［2012］2605号）
	参加新型农村合作医疗的人员	在参合人患大病发生高额医疗费用的情况下，对新农合补偿后需个人负担的合规医疗费用给予保障。高额医疗费用，可以个人年度累计负担的合规医疗费用超过当地统计部门公布的上一年度农村居民年人均纯收入为判定标准，具体金额由地方政府确定		

续表

权益项目	享受对象	权益内容	支出责任	政策依据
老年人长期护理保障	本地城镇生活长期不能自理、经济困难的老年人	地方各级人民政府根据其失能程度等情况给予护理补贴	地方政府负责	《老年人权益保障法》及各地实施办法
	本地农村生活长期不能自理、经济困难的老年人	地方各级人民政府根据其失能程度等情况给予护理补贴		
基本养老服务补贴	本地城镇家庭经济困难且生活难以自理的失能半失能65岁及以上城镇居民	有条件的地方根据老年人身体状况和家庭收入情况评估，确定补贴标准	地方政府负责	《老年人权益保障法》及各地实施办法
	本地农村家庭经济困难且生活难以自理的失能半失能65岁及以上农村居民	有条件的地方根据老年人身体状况和家庭收入情况评估，确定补贴标准		
孤儿保障	本地城镇孤儿	通过亲属抚养、儿童福利机构养育、家庭寄养、依法收养等方式妥善安置孤儿，并按照不低于当地城镇平均生活水平的原则发放孤儿基本生活费，给予医疗康复、教育、就业、住房等保障	地方政府负责，中央财政给予补助	《国务院办公厅关于加强孤儿保障工作的意见》（国办发［2010］54号）

续表

权益项目	享受对象	权益内容	支出责任	政策依据
孤儿保障	本地农村孤儿	通过亲属抚养、儿童福利机构养育、家庭寄养、依法收养等方式妥善安置孤儿，并按照不低于当地农村平均生活水平的原则发放孤儿基本生活费，给予医疗康复、教育、就业、住房等保障	地方政府负责，中央财政给予补助	《国务院办公厅关于加强孤儿保障工作的意见》(国办发〔2010〕54号)
最低生活保障	本地家庭人均收入低于当地最低生活保障标准的城镇居民	保障其家庭生活水平不低于当地城市最低生活保障标准	地方政府负责，中央财政对困难地区适当补助	《城市居民最低生活保障条例》《社会救助暂行办法》
	本地家庭人均收入低于当地最低生活保障标准的农村居民	保障其家庭生活水平不低于当地农村最低生活保障标准		《国务院关于在全国建立农村最低生活保障制度的通知》(国发〔2007〕19号)及《社会救助暂行办法》
特困人员供养(含农村五保供养)	本地城镇无劳动能力、无生活来源且无法定赡养、抚养、扶养义务人，或者其法定赡养、抚养、扶养义务人无赡养、抚养、扶养能力的老年人、残疾人以及未满16周岁的未成年人	给予特困人员供养，包括：提供基本生活条件；对生活不能自理的给予照料；提供疾病治疗；办理丧葬事宜	地方政府负责，中央财政给予补助	《农村五保供养工作条例》《社会救助暂行办法》

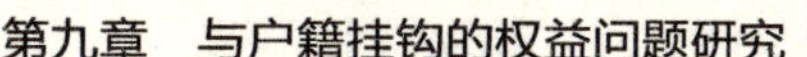

续表

权益项目	享受对象	权益内容	支出责任	政策依据
特困人员供养（含农村五保供养）	本地农村无劳动能力、无生活来源且无法定赡养、抚养、扶养义务人，或者其法定赡养、抚养、扶养义务人无赡养、抚养、扶养能力的老年人、残疾人以及未满16周岁的未成年人	给予特困人员供养，包括：提供基本生活条件；对生活不能自理的给予照料；提供疾病治疗；办理丧葬事宜	地方政府负责，中央财政给予补助	《农村五保供养工作条例》《社会救助暂行办法》
受灾人员救助	本地基本生活受到自然灾害严重影响的城镇人员	自然灾害危险消除后，受灾地区人民政府民政等部门应当及时核实本行政区域内居民住房恢复重建补助对象，并给予资金、物资等救助	地方政府负责，中央财政给予补助	《自然灾害救助条例》《社会救助暂行办法》
	本地基本生活受到自然灾害严重影响的农村人员	自然灾害危险消除后，受灾地区人民政府民政等部门应当及时核实本行政区域内居民住房恢复重建补助对象，并给予资金、物资等救助。自然灾害发生后，受灾地区人民政府应当为因当年冬寒或者次年春荒遇到生活困难的受灾人员提供基本生活救助		

续表

权益项目	享受对象	权益内容	支出责任	政策依据
医疗救助	本地城镇最低生活保障家庭以及低收入重病患者、重度残疾人、低收入家庭老年人等特殊困难群体	按照城镇医疗救助标准进行救助	地方政府负责，中央财政给予补助	《社会救助暂行办法》
	本地农村最低生活保障家庭、五保户以及低收入重病患者、重度残疾人、低收入家庭老年人等特殊困难群体	按照农村医疗救助标准进行救助		
烈士遗属褒扬	本地城镇户籍的烈士遗属	定期抚恤金参照全国城镇居民家庭人均收入水平确定；享受定期抚恤金后仍达不到当地居民的平均生活水平的，由区级人民政府予以补助；享受定期抚恤金的烈士遗属死亡的，增发6个月其原享受的城镇的定期抚恤金作为丧葬补助费	中央和地方政府分级负担	《烈士褒扬条例》
	本地农村户籍的烈士遗属	定期抚恤金参照全国农村居民家庭人均收入水平确定；享受定期抚恤金后仍达不到当地居民的平均生活水平的，由县级人民政府予以补助；享受定期抚恤金的烈士遗属死亡的，增发6个月其原享受的农村的定期抚恤金作为丧葬补助费		

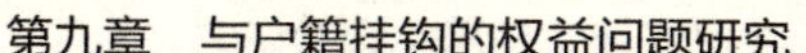

续表

权益项目	享受对象	权益内容	支出责任	政策依据
军人死亡抚恤	本地城镇户籍的因公牺牲军人遗属、病故军人遗属（含退出现役的因战、因公致残的残疾军人因旧伤复发死亡的，因战、因公致残的一级至四级残疾军人因病死亡的）	定期抚恤金参照全国城镇居民家庭人均收入水平确定；享受定期抚恤金后仍达不到当地居民的平均生活水平的，由区级人民政府增发抚恤金或采取其他方式予以补助；享受定期抚恤金的遗属死亡的，增发 6 个月其原享受的城镇的定期抚恤金作为丧葬补助费	中央和地方政府分级负担	《军人抚恤优待条例》
	本地农村户籍的因公牺牲军人遗属、病故军人遗属（含退出现役的因战、因公致残的残疾军人因旧伤复发死亡的，因战、因公致残的一级至四级残疾军人因病死亡的）	定期抚恤金参照全国农村居民家庭人均收入水平确定；享受定期抚恤金后仍达不到当地居民的平均生活水平的，由县级人民政府增发抚恤金或采取其他方式予以补助；享受定期抚恤金的遗属死亡的，增发 6 个月其原享受的农村的定期抚恤金作为丧葬补助费		
军人残疾抚恤（生活保障）	本地城镇户籍的因战致残、因公致残或者因病致残的军人	县级以上地方人民政府对依靠残疾抚恤金生活仍有困难的残疾军人，可以增发残疾抚恤金或者采取其他方式予以补助，保障其生活不低于当地的平均生活水平	中央和地方政府分级负担	《军人抚恤优待条例》

续表

权益项目	享受对象	权益内容	支出责任	政策依据
军人残疾抚恤（生活保障）	本地农村户籍的因战致残、因公致残或者因病致残的军人	县级以上地方人民政府对依靠残疾抚恤金生活仍有困难的残疾军人，可以增发残疾抚恤金或者采取其他方式予以补助，保障其生活不低于当地的平均生活水平	中央和地方政府分级负担	《军人抚恤优待条例》
义务兵家属优待金	本地城镇户籍的义务兵家属	优待标准不低于当地平均生活水平，一般按当地城镇居民可支配收入发放	中央和地方政府分级负担	《军人抚恤优待条例》
	本地农村户籍的义务兵家属	优待标准不低于当地平均生活水平，一般按当地农民人均纯收入的一定倍数发放		
军人住房优待	本地城镇户籍的残疾军人、复员军人、带病回乡退伍军人、因公牺牲军人遗属、病故军人遗属	承租、购买住房依照有关规定享受优先、优惠待遇	中央和地方政府分级负担	《军人抚恤优待条例》
	本地农村户籍的残疾军人、复员军人、带病回乡退伍军人、因公牺牲军人遗属、病故军人遗属	居住农村的抚恤优待对象住房有困难的，由地方人民政府帮助解决		

续表

权益项目	享受对象	权益内容	支出责任	政策依据
残疾人基本医疗保障医疗康复项目	本地城镇户籍的参保残疾人	运动疗法、偏瘫肢体综合训练、脑瘫肢体综合训练、截瘫肢体综合训练、作业疗法、认知知觉功能康复训练、言语训练、吞咽功能障碍训练、日常生活能力评定等医疗康复项目纳入城镇基本医疗保险范围	基本医疗保险基金支出	《残疾人保障法》
	本地农村户籍的参保残疾人	运动疗法、偏瘫肢体综合训练、脑瘫肢体综合训练、截瘫肢体综合训练、作业疗法、认知知觉功能康复训练、言语训练、吞咽功能障碍训练、日常生活能力评定等医疗康复项目纳入新型农村合作医疗范围	新型农村合作医疗基金支出	
义务教育阶段残疾人特殊教育	本地城镇户籍的适龄残疾儿童、少年	在“两免一补”基础上，针对残疾学生特殊需要，进一步提高补助水平；大中城市不能到校上学的残疾儿童、少年接受送教上门服务	中央和地方财政共同负担	《残疾人保障法》
	本地农村户籍的适龄残疾儿童、少年	在“两免一补”基础上，针对残疾学生特殊需要，进一步提高补助水平		

续表

权益项目	享受对象	权益内容	支出责任	政策依据
残疾人就业服务	本地城镇户籍的有就业愿望的残疾人	免费在公共就业服务机构和基层劳动就业社会保障公共服务平台享有职业介绍、职业指导等就业服务；免费在残疾人就业服务机构享有就业信息发布、残疾人职业培训等服务；对就业困难残疾人提供就业援助	地方政府负责，中央财政适当补助	《残疾人保障法》《残疾人就业条例》
	本地农村户籍的有就业愿望的残疾人	免费在公共就业服务机构和基层劳动就业社会保障公共服务平台享有职业介绍、职业指导等就业服务；免费在残疾人就业服务机构享有就业信息发布、残疾人职业培训等服务		

九、分析及结论

对以上与户籍挂钩的权益项目进行分析研究，可以看出：

1. 国家统一规定的或地方根据国家原则规定而出台的实施办法规定的与户籍挂钩的权益项目至少有80项，包括8种挂钩方式，涉及14个权益领域。

（1）按照挂钩方式来划分，任何地区的城镇户籍人口可在全国享有的权益（上述第一类）有1项，任何地区的农村户籍人口可在全国享有的权益（上述第二类）有1项，任何地区的任何户籍均可在全国享有但城乡户籍权益标准或条件有差别的权益（上述第三类）

有 6 项，任何地区的任何户籍均可在全国享有但本地与外地户籍权益标准有差别的权益（上述第四类）有 3 项，本地城镇户籍人口可以享有的权益（上述第五类）有 9 项，本地农村户籍人口可以享有的权益（上述第六类）有 11 项，本地户籍人口不分城乡均可平等享有的权益（上述第七类）有 30 项，本地城乡户籍人口均享有但城乡户籍人口权益内容有差别的权益（上述第八类）有 19 项。

（2）按照与城镇户籍和农村户籍挂钩的不同权益来划分，城镇户籍专有的权益有 10 项（上述第一类和第五类），农村户籍专有的权益有 12 项（上述第二类和第六类），城乡户籍均享有但权益标准或条件不同的权益有 25 项（上述第三类和第八类），共 47 项。

（3）按照与本地户籍和外地户籍挂钩的不同权益来划分，本地户籍专有的权益有 69 项（上述第五类至第八类），本地户籍和外地户籍均享有但权益标准有差别的权益有 3 项（上述第四类），共 72 项。

（4）按照权益所属的领域来划分，一是教育领域，有 9 项：入读公办幼儿园的权利、就读公立义务教育学校的权利、义务教育免费、农村义务教育寄宿生生活补助、农村义务教育学生营养改善、参加中考的权利、中等职业教育（含技工学校）免学费、中等职业教育（含技工学校）国家助学金、参加高考的权利。二是培训就业领域，有 2 项：干部调配、就业援助。三是社会保险领域，有 7 项：灵活就业人员参加职工基本养老保险、参加城乡居民社会养老保险、参加城乡居民社会养老保险的缴费补贴、参加居民基本医疗保险（城镇居民基本医疗保险或新型农村合作医疗）、参加居民基本医疗保险的缴费补贴、城乡居民大病保险、参加失业保险及享受失业待遇。四是医疗卫生领域，有 5 项：孕产妇保健、儿童保健、老年人保健、慢性病管理、重性精神疾病管理。五是计划生育领域，有 6 项：农村户籍人口生育第二胎的权利、农村部分计划生育家庭奖励扶助、“少生快富”奖励、计划生育家庭老年人扶助、独生子女父母奖励、计划生育家庭特别扶助。六是住房保障领域，有 7 项：廉租住房、公共租赁住房、购买经济适用房、购买限价商品房、棚户区改造、农村危房改造、游牧民定居工程。七是社会救助领域，有 11 项：最低生活保障、特困人员供养（含农村五保供养）、自然灾害救助、受灾人员救助、困难人群治疗特定传染病的医疗救助、医疗救助、学前教育资助、义务教育阶段救助、普通高中国家助学金、高等教育新生入学救助、住房救助。八是社会优抚领域，有 10 项：军队转业干部安置、退役士兵安置、烈士遗属褒扬、军人死亡抚恤、军人残疾抚恤（生活保障）、军人残疾抚恤（供养）、军人残疾抚恤（辅助器械配备）、军人优抚对象医疗补助、军人住房优待、义务兵家属优待金。九是老残妇幼等群体社会福利领域，有 10 项：高龄津贴、老年人长期护理保障、基本养老服务补贴、孤儿保障、义务教育阶段残疾人特殊教育、残疾人教育资助、残疾儿童抢救性康复、残疾人基本医疗保障医疗康复项目、残疾人就业服务、殡葬补贴。十是公共文化领域，有 2 项：农村广播电视、农村电影放映工程。十一是证照办理领域，有 2 项：居民身份证申领和发放、普通护照和出入境通行证办理。十二是土地和集体经济权利领域有 3 项：土地承包经营权、宅基地使用权、集体经济收益分配权。十三是民事权利领域，有 4 项：人身损害死亡赔偿金、人身损害残疾赔偿金、人身损害被扶养人生活费、购买商品房。十四是基层民主政治权利领域，有 2 项：参加居民委员会选举、参加村民委员会选举。

2. 在与户籍挂钩的权益中，呈现出与行政区域户籍挂钩多、民政领域挂钩的权益项目多、广义社会保障权益项目多等特点。

（1）社会舆论一般认为，目前不同的公民权益主要与城镇户籍或农村户籍挂钩，但是实际上与城镇户籍和农村户籍挂钩的不同权益为 47 项，与本地户籍和外地户籍挂钩的不同权益则达 72 项，比前

者多25项，而本地的城乡户籍均享有的平等权益有30项。这说明：随着统筹城乡发展的深入推进，同一地区的城乡之间的权益差别越来越少，而公民权益的差别主要表现在本地户籍与外地户籍的不同；换言之，农民工在常住地城镇不能平等享受某些市民权益，主要是由于其属于外地户籍，其次才是由于其属于农村户籍。

（2）在与户籍挂钩的14个领域80项权益中，社会救助、社会优抚、社会福利、基层民主政治权利等民政工作的4个领域有33项，占权益项目总数的41%，位居首位。

（3）广义的社会保障包括社会保险、社会救助、社会优抚、社会福利，一些观点认为还应当包括住房保障、农村土地保障。从广义社会保障的范围来看，与户籍挂钩的权益项目共有48项，占权益项目总数的60%。不过，与一般社会舆论的认知不同，社会保险领域与户籍挂钩的权益项目并不多，只有7项，主要涉及居民基本养老保险和居民基本医疗保险。

3. 与户籍挂钩的权益的价值难以衡量、“含金量”参差不齐，需要具体情况具体分析。

（1）按照权益类型来划分，与户籍挂钩的权益不仅涉及经济权益，而且也涉及社会权益、文化权益、政治权益，都是公民权益的重要组成部分，难以用统一的经济价值标准来衡量其价值大小。

（2）按照权益的经济价值来划分，有的权益直接可以用货币量衡量，如高龄津贴、人身损害死亡赔偿金；有的权益属于不动产，如土地承包经营权、宅基地使用权；有的权益则难以衡量其经济价值，如参加高考的权利、参加居民委员会选举的权利等。在可以用货币量衡量的权益中，货币价值也差别较大，比如购买经济适用房的经济价值远大于高龄津贴的经济价值。

（3）由于在很长的一段时期内，我国区域之间、城乡之间的经济社会发展水平仍然将存在较大差距，而且不同行政区域之间还存在不同的地理位置、不同的具体政策等客观外部因素，因此，即使是同一项权益，其“含金量”也可能存在较大差距。比如，高龄津贴项目在有的地区可能为每月100元，在其他地方可能达300元；宅基地使用权在偏僻的农村可能经济价值很小，但是在大城市郊区可能经济价值很大；在常住地参加高考的权利对于山东、江苏等人口多、录取分数线高的地区的常住人口吸引力较小，但是对于北京、上海等人口少、录取分数线低的地区的常住人口吸引力很大。

4. 与户籍挂钩的权益对农民工市民化的影响程度高低不一。从农民工市民化的角度研究与户籍挂钩的权益，我们需要在全部80项与户籍挂钩的权益中，找出并分析那些“进城稳定就业和常住的农民工因为户籍因素而不能平等享受的市民权益”。只有这些权益真正影响农民工市民化的成本和市民化对农民工的吸引力，推进农民工市民化的工作也主要是通过推进户籍制度改革和基本公共服务均等化来推动农民工逐步平等享受这些权益。

（1）通过排除法找出那些“进城稳定就业和常住的农民工因为户籍因素而不能平等享受的市民权益”。首先，理清“因为户籍因素”的含义。在72项限定本地户籍的权益中，对“本地”的定义是不同的，有的限定为本省（自治区、直辖市），如参加高考的权利；有的限定为本市（地、州、盟）或本县（区、市、旗），如参加中考的权利；有的限定为本村（如参加村民委员会选举）。在离开户籍所在地外出就业的农民工中，有的跨省（自治区、直辖市）就业，有的在本省内跨市（地、州、盟）就业，有的在本市内跨县（区、市、旗）就业，有的在本县内跨乡镇就业。因此，同一项权益，某些农民工可能不受户籍的障碍而可以享有，但是其他农民工可能由于户籍因素而不能享有。为了从最广义角度研究进城稳定就业和常住的农民工因为户籍因素而不能平等享受的市民权益问题，在这里将“本地”假定为本省（自治区、直辖市），研究跨省就业农民工因为

户籍因素而不能平等享受的市民权益。其次，排除农村户籍独有的权益，因为这些不属于“市民权益”。这些权益包括：任何地区的农村户籍人口可在全国享受的权益（第二类）1 项、本地农村户籍人口可以享受的权益（第六类）11 项。有一些发达地区的农村，实际上基本实现了城镇化，大量外地农民工在这里的企业中就业、出租房中居住。对于在这些法律性质上属于农村、实际状况属于城镇的地方就业和常住的农民工来说，“参加村民委员会选举”类似于“参加居民委员会选举”，因此，我们将“参加村民委员会选举”也作为“市民权益”来研究。当然，农民工进城落户之后，其原有的农村户籍独有的权益是否应该取消，也是一个需要研究的重要问题，留待下文分析。最后，排除与进城稳定就业和常住的“农民工”无关的权益，包括：干部调配、中等职业教育（含技工学校）免学费、中等职业教育（含技工学校）国家助学金、棚户区改造、军队转业干部安置、退役士兵安置、军人残疾抚恤（供养）、孤儿保障、特困人员供养（含农村五保供养），共 9 项。除了以上 21 项权益之外，其他与户籍挂钩的 59 项权益从最广义上说，属于“进城稳定就业和常住的农民工因为户籍因素而不能平等享受的市民权益”。

（2）在进城稳定就业和常住的农民工因为户籍因素而不能平等享受的 59 项市民权益中，各项权益与农民工的相关性大小不同。本章前言已经研究，某项权益的享受条件既可能包括户籍条件，还包括与该权益的功能有关的条件。在 1.66 亿外出就业农民工中，个人具体情况千差万别，并不是所有人都满足所有权益的享受条件，因此各项权益与农民工的相关性是有差别的。按照相关性大小来划分，与户籍挂钩的市民权益可以大致划分为 7 种类型。一是与农民工普遍相关的权益，有 10 项：参加城乡居民社会养老保险、参加城乡居民社会养老保险的缴费补贴、参加居民基本医疗保险（城镇居民基本医疗保险或新型农村合作医疗）、参加居民基本医疗保险的缴费补贴、城乡居民大病保险、公共租赁住房、购买经济适用房、购买限价商品房、参加居民委员会选举、参加村民委员会选举。二是与部分农民工相关的权益，有 8 项：灵活就业人员参加职工基本养老保险、参加失业保险及享受失业待遇、购买商品房、独生子女父母奖励、计划生育家庭特别扶助、计划生育家庭老年人扶助、慢性病管理、居民身份证申领和发放。三是与中青年农民工相关的权益，有 11 项：孕产妇保健、儿童保健、入读公办幼儿园的权利、学前教育资助、就读公立义务教育学校的权利、义务教育免费、义务教育阶段救助、参加中考的权利、普通高中国家助学金、参加高考的权利、高等教育新生入学救助。四是与农民工年老退休后以及其随迁老人相关的权益，有 5 项：老年人保健、高龄津贴、老年人长期护理保障、基本养老服务补贴、殡葬补贴。五是与农民工中的特殊群体相关的权益，有 12 项：烈士遗属褒扬、军人死亡抚恤、军人残疾抚恤（生活保障）、军人残疾抚恤（辅助器械配备）、军人优抚对象医疗补助、军人住房优待、义务兵家属优待金、义务教育阶段残疾人特殊教育、残疾人教育资助、残疾儿童抢救性康复、残疾人基本医疗保障医疗康复项目、残疾人就业服务。六是与贫困农民工相关的权益，有 5 项：最低生活保障、就业援助、医疗救助、廉租住房、住房救助。七是与农民工小概率相关的权益，有 8 项：人身损害死亡赔偿金、人身损害残疾赔偿金、人身损害被扶养人生活费、自然灾害救助、受灾人员救助、困难人群治疗特定传染病的医疗救助、重性精神疾病管理、普通护照和出入境通行证办理。

第十章　农民工在城镇落户政策问题研究

《国家新型城镇化规划（2014—2020年）》提出，到2020年，户籍人口城镇化率达到45%左右，努力实现1亿左右农业转移人口和其他常住人口在城镇落户。《国务院关于进一步推进户籍制度改革的意见》（国发〔2014〕25号）对进一步调整户口迁移政策做出了原则规定。各省、自治区、直辖市人民政府要按照国家要求出台本地区具体可操作的户籍制度改革措施，各类城镇要因地制宜制定具体的农业转移人口落户标准，并向全社会公布，抓好具体落实。那么，如何贯彻落实国家关于户籍制度改革的部署，实现农业转移人口在城镇落户目标？这里面有一些重要问题需要深入研究。从理论上说，实现到2020年前农业转移人口在城镇落户目标，直接涉及两个方面，一是各地区和各类城镇有条件、有意愿让农民工（以及其家庭其他成员）在本地区及本城镇落户，出台的户籍制度改革具体操作措施和落户标准，有超过1亿以上农业转移人口能够符合条件。这又涉及各地区、各类城镇的综合承载能力，地方政府和户籍居民的理念和分享意愿，户籍制度改革具体操作措施和落户标准的合理性等问题。二是有1亿左右农民工及其家庭成员有条件、有意愿在城镇落户。这又涉及农业户口迁移为城镇户口后其权益含金量对农民工家庭有多大吸引力，农民工全家进城落户后其土地权益是否要交回，农民工在城镇能否有稳定的住所等问题。关于农民工全家进城落户后其土地权益是否要交回、农民工在城镇能否有稳定的住所等问题，将在以后专章研究，本章对其他问题进行研究。

一、农民工在城镇落户与人口迁移、人口分布

在人口学上，将人口在地理空间上的位置变动称为“人口移动”，包括人口流动和人口迁移。“人口流动”指的是人口在短期离开后又返回原居住地的现象，一般指离家外出工作、读书、旅游、探亲和从军一段时间，未改变定居地的人口移动。“人口迁移”指的是人口在两个地区之间的地理流动或者空间流动，这种流动通常会涉及永久性居住地由迁出地到迁入地的变化。① “人口分布”则是指人口在一定时间内的空间存在形式、分布状况，影响人口分布的因素主要包括人口自然增长和人口迁移，从古今中外人口迁移的历史来看，一定程度上可以说，人口迁移的结果直接影响到人口分布。

目前，外出就业农民工中，即使是在就业地居住半年以上的常住人口，绝大多数也属于“人口流动”范畴，其目的是就业挣钱后回农村老家，而非在就业地定居。有序推进农民工市民化的任务，就是顺应工业化、城镇化、农业现代化的历史发展趋势，推动农民工实现从农村到城镇的“人口迁移”，到城镇定居，包括在城镇落户式定居和未落户但平等享有市民权益式定居。由于长期实行的户籍管理制度的惯性影响，农民工在城镇落户更加能够反映农民工选择在城镇定居的意向，一旦农民工在城镇落户了，基本上表明其已经选择在城镇定居；而在城镇常住却未落户的农民工，有的选择在城镇定居，有的则计划未来回农村定居。因此，农民工在城镇落户问题，直接涉及人口迁移、人口分布问题，而人口分布问题是国家应

---

① 资料来源于联合国出版的《多种语言人口学辞典》。

当高度重视的战略问题，国家对人口分布的目标规划反过来会对农民工在城镇落户政策产生极大影响，需要深入研究。

（一）中国人口分布的理想状态

从农民工市民化的角度研究中国的人口分布怎样才属于科学合理的理想状态，有四个重要问题需要研究清楚，一是人口的城乡分布，二是人口的区域分布，三是人口的城镇分布，四是人口的年龄分布。

1. 人口的城乡分布。指的是人口在城镇和农村的分布，即城镇和农村各自的人口数量及其所占比重。人口的城乡分布问题实质上就是城镇化率问题、农民工市民化问题。《国家新型城镇化规划（2014—2020年）》指出，目前我国常住人口城镇化率为53.7%，户籍人口城镇化率只有36%左右，不仅远低于发达国家80%的平均水平，也低于人均收入与我国相近的发展中国家60%的平均水平，还有较大的发展空间。我国农村人口过多、农业水土资源紧缺，在城乡二元体制下，土地适度规模经营难以推行，传统生产方式难以改变，这是“三农”问题的根源。我国人均耕地仅0.1公顷（约1.5亩），农户户均土地经营规模约0.6公顷（约9亩），远远达不到农业适度规模化经营的门槛。城镇化总体上有利于集约节约利用土地，为发展现代农业腾出宝贵空间。随着农村人口逐步向城镇转移，农民人均资源占有量相应增加，可以促进农业生产适度规模化和机械化，提高农业现代化水平和农民生活水平。城镇经济实力提升，又会进一步增强以工促农、以城带乡的能力，加快农村经济社会发展。为此，《国家新型城镇化规划（2014—2020年）》提出了到2020年常住人口城镇化率达到60%左右，户籍人口城镇化率达到45%左右的目标。国务院发展研究中心的研究认为，我国城镇化率在2030年将达到 66%，峰值将在 70%到 75%之间。[①] 因此，在今后一个较长时期内，推进农民工从农村向城镇的人口迁移，符合我国人口城乡分布的理想状态。

2. 人口的区域分布。指的是人口在不同区域的分布，即不同区域内人口的数量、密度及其所占比重。我国地势西高东低。东部第一台阶为湿润的平原和丘陵，人口稠密；第二台阶分布在中部和西北部，大部分为干旱半干旱气候；第三台阶为西南部的青藏高原，属高寒气候，人口稀少。特定的地理和气候特征，决定了我国的人口区域分布。中国人口地理学创始人胡焕庸教授在 1935 年提出了著名的“胡焕庸线”[②]，即“瑷珲（现黑河市）—腾冲一线”，指的是如果在地图上从东北的黑龙江省瑷珲到西南的云南省腾冲画一条直线，那么在这条直线的东南，占全国 36%的土地上居住着占全国 96%的人口；反之，在这条直线的西北，占全国 64%的土地上只居住着全国 4%的人口。1986 年，胡焕庸等人又提出中国人口分布的八大地区，包括辽吉黑区、黄河下游区、长江中下游区、东南沿海区、晋陕甘宁区、川黔滇区、蒙新区、青藏区。[③] 到 2000 年，中国人口的区域分布仍然大致保持着“胡焕庸线”的分布特征。[④] 2010 年，国务院印发《全国主体功能区规划》（国发［2010］46 号），将全国国土划分为优化开发区域、重点开发区域、限制开发区域、禁止开发区域；其中，优化开发区域、重点开发区域从主要开发内容来看属于城市化地区，限制开发区域、禁止开发区域从主要开发内容来看属于农产品主产区、重点生态功能区。《全国主体功能区规划》明确提

① 新华网. 2030 年我国城镇化率达 66%［EB/OL］.［2013-7-19］. http://news.xinhuanet.com/house/nb/2013-07-19/c_116609129.htm.

② 胡焕庸. 中国人口之分布［J］. 地理学报，1935.

③ 胡焕庸，胡崇庆. 我国人口的地区分布与今后发展［J］. 人口学刊，1986（1）.

④ 葛美玲，封志明. 基于 GIS 的中国 2000 年人口之分布格局研究——兼与胡焕庸 1935 年之研究对比［J］. 人口研究，2008（1）.

出要构建“两横三纵”为主体的城市化战略格局，即构建以陆桥通道、沿长江通道为两条横轴，以沿海、京哈京广、包昆通道为三条纵轴，以国家优化开发和重点开发的城市化地区为主要支撑，以轴线上其他城市化地区为重要组成的城市化战略格局。推进环渤海、长江三角洲、珠江三角洲地区的优化开发，形成3个特大城市群；推进哈长、江淮、海峡西岸、中原、长江中游、北部湾、成渝及关中—天水等地区的重点开发，形成若干新的大城市群和区域性的城市群。从《全国主体功能区规划》提出的城市化战略格局来看，未来城市化布局与人口分布仍然大体上遵循了“胡焕庸线”人口分布规律。可以说，《全国主体功能区规划》提出的城市化战略格局，就是未来我国人口区域分布尤其是城镇人口区域分布的理想状态。

3. 人口的城镇分布。指的是人口在大中小城市和小城镇的分布，即大中小城市和小城镇各自的人口数量及其所占比重。长期以来，关于我国人口的城镇分布问题一直存在争议，相应地也一直存在农民工落户地的大小城市之争。有的观点认为我国城镇人口应该主要分布在小城市和小城镇，有的观点认为应该主要分布在大城市，也有的观点认为应该大中小城市和小城镇协调发展。国际上，国家的人口城镇分布有多种模式，第一种模式是均衡分布模式。城镇人口比较均衡地分布在遍布全国的大中小城市和小城镇，城市之间的规模差距较小，如德国。德国国土面积仅为35万平方公里，居民就达8 200万人。超过百万人口的城市仅有3个（柏林330万、汉堡170万、慕尼黑128万），50万～100万人口的城市共有12个，其中科隆接近100万，15万～50万人口的城市共计35个。70%以上的居民生活在10万人口以下的“城市”，多数居住在1 000～2 000人规模的村镇。[①] 第二种模式是城市群模式。城市群是指在特定地域范围内，

① 杨佩昌. 看看德国的城镇化［N］. 羊城晚报，2014-4-2.

以一个特大城市为核心，由至少三个以上都市圈（区）或大城市为基本构成单元，依托发达的交通、通信等基础设施网络，所形成的空间组织紧凑、经济联系紧密，并最终实现同城化和高度一体化的城市群体。城市群的形成发育经历了空间范围的四次扩展过程：从城市到都市区是城市群空间范围的第一次放大，从都市区到都市圈是城市群空间范围的第二次放大，从都市圈再到城市群是城市群空间范围的第三次放大，从城市群到大都市带是城市群空间范围的第四次放大。[①] 从世界各国的实际情况看，城市群模式比均衡分布模式具有更大的普遍性。2014 年 7 月 10 日，联合国经济及社会理事会根据最新版《世界城市化发展展望（UN World Urbanization Prospects）》报告，公布了世界大都市圈的最新排名情况。截至 2014 年 7 月 1 日，包括横滨和千叶在内的东京都市圈的人口数量达到 3 783 万人，自 1990 年该预测报告有资料记载以来持续保持“世界第一大都市圈”的地位；排名第二至第七位的分别为印度德里都市圈、中国上海都市圈、墨西哥墨西哥城都市圈、巴西圣保罗都市圈、印度孟买都市圈、包括大阪和神户在内的日本近畿大都市圈。[②] 另外，从发展水平而非单纯的人口规模来看，世界上已形成了巴黎、伦敦、东京、纽约及北美五大湖等 5 大都市圈。这些都市圈是城市群发展到成熟阶段的最高空间组织形式，是国际经济、金融、商贸中心，同时也是世界科学技术创新中心、国际文化艺术交流中心和国际信息制造加工传播中心，是世界文明的重要标志之一。[③] 日本与韩国都是以大都市为中心的人口分布格局。其中日本占全国面积 12%的三大都市圈集中了全国 50%以上人口；韩国以首尔为中心的首都圈面

---

① 方创琳，姚士谋，刘盛和，等. 2010 中国城市群发展报告［M］. 北京：科学出版社，2011.

② 人民网. 联合国公布世界大都市圈排名 东京居首 上海第三［EB/OL］.［2014-7-11］. http://japan.people.com.cn/n/2014/0711/c35467-25269427.html.

③ 林宏. 世界都市圈发展的共性与启示［J］. 政策瞭望，2007（6）.

积为国土的0.6%，人口接近全国人口的20%，而全国8个百万人口以上的大城市聚集了全国一半以上的人口。[①] 即使如美国这样地域辽阔的国家，由纽约、华盛顿、波士顿等城市圈延绵构成的东部城市带，面积不到全国的1.5%，却集中了全国近20%的人口。[②]

中国科学院地理科学与资源研究所发布的《2010中国城市群发展报告》提出，城市群是我国未来经济发展格局中最具活力和潜力的核心地区，在全国生产力布局格局中起着战略支撑点和增长极点的作用，承担着全国和地区各种生产要素流的汇聚与扩散职能，是中国未来城市发展的重要方向。2010年出台的《全国主体功能区规划》提出了"两横三纵"为主体的城镇化战略格局，明确要"推进环渤海、长江三角洲、珠江三角洲地区的优化开发，形成3个特大城市群；推进哈长、江淮、海峡西岸、中原、长江中游、北部湾、成渝、关中—天水等地区的重点开发，形成若干新的大城市群和区域性的城市群"。2014年出台的《国家新型城镇化规划（2014—2020年）》提出的到2020年的城镇化格局发展目标是，"'两横三纵'为主体的城镇化战略格局基本形成，城市群集聚经济、人口能力明显增强，东部地区城市群一体化水平和国际竞争力明显提高，中西部地区城市群成为推动区域协调发展的新的重要增长极。城市规模结构更加完善，中心城市辐射带动作用更加突出，中小城市数量增加，小城镇服务功能增强"。这表明，我国人口城镇分布的目标模式是城市群模式。

4. 人口的年龄分布。指的是不同年龄段的人口数量及其占总人口的比重。关于全国及各省（自治区、直辖市）、各市（地、州、盟）的人口年龄分布问题，已经有大量的研究，本章不再重复。这

① 华生，董申. 需求不受节制酿成楼市困局［N］. 经济参考报，2011-4-15.

② 方创琳，姚士谋，刘盛和，等. 2010中国城市群发展报告［M］. 北京：科学出版社，2011.

里研究的是人口迁移和城镇化进程对城镇与农村的人口年龄分布的影响。自 1999 年中国进入人口老龄化以来，老龄化程度不断提高，2013 年年底，全国 60 周岁及以上人口达 20 243 万人，占总人口的 14.9%；其中 65 周岁及以上人口达 13 161 万人，占总人口的 9.7%。[①] 由于大量农民工转移到城镇就业和常住，2010 年第六次全国人口普查显示，我国农村人口老龄化的程度已经达到 15.4%，比全国 13.26%的平均水平高出 2.14 个百分点，高于城市老龄化程度。[②] 假若在今后的人口迁移中，只有农民工及其配偶、子女到城镇落户和定居，那么将会增加农村老年人与儿女分居比例和“空巢”比例，在降低城镇老龄人口比重的同时，固化甚至恶化农村人口老龄化程度。由于农村的经济社会发展水平、养老事业和产业的发展水平远远低于城镇水平，这种状况将会恶化农村老年人的生活质量，显然不是城乡人口年龄分布的理想状态。理想的状态是城乡人口年龄分布与全国城乡平均的人口年龄分布相近。

（二）对当前人口分布实际状态的分析反思

为了实现人口分布的理想状态，必须定期分析反思当前的人口分布实际状态是否与理想状态相符，或者虽然暂不相符但是方向正确。

1. 当前的人口城乡分布。对照理想状态可以看出，当前我国人口的城乡分布与经济社会发展水平不相适应，城镇化滞后于工业化、农民工市民化滞后于城镇化。不过，国家已经提出了有序推进农民工市民化的战略决策，并且明确了具体任务，符合未来发展方向。

2. 当前的人口区域分布。对照理想状态可以看出，当前我国人

① 数据来源于国家统计局发布的《2013 年国民经济和社会发展统计公报》。

② 穆光宗．农村老龄化爆发双重危机［EB/OL］．［2014-1-6］．http://opinion.china.com.cn/opinion_53_90053.html.

口的区域分布总的来看符合"胡焕庸线"人口分布规律以及《全国主体功能区规划》提出的"两横三纵"战略布局。但是，在"胡焕庸线"的东南范围内，存在人口过于集中在东部地区而中部地区人口吸纳不够的问题。根据2010年第六次全国人口普查的数据：东部地区人口占31个省（自治区、直辖市）常住人口的37.98%，中部地区占26.76%，西部地区占27.04%，东北地区占8.22%。与2000年人口普查相比，东部地区的人口比重上升2.41个百分点，中部、西部、东北地区的比重都在下降，其中西部地区下降1.11个百分点，中部地区下降1.08个百分点，东北地区下降0.22个百分点。按常住人口分，2010年排在前五位的是广东省、山东省、河南省、四川省和江苏省；而2000年人口普查排在前五位的是河南省、山东省、广东省、四川省、江苏省。[①] 2013年，在全国1.66亿外出农民工中，7 739万人跨省流动，占外出农民工的46.6%。其中，东部地区跨省流出农民工882万人，72.6%仍在东部地区省际间流动；中部地区跨省流出农民工4 017万人，89.9%流向东部地区；西部地区跨省流出农民工2 840万人，82.7%流向东部地区。在跨省流动农民工中，流向东部地区6 602万人，占85.3%。[②]

3. 当前的人口城镇分布。对照理想状态可以看出，当前我国人口的城镇分布总的来看符合《全国主体功能区规划》提出的"城市群"战略格局，城镇人口主要集中在规划中的各城市群范围内。但是，在各城市群内部，大中小城市产业协调发展、人口协调分布不够。根据城市群理论，一个良性运行的城市群，应该是由大中小不同等级规模的城市共同组成，其中大城市功能最齐全、辐射能力最强，能够带动周边中小城市协调发展；中小城市功能虽然不如大城

① 中新网. 中国东部人口占31个省区市常住人口37.98%［EB/OL］.［2011-4-28］. http://www.cnstock.com/index/gdbb/201104/1279439.htm.

② 数据来源于国家统计局发布的《2013年全国农民工监测调查报告》。

市齐全，然而基本的生活功能齐备，人均经济发展水平和人均收入水平与大城市差距不大。这样，人口也会相应地协调分布在大中小不同城市。但是，目前我国各城市群中，除长江三角洲、珠江三角洲特大城市群内部相对来说发展比较协调之外，其他城市群内部发展协调程度低，大中小不同城市的人均经济发展水平和人均收入水平差距很大，相应地人口也主要集聚到大城市，中小城市发育不良。

4. 当前的人口年龄分布。对照理想状态可以看出，当前我国人口的年龄分布存在两个突出问题：一是全国人口的老龄化，二是在农民工外出就业到城镇常住而留守老人、留守妇女、留守儿童留在农村的情况下，已经出现不平衡的人口流动现象，导致农村人口老龄化程度明显高于城镇；假若今后通过城镇落户等政策实现农民工及其配偶、子女向城镇人口迁移，那么将进一步恶化农村人口老龄化状况。

（三）影响农民工人口迁移的主要因素

由于人口迁移的结果对人口分布具有直接的、重大的影响，因此要实现人口分布的理想状态，必须分析研究人口迁移的客观规律，掌握影响农民工人口迁移的主要因素。

1. 经济因素。一是就业和收入。经济发展水平高、就业岗位多（包括用人单位就业、私营或个体经营、自由职业等）、就业收入高的地方，更加吸引人口迁移。二是生活成本。物价水平高尤其是住房价格高的地方，会降低人口迁移的意愿。三是集聚效应。人口多、人才密集、信息发达的地方，更能激发人的灵感，存在更多的创业就业机遇和挑战，更加吸引年轻农民工的人口迁移。

2. 社会因素。一是城镇基础设施。城镇的交通、通信、电力、供热、供排水、环境卫生等基础设施越好的地方，越吸引人口迁移。二是城镇公共服务。公共服务项目多、水平高的地方，学校、医院、图书馆、博物馆、体育馆等公共服务设施配置全、质量高的地方，更加吸引人口迁移。三是市场提供的城镇生活服务的便利程度。餐饮、购物、娱乐、家庭服务等市场提供的生活服务齐全、便利的地方，更加吸引人口迁移。

3. 文化因素。一是宗教。一些信仰宗教的少数民族农牧民工选择迁移定居地时，更加愿意选择与其相同宗教信仰的氛围浓厚的地方。二是风俗习惯、情感。多数的农民工更加愿意迁移到风俗习惯相同或相近、地域情感亲切的本市（地、州、盟）、本省（自治区、直辖市）的城镇。三是心理特征。与西方人相比，中国人往往更喜欢热闹，人越多的地方越愿意去，喜欢群居而不爱独处，从众心理意识较强。因此，即使发展水平相似，农民工往往也愿意选择人口多的城市而非小城镇，愿意选择大城市而非小城市。

4. 政治因素。与人口的跨国流动和迁移不同，农民工在国内应当享有而且已经享有了跨行政区域自由流动、自由择业、自由居住的权利，目前只是尚未完全实现享有自由落户的权利和平等享受市民权益。因此，影响农民工人口迁移的主要政治因素是落户和市民权益政策，当国家和具体地区的落户和市民权益政策允许甚至鼓励、支持人口迁移时，农民工会更多地选择迁移到此地定居；反之，当政策限制人口迁移时，在其他条件相同的情况下，选择迁移到此地定居的农民工数量会减少。

5. 自然因素。一是城镇的纬度、海拔、地理位置。纬度或海拔太高、地理位置偏僻的地方，对人口迁移的吸引力较小。二是地势地貌。有山有水、森林覆盖率高的地方，更加吸引人口迁移。三是气候、空气。气候宜人、空气清洁的地方，更加吸引人口迁移。

6. 家庭因素。一是恋爱婚姻。来自不同地方的农民工在就业地恋爱、结婚，选择到某个城镇定居。二是家庭成员随迁。配偶、父母、子女随农民工迁移到城镇定居。

总的来看：①影响农民工人口迁移到城镇定居的因素是多方面的，其中最主要的因素是经济因素，尤其是就业和收入以及生活成本情况。②落户和市民权益政策，包括政府提供公共服务的情况，仅仅是影响农民工人口迁移的众多影响因素之一，而且不是主要因素。从城镇政府角度看，如果将一个城镇的落户和市民权益政策看作为主观因素，那么其他经济因素、社会因素、文化因素、自然因素、家庭因素都可以看作为客观因素，这些众多的客观因素对农民工人口迁移的影响远远大于政策主观因素。③经济越发达的地方，往往其就业机会越多、收入越高，政府提供的公共服务、城镇基础设施、公共服务设施越好，因而更加能够吸引人口迁移。俗话说，人往高处走、水往低处流，农民工更多地选择迁移到经济发达地区定居，是人口迁移的一个重要规律。④城镇规模越大，往往其就业机会越多、集聚效应越强烈、公共服务设施越齐全、市场提供的生活服务越便利。这是因为人口规模越大，社会分工越细，才会出现越来越多的职业和服务；只有人口规模足够大，才有必要、有财力齐备地建设大型公共服务设施。比如餐饮行业在大中小各类城镇都有，但大城市会开设全国各地乃至世界各国风味的餐馆，而小城市餐饮行业的规模难以支撑如此细化的社会分工；只有大城市才能齐备地建设大型学校、医院、博物馆、图书馆、体育馆。由此原因，大中小城市的市民所享受的公共服务和市场提供的生活服务客观上是存在差距的。农民工更多地选择迁移到大城市定居，也是人口迁移的一个重要规律。即使在区域和城乡平衡发展、人均收入差别较小的发达国家，农村甚至小城市的居民也不断向大城市迁移。

（四）制定农民工城镇落户政策应该遵循的原则

为了实现人口分布的理想状态，需要研究制定科学合理的农民工城镇落户政策，对农民工人口迁移进行合理引导。综合考虑以上

人口分布的理想状态及现存问题、人口迁移的客观规律，建议在研究制定农民工城镇落户政策时，应当遵循以下原则：

1. 在农民工城镇落户政策的功能定位上应该明确：实现人口分布理想状态的基础政策是经济政策而非落户政策。如果希望控制人口过分向东部地区集聚、引导人口回流到中西部地区，控制特大城市人口规模、引导人口迁移到中小城市，应该主要采取加强中西部地区和中小城市的交通、通信、电力等基础设施建设，重大产业项目优先投向中西部地区和中小城市，创造良好环境，鼓励社会资本到中西部地区和中小城市投资等经济政策措施。经济政策到位了，中西部地区和中小城市逐步发展起来了，农民工自然会迁移到中西部地区和中小城市。反之，如果东部地区和特大城市努力获取各种资源、吸引各方面投资，却不能辐射带动中西部地区和中小城市协调发展，那么人口迁移的客观规律必然导致农民工大量流动、迁移到东部地区和特大城市，即使制定再严格的农民工城镇落户政策也不能阻止这种趋势，所产生的效果只是农民工及其家庭在这些就业地定居却不能落户。现实中，一些地方政府及其部门过高估计了公共服务在吸引人口迁移中的作用，往往通过限制农民工平等享受城镇公共服务以期望达到控制人口迁移的目的。其实，这种做法未顺应人口迁移的客观规律，对控制人口迁移的作用是有限的，只不过是减少了地方财政支出，代价却是牺牲了社会公平。

2. 在农民工城镇落户政策的宽严尺度把握上应该明确：实行“一城一策”而非按照城镇人口规模“一刀切”。长期以来，由于“大城市病”的不良影响，我国实务界和理论界在研究农民工城镇落户政策时，将预防“大城市病”作为首要甚至唯一的考虑因素，从而在制定政策时往往按照城镇人口规模“一刀切”，城镇规模越小则农民工落户政策越宽松，城镇规模越大则农民工落户政策越严格。这种做法其实不科学：①各个城镇的人口吸纳潜力是不同的。比如有的大城市现有人口200万人，但是其资源禀赋、经济发展能够支撑400万人，若实行严格的农民工落户政策则不利于该城市的发展，应该放宽落户政策；有的小城市现有人口20万人，但是其资源禀赋、经济发展只能够支撑25万人，若实行宽松的农民工落户政策也不利于该城市的发展，应该实行严格的落户政策。②各个城镇的基础设施和公共服务能力大小与城镇规模大小一般成正比。城镇规模越大，其基础设施和公共服务能力越强；反之则越弱。如果“一刀切”地规定城镇规模越大则农民工落户政策越严格，反之则越宽松，那么与城镇基础设施和公共服务能力的排序恰恰相反，其结果要么是“小城市和建制镇落户政策放开但农民工不愿意落户，大中城市农民工希望落户但政策严格”，很少有农民工真正在城镇落户；要么是大量农民工被引导到小城市和建制镇落户，但这些城镇的财政支出力不能及，落户定居的农民工不能享受适度水平的基础设施和公共服务。③现实中农民工就业和常住的城市已经是以大中城市为主而以小城市和建制镇为辅。2013年，外出农民工中在直辖市就业和常住的为1 410万人，占8.5%；在省会城市就业和常住的为3 657万人，占22%；在地级市（包括副省级）就业和常住的为5 553万人，占33.4%；在地级以上城市就业和常住的共计10 620万人，占外出农民工总数的63.9%。[1] 直观地说，每3个外出农民工中有2个在大中城市就业和常住。④对“大城市病”的担忧不能扩大化。目前社会各界关注的“大城市病”一般指的是在大城市里出现的二元结构加剧、空气质量较差、交通拥堵严重、房价快速上涨、城市脆弱性突出五大方面问题。[2] 关注和研究解决这些“大城市病”问题是非常必要的，但是应该注意不能扩大化。一是不能将城市规划和管

① 数据来源于国家统计局发布的《2013年全国农民工监测调查报告》。

② 潘家华，魏后凯，等. 城市蓝皮书：中国城市发展报告No.7 [M]. 北京：社会科学文献出版社，2014.

理不足导致的问题归因于城市规模大所导致。有学者研究提出，所谓“大城市病”中的很多问题其实与城市规模没有必然联系，而是与城市规划、管理和建设及财政分配体制、政绩考核机制等存在不足有关。[①] 如果城市规划和管理加强了，那么同样规模的大城市可能不会存在这些问题；如果城市规划和管理弱化，那么即使在小城市也可能存在这些问题。二是不能将“大城市病”所对应的大城市范围过分扩大。因为城市规模过大而导致的“大城市病”确实存在，伦敦、纽约、东京等规划和管理水平很高的世界著名城市在历史上都存在“大城市病”较为严重的发展阶段，即使在今天也仍然存在交通拥堵等问题。我国的北京、上海、广州、深圳等超大城市也存在因为人口规模过大而导致的人口密度过大、交通拥堵、水资源紧张等问题。但是，不能由于这些超大城市存在的“大城市病”，而过分限制其他人口为几百万的城市人口规模的扩大。有专家研究认为：“从中美城市的比较和相关研究中，可以得知城市规模对于生产率和经济增长的益处。笔者的研究也证实了这一点。与我们已经知道的城市规模的好处相比，我们其实并不知道的是那些被称之为‘城市病’的东西，到底在多大意义上跟城市规模有关系？对于这方面，研究还不够。根据笔者现在已完成的研究显示，一个省内的人口越是向中心大城市集聚，该省单位 GDP 排放越低。原因还是在于规模经济，监督和治理污染排放都有规模经济。”[②]

3. 在农民工城镇落户政策的导向上应当明确：允许、鼓励农民工在城镇落户时，一并实现直系长辈的人口迁移。直系长辈不仅应包括农民工夫妻双方的父母，还应包括夫妻双方的祖父母、外祖父母。不仅应该允许落户，而且应该采取对直系长辈随同迁移的农民

---

① 蔡继明. 怎样治理大城市的“城市病”?［EB/OL］.［2014-5-16］. http://ft.people.com.cn/fangtanDetail.do? pid=1695.

② 陆铭. 城市越大，城市病越重?［J］. 瞭望东方周刊，2013.

工家庭优先办理落户等方式予以鼓励。通过这种政策导向，尽量减少农村人口向城镇迁移过程中只有劳动年龄人口和未成年人口、加剧农村人口老龄化的现象。由于农村户籍人口平均生育率高于城镇人口，因而随迁的未成年人口比例较高，而且很多农村老龄人口受生活习惯、生活成本、家庭关系等因素影响而不愿意迁移到城镇，这种政策导向不会提高城镇人口老龄化程度。

二、中央关于户籍制度改革和农民工在城镇落户的精神

党的十八大报告提出，“加快改革户籍制度，有序推进农业转移人口市民化，努力实现城镇基本公共服务常住人口全覆盖”。这是对户籍制度改革和农民工在城镇落户问题的总体部署和要求。十八大以后，关于农民工城镇落户政策经历了三次政策深化。

（一）中央关于户籍制度改革和农民工在城镇落户文件的有关规定

1. 党的十八届三中全会于 2013 年 11 月 12 日通过的《中共中央关于全面深化改革若干重大问题的决定》的第二十三条第三款对户籍制度改革和农民工在城镇落户提出原则要求。明确“推进农业转移人口市民化，逐步把符合条件的农业转移人口转为城镇居民。创新人口管理，加快户籍制度改革，全面放开建制镇和小城市落户限制，有序放开中等城市落户限制，合理确定大城市落户条件，严格控制特大城市人口规模”。

2. 党中央、国务院于 2014 年 3 月 16 日公布的《国家新型城镇化规划（2014—2020 年）》第六章对“推进符合条件农业转移人口落户城镇”作出规定。提出“逐步使符合条件的农业转移人口落户城镇，不仅要放开小城镇落户限制，也要放宽大中城市落户条件”，“各类城镇要健全农业转移人口落户制度，根据综合承载能力和发展

潜力，以就业年限、居住年限、城镇社会保险参保年限等为基准条件，因地制宜制定具体的农业转移人口落户标准，并向全社会公布，引导农业转移人口在城镇落户的预期和选择”，“实施差别化落户政策。以合法稳定就业和合法稳定住所（含租赁）等为前置条件，全面放开建制镇和小城市落户限制，有序放开城区人口 50 万～100 万的城市落户限制，合理放开城区人口 100 万～300 万的大城市落户限制，合理确定城区人口 300 万～500 万的大城市落户条件，严格控制城区人口 500 万以上的特大城市人口规模。大中城市可设置参加城镇社会保险年限的要求，但最高年限不得超过 5 年。特大城市可采取积分制等方式设置阶梯式落户通道调控落户规模和节奏”。

3. 国务院于 2014 年 7 月 30 日公布的《国务院关于进一步推进户籍制度改革的意见》（国发［2014］25 号）对户籍制度改革和农民工在城镇落户问题作出专门规定。提出进一步调整户口迁移政策，“全面放开建制镇和小城市落户限制。在县级市市区、县人民政府驻地镇和其他建制镇有合法稳定住所（含租赁）的人员，本人及其共同居住生活的配偶、未成年子女、父母等，可以在当地申请登记常住户口”，“有序放开中等城市落户限制。在城区人口 50 万至 100 万的城市合法稳定就业并有合法稳定住所（含租赁），同时按照国家规定参加城镇社会保险达到一定年限的人员，本人及其共同居住生活的配偶、未成年子女、父母等，可以在当地申请登记常住户口。城市综合承载能力压力小的地方，可以参照建制镇和小城市标准，全面放开落户限制；城市综合承载能力压力大的地方，可以对合法稳定就业的范围、年限和合法稳定住所（含租赁）的范围、条件等作出具体规定，但对合法稳定住所（含租赁）不得设置住房面积、金额等要求，对参加城镇社会保险年限的要求不得超过 3 年”，“合理确定大城市落户条件。在城区人口 100 万至 300 万的城市合法稳定就业达到一定年限并有合法稳定住所（含租赁），同时按照国家规定参加城镇社会保险达到一定年限的人员，本人及其共同居住生活的配偶、未成年子女、父母等，可以在当地申请登记常住户口。城区人口300万至500万的城市，要适度控制落户规模和节奏，可以对合法稳定就业的范围、年限和合法稳定住所（含租赁）的范围、条件等作出较严格的规定，也可结合本地实际，建立积分落户制度。大城市对参加城镇社会保险年限的要求不得超过5年”，“严格控制特大城市人口规模。改进城区人口500万以上的城市现行落户政策，建立完善积分落户制度。根据综合承载能力和经济社会发展需要，以具有合法稳定就业和合法稳定住所（含租赁）、参加城镇社会保险年限、连续居住年限等为主要指标，合理设置积分分值。按照总量控制、公开透明、有序办理、公平公正的原则，达到规定分值的流动人口本人及其共同居住生活的配偶、未成年子女、父母等，可以在当地申请登记常住户口”，“有效解决户口迁移中的重点问题。认真落实优先解决存量的要求，重点解决进城时间长、就业能力强、可以适应城镇产业转型升级和市场竞争环境的人员落户问题。不断提高高校毕业生、技术工人、职业院校毕业生、留学回国人员等常住人口的城镇落户率”，“各省、自治区、直辖市人民政府要根据本意见，统筹考虑，因地制宜，抓紧出台本地区具体可操作的户籍制度改革措施，并向社会公布，加强社会监督”。

（二）中央关于户籍制度改革和农民工在城镇落户文件的精神

深入学习以上文件，可以看出中央关于户籍制度改革和农民工在城镇落户的核心思路是实施差别化落户政策，区分不同规模的城镇设定宽严不同的农民工城镇落户条件。

1. 原则上将城镇区分为五类，分别明确落户条件的总基调。这五类城镇及对应的总基调分别是：建制镇和小城市，全面放开落户限制；中等城市，有序放开落户限制；100万～300万人的大城市，

合理放开落户限制；300 万～500 万人的大城市，合理确定落户条件；特大城市（以及超大城市），严格控制人口规模。

2. 对大中小城市的划分标准作出了调整。2014 年 11 月 20 日，《国务院关于调整城市规模划分标准的通知》（国发［2014］51 号）印发，将城市规模划分标准调整为：以城区常住人口为统计口径，将城市划分为五类七档。城区常住人口 50 万以下的城市为小城市，其中 20 万以上 50 万以下的城市为Ⅰ型小城市，20 万以下的城市为Ⅱ型小城市；城区常住人口 50 万以上 100 万以下的城市为中等城市；城区常住人口 100 万以上 500 万以下的城市为大城市，其中 300 万以上 500 万以下的城市为Ⅰ型大城市，100 万以上 300 万以下的城市为Ⅱ型大城市；城区常住人口 500 万以上 1 000 万以下的城市为特大城市；城区常住人口 1 000 万以上的城市为超大城市。（“以上”包括本数，“以下”不包括本数）

3. 明确了落户条件总基调的含义。“全面放开落户限制”的含义是：有合法稳定住所（含租赁）即可。“有序放开落户限制”的含义是：合法稳定就业并有合法稳定住所（含租赁），同时按照国家规定参加城镇社会保险达到一定年限；可以对合法稳定就业的范围、年限和合法稳定住所（含租赁）的范围、条件等作出具体规定，但对合法稳定住所（含租赁）不得设置住房面积、金额等要求，对参加城镇社会保险年限的要求不得超过 3 年。“合理放开落户限制”的含义是：合法稳定就业达到一定年限并有合法稳定住所（含租赁），同时按照国家规定参加城镇社会保险达到一定年限，但对参加城镇社会保险年限的要求不得超过 5 年。“合理确定落户条件”的含义是：适度控制落户规模和节奏，可以对合法稳定就业的范围、年限和合法稳定住所（含租赁）的范围、条件等作出较严格的规定，但对参加城镇社会保险年限的要求不得超过 5 年。“严格控制人口规模”的含义是：建立完善积分落户制度，以具有合法稳定就业和合法稳定住所（含租赁）、参加城镇社会保险年限、连续居住年限等为主要指标，合理设置积分分值。按照总量控制、公开透明、有序办理、公平公正的原则，达到规定分值的可以落户。

4. 明确了落户人员范围。一是农民工及其家属，即符合落户条件的流动人口本人及其共同居住生活的配偶、未成年子女、父母等。其中，要认真落实优先解决存量的要求，重点解决进城时间长、就业能力强、可以适应城镇产业转型升级和市场竞争环境的人员落户问题。二是不断提高高校毕业生、技术工人、职业院校毕业生、留学回国人员等常住人口的城镇落户率。比如，《国务院办公厅关于加强普通高等学校毕业生就业工作的通知》（国办发［2009］3号）规定“对企业招用非本地户籍的普通高校专科以上毕业生，各地城市应取消落户限制（直辖市按有关规定执行）”。《国务院关于进一步做好普通高等学校毕业生就业工作的通知》（国发［2011］16号）规定“各城市应取消高校毕业生落户限制，允许高校毕业生在就（创）业地办理落户手续（直辖市按有关规定执行）”。

5. 对各类城镇对应的落户条件总基调并未完全“一刀切”。除了明确要求对最小的建制镇全面放开落户限制、对最大的特大城市（以及超大城市）严格控制人口规模之外，国发［2014］25号文件对其他中间类型城市的落户条件总基调还是遵循了因地制宜原则，并未完全“一刀切”。一是对于小城市，仅仅规定在县级市市区全面放开落户限制；对于人口在50万人以下的地级小城市并未提出这一总基调要求，可由地方因地制宜确定。二是对于中等城市，除了提出有序放开落户限制的总基调之外，还规定可以根据城市综合承载能力压力的大小，选择全面放开落户限制或者合理放开落户限制的总基调。三是对于大城市，除了提出100万～300万人的要合理放开落户限制、300万～500万人的要合理确定落户条件的总基调之外，还规定300万～500万人的大城市也可以实行积分落户制度。

三、各地区各类城镇如何制定好农民工在城镇落户标准

根据党中央、国务院的要求，各省、自治区、直辖市人民政府要出台本地区具体可操作的户籍制度改革措施，并向社会公布；各类城镇要制定具体的农业转移人口落户标准，并向全社会公布。那么，各省、自治区、直辖市和各类城镇如何根据中央关于户籍制度改革文件精神并因地制宜制定好农民工城镇落户标准呢？

（一）关于制定县级市和建制镇落户标准

县级市和建制镇都是按照行政级别来划分的，定性清晰、明确，无需调查本地人口、进行相关测算。必须根据中央文件精神，全面放开落户限制，有合法稳定住所（含租赁）的人员，本人及其共同居住生活的配偶、未成年子女、父母等，可以在当地申请登记常住户口。另外，根据本章第一部分关于人口年龄分布的分析，建议明确可以一并落户的“父母”包括配偶双方的父母，配偶双方的共同生活的祖父母、外祖父母也可以在当地申请登记常住户口。

需要指出的是，2014 年 11 月 25 日，公安部印发《关于认真贯彻落实〈国务院关于进一步推进户籍制度改革的意见〉的通知》（公通字［2014］41 号），提出“超大城市北京、上海可以对本行政区域内的建制镇实行与城区统一的落户政策。其他超大城市、特大城市和城区人口 300 万至 500 万的大城市可以根据本地实际情况，对本行政区域内的建制镇、县级市市区落户政策作出具体规定”。

（二）关于制定地级小城市、中等城市、大城市落户标准

对于地级小城市、中等城市、大城市的落户标准，中央文件既提出了总基调，又保持了一定灵活性，允许各地因地制宜。这些城

市制定农民工落户标准，建议首先要摸清本地实际情况，然后因地制宜地提出初步方案，经过模拟测算和广泛征求各方面意见后，确定具体的农业转移人口落户标准并向社会公布。概而言之，可以称为“六步操作法”。

第一步：详细调查统计本城市人口状况。针对本城市制定农民工落户政策的需要，通过利用第六次全国人口普查资料等现有资料或者开展专项调查等方式，详细了解本城市的人口状况。一是城区常住人口总量，包括户籍人口总量以及未落户但居住6个月以上的人口总量。二是未落户的常住人口总量中，农村户籍人口数量以及其他城镇户籍人口数量，就业人口数量以及随迁的子女、老人数量，分性别、分年龄人口数量。三是未落户的常住就业人口总量中，合法稳定就业的分范围、分年限人口数量，合法稳定住所（含租赁）的分范围、分条件人口数量，连续居住的分年限人口数量，参加城镇社会保险的分年限人口数量。四是农民工的落户倾向和农民工落户人口乘数。落户倾向包括在本城市常住的农民工本人的落户倾向，以及农民工打算一并落户的目前常住外地的家属人数。这里所谓“农民工落户人口乘数”是指每允许一个农民工在城镇落户后，带动家属一起落户所实际形成的落户人口数量。单个农民工的落户乘数可能为1（比如未结婚的新生代农民工只身一人落户），也可能为2（比如在本城市就业常住的农民工夫妇将2个孩子一并落户），还可能为6（比如在本城市就业常住的农民工将配偶、2个孩子、本人父母一并落户）。应当通过调查数据进行计算，测算出本城市的农民工落户人口乘数。

关于“合法稳定就业的范围、年限，合法稳定住所（含租赁）的范围、条件，连续居住的年限，参加城镇社会保险的年限”的含义和标准，《公安部关于认真贯彻落实〈国务院关于进一步推进户籍制度改革的意见〉的通知》（公通字［2014］41号）提出了原则意

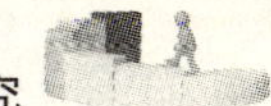

见，“合法稳定就业，是指被国家机关、社会团体、事业单位录用（聘用），或者被国家机关、社会团体、企事业单位招收并依法签订劳动合同，或者在城镇从事第二、三产业并持有工商执照等，各地可以根据实际情况具体合理确定。合法稳定住所（含租赁），是指在城镇范围内公民实际居住具有合法所有权的房屋或在当地房管部门办理租赁登记备案的房屋。城区人口 1 000 万以上的超大城市和城区人口 500 万以上的特大城市可以结合实际，对租赁房屋的范围、条件等作出较严格的规定”。深入研究可以看出，这些落户条件都是对农民工落户为市民来说十分重要的要素，假如没有合法稳定住所（含租赁）、合法稳定就业，农民工及其家属将难以在城市立足；假如没有参加社会保险，农民工年老退休后的生活将难以得到很好保障。如果客观因素决定了只能在全部农民工中分步骤地选择部分人落户城镇，那么将这些要素设定为落户条件从而在农民工中进行排序，是相对合理的；而具体的标准则取决于各地可以容纳的落户人数和符合条件的人数的匹配情况，这一点十分关键，因此中央文件授权各地作出具体规定，各地可以根据本地实际作出既公平又合理的定义和规定。领会中央文件精神并借鉴国内外实践做法，对这些条件的具体的操作性含义提出以下建议：

1. 关于“合法稳定就业的范围、年限”。一是所谓“合法就业”，根据公民“法无禁止即可为”的原则，应当理解为“不违法的就业”。只要农民工就业未违反法律法规规定，就属于合法就业，包括被国家机关、社会团体、事业单位录用（聘用），或者被国家机关、社会团体、企事业单位招收并依法签订劳动合同，或者在城镇从事二、三产业并持有工商执照等。但“合法就业”不应限于这些就业，比如家政服务员、病患陪护员等也应属于“合法就业”。对于色情服务等法律法规明确禁止的行为则不属于“合法就业”。二是所谓“稳定就业”，可以理解为在同一用人单位持续就业，也可以理解为在本城市虽变更用人单位但未失业的持续就业，还可以理解为在本城市季节性就业。三是所谓合法稳定就业的“范围”，可以理解为对以上“稳定就业”的限定，比如限定不包括在本城市季节性就业。从公平原则考虑，不宜将“范围”限定为农民工就业的用人单位性质与大小、就业收入的多少、干部或工人等。四是所谓合法稳定就业的“年限”，可以理解为农民工在本城市合法稳定就业的连续时间长度，也可以理解为累计时间长度。

2. 关于“合法稳定住所（含租赁）的范围、条件，连续居住的年限”。一是所谓“合法住所”，应当理解为“不违法的住所”。只要农民工的住所未违反法律法规规定，就属于合法住所；对于违法搭建物等法律法规明确禁止的住所则不属于合法住所。二是所谓“稳定住所”，可以理解为固定明确的住所，包括具有合法所有权的房屋或在当地房管部门办理租赁登记备案的房屋，还应当包括其他租赁房、用人单位宿舍等。三是所谓合法稳定住所（含租赁）的“范围”，可以理解为对稳定住所的限定，比如将工地工棚排除在外，但不得将自有房、租赁房排除在外。四是所谓合法稳定住所（含租赁）的“条件”，可以理解为对住所特征的限定，比如不包括合租房、用人单位合住的宿舍等。但是从公平原则考虑，不得设置住房面积、金额等要求。五是所谓“连续居住的年限”，应当理解为农民工在本城市连续居住的时间长度，不是指累计居住的时间长度。

3. 关于“参加城镇社会保险的年限”。一是所谓“城镇社会保险”的含义。2014年2月21日《国务院关于建立统一的城乡居民基本养老保险制度的意见》（国发［2014］8号）印发实施以后，我国的城镇社会保险除了包括职工基本养老保险、职工基本医疗保险、失业保险、工伤保险、生育保险、城镇居民基本医疗保险之外，应该还包括城乡居民基本养老保险，共七个险种；但不包括新型农村合作医疗。由于医疗保险、失业保险、工伤保险、生育保险都属于

现收现付制而且现时可能享受待遇，参保人享受待遇与参保缴费年限关联性很小；而养老保险实行社会统筹与个人账户相结合，也就是实行现收现付制与基金积累制相结合，而且是在未来享受待遇，养老保险参保缴费年限与参保人未来退休后的养老待遇密切相关，与农民工落户为市民后未来的生活保障密切相关。因此，作为农民工落户条件的“城镇社会保险”险种，建议以养老保险为宜，包括职工基本养老保险、城乡居民基本养老保险。不过，目前很多地区尚未落实《社会保险法》有关规定，未将从事个体经营、灵活就业的外地户籍的农民工纳入本城市职工基本养老保险或城乡居民基本养老保险覆盖范围，致使他们无法在本城市参加养老保险。这个没有用人单位的外地户籍农民工群体规模很大，而且在本城市从事个体经营、家政服务、维修等市民不可或缺的服务，理应有平等的在城市落户的权利。因此，在这些城市建议对这个群体申请落户免于提出“参加城镇社会保险”的条件，他们不属于“按照国家规定参加城镇社会保险”的范围。二是所谓“参加”城镇社会保险，应当理解为办理了参加城镇社会保险的手续并且依法缴纳了社会保险费。中断了缴费的年限不能计入。三是所谓参加城镇社会保险的“年限”，根据社会保险制度有关规定，应当理解为缴纳社会保险费的累计年限，而不是截至目前的连续缴费年限。需要强调的是，前面所述“合法稳定就业的年限”“连续居住的年限”均限于在本城市就业、居住的年限，而“缴纳社会保险费的年限”不仅限于在本城市的年限，如果农民工根据《城镇企业职工基本养老保险关系转移接续暂行办法》（国办发［2009］66 号）规定办理了职工基本养老保险关系转移接续，那么其在外地的参保缴费年限也应当合并计入。

第二步：准确定位本城市的类型性质。根据《国务院关于调整城市规模划分标准的通知》（国发［2014］51 号）和本城市实际情况，准确定位本城市属于哪一类城市。划分城市类型的主要依据是人口规模，需要明确这里所指的人口规模的含义，一是指“城区”人口。“城区”是指在市辖区和不设区的市，区、市政府驻地的实际建设连接到的居民委员会所辖区域和其他区域。也就是说，“城区”不仅包括主城区，而且包括其他市辖区政府驻地的实际建设连接到的居民委员会所辖区域和其他区域。但是不包括副省级或地级市所辖的县级市、地级以上城市所辖县驻地镇或其他建制镇，这些县级市或建制镇应当作为独立的单位制定农民工落户政策。二是指“常住人口”。包括居住在本乡镇街道，且户口在本乡镇街道或户口待定的人；居住在本乡镇街道，且离开户口登记地所在的乡镇街道半年以上的人；户口在本乡镇街道，且外出不满半年或在境外工作学习的人。也就是说，这里的“常住人口”是指不管是否为本“城区”户籍但在城区实际居住半年以上的人口，以及户口在本城区但由于在境外工作学习而不能在本城区实际居住半年以上的人口；虽有本城区户籍但在国内其他地方居住半年以上的人口，则不属于本城区常住人口。三是指“现有”人口。随着时间的推移，人口数量往往是动态变化的，确定城市类型的人口规模是实时的。在制定农民工城镇落户政策时定位城市类型所指的人口规模，应该是最近调查统计时点上现有的人口规模。也就是说，不是规划中的人口规模，也不是未来实际的人口规模。

第三步：详细分析掌握本城市的人口吸纳能力。一是常住人口吸纳能力。要根据《全国主体功能区规划》和本城市实际情况，科学分析本地综合承载能力和发展潜力，包括本地水土资源、环境容量、地质构造等自然承载力，以及本地经济发展、就业空间、基础设施和公共设施供给能力等，在此基础上科学制定本地区城镇发展规划。城镇发展规划要明确本城市的空间利用、产业布局和人口分布，包括预期的常住人口总量指标。预期的常住人口总量与现有常住人口总量之间的差距，基本就是本城市未来的常住人口吸纳能力。

二是户籍人口吸纳能力。指的是将已经在本城市常住的人口吸纳为户籍人口并赋予其平等的市民权益的能力。支撑户籍人口吸纳能力的主要是政府对新增户籍人口平等提供公共服务的能力，如何评估本城市对新增户籍人口平等提供公共服务的能力，本书第四章、第五章以及第九章已经进行了详细分析。

第四步：研究提出本城市农民工落户标准的初步方案。城市综合承载能力压力小、常住人口吸纳能力和户籍人口吸纳能力强的地级小城市、中等城市，可以全面放开落户限制；城市综合承载能力压力大、常住人口吸纳能力和户籍人口吸纳能力弱的Ⅰ型大城市，可以建立积分落户制度。其他城市则根据本城市的类型性质，尤其是本城市的常住人口吸纳能力和户籍人口吸纳能力，分别按照有序放开、合理放开、合理确定的总基调，以就业年限、居住年限、城镇社会保险参保年限等为基准条件，因地制宜地制定具体的农业转移人口落户标准。具体制定方法：

1. 根据本城市的常住人口吸纳能力和户籍人口吸纳能力，测算出每年可以容纳落户的人口数量。这里的落户人口数量不仅指允许落户的在本城市常住的农民工数量，而且要包括目前在外地常住但可能随同农民工一并落户的家属人口数量，也就是说，要按照农民工落户人口乘数测算可以容纳落户的农民工数量。比如，经测算本市每年可容纳落户 20 万人，本市农民工落户人口乘数为 2，那么每年可容纳 10 万名农民工落户。

2. 根据本城市每年可以容纳落户的农民工数量，对照本城市人口调查统计数据，经测算后，对“合法稳定就业的范围、年限，合法稳定住所（含租赁）的范围、条件，参加城镇社会保险的年限”作出具体规定。目标是本城市符合“合法稳定就业的范围、年限，合法稳定住所（含租赁）的范围、条件，参加城镇社会保险的年限”具体规定的农民工数量按照农民工落户倾向折算后，与本城市每年可以容纳落户的农民工数量相等。在此过程中要注意几个问题：一是以就业年限、城镇社会保险参保年限等为基准条件。就业年限要求实际上也涵盖了居住年限的要求。国际上制定移民政策时通常是以居住年限作为基准条件。二是地级小城市、中等城市对参加城镇社会保险年限的要求不得超过 3 年；大城市对参加城镇社会保险年限的要求不得超过 5 年。三是与参加城镇社会保险年限条件不同，中央文件未限定就业年限条件的上限。经测算确有必要的城市，可以对合法稳定就业的年限提出超过 3 年、5 年的要求。四是要按照农民工落户倾向进行折算，因为符合条件的农民工并不一定选择在本城市落户。

第五步：广泛征求对本城市农民工落户标准初步方案的意见。要按照科学决策、民主决策、依法决策的要求，采取座谈会、听证会等多种方式，广泛征求各有关部门、专家学者、户籍市民、农民工等方面的意见。根据各方面的意见，反复论证、测算，对初步方案进行修改完善。

第六步：按照决策程序，研究确定本城市具体的农业转移人口落户标准，并向社会公布。

（三）关于制定特大城市（以及超大城市）落户标准

对于特大城市（以及超大城市）农民工落户政策，中央文件明确要建立完善积分落户制度。这些城市应当准确理解中央文件精神，首先摸清本地实际情况，然后因地制宜提出初步方案，经过模拟测算和广泛征求各方面意见后，确定具体的积分落户办法并向社会公布。

第一步：准确定位本城市农民工落户政策的宽严度。2010 年，我国 1 000 万以上人口的超大城市 6 个、500 万～1 000 万人口的特

大城市 10 个。[①] 在这些特大城市和超大城市中，人口规模的差别也很大，最大的城市人口超过 2 000 万人，是 500 万人的 4 倍。因此，特大城市和超大城市在研究制定积分落户制度时，也不能“一刀切”，而应该按照中央文件精神，结合本城市实际，准确定位本城市农民工落户政策的宽严度。①“严格控制人口规模”是意味着控制人口规模不再增长甚至减少，还是允许人口规模增长但必须控制增长的幅度和数量？《北京市城市总体规划（2004—2020）》提出到 2020 年，“北京市总人口规模规划控制在 1 800 万人左右，年均增长率控制在 1.4%以内”。2014 年 11 月 18 日印发的《国务院关于乌鲁木齐市城市总体规划的批复》（国函［2014］149 号）要求，“合理控制城市规模。到 2020 年，中心城区城市人口规模控制在 400 万人以内，城市建设用地规模控制在 519 平方公里以内”。据报道，目前乌鲁木齐市人口规模接近 350 万人，比 10 年前增长了 100 万人。《总体规划》的规定意味着 2015—2020 年乌鲁木齐市新增城市人口需要控制在 50 万人以内。[②] 从这些城市总体规划的实践来看，“严格控制人口规模”并不意味着控制人口规模不再增长甚至减少，而是强调必须严格控制人口增长的幅度和数量，而且特大城市和超大城市还应该有所区别。各地可以结合本地实际情况确定具体人口控制目标。②“严格控制人口规模”是否等同于严格控制农民工落户人数？特大城市、超大城市人口规模指的是城区常住人口数量，基于预防和减轻“特大城市病”的考虑而必须严格控制。但是，城区常住人口中还包括了大量外地户籍的常住人口，有的城市常住人口超过 1 000 万人，而其中本市户籍常住人口不足 300 万人。因此，严格控制城区常住人口规模，并不意味着严格控制农民工落户人数；相反，在

① 数据来源于《国家新型城镇化规划（2014—2020 年）》。

② 乌鲁木齐控制人口规模 新疆将不再有特大城市［N］. 21 世纪经济报道，2014-11-27.

严格控制城区常住人口规模的同时，应当合理设定积分落户标准，解决已经长期在本城市定居的农民工等群体的落户问题。一些特大城市、超大城市担心放宽农民工落户标准将会引导更多农民工未来到本城市就业常住，从而冲击本城市人口规模的严格控制。对此，可以按照“优先解决存量，严格控制增量”的原则，增加设定农民工积分落户的限制条件，比如限定对达到规定积分分值并且在特定时间之前到本城市就业的农民工，实行较宽松的积分落户制度；在特定时间之后到本城市就业的农民工则实行更严格的积分落户制度。

第二步：详细调查统计本城市人口状况。第三步：详细分析掌握本城市的人口吸纳能力，包括常住人口吸纳能力和户籍人口吸纳能力。第四步：研究提出本城市农民工积分落户办法的初步方案。第五步：广泛征求对本城市农民工积分落户办法初步方案的意见。第六步：按照决策程序，研究确定本城市具体的农民工积分落户办法，并向社会公布。这些工作可以参见以上对地级小城市、中等城市、大城市有关工作的建议。

第十一章 农民工全家进城落户后土地权益处理问题研究

推进农民工在城镇落户，不仅取决于改革户籍制度、放宽农民工在城镇落户政策，而且取决于农民工及其家庭的意愿。而影响农民工及其家庭在城镇落户意愿的重要因素之一，是农民工全家进城落户后的土地权益处理问题，即农民工全家进城落户后，其土地承包经营权、宅基地使用权是可以继续保留，还是应当交回农民集体，或是采取其他处理方式。土地问题在古今中外都是重大而敏感的问题，需要深入研究探讨。

一、农民工全家进城落户后土地权益处理问题的起因

根据《农村土地承包经营法》《土地管理法》《物权法》等现行规定，农村的耕地、林地、草地等农用地属于农民集体所有，或国家所有由农民集体使用；农村的宅基地属于农民集体所有。也就是说，农村土地的所有权都属于农民集体或国家，所有权包括占有、使用、收益、处分的权利。对农民集体所有和国家所有由农民集体使用的耕地、林地、草地，农民依法享有承包经营权；对集体所有的宅基地，农民依法享有使用权。农民依法享有的土地承包经营权、宅基地使用权都属于用益物权，其中土地承包经营权包括对土地占有、使用、收益的权利，宅基地使用权包括对宅基地占有、使用的

权利，均不包括对土地的处分权利。不过，通过家庭承包取得的土地承包经营权可以依法采取转包、出租、互换、转让或者其他方式流转。宅基地使用权也可以转让。所有权包括处分权利，而用益物权不包括处分权利，这是用益物权与所有权最本质的区别；土地承包经营权、宅基地使用权都属于用益物权，而不属于所有权，这是农民工全家进城落户后土地权益如何处理需要探讨的法律根源，因为假如农民工拥有的是土地所有权，那么根据《宪法》关于“社会主义的公共财产神圣不可侵犯”“公民的合法的私有财产不受侵犯”的精神，不得要求全家进城落户的农民工交回私有财产，也就不存在需要探讨的关于“保留还是交回”问题。

农民工在外出就业过程中，由于其户籍未变，仍属于农村集体经济组织的成员，因此仍然享有土地承包经营权、宅基地使用权，任何组织或个人不得侵害。当农民工个人在城镇落户时，由于土地承包经营和宅基地分配都是以家庭为基本单位，已在城镇落户农民工的其他家庭成员仍然可以享有家庭的土地承包经营权、宅基地使用权。

对于农民工全家进城落户后，其土地承包经营权如何处理，《农村土地承包经营法》做出了规定：承包期内，承包方全家迁入小城镇落户的，应当按照承包方的意愿，保留其土地承包经营权或者允许其依法进行土地承包经营权流转。但如果在承包期内，农民工全家迁入设区的市，转为非农业户口的，应当将承包的耕地和草地交回发包方；承包方不交回的，发包方可以收回承包的耕地和草地。对于农民工全家在城镇落户后，其宅基地使用权如何处理，现行法律没有做出明确规定，但《土地管理法》《物权法》规定，只有农村村民才能取得宅基地使用权；农民集体所有的土地的使用权不得出让、转让或者出租用于非农业建设（符合土地利用总体规划并依法取得建设用地的企业，因破产、兼并等情形致使土地使用权依法发

生转移的除外）。从其精神推定，农民工全家在城镇落户后，由于不再属于农村村民，因此立法精神倾向于将宅基地使用权交回农民集体。

归纳起来看，根据现行法律规定，农民及农民工对农村土地不享有所有权，只是享有土地承包经营权、宅基地使用权等两项用益物权；该两项用益物权的取得都有一个基本条件，即该农民或农民工是该农村集体经济组织的成员；当农民工全家在设区的市落户后，将丧失土地承包经营权；当农民工全家进城落户后，立法精神倾向于应当丧失宅基地使用权。

以上法律规定实施以来，由于进城落户的农民工家庭数量很少，且多为收入和财产水平相对较高的家庭，因此未出现突出问题。但随着在城镇常住却未能平等享有市民权益的农民工规模不断扩大，工业化、城镇化、农业现代化进程的加快，迫切需要推进越来越多的普通农民工市民化，在此背景下，理论界和实务界开始反思现行法律规定，农民工全家进城落户后其土地权益如何处理就成为一个重大而且迫切需要解答的问题。一些观点认为应当允许全家进城落户后的农民工继续保留原有的土地权益，其理由：一是认为要求交回这两项用益物权，损害了农民工家庭的权益；二是担心这些进城落户的农民工家庭失地、失房后，未来一旦又失业，可能会影响社会稳定；三是担心现行规定会阻碍农民工市民化步伐，因为实践中很多农民工由于担心失去土地承包经营权、宅基地使用权而不敢进城落户。也有一些观点认为应当要求全家进城落户后的农民工交回原有的土地权益，其理由：一是认为假如全家进城落户的农民工不交回土地权益，将对原市民不公平，只有“土地换社保”才能体现出公平；二是担心假如全家进城落户的农民工不交回土地权益，将会冲击土地的公有制。由于两种观点各有其合理性，尚未形成共识，国家目前对此未作出明确的规定，而只是提出了“现阶段”的处理意见。《国务院办公厅关于积极稳妥推进户籍管理制度改革的通知》（国办发［2011］9号）提出："现阶段，农民工落户城镇，是否放弃宅基地和承包的耕地、林地、草地，必须完全尊重农民本人的意愿，不得强制或变相强制收回。"《国务院关于进一步推进户籍制度改革的意见》（国发［2014］25号）提出"进城落户农民是否有偿退出'三权'，应根据党的十八届三中全会精神，在尊重农民意愿前提下开展试点。现阶段，不得以退出土地承包经营权、宅基地使用权、集体收益分配权作为农民进城落户的条件"。

二、农民工全家进城落户后土地权益处理不同方式对七大战略目标的影响

农民工全家进城落户后土地权益处理问题涉及很多重大而复杂的因素，要科学回答这一重要问题，不能就事论事，而应站在全局的长远的战略高度，全面深入地分析这一问题的不同处理方式对国家其他战略目标的影响，综合权衡利弊后做出选择。目前来看，至少需要深入分析对七大战略目标的影响。

（一）对进城落户农民工家庭及城镇原市民、留乡农民权益的影响

1. 对进城落户农民工家庭权益的影响。

根据《农村土地承包经营法》《土地管理法》等规定，农民和农民工享有的土地承包经营权具体包括：①对承包地占有、使用、收益的权利；②对土地承包经营权采取转包、互换、转让等方式流转的权利；③承包地被国家依法征用、占用的，依法获得相应补偿的权利（含土地补偿费、安置补助费、地上附着物和青苗的补偿费等费用）等。宅基地使用权具体包括：①对宅基地占有和使用的权利，

有权依法利用该土地建造住宅及其附属设施；②对宅基地使用权进行转让的权利（目前未出台实施办法）；③宅基地和个人房屋被依法征收的，获得相应补偿的权利（含拆迁补偿、居住条件保障等）。

对于全家进城落户的农民工家庭来说，由于其已经从农业转移到二、三产业就业并在城镇定居（这里不讨论虽全家进城落户但可能仍然留在农村务农的个别情形），因此即使允许其继续保留土地承包经营权、宅基地使用权，但实际的权能已发生变化。其中，土地承包经营权中的使用权以及从务农获得收益的权利实际不再行使，其保留的权利：一是流转权及通过流转获得收益的权利；二是承包地将来被国家依法征用、占用的，依法获得相应补偿的权利；三是将来对承包地再次使用、收益的权利。宅基地使用权中的使用权从表面含义看已经行使（已建了住宅），但由于房屋不再日常使用，实质上宅基地的使用权能已不再完整行使，其保留的权利：一是对宅基地使用权进行转让的权利；二是宅基地和个人房屋将来被依法征收的，获得相应补偿的权利；三是对宅基地和房屋休假式或养老式使用的权利；四是将来对宅基地和房屋再次日常使用的权利。

如果规定农民工全家进城落户后可以继续保留土地承包经营权、宅基地使用权，则农民工家庭可以享有以上各项具体权利，这对农民工家庭具有有利影响：一是增加其当期经济收益，如土地承包经营权流转和宅基地使用权转让的收益。这种财产性收入就像一件衣服，能为农民工进城落户后抵御风寒。二是增加其潜在经济收益，如承包地、宅基地将来被国家依法征收、占用时，依法可获得的相应补偿。三是保留了其将来再次对承包地、宅基地、房屋使用的权利。

反之，如果规定农民工全家进城落户后应当交回土地承包经营权、宅基地使用权，则会使这些农民工家庭失去以上权益，对其造成不利影响。

2. 对城镇原市民权益的影响。

从直接关系来看，农民工全家进城落户后土地权益如何处理，对城镇原市民没有影响，因为如果允许农民工保留土地权益，不会侵害原市民的具体权益；如果要求农民工交回土地权益，原市民也不会新增任何具体权益。

但从间接关系来看，如果规定农民工全家进城落户后可以继续保留土地承包经营权、宅基地使用权，则会对部分城镇原市民造成心理上的不利影响。由于城镇原市民不享有农村土地承包经营权、宅基地使用权，部分人认为，进城落户农民工家庭的权益比自己的权益更多，而且这种不同的权益差别是长期的而不是短暂的，是可继承的而不是仅限于农民工本人一代的，是基于制度安排的而不是基于自由竞争结果的，因而对此安排不满。反之，如果规定农民工全家进城落户后应当交回土地承包经营权、宅基地使用权，那么其与城镇原市民一样，不拥有农村土地用益物权，只拥有在城镇购买住房后对所占用国有土地的使用权，因此，对城镇原市民的权益无任何影响。

3. 对留在农村的农民权益的影响。

根据《农村土地承包经营法》规定，承包方依法、自愿交回的土地应当用于调整承包土地或者承包给新增人口。根据《土地管理法》规定，农民集体所有的土地的使用权不得出让、转让或者出租用于非农业建设（符合土地利用总体规划并依法取得建设用地的企业，因破产、兼并等情形致使土地使用权依法发生转移的除外）。国家鼓励土地整理。县、乡（镇）人民政府应当组织农村集体经济组织，按照土地利用总体规划，对田、水、路、林、村综合整治，提高耕地质量，增加有效耕地面积，改善农业生产条件和生态环境。农村村民建住宅，应当符合乡（镇）土地利用总体规划，并尽量使用原有的宅基地和村内空闲地。可见，农民工家庭交回的宅基地，

主要用于农村集体经济组织新增住户的宅基地或整理成耕地。

如果规定农民工全家进城落户后应当交回土地承包经营权、宅基地使用权，将会有利于留在农村的农民：首先，将有利于农村新增人口、新增住户或存在因自然灾害严重毁损承包地等特殊情形的农民；其次，在解决了以上特定农民群体土地问题后，根据农村土地集体所有权的规定，交回的土地承包经营权、宅基地使用权将属于仍然留在农村的全体农民，增加其利益。

如果规定农民工全家进城落户后可以继续保留土地承包经营权、宅基地使用权，将会对留在农村的农民权益造成不利影响：一是留在农村的农民将不能获得已经不是本集体经济组织成员的土地承包经营权、宅基地使用权。二是由于农民工全家进城落户往往是个别、随机发生的，其承包土地、宅基地与留在农村的农民的承包土地、宅基地可能交错混杂，这会影响留在农村的农民对自身承包土地、宅基地的规划和利用，比如出现留在农村的农民住房被周围空房所包围等现象。三是随着时间的延长，这些农民和农民工的第二代分门立户后，双方之间可能互不认识，无交流、无情感联系，留在农村的农民对于陌生的非本集体经济组织成员享有本集体经济组织的土地承包经营权、宅基地使用权，并对自身利益造成不利影响，可能会产生强烈不满。

（二）对耕地保护的影响

随着工业化、城镇化发展和农民工市民化的推进，城镇人口不断增加，其就业、居住、生活必然需要直接和间接地增加企业、住房及各种生产生活设施，导致城镇数量增多、规模扩大，增加城镇建设用地。而我国与美、加、欧、俄、澳等国家不同，我国人均耕地资源贫乏，2010 年人均耕地面积 1.38 亩，仅为世界平均水平的 40%[①]，建设用地扩张与耕地保护之间始终存在尖锐矛盾。据原国家人口计生委预测，中国人口总量高峰将出现在 2033 年前后，人口总规模将达 15 亿左右，[②] 粮食总量的需求将继续扩大；而且作为十几亿人口的大国，无论从经济性还是国家安全角度看，不可能将粮食供给依赖于从国外进口。为保障国家粮食安全，党的十七届三中全会明确提出："坚持最严格的耕地保护制度，层层落实责任，坚决守住 18 亿亩耕地红线。"有数据显示，到 2010 年，我国耕地面积约为 18.26 亿亩[③]，距离耕地红线只差 0.26 亿亩。据第二次全国土地调查结果，截至 2012 年年底，我国耕地面积为 20.27 亿亩，[④] 比此前数据增加了 2 亿亩。不过，耕地总体质量不高、后备资源不足的国情没有改变；尽管第二次调查耕地数据多了 2 亿亩，但增加耕地相当部分需要安排退耕，相当数量不宜耕种，相当数量正常耕种受影响，适宜稳定利用的耕地只有 18 亿多亩。[⑤] 因此，在工业化、城镇化和农民工市民化过程中，必须严格保护耕地，不能冲击 18 亿亩耕地红线。

1. 农民工市民化大约需要新增多少城镇建设用地？

根据有关方面的统计，2012 年年底我国内地总人口为 135 404 万人，常住人口城镇化率为 52.57%，户籍人口城镇化率为 35.29%。据此推算，2012 年年底进城农业转移人口总量约为 2.34 亿人。《国家新型城镇化规划（2014—2020 年）》提出，到 2020 年常住人口城

---

①③ 新华网. 中国 18 亿亩耕地红线面临严峻挑战［EB/OL］.［2011-2-24］. http://news.xinhuanet.com/newscenter/2008-10/28/content_10267693.htm.

② 中新网. 中国人口高峰将在 2033 年出现总量将保持 15 亿［EB/OL］.［2009-9-17］. http://news.xhby.net/system/2009/09/17/010589174.shtml.

④ 数据来源于国土资源部 2014 年发布的《2013 中国国土资源公报》。

⑤ 人民网. 国土部：我国适宜稳定利用耕地 18 亿亩 坚决守住红线［EB/OL］.［2013-12-30］. http://politics.people.com.cn/n/2013/1230/c1001-23976728.html.

镇化率达到60%左右。有关研究预测，我国人口峰值约为15亿人，常住人口城镇化率在高峰时期将达到70%左右。据此推算，到我国常住人口城镇化率的高峰时期，城镇常住人口还将增加大约3.4亿人，其中现有城镇户籍人口群体增加约5 000万人，现有农村户籍人口群体进城常住约2.9亿人。

平均每个城镇常住人口占用多少城镇建设用地？从城市人口密度来看，国内外没有统一的适宜标准，目前，我国很多城市在编制规划时往往预设人口密度为每平方公里1万人，人均100平方米。《国家新型城镇化规划（2014—2020年）》也提出，人均城市建设用地严格控制在100平方米以内。从实际情况看，2010年，北京市居住在城镇的常住人口为1 685.9万人，建成区面积为1 289.3平方公里，人口密度为每平方公里约1.3万人；其中核心城区东城区、西城区93平方公里、228万人，人口密度为每平方公里约2.5万人。2005年，日本东京市区（23区）居民845万人，面积约621平方公里，人口密度为每平方公里约1.36万人；2011年，韩国首尔市登记人口1 058万人，市区面积605.77平方公里，人口密度为每平方公里1.75万人。据此，我们姑且认为每平方公里1万人的城镇人口密度，是土地未高度集约使用但尚可接受的。

根据有关资料，2011年，我国城镇建成区人口密度为每平方公里7 300人；城镇常住人口为69 079万人。据此推算，2011年城镇建成区面积为94 629平方公里。如果采取内部挖潜措施，将建成区人口密度提高到每平方公里1万人，则可以新增容纳25 550万人。粗略估算，未来新增3.4亿城镇常住人口需要新增建设用地的只有8 450万人，约需新增建设用地8 450平方公里，即1 267.5万亩土地。如果保持目前城镇建成区人口密度不变，新增常住人口按每平方公里1万人容纳，则需要新增建设用地约为3.4万平方公里，即5 100万亩土地。

2. 农民工市民化所需新增城镇建设用地来自哪里?

从新增城镇建设用地的直接来源看，一是来源于现有城镇规模的扩大，即现有城镇的郊区城镇化，郊区耕地、宅基地等转变为城镇建设用地；二是来源于新城镇的兴起，即在目前非城镇地区发展新城镇，该地区耕地、宅基地等转变为城镇建设用地。从世界各国城市发展实际情况以及相关研究来看，由于城镇达到一定规模才最有利于发挥集聚效应和规模效应，同时又避免交通拥堵、环境污染等特大城市病，新增城镇人口主要通过现有城镇规模扩大（已达人口规模上限的特大城市除外）而非新增城镇数量来吸纳，因此，可以预测，我国未来新增城镇建设用地也将主要来源于现有城镇的郊区城镇化。

从新增城镇建设用地的土地性质看，一方面，郊区城镇化之路决定了城镇建设用地性质主要取决于郊区土地性质，郊区土地多为丘陵山地，则新增城镇建设用地占用丘陵山地；郊区土地多为耕地，则新增城镇建设用地将占用耕地。一般来说，现有城镇多建设在地势相对平坦的地方，如果其郊区还有发展空间，往往多是耕地。另一方面，与丘陵山地相比，在平地上建设城镇不仅建设成本低，而且未来的交通、能耗等城镇运转成本也低。据此可以预测，新增城镇常住人口所需新增城镇建设用地（1 267.5 万亩或 5 100 万亩）将主要来源于占用耕地。

3. 能否解决好城镇新增建设用地与耕地保护的矛盾?

根据以上估算的数据，如果新增城镇常住人口所需建设用地主要依靠城镇建成区提高人口密度来解决，那么所需的新增建设用地仅 1 267.5 万亩，相对于现有耕地（姑且仍然按 18.26 亿亩匡算）来说，将对实现 18 亿亩耕地保护目标影响不大。如果主要依靠新增城镇建设用地，那么即使不考虑铁路、公路、机场、水利等城镇以外的其他基础设施所需新增建设用地，仅仅新增城镇常住人口所需的

新增城镇建设用地 5 100 万亩就将突破 18 亿亩耕地红线，必须补充新的耕地。

从目前国家政策和地方实践看，解决好城镇新增建设用地与耕地保护矛盾的主要办法是耕地占补平衡，即建设占用了多少耕地，则必须通过各种方式补充多少耕地。占补平衡的方式主要包括耕地后备资源（荒地）的开发、农村宅基地和建设用地的复垦等。自 1998 年土地整理成为一种正式制度安排以来，通过土地整理复垦开发，1999—2008 年平均年内增加耕地面积相当于建设占用耕地面积的 131.1%，10 年间均实现了耕地占补平衡。①

通过耕地后备资源（荒地）的开发来实现占补平衡，能发挥多大作用呢？据国土资源部 2011 年提供的资料，尽管分布不均衡，但我国可开发的耕地后备资源约有 500 万公顷（即约 7 500 万亩）。② 加上现有耕地面积，应该能够解决新增城镇常住人口最大所需新增 5 100 万亩土地而不会影响 18 亿亩耕地红线。

从山东、河南等一些地方的探索看，对农村宅基地和建设用地进行复垦，是实现占补平衡的重要方式。其模式主要是村庄整治、迁村并点，属于新农村建设和农业现代化范畴的探索。具体做法是：①将分散的几个村庄的农民迁移到一个新建的农村社区，新社区参照城镇社区建设，道路硬化，引入自来水、电、燃气等公共设施，集中盖住宅楼、超市等生活设施；尽量考虑到农民下地生产的交通距离、房屋中放置农具的需要、购买新房的经济承担能力等。这样既集约节约用地，又提高了农民生活水平。②腾出的村庄旧址复垦为耕地，而且其承包经营权仍然属于新社区中的农民；为了推进农业现代化生产，复垦的耕地往往依法流转给农业龙头企业或种植大

---

① 喻锋. 对完善耕地占补平衡制度的几点思考［J］. 国土资源情报，2011（10）.

② 中新网. 国土资源部：中国未来用地形势更加严峻［EB/OL］.［2011-6-25］. http://www.chinanews.com/estate/2011/06/25/3136856.shtml.

户生产经营，农民则到该企业或外出就业，获得租金和工资，从而提高了收入水平。在依法、合理地实行村庄整治、迁村并点的地方，农民提高了收入和生活水平，增加了耕地面积，是实现耕地占补平衡的好方式。

据国土资源部有关人员 2006 年提供的资料，我国农村居民点用地高达 16.4 万平方公里，人均用地 185 平方米。[①] 另据研究，1996 至 2007 年，我国农村居民点用地呈增长态势，年均增长 200 平方公里；这一趋势预计到 2013 年才可扭转，此前年均增长约为 100 平方公里[②]。假定村庄整治、迁村并点后的农村社区人口密度也为每平方公里 1 万人，即使不考虑农村常住人口的减少，也可腾出农村居民点用地约 7.5 万平方公里，即 1.125 亿亩土地。

4. 农民工全家进城落户后土地权益处理方式对耕地保护有何影响?

根据以上分析，可以得出几个有关耕地保护的结论：①坚守 18 亿亩耕地红线是必要的。②为了守住 18 亿亩耕地红线，同时又满足农民工市民化及其他基础设施建设新增用地需要，应该采取如下措施。首先，现有人口密度较小的城镇要内部挖潜，努力做到增人不增地；其次，现有人口密度适度的城镇在增人又增地时，尽量绕开耕地而使用其他土地；再次，在不得不新占用耕地时，按照占补平衡的原则，开发耕地后备资源（荒地）；最后，鼓励有条件的地方村庄整治、迁村并点，对农村宅基地和建设用地进行复垦。③在工业化、城镇化和农民工市民化背景下，只要政策科学并得到落实，守住 18 亿亩耕地红线是能够实现的，甚至在无须采取迁村并点、土地复垦措施情况下，就能够守住 18 亿亩耕地红线。

---

① 全国农村居民点用地接近河南总面积［N］. 新华每日电讯，2006-2-18.

② 李裕瑞，刘彦随，龙花楼. 中国农村人口与农村居民点用地的时空变化［J］. 自然资源学报，2010（10）.

在以上结论的基础上，分析农民工全家进城落户后土地权益处理方式对耕地保护的影响，可以看出：①无论农民工全家进城落户后是否交回土地承包经营权，只要依据《土地管理法》《农村土地承包经营法》有关规定严格坚持土地使用性质管理（即禁止违法将耕地变更为建设用地或其他用地；禁止任何单位和个人闲置、荒芜耕地；承包经营耕地的单位或者个人连续两年弃耕抛荒的，原发包单位应当终止承包合同，收回发包的耕地），则都不会影响耕地数量的增减，而只会影响耕地承包经营权的归属。不过，如果选择允许农民工继续享有土地承包经营权，那么应同时规定其应当依法流转、不得撂荒。②如果规定农民工全家进城落户后应当交回宅基地使用权，则有利于近期和中期增加耕地面积。其作用机制，一是留乡农民中新人出生而增加人口时，可以使用全家进城落户农民工交回的宅基地，从而减少耕地占用；二是留乡农民可以通过住房和宅基地的置换、集中，将多余的宅基地复垦为耕地，当自然村落的农民工家庭基本上都进城落户（即自然村落“空心化”）时，更有利于将宅基地复垦为耕地。③即使规定农民工全家进城落户后无须交回宅基地使用权，从长期来看也不影响增加耕地面积。因为宅基地使用权的归属，原则上不直接影响迁村并点、土地复垦的合理实施，实际上，目前各地规范实施的迁村并点、土地复垦，其实施主体和实施对象都是拥有宅基地使用权的农民，复垦后的土地使用权也仍然归其所有。不过，鉴于农民工全家进城落户后，其本人和继承人与原农村集体经济组织的联系会越来越弱化、乡亲感情会越来越淡化，其要求独立使用土地承包经营权、宅基地使用权的意识会越来越强化。因此，如果规定农民工全家进城落户后可以继续保留宅基地使用权，则农民工家庭和继承人拒绝执行迁村并点、土地复垦措施的可能性会提高；需要同时规定其在当地实施迁村并点、土地复垦时，应当与当地农民履行同等的支持、配合义务，也享有同等的权利。

④农民工全家进城落户后是否交回宅基地使用权，对耕地面积的增加与否有影响，但与守住18亿亩耕地红线关系不大，只要政策科学并得到落实，在无须采取宅基地复垦措施情况下，就能够守住18亿亩耕地红线。

（三）对社会稳定的影响

农民工全家进城落户后土地承包经营权、宅基地使用权的处理问题，涉及几亿人口的直接或间接、近期或长期权益，处理适当与否，关系到社会稳定，有必要分析其对社会稳定可能造成的各种影响。

1. 进城落户农民工家庭的“退路”问题。

在城乡二元体制下，土地承包经营权、宅基地使用权对于农民具有保障功能，保障农民家庭有饭吃、有衣穿、有房住。农民工全家进城落户后，如果未来在吃饭、穿衣、住房等基本生活上能够持续得到保障，则无论是否保留土地承包经营权、宅基地使用权，都不会直接由此影响社会稳定。如果未来在城镇可能出现不能保障吃饭、穿衣、住房等基本生活的情形，那么允许农民工家庭保留土地承包经营权、宅基地使用权，必要时回到农村老家，在城乡之间“进退有路”，能促进社会稳定。比如2008年，受国际金融危机冲击，中国沿海大量企业减产停产、解雇员工，近2 000万农民工在短时间内失去工作岗位，他们回到农村老家，社会稳定未受到影响。反之，如果不允许农民工家庭保留土地承包经营权、宅基地使用权，有可能出现与拉美、南亚一些国家类似的“贫民窟”，进而影响社会稳定。

农民工全家进城落户后，未来在吃饭、穿衣、住房等基本生活上能否持续得到保障？这取决于其未来能否持续获得一定水平的收入。农民工家庭收入来源主要包括就业、投资、理财、社会保障，

这些收入来源既受经济发展状况、就业形势、政府财力大小、制度完善情况等宏观因素影响，又受农民工个人职业技能和家庭的老、病、伤、失业、生育等微观因素影响，因此难以对个体家庭做出预测。从整体上分析，多数经济学家对中国未来至少20年内的经济持续较快发展是有信心的，中国的失业率也长期处于4%～5%的较低水平，社会保障制度已经建立并正在不断完善，因此，城镇常住人口的吃穿用行等基本生活是能够得到保障的。但是，农民工住房存在很大问题。2013年，外出农民工中在务工地自购房的只有0.9%，独立租赁住房的只有18.2%，其他人通过与他人合租、居住在用人单位宿舍或工作场所等方式解决居住问题[①]。因此，如果规定交回土地物权，一旦发生类似2008年国际金融危机冲击的情形，大量农民工家庭可能在城镇“居无定所”，严重影响社会稳定。如果规定其可以保留土地物权，必要时回到农村老家，则可以让其在城乡之间“进退有路”，促进社会稳定。

2. 以往进城落户农民工家庭“找后账”问题。

20世纪90年代以来，尤其是21世纪以来，一些地方已经有部分农民工全家进城落户。其中多数地方要求进城落户农民工家庭向农村集体经济组织交回了土地承包经营权、宅基地使用权，也有少数地方允许其继续保留这两项权利。在今后大规模的农民工市民化过程中，如果规定农民工全家进城落户后可以保留土地承包经营权、宅基地使用权，是否会引起此前已进城落户且交回了土地承包经营权、宅基地使用权的农民工家庭“找后账”呢？这主要取决于以下因素：

一是法治理念的普及程度。从法律规定和法学理论来看，任何组织和个人都要遵守法律法规，法律法规会随着客观情况变化而做

① 资料来源于国家统计局发布的《2013年全国农民工监测调查报告》。

出修订，但法律法规不溯及既往。通俗地说就是一切遵照现行法律法规规定执行。所以，在法治理念广泛深入普及的情况下，基本不会发生因法律法规变更而“找后账”问题。当然，这也要求：如果规定农民工全家进城落户后可以保留土地承包经营权、宅基地使用权，应当修改现行《农村土地承包经营法》《土地管理法》，而不能通过法律位阶较低的规范性文件做出与现行《农村土地承包经营法》《土地管理法》内容不一致的规定。

二是既往受影响群体的生活现状。如果该群体目前生活状况良好，一般不会“找后账”，比如出身农村的大学毕业生进城落户且在农村土地承包中未获得土地承包经营权的，未发生过要求重新享有土地承包经营权、宅基地使用权的现象。如果该群体目前生活状况恶劣，则有可能“找后账”。

三是既往受影响群体的规模。如果规模小，则“找后账”的可能性也小。如果规模大，则“找后账”的可能性也大，因为在此情形下不是维护自身法定权益问题，而是通过压力主张更多权益问题，群体规模越大诱导发生群体性事件的可能性越大。

从以上角度看，如果延续以往多数地方做法，规定进城落户农民工家庭应当交回土地承包经营权、宅基地使用权，则会消除已进城落户农民工家庭“找后账”的可能性。如果规定农民工全家进城落户后可以保留土地承包经营权、宅基地使用权，由于目前已进城落户且交回了土地承包经营权、宅基地使用权的农民工家庭规模不大，往往经济条件较好，具有一定的综合素质和法治理念，因此，其“找后账”的可能性也不大。

3. 原市民群体的反应问题。

本章上文已经分析，如果规定农民工全家进城落户后可以继续保留土地承包经营权、宅基地使用权，则会对部分城镇原市民造成心理上的不利影响，引起他们的不满。那么这种不满的强度会有多

大？是否会导致群体性事件从而影响社会稳定呢？

从属性来看，部分原市民的不满，属于间接对经济利益分配制度的不满。影响不满强度的有两个重要因素：一是这种经济利益分配的公平性，二是这种经济利益分配引起的结果，即不同群体之间收入和财富差距。应该说，如果规定农民工全家进城落户后可以继续保留土地承包经营权、宅基地使用权，尽管是赋予了农民工家庭一种特别权利，但考虑到目前城乡居民收入比超过3∶1①，城镇居民平均财富也远高于农民工家庭平均财富；新中国成立以来，国家通过工农业产品价格“剪刀差”、农村劳动力转移、征地、金融存贷款等制度安排，让农民向城镇输出了人力资源、土地资源、金融资源等大量生产要素和巨额财富，为城镇和国家发展做出了巨大贡献。因此，赋予农民工家庭一种特别权利，总体上是公平的，而且短期内改变不了原市民平均收入和财富高于农民工家庭平均收入和财富的分配结果。由此判断，只要宣传工作到位，原市民因为农民工全家进城落户后可以继续保留土地承包经营权、宅基地使用权而产生的不满，导致群体性事件从而影响社会稳定的可能性较低。

另外，如果规定农民工全家进城落户后应当交回土地承包经营权、宅基地使用权，则不会引起部分原市民的不满，不会影响社会稳定。

4. 留在农村农民的反应问题。

根据本章上文分析，如果规定农民工全家进城落户后可以继续保留土地承包经营权、宅基地使用权，则会影响留在农村农民的实际利益，引起部分人的不满。那么这种不满的强度会有多大？是否会导致群体性事件从而影响社会稳定呢？

---

① 中国经济网．去年中国城乡收入比为3.10：1，为10年来最低［EB/OL］．［2013-1-23］．http://news.xinhuanet.com/fortune/2014-01/20/c_126030509.htm.

从属性来看，部分留在农村农民的不满，属于直接对经济利益分配的不满，因为这种新的利益分配改变了此前法律规定，直接减少了农村集体经济组织中留乡农民本来可获准使用的耕地（林地、草地）、宅基地。留在农村的农民人均占有的土地资源不能增加，收入和生活水平不能由此而得到改善，其不满的强度可能会较大，存在导致群体性事件从而影响社会稳定的风险。

当然，针对留在农村农民的不满，可以通过完善政策来减轻、消解：一是规定农民工全家进城落户后，其保留的土地承包经营权应当依法流转；二是规定农民工全家进城落户后，其保留的宅基地使用权可以自愿有偿退出，且在农村集体经济组织民主决定迁村并点时，应当履行相同义务、享有相同权利。这样，虽然全家进城落户农民工的土地承包经营权、宅基地使用权未归属于留乡农民，但是留乡农民可以分享占有、使用、收益权益，其收入和生活水平能够由此而得到改善，其不满的强度将会降低，对社会稳定的不利影响将会减弱。

另外，如果规定农民工全家进城落户后应当交回土地承包经营权、宅基地使用权，则不会引起留在农村农民的不满，不会影响社会稳定。

（四）对工业化和新型城镇化的影响

同步推进工业化、信息化、新型城镇化和农业现代化，是我国实现现代化目标的发展路径。目前社会主流舆论已形成共识：城镇化的核心是人的城镇化；工业化需要农村不断提供人力资源，而且是职业技能和综合素质越来越高的人力资源。概括地说，促进工业化、城镇化健康发展，需要稳步推进农民工市民化。中央城镇化工作会议和《国家新型城镇化规划（2014—2020 年）》明确，要以人为本，推进以人为核心的城镇化，提高城镇人口素质和居民生活质

量，把促进有能力在城镇稳定就业和生活的常住人口有序实现市民化作为首要任务。

本书第五章第二部分已经分析，农民工市民化有两条途径：一是推进农民工进城落户，并即时全面享有与原市民平等的市民权益。《国家新型城镇化规划（2014—2020年）》提出，到2020年，要努力实现1亿左右农业转移人口和其他常住人口在城镇落户。二是推进进城就业但尚未落户的农民工逐步平等享有各项市民权益。在这两条途径中，第一条途径的推进，既涉及城镇综合承载能力和政府、原市民的意愿，也涉及农民工家庭的意愿，假如农民工家庭不愿意在城镇落户，那么即使政府放宽放开了城镇落户条件，农民工进城落户步伐也会很慢，实现到2020年解决1亿左右农业转移人口和其他常住人口在城镇落户的目标将会受到不利影响。

从实际情况看，影响农民工家庭在城镇落户意愿的因素，或者说农民工家庭进城就业常住后，是否进一步选择在城镇落户，归根到底取决于在城镇落户后能获得的权益是否大于失去的权益。通俗地说就是：在城镇落户是好还是不好？有用还是没用？回答这个问题，需要分析四个因素：一是在城镇落户能获得的权益。这取决于该城镇与户籍挂钩的各项市民权益的条件、多少、大小。实践中，城市越发达则通常与户籍挂钩的各项市民权益越多，对农民工家庭的吸引力就越大，北京、上海、广州、深圳等超大城市更是农民工家庭希望落户的首选。二是在城镇落户将失去或可能失去的权益。这取决于法律政策规定农民工全家在城镇落户后是否将失去一些在农村的权益，以及农民工家庭认为因各种内在、外在原因而可能失去的权益，即面临的风险。比如，进城落户后，原有的土地承包经营权、宅基地使用权、集体经济收益分配权、计划生育权益等是否将失去；在城镇能否拥有稳定的住房、稳定的就业和收入等。三是在城镇落户后能获得的权益与失去的权益之间的比较。这取决于能获得的权益与失去的权益的种类、价值、在不同农民工家庭心中的具体权重。当农民工家庭经过评估认为得大于失时，其将愿意在城镇落户；反之，则不愿意。四是社会舆论。实践中，在城镇落户后能获得的权益与失去的权益并不是都能量化衡量的，也并不是每个农民工家庭都能完全理性地对各种得失进行评估，因此，很多农民工家庭会“跟风”，也就是当社会舆论的主流认为在城镇落户得大于失，已经有大量农民工家庭选择了在城镇落户时，其他农民工家庭往往也会选择“从众”，愿意在城镇落户。那么，土地承包经营权、宅基地使用权处理方式对农民工家庭在城镇落户的意愿有何影响、影响的程度多大呢?

1. 已经拥有土地承包经营权、宅基地使用权的农民工在城镇落户的意愿分析。

根据现行法律规定，土地承包经营权、宅基地使用权的享有均以家庭户为单位。凡是已经分门立户的农民工，基本都拥有了土地承包经营权、宅基地使用权。据调查，影响农民工进城落户意愿的多因素中，最主要因素是土地承包经营权、宅基地使用权的处理方式问题。[①] 如果规定农民工全家进城落户后可以保留土地承包经营权、宅基地使用权，将会增强已经拥有了土地承包经营权、宅基地使用权的农民工全家进城落户的意愿；如果规定农民工全家进城落户后应当交回土地承包经营权、宅基地使用权，则大多数这类农民工家庭将会放弃在城镇落户，以免本家庭的土地承包经营权、宅基地使用权被收回。另外，还有一个重要因素需要考虑，即进城落户农民工家庭交回的土地承包经营权、宅基地使用权，依法应当归属于该农村集体经济组织的全体成员，包括进城常住但未落户的农民工及其家庭。也就是说，同样是进城就业和生活的农民工家庭，如

① 张翼. 农民工“进城落户”意愿与中国近期城镇化道路的选择［J］. 中国人口科学，2011（2）.

果在城镇落户了将失去土地承包经营权、宅基地使用权，如果未在城镇落户则不仅不会失去土地承包经营权、宅基地使用权，而且还将新增土地承包经营权、宅基地使用权。这将进一步削弱农民工家庭在城镇落户的意愿。只有小部分农民工具备了较强的就业能力和经济实力，尤其是认为在城镇落户的获益大于失去的土地承包经营权、宅基地使用权的利益，才会选择在城镇落户。实践中，21 世纪初以来，一些地方已经放开了中小城市和小城镇的落户条件，但申请落户的农民工家庭数量很少，主要原因就是农民工家庭不愿意交回土地承包经营权、宅基地使用权，他们认为在中小城市和小城镇落户后获得的权益，难以补偿失去的土地承包经营权、宅基地使用权。

2. 尚未拥有土地承包经营权、宅基地使用权的农民工在城镇落户的意愿分析。

在农民工群体中，尤其是在新生代农民工中，部分人尚处于单身或者虽已结婚但在农村尚未独立作为一个家庭承包土地、分配宅基地（主要是“90 后”人员，目前在全部农民工中占少数），目前没有独立的土地承包经营权、宅基地使用权，而是以父母家庭为单位享有这两项权益。这部分农民工的两项土地权益比较复杂：

第一，从土地承包经营权来看。过去，这部分人在 1997—1999 年进行的农村第二轮土地承包中，作为父母家庭的成员而享有了本人的土地承包经营权（当时一般按每户家庭的人口数量来分配承包经营的土地面积），或者由于出生于第二轮土地承包之后而未享有本人的土地承包经营权。现在，由于本人处于单身或者虽已结婚但尚未与父母分门立户，因此没有独立的土地承包经营权。将来，在这部分农民工看来其土地承包经营权还具有不确定性，因为党的十七届三中全会通过的《中共中央关于推进农村改革发展若干重大问题的决定》提出“赋予农民更加充分而有保障的土地承包经营权，现有土地承包关系要保持稳定并长久不变”，但目前农村土地承包经营权“确权颁证”工作尚未完成，土地承包经营权“长久不变”的政策尚未落实。这部分农民工担心如果第二轮土地承包期满（2027—2029年）后，还将开展第三轮土地承包，则其进城落户后，其父母家庭承包经营的土地会被减少。当然，如果立法明确并加快实施农村土地承包经营权“确权颁证”，将家庭通过第二轮土地承包合法获得的土地承包经营权的期限，由原承包经营协议中明确的30年延长为“长久不变”，落实原承包家庭“增人不增地、减人不减地”原则，这样，原承包家庭中的子女（新生代农民工）即使进城落户了，也不会影响家庭承包经营的土地面积。

党的十八届三中全会决定再次强调，“稳定农村土地承包关系并保持长久不变”；各地也在加快实施农村土地承包经营权“确权颁证”工作步伐，总的来看，尽管农民工有担心，但目前尚无独立的土地承包经营权的农民工，其本人和父母家庭未来会“增人不增地、减人不减地”。因此，即使规定农民工全家进城落户后应当交回土地承包经营权，对这些年轻农民工本人和父母家庭的土地承包经营权也不会产生影响，相应地也不会影响这些年轻农民工本人和自己建立的小家庭进城落户的意愿。

第二，从宅基地使用权来看。过去，这些人的父母可能继承了长辈的宅基地，那么这部分人未曾分配过宅基地；也有的父母申请分配了新的宅基地，那么这些人作为被考虑到的家庭人口，在父母家庭中享受了宅基地使用权。现在，由于本人处于单身或者虽已结婚但尚未与父母分门立户，因此没有独立的宅基地使用权。将来，当这些人结婚并与父母分门立户时，根据《土地管理法》有关规定，在省（自治区、直辖市）规定的面积标准范围内，其可以申请新的宅基地。不过，在大多数地方的现实中，农村集体经济组织已经基本上没有空闲宅基地，年轻家庭盖新房，只能选择集约使用父母的宅基地，或者符合条件的经批准使用自家的耕地。申请新宅基地的

名义权利基本上难以真正落实，其性质类似于耕地的“增人不增地、减人不减地”。因此，即使规定农民工全家进城落户后应当交回宅基地使用权，对这些年轻农民工本人和父母家庭的宅基地使用权也不会产生影响，相应地也不会影响这些年轻农民工本人和自己建立的小家庭进城落户的意愿。

如果规定农民工全家进城落户后可以保留宅基地使用权，伴随产生了一个需要明确作出规定的问题：这些年轻农民工本人和自己建立的小家庭进城落户后，未来还可以申请宅基地吗？方案一：对老人、新人实行相同的政策，即出生时为农业户口、属于农村集体经济组织成员，且没有独立享有宅基地使用权的，转为城镇户口后，仍然可以在原农村集体经济组织申请一处宅基地。这一方案最大限度地维护了这部分年轻农民工家庭的宅基地使用权，能够增强年轻农民工在城镇落户的意愿；但这一方案将可能导致现有的宅基地占地面积不减少、新的宅基地又增加，宅基地占地总面积不断扩大。方案二：实行老人老办法、新人新办法，即进城落户后，已经拥有宅基地使用权的农民工家庭可以保留宅基地使用权，但尚未独立享有宅基地使用权的年轻农民工家庭不能再向原农村集体经济组织申请宅基地使用权。方案二限制了这些年轻农民工未来申请宅基地的权益，相应地会影响他们进城落户的意愿，他们可能选择在未来享受了宅基地使用权之后再申请到城镇落户。不过，考虑到上文分析的申请新宅基地的名义权利基本上难以真正带来新宅基地权益，如果他们能够在城镇拥有稳定的就业、稳定的住房，那么这种不利影响的程度会减弱。

归纳以上分析，可以预测：

第一，如果规定农民工全家进城落户后可以保留土地承包经营权、宅基地使用权，并且出生时为农业户口、属于农村集体经济组织成员，尚未独立享有宅基地使用权的，转为城镇户口后，仍然可以在原农村集体经济组织申请一处宅基地，那么在符合进城落户条件的各类农民工家庭中，有意愿选择进城落户的比例会提高，将有利于实现到2020年解决1亿左右农业转移人口和其他常住人口在城镇落户的目标，农民工市民化的两条途径都将充分发挥作用，更有利于促进工业化、新型城镇化发展。

第二，如果规定农民工全家进城落户后可以保留已有土地承包经营权、宅基地使用权，但是尚未独立享有宅基地使用权的，转为城镇户口后，不得再在原农村集体经济组织申请宅基地，那么将会增强已经拥有土地承包经营权、宅基地使用权的农民工家庭在城镇落户的意愿，但在尚未独立享有宅基地使用权的新生代农民工或其小家庭中，可能出现大部分人在城镇落户意愿不受影响而小部分人意愿受影响的状况。这种方案也比较有利于实现到2020年解决1亿左右农业转移人口和其他常住人口在城镇落户的目标。

第三，如果规定农民工全家进城落户后应当交回土地承包经营权、宅基地使用权，那么已经拥有土地承包经营权、宅基地使用权的农民工在城镇落户的意愿将受到很大影响，这类农民工家庭中的大多数将会放弃在城镇落户；在尚未独立享有土地承包经营权、宅基地使用权的新生代农民工或其小家庭中，其城镇落户意愿基本上将不受影响。结果选择在城镇落户的将主要是大部分尚未独立享有土地承包经营权、宅基地使用权的新生代农民工，以及小部分已经拥有土地承包经营权、宅基地使用权的农民工，不利于实现到2020年解决1亿左右农业转移人口和其他常住人口在城镇落户的目标。

（五）对农业现代化和新农村建设的影响

在推进工业化、城镇化的同时，应当同步推进农业现代化、新农村建设，实现城乡一体化发展。推进农业现代化、新农村建设，需要采取一系列政策措施，涉及很多因素，其中与农民工全家进城

落户后土地权益处理方式有关的主要有两个方面的问题。

1. 土地适度规模经营问题。

从国际经验和国内探索看，推进农业现代化、新农村建设，需要对土地实行适度规模经营，改变农民人均 2 亩多地的状况，让土地适度向农村专业大户、家庭农场、农民合作社、农业企业集中，促进农业生产经营专业化、标准化、规模化、集约化，从而既提高农业产出，又提高农民收入水平，吸引部分年轻劳动力务农，保证粮食和农业安全。

(1) 如果规定农民工全家进城落户后应当交回土地承包经营权、宅基地使用权，可能出现的情形：

一是一部分尚未独立享有土地承包经营权、宅基地使用权的新生代农民工，可能选择在城镇落户，但他们没有土地承包经营权、宅基地使用权可交。实际上，不管他们是否在城镇落户，其在父母家庭中共有的土地承包经营权、宅基地使用权均不受影响，而且只要他们已经转移就业，其父母家庭人均经营的土地面积将增加。

二是少数已经拥有土地承包经营权、宅基地使用权的农民工家庭可能选择进城落户，其交回的土地承包经营权、宅基地使用权依法由留在农村的农民家庭平均享有。实际执行中将会提出一个问题：这些交回的土地承包经营权如何由留在农村的农民家庭平均享有？如果按照农民家庭人口数平均享有，那么将冲击“增人不增地、减人不减地”原则，所以只能选择按照每户家庭平均享有。考虑到从性质看，土地是不可移动的不动产；从空间看，交回承包经营权的土地分布往往是分散而非集中成片的；从时间看，农民工家庭在城镇落户并交回土地承包经营权是持续不断发生的；因此，如果每户留乡家庭平均分配交回的承包经营土地，承包经营地将会碎片化，如果农户间土地互换又将冲击土地“确权颁证”，农户与土地之间难以建立稳定的对应关系。所以，每户家庭平均分配承包经营的土地的方案可操作性很小。比较可行的方案是将交回的土地承包经营权面向本集体组织成员拍卖，所得收入按照农民家庭为单位平均分配。如此，则交回的土地承包经营权将会有偿集中到本集体组织中的专业大户、家庭农场、农民合作社等。

三是大多数已经拥有土地承包经营权、宅基地使用权的农民工家庭将选择不在城镇落户，不会交回土地承包经营权、宅基地使用权。根据规定，其承包的土地不得撂荒，土地承包经营权将会依法流转到专业大户、家庭农场、农民合作社、农业企业等。

（2）如果规定农民工全家进城落户后可以保留土地承包经营权、宅基地使用权，可能出现的情形：

一是已经拥有土地承包经营权、宅基地使用权的农民工家庭，很大比例会选择在城镇落户，其保留的土地承包经营权将依法流转到专业大户、家庭农场、农民合作社、农业企业等。其宅基地使用权和房屋将保留，今后迁村并点时，其将继续拥有宅基地复垦后的土地承包经营权并依法流转。

二是尚未独立取得土地承包经营权、宅基地使用权的新生代农民工或其小家庭，不管选择在城镇落户的比例有多大，其在父母家庭中共有的土地承包经营权、宅基地使用权均不受影响，而且只要他们已经转移就业，其父母家庭人均经营的土地面积将增加。

归纳以上两种情形可以看出：

第一，因为法律规定承包地不得撂荒，因此，无论农民工全家进城落户后是否可以保留土地承包经营权、宅基地使用权，基本上都不会影响土地承包经营权流转、土地适度规模经营。

第二，影响土地适度规模经营的主要因素是外出常住农民工的数量，外出者多、留在农村者少，则留在农村的劳动力人均经营土地面积会增加，更有利于土地适度规模经营；外出者少、留在农村者多，则不利于土地适度规模经营。

第三，规定农民工全家进城落户后应当交回或者可以保留土地承包经营权、宅基地使用权，所影响的主要是承包经营土地的结构，即留在农村的农民增加的经营土地是属于本家庭承包，还是属于经营权流转；是按户平均增加经营土地，还是集中增加到少数专业大户、家庭农场、农民合作社、农业企业等。

2. 迁村并点、宅基地复垦问题。

新农村建设是提高农民生活水平的重要举措，也是吸引部分年轻劳动力留在农村务农、保证粮食和农业安全的必要条件。中国农村居民人数多、居住分散、经济实力薄弱，开展新农村建设，需要鼓励村庄整治、迁村并点，以有限的财力集中建设规模适度的农村社区，惠及尽可能多的农民。同时，村庄整治、迁村并点还能促进对农村废弃宅基地和建设用地的复垦，从而腾出更多耕地，促进农业现代化。

当然，要将村庄整治、迁村并点这件好事办好，从一些地方的经验来看，必须明确并落实一些基本原则：一是在决定村庄整治、迁村并点过程中，应当落实民主决策、民主管理、民主监督。二是加强农村社区的基础设施建设，完善公共服务，使其生活水平显著高于原村落。三是合理确定农村社区布点和覆盖半径，方便农民下地生产时的交通。四是农村社区要考虑到农民的特殊需要，如农具放置等。五是合理筹措农村社区建设包括住房建设的费用，不能增添农民难以承受的经济负担。六是腾出的宅基地复垦为耕地、林地、草地后，其承包经营权应当公平分配给全体村民家庭，等等。

本章上文在分析耕地保护问题时已经提出：只要明确在城镇落户的农民工家庭在原户籍地实施迁村并点、土地复垦时，应当与当地农民履行同等的支持、配合义务，也享有同等的权利，那么无论农民工全家进城落户后是否交回宅基地使用权，原则上都不直接影响迁村并点、土地复垦的合理实施。不过，如果规定农民工全家进城落户后可以继续保留宅基地使用权，由于已在城镇落户的农民工家庭与留乡农民家庭相比，其对农村社区建设的认可度较低（后者能通过农村社区建设提高居住和生活水平，而已居住在城镇的前者对此需求度较小），而且已在城镇落户的农民工家庭和其继承人可能随着离乡时间的延长而逐渐淡化对故乡的感情，因此，已在城镇落户的农民工家庭和其继承人拒绝执行迁村并点、土地复垦措施的可能性会增大，从而对迁村并点、土地复垦产生不利影响。

（六）对土地所有制的影响

土地所有制是一项重大的基本制度。根据《宪法》和《土地管理法》《农村土地承包经营法》规定，中华人民共和国实行土地的社会主义公有制，即全民所有制和劳动群众集体所有制。农村的耕地、林地、草地等农用地属于农民集体所有，或者国家所有（即全民所有）由农民集体使用；农村的宅基地属于农民集体所有。那么，农民工全家在城镇落户后土地承包经营权、宅基地使用权的处理方式对土地所有制有何影响呢？

首先，如本章前文所述，根据《物权法》规定，土地承包经营权、宅基地使用权都属于用益物权，不是完全的所有权；其拥有人对承包经营的土地只享有占有权、使用权、收益权，对使用的宅基地只享有占有权、使用权，均不享有处分权；这些土地、宅基地的完全所有权属于农民集体（农民集体使用的国有土地，所有权属于国家）。因此，农民工全家在城镇落户后，无论规定其土地承包经营权、宅基地使用权是应当交回还是可以保留，从法律性质来看，所影响的只是用益物权的拥有，而不会直接影响土地所有权，不会直接影响土地所有制。可以说：关于土地承包经营权、宅基地使用权都属于用益物权的法律规定，是维护土地公有制、应对未来万一出现的危急情况的“撒手锏”。不过，除了从法律性质角度研究外，还有必要从实际落实的角度研究土地承包经营权、宅基地使用权处理方式对土地所有制的间接影响。

1. 规定交回土地承包经营权、宅基地使用权的影响。

如果规定农民工全家在城镇落户后应当交回土地承包经营权、宅基地使用权，在理想的状况下，在城镇稳定就业和生活的农民工家庭基本上都选择在城镇落户，并交回土地承包经营权、宅基地使用权，由留在农村的农民家庭平均享有。结果是，不仅对土地的所有制未造成影响，而且土地承包经营权、宅基地使用权的拥有人具有农业户口、属于本农村集体经济组织成员、实际在农村务农和生活，这正是农民工群体出现之前农村的状况。

但是，如本章前文所分析，这种理想的状况可能难以出现，可能性最大的实际状况是：大多数农民工将选择继续在城镇就业和常住但不落户，也就无须交回土地承包经营权、宅基地使用权；小部分农民工选择在城镇落户，并交回土地承包经营权、宅基地使用权，由留在农村的农民家庭平均享有，而在城镇就业和常住但不落户的农民工家庭也具有分享权，其拥有承包经营权的土地、拥有使用权的宅基地面积将越来越大。结果是，尽管对土地所有制未造成影响，但是未来土地物权的约一半拥有人特征为：具有农业户口、属于本农村集体组织成员（名义上是农民），但实际上主要在城镇常住甚至出生在城镇（实际上是新市民），这类似目前农民工双向流动就业阶段农村的状况；而真正常住在农村的农民则只占拥有土地物权者的一半左右（本章上文已述，目前在城镇常住的农业转移人口为 2.34 亿人，未来还有约 2.9 亿人转移到城镇常住，而城镇化高峰时期农村常住人口约 4.5 亿人）。

2. 规定保留土地承包经营权、宅基地使用权的影响。

如果规定农民工全家在城镇落户后可以保留土地承包经营权、宅基地使用权，那么土地承包经营权、宅基地使用权将长久属于已经在城镇落户的农民工家庭及其继承人。考虑到已经在城镇落户的农民工家庭及其继承人实际上不属于“农民”、不属于农村集体经济组织的成员，在这种情形下，土地承包经营权、宅基地使用权的超过一半拥有人特征为：具有城镇户口、不属于农村集体经济组织成员（名义上是市民），在城镇就业和生活，越来越多的人甚至出生在城镇（实际上也是市民）。

对比以上两种处理方式的影响，其不同之处是：第一种方式下土地承包经营权、宅基地使用权的近半拥有者在城镇常住但未落户，名义上仍然属于农村集体经济组织成员；第二种方式下土地承包经营权、宅基地使用权的近半拥有者在城镇常住且落户，名义上不再属于农村集体经济组织成员。其相同之处：一是土地承包经营权、宅基地使用权的近半拥有者在城镇常住；二是这些人员及其继承人长久享有土地承包经营权、宅基地使用权，可能会在一定程度上影响作为土地所有者的农村集体经济组织依法处分这些土地。

（七）对传承中国传统文化的影响

中国不仅是四大文明古国之一，而且是唯一不间断的文明古国。中华文明有一个显著的特征，就是不间断的文化传承，表现在客观实在上，是传承几千年的物质和非物质文化遗产；表现在社会心理上，就是中国人强烈的“根”的意识。而乡村由于其物与人的稳定性，是传承中国传统文化的重要载体。乡村的山峦、河流、建筑、道路、树木、农田，以及生产方式、生活方式、风俗人情等，都是中国传统文化的载体。因此，为了促进中国传统文化传承，必须注重保护和发展古村、古镇，使其既保持历史的原汁原味，又适于现代生活，成为能吸引人口就业和生活的传承中国传统文化的活载体。

与此同时，促进中国传统文化传承，还必须留住流动人口的“根”的意识，留住中国人的“根”。千百年来，中国乡村的知识分子、商人或其他能人，无论外出从政、经商还是无奈谋生，哪怕远

渡重洋（华侨、华人），往往都会或希望落叶归根。这个“根”就是故乡，故乡是他们的精神家园，故乡的重要标志就是祖居村落。离乡外出的群体对于乡村风貌也会形成深远影响，历史上乡村很多美丽建筑、公共设施是由离乡外出的群体修建的。故乡与游子相互影响，故乡吸引游子，游子从故乡汲取精神营养，并且反哺故乡。在历史的轮回中，文化代代传承。

从农民工情况看，大多数农民工将来即使进城落户了，与农村仍然有着紧密的联系，因为他们的童年记忆还留在那个地方，那里有他们祖先的墓葬、祠堂，有亲属、朋友、老师、同学。从心理上，他们希望至少终己一生能够继续保持与故乡的联系。因此，留住进城落户农民工乃至其后代在农村的“根”，有利于传承中国传统文化。保持进城落户的农民工家庭与故乡联系的最重要基础条件是保留其宅基地使用权，因为无宅基地使用权意味着无农村住房、无自在方便的落脚之地。

根据以上分析，如果允许农民工全家进城落户后继续保留宅基地使用权，将有利于保留、传承中国传统文化。反之，如果规定农民工全家进城落户后应当交回宅基地使用权，则不利于保留、传承中国传统文化。在耕地面积可控、粮食和农业安全可保的前提下，对进城落户农民工家庭的房子，与其“拆掉”（即收回宅基地使用权，现在就复垦为耕地），不如“烂掉”（即保留宅基地使用权，让房子自然存在）。

三、对农民工全家进城落户后土地权益处理问题的政策建议

为了更直观地把握农民工全家进城落户后土地承包经营权、宅基地使用权处理问题的影响，可以将以上分析过程省略而直接引用分析结论并制作成表，如表 1 所示。

表 1　农民工全家进城落户后土地承包经营权及宅基地使用权处理问题的影响

		保留土地物权	交回土地物权	性质
对权益维护的影响	进城落户农民工家庭权益	一是增加其当期经济收益；二是增加其潜在经济收益；三是保留了其将来再次对承包地、宅基地、房屋使用的权利	取消了其当期和潜在经济收益，以及将来再次对承包地、宅基地、房屋使用的权利	既有权益的失去与否
	城镇原市民权益	不直接影响原市民权益，但间接引起部分城镇原市民心理上的不平衡	对城镇原市民的权益和心理无影响	心理影响
	留在农村的农民权益	将不能获得进城落户农民工家庭的土地用益物权	进城农民工家庭的土地用益物权将被分配给留在农村的全体农民，增加其利益	既有权益不受影响，影响权益新增与否
对耕地保护的影响		将因增加城镇建设用地而直接减少耕地面积，但基本上不会直接冲击 18 亿亩耕地红线	能促进宅基地复垦，从而增加耕地面积	
对社会稳定的影响	进城落户农民工家庭的“退路”问题	有利于其在城乡之间“进退有路”，促进社会稳定	如果规定交回土地物权，一旦发生类似 2008 年国际金融危机冲击的情形，大量农民工家庭可能在城镇“居无定所”，严重影响社会稳定	
	以往进城落户农民工家庭“找后账”问题	由于目前已进城落户且交回了土地承包经营权、宅基地使用权的农民工家庭规模不大，往往经济条件较好，具有一定的综合素质和法治理念，因此，其“找后账”的可能性也不大	会消除以往进城落户农民工家庭“找后账”的可能性	

续表

		保留土地物权	交回土地物权	性质
对社会稳定的影响	原市民群体的反应问题	由于赋予进城落户农民工家庭土地权益总体上是公平的，而且短期内改变不了原市民平均收入和财富高于农民工家庭的状况，因此导致原市民群体性事件的可能性较低	不会引起原市民的不满反应	
	留在农村农民的反应问题	留在农村的农民因为人均占有的土地用益物权不能增加，可能不满；但其既有土地利益未受损失，且可有偿使用进城落户农民工家庭的土地，因此影响社会稳定的可能性不大	不会引起留在农村的农民不满反应	
对工业化和城镇化的影响	对已经拥有土地承包经营权、宅基地使用权的农民工家庭（在全部农民工中占多数）在城镇落户意愿的影响	不会影响这类农民工家庭在城镇落户的意愿	大多数这类农民工家庭为避免土地承包经营权、宅基地使用权被收回，将会放弃在城镇落户，不利于实现到 2020 年 1 亿人城镇落户的目标	
	对尚未独立拥有土地承包经营权、宅基地使用权的农民工（主要是 90 后）家庭在城镇落户意愿的影响	大部分这类农民工家庭在城镇落户的意愿不会受影响；但小部分会受影响，他们可能选择未来享受了宅基地使用权后再申请城镇落户	不会影响这类农民工家庭在城镇落户的意愿	

续表

		保留土地物权	交回土地物权	性质
对农业现代化和新农村建设的影响	土地适度规模经营问题	只要坚持土地不得撂荒原则，则土地承包经营权将会依法流转到专业大户、家庭农场、农民合作社、农业企业等，不影响土地适度规模经营	因为落户者少而实际交回的土地承包经营权宅基地使用权将会很少，将有偿集中到本集体经济组织中的农民家庭、专业大户、家庭农场、农民合作社等；未落户者的土地承包经营权将会依法流转到专业大户、家庭农场、农民合作社、农业企业等，不影响土地适度规模经营	
	迁村并点、宅基地复垦问题	从法律上看不会对迁村并点、土地复垦产生不利影响。但已在城镇落户的农民工家庭和其继承人拒绝执行迁村并点、土地复垦措施的可能性会增大	不会对迁村并点、土地复垦产生不利影响	
对土地所有制的影响	直接影响	保留的只是用益物权，而不会影响土地所有权，不会影响土地所有制	交回了用益物权，不会影响土地所有权，不会影响土地所有制	
	间接影响	土地承包经营权、宅基地使用权的超过一半拥有人特征为：具有城镇户口、不属于农村集体经济组织成员，在城镇就业和生活，甚至出生在城镇	土地承包经营权、宅基地使用权的接近一半拥有人特征为：具有农业户口，但实际上在城镇就业和生活，甚至出生在城镇	
对传承传统文化的影响		有利于留住进城落户农民工乃至其后代在农村的“根”，有利于传承中国传统文化	不利于留住进城落户农民工乃至其后代在农村的“根”，不利于传承中国传统文化	

续表

		保留土地物权	交回土地物权	性质
各类影响的数量分析（未考虑加权）	有利影响	4 项	9 项	
	中性影响	9 项	2 项	
	不利影响	2 项	4 项	
	最不利影响	已在城镇落户的农民工家庭和其继承人拒绝执行迁村并点、土地复垦措施的可能性会增大	在城镇常住的农民工家庭大多数将放弃在城镇落户，不利于农民工市民化目标实现	

从表 1 中可以看出：农民工全家进城落户后，其土地承包经营权、宅基地使用权无论是允许保留还是要求交回，都既有利也有弊。相比较而言，“要求交回”的弊端更大，而且一个需要面对的现实问题是：为了避免交回土地承包经营权、宅基地使用权，在城镇常住的农民工家庭大多数将放弃在城镇落户，结果将既不能实现交回土地承包经营权、宅基地使用权的目标，还阻碍实现农民工在城镇落户的目标。鉴于此，建议选择“允许保留”方案，同时采取措施尽量消除或减弱其弊端。具体立法和政策建议如下：

（1）农民工全家进城落户后，其原有土地承包经营权可以继续保留，但不得违法改变该土地用途，并应当通过经营权流转等方式确保该土地不得撂荒；该土地撂荒超过一定期限的，由所在农村集体经济组织依法收回该土地承包经营权。

（2）农民工全家进城落户后，其原有宅基地使用权可以继续保留，可以出租房屋，但不得违法改变该土地用途；在农村集体经济组织依法决定迁村并点、土地复垦时，该宅基地使用权人应当与农村集体经济组织其他成员履行相同的义务、享有相同权利。

（3）鼓励已经在城镇落户的原农民工家庭按照依法、自愿、有偿原则，出售土地承包经营权、宅基地使用权。近期，受让方必须是该土地、宅基地所归属的农村集体经济组织或其成员；未来可以考虑包括其他农民和城镇户籍居民，但一年内居住时间少于6个月的，不应享有农村集体经济组织成员的村民自治权利。受让方占有的宅基地、承包经营地的总面积不得超过规定的标准，避免出现“大地主”。有条件的地方，政府可以对购买土地承包经营权、宅基地使用权予以财政支持。

（4）落实“稳定农村土地承包关系并保持长久不变”政策，增人不增地、减人不减地。尚未独立享有宅基地使用权的年轻农民工进城落户后，未来结婚并分门立户时，不得再向原农村集体经济组织申请宅基地使用权。

（5）农民工全家进城落户后，其保留的土地承包经营权、宅基地使用权，可以如同农民的土地承包经营权、宅基地使用权一样依法继承。

第十二章　农民工在城镇的住房问题研究

住有所居是农民工进城就业的基本生活要求，更是转变为市民的基础条件。农民工在决定是否选择落户城镇时，“在城镇有没有稳定的住房”与“在农村的土地承包经营权、宅基地使用权会不会被收回”是同样重要的影响因素。而且为了避免后顾之忧，农民工家庭往往是先有了稳定的住房，然后才做出在城镇落户或不落户定居的决定。因此，鼓励和支持在城镇常住的农民工解决稳定的住房问题，是一个应该在落户之前优先解决的问题，不能认为可以等到农民工落户后再考虑解决其住房问题。

从我国的实际情况看，所谓稳定的住房，一是本人家庭自有的住房。住房自有率是国际上考察居民居住条件的常用指标，其含义是指居住在自己拥有产权住房的家庭户数占整个社会家庭户数的比例。中国社会科学院 2013 年 12 月 25 日发布的《当代中国调查报告丛书：中国社会和谐稳定跟踪调查研究》显示，目前中国家庭住房自有率为 93.5%，其中城镇家庭住房自有率为 89.6%。[①] 这一比例位居世界前列。美国商务部发布的数据显示，美国民间住房自有率 2014 年一季度只有 64.8%，创下近 18 年以来的最低水平；2004 年

① 数据来源于中国社会科学院社会学所发布的《当代中国调查报告丛书：中国社会和谐稳定跟踪调查研究》。

美国民间住房自有率曾一度飙升，但也仅达到69.2%。[①] 二是政府提供的出租房，包括公共租赁房、廉租房等。至于通过市场租赁住房、用人单位提供的宿舍，由于我国缺乏美国那样发达的住房租赁市场，承租人在实际生活中往往难以长期承租私人房东的出租房，不得不经常搬家，具有很大的不确定性、不稳定性，因此，对于市民来说只是起到临时过渡性居住的作用。

近些年来，政府大力提高住房保障水平，实施城镇保障性安居工程，通过重点发展公共租赁住房、多渠道筹集廉租房房源、加快各类棚户区改造等措施，加大保障性住房供给，并且不断推动将符合条件的农民工纳入住房保障体系。这对于支持进城就业常住的农民工获得稳定的住房、推动其市民化具有重要作用。但是也要看到，住房保障制度不足以成为解决农民工住房问题的主要渠道。《中华人民共和国国民经济和社会发展第十二个五年规划纲要》提出，在“十二五”期间，建设城镇保障性住房和棚户区改造住房3 600万套(户)，全国保障性住房覆盖面达到20%左右。即使农民工享受保障性住房的比例也能够达到20%，仍然只占进城就业常住农民工总数的1/5，绝大部分农民工的住房问题仍然需要通过本人家庭购买住房来解决。为此，《国务院关于进一步做好为农民工服务工作的意见》(国发［2014］40号）提出，“统筹规划城镇常住人口规模和建设用地面积，将解决农民工住房问题纳入住房发展规划。支持增加中小户型普通商品住房供给，规范房屋租赁市场，积极支持符合条件的农民工购买或租赁商品住房，并按规定享受购房契税和印花税等优惠政策”。

与农民工购买住房的需求相比，目前商品房价格太高，远远超

① 吴家明. 美国住房自有率降至64.8% 创近18年最低水平［EB/OL］.［2014-5-7］. http://money.163.com/14/0507/04/9RK6VNEV00253B0H.html.

过绝大多数农民工的购买能力。2013年，全国外出就业农民工中购买住房的比例仅为0.9%，[①] 约152万人，与到2020年推动约1亿农业转移人口和其他常住人口落户城镇的目标数值相差巨大。如何支持数以亿计的农民工在城镇购买住房，成为实现农民工在城镇落户目标、推动农民工市民化的重要环节。从实践来看，通过市场机制自发调节和政府对房地产市场的宏观调控措施，很难将房价控制在绝大多数农民工能够承受的范围内，因此，建议国家采取特别措施，实施"农民工安居工程"，支持绝大多数有意愿在城镇定居的农民工逐步在城镇买房。总体设想如下。

一、将农民工等常住人口纳入城镇土地利用总体规划和住房发展规划

增加住房供给，首先要增加土地供给。长期以来，受城乡二元管理体制的影响，政府部门在编制、审批城镇发展相关规划时，往往只考虑到城镇户籍人口而不考虑农民工等非本城镇户籍的常住人口。一是在编制、审批城镇总体规划、土地利用总体规划时，只按照城镇户籍人口的发展来控制城镇建设用地面积，致使一些农民工数量大的城镇建设用地总面积偏小；二是在编制、审批住房发展规划时，只考虑到本城镇户籍人口的住房需求，致使建设用地总面积中住房用地面积偏小、住房供给量明显小于住房需求量。

为此，要改革城镇土地利用总体规划和住房发展规划的编制办法，统筹规划城镇常住人口规模和建设用地面积，将解决农民工住房问题纳入住房发展规划。

1. 在编制城镇总体规划、土地利用总体规划时，应该按照规划

① 资料来源于国家统计局发布的《2013年全国农民工监测调查报告》。

中的未来城镇常住人口规模而不仅是户籍人口规模来同步规划城镇建设用地面积。基本标准可以按照《国家新型城镇化规划（2014—2020年）》提出的人均城市建设用地严格控制在100平方米以内执行，也就是每平方公里1万人以上。当然，从长远来看，考虑到未来我国人口峰值约为15亿人，比现有人口总量仅增长约11.1%；约有3亿人将从农村居民转移为城镇市民，总体上有利于节约建设用地；城镇建设由低密度转变为高密度比较容易，但由高密度转变为低密度比较困难；过分的高密度建设不适宜人居，因此，建议要着眼于既严格保护耕地又保障良好的人居环境，在规划人均城市建设用地时并不是越少越好。

2. 在编制土地利用总体规划、住房发展规划时，应该按照规划中的未来城镇常住人口规模而不仅是户籍人口规模来同步规划住房用地面积。在编制过程中要注意几个问题：一是统筹考虑城镇建设中交通、公共服务设施、企业和商业设施、住房、生态绿地等各种建设用地需要，结合适当的建筑容积率、建筑密度、绿化率等因素，来合理确定城镇住房用地面积。二是综合考虑本城镇地形、地貌、风向、交通、产业、文化等各种因素，科学合理地确定城镇布局，包括对城镇住房用地进行合理布局。三是在城镇住房用地布局和住房发展规划中应当避免将农民工群体单独集中于某个区域，而应与城镇原市民群体混合居住，从而促进社会融合。一些国家的城市在历史上曾经将农业转移人口或国外移民群体规划集中居住在相对封闭的区域，结果造成城市贫民区的出现和不同群体之间的隔阂冲突，这是值得汲取的教训。

3. 在编制住房发展规划时，应该统筹考虑未来城镇常住人口而不仅是户籍人口的住房问题。要结合本地实际统筹规划好解决常住人口住房问题的途径和结构，包括多大比例可能通过购买住房，多大比例可以通过保障性住房，多大比例能够通过市场租房来解决。

无论解决这一群体住房问题的结构如何，应该努力保持住房总供给与总需求的大致平衡。

二、按照有利于农民工市民化的原则合理改革农村集体土地征收制度

随着城镇化的快速发展和农民工市民化的有序推进，新增加市民的住房、就业、生活服务等需要新增土地，城镇规模在不断扩大，必然需要对城镇郊区的农村集体土地依法进行征收。根据中国国情并借鉴国际经验，我国宪法和法律对农村集体土地征收制度做出了原则规定，《中华人民共和国宪法》第十条第三款规定："国家为了公共利益的需要，可以依照法律规定对土地实行征收或者征用并给予补偿。"《土地管理法》第二条第四款规定："国家为了公共利益的需要，可以依照法律对土地实行征收或者征用并给予补偿。"《土地管理法实施条例》第二十五条规定："征收土地方案经依法批准后，由被征收土地所在地的市、县人民政府组织实施，并将批准征地机关、批准文号、征收土地的用途、范围、面积以及征地补偿标准、农业人员安置办法和办理征地补偿的期限等，在被征收土地所在地的乡（镇）、村予以公告。""被征收土地的所有权人、使用权人应当在公告规定的期限内，持土地权属证书到公告指定的人民政府土地行政主管部门办理征地补偿登记。""市、县人民政府土地行政主管部门根据经批准的征收土地方案，会同有关部门拟订征地补偿、安置方案，在被征收土地所在地的乡（镇）、村予以公告，听取被征收土地的农村集体经济组织和农民的意见。征地补偿、安置方案报市、县人民政府批准后，由市、县人民政府土地行政主管部门组织实施。对补偿标准有争议的，由县级以上地方人民政府协调；协调不成的，由批准征收土地的人民政府裁决。征地补偿、安置争议不影响征收

土地方案的实施。”“征收土地的各项费用应当自征地补偿、安置方案批准之日起 3 个月内全额支付。”第二十六条规定：“土地补偿费归农村集体经济组织所有；地上附着物及青苗补偿费归地上附着物及青苗的所有者所有。”“征收土地的安置补助费必须专款专用，不得挪作他用。需要安置的人员由农村集体经济组织安置的，安置补助费支付给农村集体经济组织，由农村集体经济组织管理和使用；由其他单位安置的，安置补助费支付给安置单位；不需要统一安置的，安置补助费发放给被安置人员个人或者征得被安置人员同意后用于支付被安置人员的保险费用。”概括起来看，农村集体土地征收制度包括三项重要原则：一是征地的目的是为了公共利益的需要；二是征地应当依照法律规定的程序；三是对被征收土地给予补偿，包括土地补偿费、地上附着物及青苗补偿费、安置补助费等。

总体上看，这些年来农村集体土地征收工作保障了城镇化进程的顺利推进，大多数被征地农民得到了较好安置，但是，也存在比较突出的问题，主要是一些地方、一些地块的征收补偿标准太低，而且由于被征地农民抵制低标准被征地，导致了大量非经法定程序的农民房屋被强拆、土地被强制征收，甚至农民被暴力侵害致死致伤等恶性事件。在这种情况下，现行农村集体土地征收制度受到了很多专家和社会舆论的严厉批评，他们提出应该允许农村集体建设用地不经征收而与国有土地同等入市、同权同价；对农村集体其他土地也应该缩小征地范围，将“公共利益”的范围严格限制为道路、医院、学校等公共设施，不得包括工业商业用地、住宅用地（以下简称“严格限制征地范围”观点）。

以上观点的目的是为了维护农民的权益，出发点是好的，但是其提出的改革对策却失之于偏，从目前一些地方存在的对被征地农民补偿过低这一端走向了土地增值收益全部补偿被征地农民的另一端，未正确处理好土地被规划作为商业用地的郊区农民、土地被规

划作为公益用地的郊区农民、非郊区的进城就业农民工之间的利益分配关系，不利于推进城镇化和农民工市民化进程。建议按照有利于农民工市民化的原则，合理改革农村集体土地征收制度。

（一）“严格限制征地范围”观点的弊端

1. 造成土地被规划作为商业用地的郊区农民与土地被规划作为公益用地的郊区农民之间的分配不公。农村集体土地被规划为城镇建设用地过程中，土地的用途已经转变为建设用地而非农用地，因此土地的价值价格不再取决于地租理论所分析的土地肥沃贫瘠、土地产量等因素，而主要取决于土地的地理位置及其规划用途。被转变用途的土地之所以能够大幅度增值，不是由于其肥沃、产量高，而是由于其在城镇的规划区内，而且经济越发达、城市规模越大，由区位优势带来的土地增值越高；非城镇郊区的土地即使更加肥沃、产量更高，也往往难以有较大增值。在城镇的规划区内，为了城镇全体居民的整体利益和长远发展，必须依法、民主、科学地对土地用途进行统筹规划。既要规划工业商业用地、住房用地，又要规划道路、医院、学校等公共设施用地及绿化等生态用地；有些情况下，甚至要将区位最好的土地规划为公益用地，比如将城镇内的湖泊、河流、海滨附近的土地规划为道路和公园，供全体居民使用，禁止在这些土地上建设住房或工业商业设施。

城镇规划是以城镇整体利益和长远利益为出发点，具有法律强制性的用地指南。假若将农村集体土地的征收范围严格限制为道路、医院、学校等公共设施，不得包括工业商业用地、住宅用地；农村集体建设用地不经征收而与国有土地同等入市、同权同价，那么规划为工业商业用地、住房用地的土地所有权人和物权人将能够通过直接上市出让的方式获得很高的土地增值收益，而规划为道路、医院、学校、绿化等公共设施和生态用地的土地所有权人和物权人则只能从政府征地中获得很少的土地增值收益（由于公共设施和生态用地本身不能直接创造收益，政府的财力很难按照工业商业用地、住房用地的出让价格向被征地农民进行补偿，否则又会延滞公共设施和生态环境建设）。在这种情况下，土地被规划作为公益用地的农民拥有相同甚至更好区位条件的土地，仅仅因为城镇规划用途不同、使用主体不同，而只能获得远低于土地被规划作为商业用地的农民所获得的补偿，导致土地增值收益分配严重不公。

2. 可能导致土地征收矛盾更加尖锐。由于被规划为道路、医院、学校、绿化等公共设施和生态用地的土地所有权人和物权人只能从政府征地中获得相对来说很少的土地增值收益，在强烈的对比下，这些村庄的农民可能会激烈抵制城镇规划和政府的征地行为，他们与城镇政府的矛盾将会比征地制度改革之前更加尖锐；由于征地更加困难，城镇的道路、医院、学校、绿化等公共设施和生态环境建设将由此而延滞；还可能会出现部分农民无视城镇规划的强制效力，违法改变自己占有土地的规划用途，将其出让为工业商业用地、住房用地。这对于我国快速发展的城镇化和农民工市民化进程无疑是很大的冲击。

3. 可能影响城镇建设水平。主张集体建设用地直接入市的观点的目的之一，是避免政府对这部分集体建设用地征收后再高价出让，遏制地方政府的征地卖地冲动。但是，城镇郊区土地增值的原因除了由于其处于城镇规划区内及规划为建设用途之外，还由于政府对该土地周边的公共设施和生态环境的建设。土地周边的道路、电力、供排水、燃气、供暖、环卫等基础设施都需要政府投资建设；如果土地周边规划建设了学校、医院、地铁、公园等公共服务设施和生态设施，那么该土地上的商业设施和住房将增值更大。假若集体建设用地直接入市出让并获得全部土地增值收益，相当于城镇政府用全体居民和企业的税收收入为该土地增值进行无偿投资，而该农村

集体获得了过高的不合理的增值收益，这对于城镇政府及其代表的全体居民和企业是不公平的。而且，由于城镇政府不能从征地和出让土地的差价中获得土地增值收益，将会由于资金短缺而挤压城镇公共设施和生态环境建设，从而影响城镇建设水平。各地实践已经表明，仅仅依靠一般税收收入来开展城镇建设是力不从心的。

4. 可能导致新的“城中村”不断出现。农村集体建设用地不经征收为国有土地而直接入市出让给工业商业企业或房地产企业，那么从法律属性来看，该土地仍然属于农村集体所有。在符合城镇规划和土地用途管制的前提下，该农村集体将继续享有该土地的占有、使用、收益、处分权利，对土地及地上附着物进行管理和维护。这实际上就是目前一些地方存在的“城中村”。各地实践已经表明，由于农村集体经济组织管理水平往往有限，“城中村”内部布局不规范、管理混乱、公共设施建设落后、良好的维护缺失，严重影响城镇建设质量和居民生活水平。而且，在土地已经城镇化，农民已经在“城中村”内外之间自由转移就业和居住的情况下，该农村集体经济组织将如何继续长期有效存续？

5. 可能导致农民工购买住房更加困难，影响农民工市民化进程。农村集体建设用地直接入市交易，作为土地出让方的城镇郊区农村集体不会从有利于农民工市民化的角度考虑问题，而只会作为土地市场上的供给方，尽可能提高土地出让价格，这将加剧住房价格上涨，使非本城镇郊区的进城就业农民工更加买不起住房。根据本章前文的分析，买不起住房的农民工将很少会选择在城镇落户、定居，这对有序推进农民工市民化无疑也是很大的冲击。

（二）对合理改革农村集体土地征收制度的建议

西方发达国家的土地征收制度有不少值得我国借鉴的做法，比如严格按照法定程序进行征收。同时，我国也不能完全照搬西方发达国家的土地征收制度，因为国情存在很大差别：一是在社会价值观方面，西方发达国家将个人权益置于突出的重要地位，而中国则更强调集体权益与个人权益的平衡兼顾。在西方发达国家，高速公路、机场等公共设施建设可能由于个别人不同意被征地而变更规划、改变线路；但是在中国，如果个别“钉子户”不同意被征地而影响道路、机场的规划建设，则很难为大多数公众所接受。二是在土地所有制方面，西方发达国家大部分土地为私人所有，而中国的土地只属于国有或农民集体所有。在这样一种既定的土地所有制下，西方发达国家的土地征收制度必然受到土地私有制的更多约束；而中国的土地国有或农民集体所有制，则为土地征收中兼顾个人权益和公共利益，提供了更大的方便。因此，我国的土地征收制度应该在借鉴西方发达国家好的做法的同时，立足中国国情，兼顾国家、集体、个人的利益。既要正确处理好国家、城镇政府及全体市民、农民等三方面主体之间的利益关系，又要正确处理好农民内部的土地被规划作为商业用地的郊区农民、土地被规划作为公益用地的郊区农民、非郊区的进城就业农民工三类农民之间的利益关系；不仅要维护好土地被规划作为商业用地的郊区农民的权益，而且要维护好土地被规划作为公益用地的郊区农民、非郊区的进城就业农民工的权益，促进城镇化发展和农民工市民化有序推进。具体建议：修订《土地管理法》和《土地管理法实施条例》，完善农村集体土地征收制度。

1. 原则上对依法被规划为城镇规划区内、需要开展城镇建设的农村集体各类土地，都要依法征收为国有土地。

第一，不能将《宪法》和《土地管理法》规定的“为了公共利益的需要”仅仅限定为城镇基础设施、公共服务、生态环境建设等用地，而是要明确促进城镇化建设、有序推进农民工市民化都属于“为了公共利益的需要”。在城镇这样一个系统内，无论是城镇基础

设施、公共服务、生态环境建设，还是工业商业、住房建设，都是为了城镇全体居民的公共利益；各类建设用地对于城镇系统的良好运行都具有同样重要的作用，只是在城镇规划内依法做出了不同的用途分工。

第二，应该按照《城市房地产管理法》关于“城市规划区内的集体所有的土地，经依法征用转为国有土地后，该幅国有土地的使用权方可有偿出让”的规定，对农村集体所有的各类土地，不仅包括农用地、未利用地，而且包括农村集体建设用地，都要依法进行征收后方可有偿出让。要尽量避免历史遗留的“城中村”问题尚未完全解决，又不断在城镇新的建成区内产生新的“城中村”问题。

第三，城镇规划区内的农村集体土地在开始城镇建设之前，依据《土地管理法》《农村土地承包经营法》规定，仍然应当遵守土地用途管制、宅基地和承包地管理的各项规定，其中的农村建设用地仍然可以依法进行农村建设但不得违法建设商品房。为了最大限度地减少社会损失，避免既有农村建设设施推倒重建；也为了最大限度地维护农村集体经济组织及其成员的利益，建议明确：其一，制定城镇规划时尽量顾及农村集体建设用地以及其上的农村建设设施现状，尽量按照其在农村规划中的原功能来规划其在城镇规划中的新功能。其二，对以上原功能与新功能一致的农村集体建设用地以及其上的农村建设设施，实行“征地但不拆迁，变更土地所有权但不收支费用”。也就是依法办理征地手续和国有土地出让手续，将这类农村集体建设用地征收为国有土地，同时又将该国有土地出让给农村集体经济组织使用；对该土地上的原农村建设设施不予拆迁，允许继续运营并将运营收益归属于农村集体经济组织及其成员；城镇政府不向该农村集体经济组织及其成员支付该土地的征地补偿，同时不得向其收取国有土地出让金；该土地上的城镇基础设施建设、维护和管理由城镇政府承担。本章前文已经分析，由于城镇政府征收的全部土地中，部分土地将无偿划拨用作城镇基础设施、公共服务、生态环境建设，因此出让为工业商业用地、住房用地的国有土地出让金将会超过征地补偿，所以“变更土地所有权但不收支费用”表面看似城镇政府无偿将农村集体建设用地变更为国有土地，实际上是优先让农村集体经济组织及其成员，以等同于征地补偿费用的国有土地出让金，低价获得该土地的使用权；而且从此以后，该土地上的城镇基础设施建设、维护和管理由城镇政府承担。

2. 完善土地增值收益分配机制，对被征地农民给予足额补偿。目前一些地方农村集体土地征收过程中存在问题的根源，是在被征收土地的增值收益分配中出现严重不公平：一是被征地农民获得的补偿太低。其土地和房屋被征收后，住房、就业、社会保险得不到保障，地上附着物补偿低于其市场价格，更谈不上分享土地增值收益。二是房地产企业获得的土地增值收益太高。尽管一些房地产企业和专家对此并不认可，但是在财富榜排名上房地产商位居前列的位置和所占较大比例，已经是不争的事实。三是还有一个“看不见的第四方”在参与分配，即一些腐败官员、村干部在土地征收、出让、房地产开发、城镇基础设施建设等环节中违法获得大量收入，引起社会舆论强烈不满。需要指出的是，一些房地产企业和专家批评城镇政府在土地增值收益分配中获得的比例太高，严重不公平。但是，城镇政府是城镇全体居民和企业的公共利益的代表，只要城镇政府获得的土地增值收益没有被个人腐败侵占，而是全部用于城镇基础设施、公共服务、生态环境建设，那么城镇政府获得土地增值收益本身不能说是不公平的，反而是推进城镇建设和农民工市民化所必需的。

针对以上问题，建议完善土地增值收益分配机制，对被征地农民给予足额补偿。总的思路是：依法预防和打击土地征收、出让、房地产开发、城镇基础设施建设等环节中的腐败行为，努力消除

“看不见的第四方”；根据城镇规划，测算在被征地建设过程中政府所承担职责及投资成本，合理确定城镇政府在土地增值收益中所占比例；依法调控房地产企业过高的土地增值收益分配份额；对被征地农民给予足额补偿。对被征地农民的具体补偿方案如下：

第一，实行“同一城镇、同一标准”。即除了征地补偿中的地上附着物及青苗补偿费标准按照市场价格确定之外，对于每亩土地补偿费标准、每人安置补助费标准应该实行全市统一。避免因为城镇规划中土地用途的不同，造成土地被规划作为商业用地的郊区农民与土地被规划作为公益用地的郊区农民之间的收益分配不公平，以及由此带来的社会矛盾、城镇规划被破坏。

第二，足额安排安置补助费。既要按照现行法律法规规定保障全体被征地农民的就业、社会保险权益，还应该将住房权益由地上附着物补偿变更为安置补助，从而在地上附着物中的住房补偿费不足以保障被征地农民在城镇中获得适当条件的住房时，也要提高补助费予以安置。也就是说，要充分保障全体被征地农民在城镇中有适当的住房居住、劳动人口有工作、年老或患病后有保险。

第三，足额安排地上附着物及青苗补偿费。地上附着物补偿费的最低标准为征地时地上附着物的市场价格，也就是确保不能让被征地农民的既有权益比征地之前有所减少。因为从理论上说，农村集体土地被征收后一定会有土地增值收益，即征收农村集体土地这一行为的收益一定会大于不征收的原有状态，否则征地行为就是不经济的、不合理的决策。为了兼顾公共利益与被征地农民个人利益、坚持公平原则，不能将土地增值的全部收益都归属于被征地农民，但是同时也决不能让被征地农民的既有权益比征地之前有所减少，决不能出现总体收益增加了但被征地农民的既有权益却减少的显失公平现象。

第四，合理安排土地补偿费。概括地说，征收土地的增值收益等于农村集体土地被征收后的未来各年土地总产出，减去土地不被征收状态下的地上附着物总价值及未来各年土地总产出。安置补助费、地上附着物及青苗补偿费从性质上看，属于土地征收行为的成本抵扣，不属于征收土地的增值收益分配。因此，按照兼顾公共利益与被征地农民个人利益的公平原则，应该给予被征地农民合理比例的土地增值收益，即土地补偿费。为了让土地增值收益真正发到被征地农民手中，预防一些地方出现的村干部侵吞征地补偿款现象，建议变更目前关于“土地补偿费归农村集体经济组织所有”的规定，明确土地补偿费归农村集体经济组织的成员即被征地农民所有，应当依法由征地方直接分配给被征地农民；但经农村集体经济组织的成员民主决定，可以预留一定比例的土地补偿费，用于农村集体经济组织的发展等。

3. 完善土地征收程序并严格执行。

第一，完善征收土地方案制定程序。现行《土地管理法实施条例》规定的程序是：由市、县人民政府土地行政主管部门拟订征收土地方案，经市、县人民政府审核同意后，逐级上报有批准权的人民政府批准，市、县人民政府组织实施并将批准征地机关、批准文号、征收土地的用途、范围、面积以及征地补偿标准、农业人员安置办法和办理征地补偿的期限等，在被征收土地所在地的乡（镇）、村予以公告。建议补充规定：市、县人民政府土地行政主管部门拟订征收土地方案后，应当在被征收土地所在地的乡（镇）、村予以公告，听取被征收土地的农村集体经济组织和农民的意见。也就是说，在征收土地方案的制定环节，就应该保障被征地农民的知情权和民主决策、民主管理权，充分维护被征地农民的合法权益，从源头上预防矛盾和冲突。

第二，完善征地补偿、安置方案制定程序。现行《土地管理法实施条例》规定的程序是：市、县人民政府土地行政主管部门根据经批准的征收土地方案，会同有关部门拟订征地补偿、安置方案，

在被征收土地所在地的乡（镇）、村予以公告，听取被征收土地的农村集体经济组织和农民的意见。建议修改为：市、县人民政府土地行政主管部门根据经批准的征收土地方案，会同有关部门拟订征地补偿、安置方案，依法送达农村集体经济组织和每一户被征地农民，听取被征收土地的农村集体经济组织和农民的意见。从而确保被征地农民的知情权和民主决策、民主管理权，防止一些地方的相关人员用形式主义隐瞒方案内容。

第三，完善征地补偿、安置方案经批准后的公示程序。现行《土地管理法实施条例》规定的程序是：征地补偿、安置方案报市、县人民政府批准后，由市、县人民政府土地行政主管部门组织实施。建议补充规定：征地补偿、安置方案报市、县人民政府批准后，由市、县人民政府土地行政主管部门组织实施，并依法送达农村集体经济组织和每一户被征地农民。从而确保被征地农民的知情权和民主监督权，防止一些地方的相关人员瞒天过海、侵吞被征地农民的土地补偿收益。

第四，严格遵守法律法规关于“征收土地方案经依法批准后，由被征收土地所在地的市、县人民政府组织实施”的规定，坚决禁止市、县人民政府违法将土地征收这一行政行为委托给任何企业、社会组织或个人承担（可以对征地拆迁过程中的具体事务性工作，依法向企业或其他社会组织购买服务，但市、县人民政府应当对征地拆迁行为承担行政责任）。

第五，完善争议处理程序。现行《土地管理法实施条例》规定的程序是：对补偿标准有争议的，由县级以上地方人民政府协调；协调不成的，由批准征收土地的人民政府裁决。建议修改为：农村集体经济组织或被征地农民对征收土地或征地补偿有异议的，可以依法申请行政复议或者提起行政诉讼。也就是按照法治的一般原则，将农村集体经济组织或被征地农民与市、县人民政府或其土地行政主管部门之间的争议，明确为行政争议；将该行政争议的处理权由赋予上级人民政府变更为赋予上级人民政府或人民法院，最终处理权赋予人民法院；将处理途径由行政裁决变更为行政复议或行政诉讼。同时，扩大争议处理范围，将补偿标准争议扩大为征收土地争议、征地补偿标准争议、征地补偿不落实争议，以及其他征地补偿中的争议。

三、汇聚政府、市场、农民工三方力量向农民工家庭提供安居房

根据本章前文分析，在理想的状态下，城镇内常住人口（包括户籍人口和未落户但定居的农民工等群体）解决住房问题的模式是：包括少数农民工在内的中等以上收入群体通过商品房市场购买商品房，含舒适型和享受型商品房；包括大部分农民工在内的中低等收入群体通过安居房市场购买安居房；包括部分农民工在内的低收入群体，通过政府实施住房保障制度，向其提供公共租赁住房、廉租房、租房补贴等方式解决住房问题；部分人群自愿在市场上租赁私人出租房。其中，通过安居房市场购买安居房，应该成为大部分农民工解决在城镇住房问题的主要途径（当然也包括在本城镇常住的其他中低收入群体）。安居房体系的建立，应该汇聚政府、市场、农民工三方力量，借助不动产登记信息管理系统逐步构建。

（一）城镇政府的职责任务

1. 依托国家人口基础信息库、不动产登记信息库等信息化管理手段，全面掌握本城镇农民工总量、结构、自有房等数据。建立农民工申请购买安居房信息登记制度，记录其拟随迁家庭人口、拟购买安居房户型等信息。建立购买安居房申请人排队轮候制度。

2. 按照土地利用总体规划、城镇规划、住房发展规划，逐步充分保障“农民工安居工程”的住房建设用地。避免因为供地不足而导致农民工住房供应不足。

3. 限制安居房地价。城镇政府通过全面测算，合理确定安居房建设用地价格。既要能够弥补征地和基础设施建设成本，从而保证“农民工安居工程”的可持续性；又要低于商品房建设用地价格，从而达到降低安居房价格、支持农民工购买住房的目的。参照商品房用地市场的价格，对于不同地理位置的用地实行不同的地价。安居房建设用地价格确定后，向房地产企业公开招标；房地产企业在承诺遵守各项要求的前提下，承诺出售安居房的价格最低者中标。城镇政府与中标房地产企业依法签订协议。

4. 对投标的房地产企业规定安居房建设标准，包括建筑密度、建筑容积率、绿化率、安居房户型、安居房面积等。安居房建设标准既要宜居，又要适当低于本城镇商品房建设标准（建筑质量等强制标准除外）。在人均住房面积适当从严的情况下，应该在安居房户型安排上考虑到农民工家庭子女数量、老人随迁等因素，比如安排一定比例的小型三居室，从而促进人口年龄分布更加合理（见本书第十章第一部分）。

5. 城镇政府在符合法律规定的前提下，对中标的房地产企业可以给予有关优惠政策，支持其降低房价。

6. 对购买安居房的农民工按规定给予购房契税和印花税等优惠政策。

7. 依法向购买安居房的农民工发放与商品房有所区别的安居房产权证书，并进行不动产登记。

（二）要求房地产企业承诺的任务

1. 按照城镇政府公开招标时规定的建筑密度、建筑容积率、绿化率、安居房户型、安居房面积等安居房建设标准，建设好安居房，并依法确保建筑质量。

2. 按照中标后签订的协议中的承诺价格出售安居房，不得以任何借口提高价格，否则应承担违约责任。

3. 配合城镇政府建立购买安居房申请人排队轮候制度，将安居房出售给排名在前列的申请人。

（三）要求农民工家庭承诺的义务

1. 每个申请购买安居房的农民工家庭只能购买一套住房，包括安居房、商品房或者其他住房。也就是说，申请购买安居房的农民工家庭必须是无房户；已经购买安居房的农民工今后希望购买商品房或其他住房的，必须退出安居房后才能获得新购买的商品房或其他住房的产权证书、办理不动产登记。

2. 申请购买安居房的农民工家庭应当遵守本地排队轮候制度的规定。轮到本家庭购买安居房时，可以根据家庭实际情况和意愿，在不同地理位置、不同房价、不同户型的安居房中选择购买。本次购房时未选中合适房源的，可以继续排队轮候等待下次申请购买。

3. 已经购买安居房的农民工今后希望购买商品房或其他住房的，可以将安居房自行出售给已经登记的购买安居房申请人，也可以出售给安居房管理部门。价格不得高于房地产企业实时出售的同类安居房的价格。违反以上承诺的，不能办理安居房产权证书过户手续，不能获得新购买的商品房或其他住房的产权证书，不能办理不动产登记。

4. 曾经出售安居房的农民工，今后不得再申请购买安居房。

5. 申请购买安居房的农民工必须如实诚信申报家庭随迁人员情况，有关部门应该加强对相关信息的审查核实。

第十三章　推进未落户农民工逐步平等享受市民权益问题研究

本书第五章在分析农民工市民化的总体思路时已经提出，有序推进农民工平等享有市民权益要坚持“两条腿走路”，一方面要推进农民工在城镇落户，并即时依法平等享有全部的市民权益；另一方面要推进未落户的农民工也能逐步平等享受城镇基本公共服务以及其他公共服务、其他市民权益。最终实现各项市民权益逐步覆盖常住人口而与户籍脱钩，户籍还原为履行人口登记的功能。第十章至第十二章研究了如何推进农民工在城镇落户的几个重要问题；本章拟研究如何推进未落户的农民工也能逐步平等享受市民权益，包括城镇基本公共服务、其他公共服务、其他市民权益。

一、推进未落户的农民工逐步平等享受市民权益的基本框架

《国务院关于进一步推进户籍制度改革的意见》（国发［2014］25 号）提出：“建立居住证制度。公民离开常住户口所在地到其他设区的市级以上城市居住半年以上的，在居住地申领居住证。符合条件的居住证持有人，可以在居住地申请登记常住户口。以居住证为载体，建立健全与居住年限等条件相挂钩的基本公共服务提供机制。居住证持有人享有与当地户籍人口同等的劳动就业、基本公共教育、基本医疗卫生服务、计划生育服务、公共文化服务、证照办理服务

等权利；以连续居住年限和参加社会保险年限等为条件，逐步享有与当地户籍人口同等的中等职业教育资助、就业扶持、住房保障、养老服务、社会福利、社会救助等权利，同时结合随迁子女在当地连续就学年限等情况，逐步享有随迁子女在当地参加中考和高考的资格。各地要积极创造条件，不断扩大向居住证持有人提供公共服务的范围。按照权责对等的原则，居住证持有人应当履行服兵役和参加民兵组织等国家和地方规定的公民义务。”《国务院关于进一步做好为农民工服务工作的意见》（国发［2014］40号）提出：“逐步推动农民工平等享受城镇基本公共服务。深化基本公共服务供给制度改革，积极推进城镇基本公共服务由主要对本地户籍人口提供向对常住人口提供转变，努力实现城镇基本公共服务覆盖在城镇常住的农民工及其随迁家属，使其逐步平等享受市民权益。各地区、各有关部门要逐步按照常住人口配置基本公共服务资源，明确农民工及其随迁家属可以享受的基本公共服务项目，并不断提高综合承载能力、扩大项目范围。农民工及其随迁家属在输入地城镇未落户的，依法申领居住证，持居住证享受规定的基本公共服务。在农民工输入相对集中的城市，主要依托社区综合服务设施、劳动就业社会保障服务平台等现有资源，建立农民工综合服务平台，整合各部门公共服务资源，为农民工提供便捷、高效、优质的‘一站式’综合服务。”

根据以上精神，总结借鉴改革开放以来的历史经验和各地方目前的实践探索，推进未落户的农民工也能逐步平等享受市民权益，就是要逐步实现各项市民权益覆盖常住人口而与户籍脱钩。基本框架是：全面摸清本城镇与户籍挂钩的市民权益，分三种方式将市民权益与户籍脱钩，将居住证作为享受市民权益的主要载体，不断对与户籍挂钩的权益做“减法”、与居住证挂钩的权益做“加法”，统筹协调常住地权益和户籍所在地权益之间的关系，因地制宜分步推进。

（一）全面摸清本城镇与户籍挂钩的市民权益

本书第九章已经分析了国家层面规定的与户籍挂钩的各项权益。除此之外，一些省级、地市级、县级地方也规定了本地区与户籍挂钩的权益。因此，各地区尤其是各城镇政府首先要组织开展与户籍挂钩的市民权益调查，全面摸清各级层面规定的在本城镇实行的与户籍挂钩的市民权益。包括权益项目名称、归属的领域、法规政策依据、是否涉及财政投入及投入金额，以及对本城镇户籍居民的影响等。

（二）分三种方式将市民权益与户籍脱钩

根据权益性质的不同、脱钩力度的不同，将市民权益与户籍脱钩可以分为三种方式：一是将市民权益既与户籍脱钩，又与居住证脱钩（即不要求享受者必须是持有居住证的常住人口）。只要是中华人民共和国公民，都可以依据法定条件、法定程序享有这类权益。比如城镇公共就业服务机构对求职者免费提供职业介绍服务，既不要求求职者具有本城镇户籍，也不要求其持有本城镇居住证；即使其刚刚来到本城镇，也可以向本城镇公共就业服务机构申请免费的职业介绍服务，后者应当依法向其免费提供公共服务。二是将市民权益与户籍脱钩，但与居住证挂钩。只要是本城镇居住证持有者，都可以依据法定条件、法定程序立即享有这类权益。比如《国务院关于进一步推进户籍制度改革的意见》（国发〔2014〕25号）明确的基本公共教育、基本医疗卫生服务、计划生育服务、公共文化服务及证照办理服务等权利。三是将市民权益与户籍脱钩，但与居住证挂钩，并且附带常住年限及其他条件。比如《国务院关于进一步推进户籍制度改革的意见》（国发〔2014〕25号）明确的居住证持有人以连续居住年限和参加社会保险年限等为条件，逐步享有与当地户籍人口同等的中等职业教育资助、就业扶持、住房保障、养老服务、社会福利、社会救助等权利，同时结合随迁子女在当地连续就学年限等情况，逐步享有随迁子女在当地参加中考和高考的资格。随着工作逐步推进，与户籍挂钩的权益将越来越少，呈现“减法”状态。

通过以上三种方式将市民权益与户籍脱钩，通俗形象地说，就是将市民持城镇户口本享受的权益，逐渐转变为公民持身份证享受的权益、城镇常住人口持居住证享受的权益、城镇常住人口持附居住年限等条件的居住证享受的权益、户籍市民持户口本享受的少数权益；最终取消持户口本享受的权益。

以上三种市民权益与户籍脱钩的方式中，脱钩力度是渐弱的，非本城镇户籍人口享受这些市民权益的条件是越来越严格的，但三种脱钩方式都具有共同特征：一是法制化。通过制定法律法规规章或其他规范性文件，明确规定享受某项市民权益的条件，符合条件者即可以依法享受该项市民权益；农民工等行政管理相对人如果符合条件却不能享受该项市民权益，可以依法申请行政复议、提起行政诉讼等。二是明确性。法制化必然会带来明确性。由于对享受某项市民权益的条件做出了具体的、明确的、公开的规定，农民工对照自己的情况就能够清楚自己是否符合规定的条件、能否享受该项市民权益。三是普及性。采取第一种、第二种方式脱钩的市民权益，能够享受的农民工数以亿计；即使是采取第三种方式脱钩的市民权益，覆盖范围也远远大于目前在试点、探索阶段所覆盖的农民工人数。

需要强调指出的是：在农民工发展的第二阶段即劳动平权阶段，国家已经出台政策要求各地区将一些与户籍挂钩的市民权益向农民工及其随迁子女开放，部分农民工及其随迁子女实际上已经开始享受这些市民权益，比如农民工随迁子女入读公办幼儿园的权利、在输入地参加中考高考的权利等。也就是说，目前与户籍挂钩的市民

权益中，有很多权益项目不是彻底地与户籍挂钩，一定程度上可以说已经开始与户籍脱钩，已经迈出了改革步伐。但是，与第二阶段通过劳动社会保障立法赋予农民工完全平等的就业权益、劳动权益，未遵照执行则属于违法行为相比，这些关于逐步赋予农民工及其随迁子女市民权益的政策，其性质不属于强制性的立法规定，而属于原则要求、鼓励性政策指导，各地区、各部门在执行中具有较大的弹性，遵照执行但工作不到位的不属于违法行为。比如2014年全国已经有28个省（自治区、直辖市）落实《国务院办公厅转发教育部等部门关于做好进城务工人员随迁子女接受义务教育后在当地参加升学考试工作意见的通知》（国办发［2012］46号）要求，实施了农民工随迁子女符合条件的在输入地参加高考的政策，不过，能够在输入地参加高考的人数只有5.6万人，大多数农民工随迁子女仍然不能在输入地享受这项权益。为此，从实现农民工市民化的目标出发，推动市民权益与户籍脱钩、向农民工开放，要努力实行法制化、明确性、普及性，尽量采取上述第一种和第二种脱钩方式；即使不得不设定居住年限等其他条件，也应尽量降低条件门槛，并且规定符合条件者即可以依法享受相关市民权益。

（三）将居住证作为享受市民权益的主要载体

《国务院关于进一步推进户籍制度改革的意见》（国发［2014］25号）提出，公民离开常住户口所在地到其他设区的市级以上城市居住半年以上的，在居住地申领居住证。以居住证为载体，建立健全与居住年限等条件相挂钩的基本公共服务提供机制。《国务院关于进一步做好为农民工服务工作的意见》（国发［2014］40号）提出，农民工及其随迁家属在输入地城镇未落户的，依法申领居住证，持居住证享受规定的基本公共服务。各地区、各有关部门要逐步按照常住人口配置基本公共服务资源，明确农民工及其随迁家属可以享受的基本公共服务项目，并不断提高综合承载能力、扩大项目范围。按照这一政策设计，随着工作逐步推进，与居住证挂钩的权益将越来越多，呈现“加法”状态。具体操作办法应当按照即将颁布实施的《居住证管理办法》执行。

需要强调指出的是：

第一，居住证如同居民身份证、户籍一样，只是人口登记的基本工具、人口管理的基础平台。尽管居住证与户籍的发放、登记和管理属于公安部门的职责，但是与居住证、户籍挂钩的各项权益涉及教育、民政、人力资源社会保障、国土资源、住房和城乡建设、农业、医疗卫生和计生、文化等很多部门的职能，涉及国家和各地区经济社会发展的总体战略，因此，推动与户籍和居住证挂钩权益的互动改革，应该由人民政府统筹协调，各相关部门根据职能分工具体落实。

第二，要正确理解《国务院关于进一步推进户籍制度改革的意见》（国发〔2014〕25号）提出的“以居住证为载体，建立健全与居住年限等条件相挂钩的基本公共服务提供机制”的含义。正如本章前文所分析，将市民权益逐步与户籍脱钩可以有三种方式，与居住证挂钩并且附带常住年限及其他条件的方式仅仅只是其中之一，还有一些市民权益与居住证挂钩后无须附带常住年限及其他条件，甚至还有一些市民权益无须与居住证挂钩，来到本城镇的任何公民均可依法享有（可称之为与身份证挂钩的权益）。假如在实践中将市民权益逐步与户籍脱钩后，一律又与居住证挂钩并且附带常住年限及其他条件，那么就会减小推动未落户农民工逐步平等享受市民权益的工作力度，甚至在某些领域产生倒退。

（四）统筹协调常住地权益（与居住证挂钩的权益）和户籍所在地权益（与户籍挂钩的权益）之间的关系

公民的常住地与户籍地有两种状态，一是常住地与户籍地相同，

即公民未发生人口流动，就在户籍地常住。在这种情形下，无论与户籍或居住证挂钩的权益如何增减变化，都不影响其享有的各项权益。尽管根据规定，公民在户籍地常住的，无须申领居住证，但其应当同时享有仅户籍人口才能享有的市民权益（与户籍挂钩的权益）以及居住证持有人能享有的市民权益（与居住证挂钩的权益）。二是常住地与户籍地分离，即公民发生人口流动，到户籍地之外的其他地区居住半年以上。根据《国务院关于进一步推进户籍制度改革的意见》（国发［2014］25号）关于“公民离开常住户口所在地到其他设区的市级以上城市居住半年以上的，在居住地申领居住证”的规定，这里的“其他地区”被定义为地市级，也就是说，在户籍地所在的地市级范围内跨乡镇、跨区县流动，不属于常住地与户籍地分离；跨地市级范围流动的，属于常住地与户籍地分离。在这种情形下，推进权益与户籍脱钩而与居住证挂钩的改革，就需要合理处理好常住地权益（与居住证挂钩的权益）和户籍地权益（与户籍挂钩的权益）之间的关系：居住证持有人在常住地逐步享有市民权益后，其在户籍地的权益如何处理？具体来说，农民工在常住地城镇持居住证逐步享有市民权益后，其在户籍地农村原本享有的权益如何处理？城镇户籍人口离开户籍地城镇而跨地市级范围常住的，其在户籍地城镇原本享有的权益如何处理？

考虑到与户籍和居住证挂钩权益的互动改革将会持续较长一段时间，而且常住地与户籍地分离既涉及跨地市级又涉及跨省级行政区域，建议国家层面针对居住证持有人在常住地逐步享有市民权益后其在户籍地的权益处理问题统一作出规定。总的原则：一是部分在常住地和户籍地不重合的、特别重要的权益，必须保留。比如土地承包经营权、宅基地使用权、集体经济收益分配权等。二是部分在常住地和户籍地重合但是重复享受该权益不影响公正原则的，可以保留。比如免费享受公共图书馆、博物馆、文化馆等公共文化服务；符合条件的农民工生育二胎的权益等。三是部分在常住地和户籍地重合并且重复享受该权益会影响公正原则的，应该要求居住证持有人只能在常住地或户籍地选择一处享受该项权益。比如参加城乡居民基本养老保险、参加城乡居民基本医疗保险（新农合）等涉及费用给付（或报销）的权益，以及参加居民委员会（或村民委员会）选举等民主政治权利。四是客观上不可能在常住地和户籍地同时享受的权益，不存在保留与否的问题。比如参加失业保险的权利。

（五）因地制宜分步推进

逐步推进与户籍和居住证挂钩权益的互动改革，将各项市民权益与户籍脱钩而与居住证挂钩，推进未落户的农民工逐步平等享受市民权益，应该根据各项市民权益的具体特征、各城镇的承载能力等情况，积极稳妥、因地制宜、分步实施。

从地域范围来看，对于应该并且能够全国统一实施的，应该由国家层面作出规定，要求各地区、各城镇统一实施；对于暂不能全国统一实施但能够全省（自治区、直辖市，下同）统一实施的，应该由省级层面作出规定，要求本地各城镇统一实施；对于暂不能省级统一实施但本城镇具备条件可以实施的，相关城镇应该率先实施。

从时间步骤来看，逐步推进的次序可以为：先推进基本公共服务，后推进其他公共服务和其他市民权益；先推进对农民工比较紧迫的权益，后推进其他权益，兜底保障权益放在最后；先推进无须财政投入或投入较少的权益，后推进需要财政投入较大的权益；按照部门分工，齐头并进、逐步安排推进任务，避免逐个安排各部门推进任务，使得各部门任务集中于某一段时间，不同年度的任务轻重不一。《国家基本公共服务体系“十二五”规划》（国发〔2012〕29号）提出，到2020年争取基本实现基本公共服务均等化。《国务院关于进一步做好为农民工服务工作的意见》（国发〔2014〕40号）

提出，到 2020 年，努力实现 1 亿左右农业转移人口和其他常住人口在城镇落户，未落户的也能享受城镇基本公共服务。因此，应该努力推动在 2020 年前基本实现城镇基本公共服务与户籍脱钩而与居住证挂钩。

二、推进未落户的农民工逐步平等享受市民权益的具体建议

本书第九章已经分析，国家层面规定涉及农民工的与户籍挂钩的权益至少有 59 项，大致可以划分为 7 种类型：一是与农民工普遍相关的 10 项权益；二是与部分农民工相关的 8 项权益；三是与中青年农民工相关的 11 项权益；四是与农民工年老退休后及随迁老人相关的 5 项权益；五是与农民工中的特殊群体相关的 12 项权益；六是与贫困农民工相关的 5 项权益；七是与农民工小概率相关的 8 项权益。以下对这 59 项权益的改革提出初步建议，各地区、各城镇可以结合实际情况加快改革步伐，并且将本地区、本城镇规定的市民权益纳入改革范围。

（一）建议在 2020 年前推进未落户的农民工逐步平等享受对于多数农民工来说比较紧迫的市民权益

主要是与农民工普遍相关的 10 项权益，与部分农民工相关的 8 项权益，与中青年农民工相关的 11 项权益，以及与农民工小概率相关的 8 项权益，共 37 项。前三类市民权益对于多数农民工尤其是新生代农民工来说比较紧迫，而且是基本公共服务的主要内容；最后一类市民权益涉及面很小，财政承担的成本很低。因此，需要在 2020 年全面建成小康社会、基本实现基本公共服务均等化的大目标下，争取推进未落户的农民工逐步平等享受这些市民权益，如表 1 所示。

表 1 建议在 2020 年前推进的未落户农民工平等享受的市民权益

主管部门	市民权益名称	与户籍脱钩的时间	与户籍脱钩的方式	原户籍地对应权益的处理
教育部门	入读公办幼儿园的权利	2018 年	第三种方式	保留，农民工自由选择
	学前教育资助	2018 年	第三种方式	农民工自由选择，不可兼得
	就读公立义务教育学校的权利	2016 年	第二种方式	保留，农民工自由选择
	义务教育免费	2016 年	第二种方式	农民工自由选择，不可兼得
	义务教育阶段救助	2016 年	第二种方式	农民工自由选择，不可兼得
	参加中考的权利	2016 年	第三种方式	保留，农民工自由选择
	普通高中国家助学金	2016 年	第三种方式	农民工自由选择，不可兼得
	参加高考的权利	2016 年	第三种方式	保留，农民工自由选择
	高等教育新生入学救助	2016 年	第三种方式	农民工自由选择，不可兼得
人力资源社会保障部门	参加失业保险及享受失业待遇	2018 年	第一种方式	不存在保留与否问题
	灵活就业人员参加职工基本养老保险	2016 年	第一种方式	农民工自由选择，不可重复参保
	参加城乡居民社会养老保险	2019 年	第二种方式	农民工自由选择，不可重复参保
	参加城乡居民社会养老保险的缴费补贴	2019 年	第二种方式	农民工自由选择，不可兼得

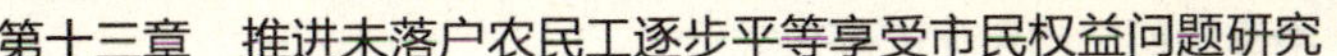

续表

主管部门	市民权益名称	与户籍脱钩的时间	与户籍脱钩的方式	原户籍地对应权益的处理
人力资源社会保障部门	参加居民基本医疗保险（城镇居民基本医疗保险或新型农村合作医疗）	2017 年	第二种方式	农民工自由选择，不可重复参保
	参加居民基本医疗保险的缴费补贴	2017 年	第二种方式	农民工自由选择，不可兼得
	城乡居民大病保险	2017 年	第二种方式	农民工自由选择，不可重复参保
住房和城乡建设部门	公共租赁住房	2018 年	第三种方式	农民工自由选择，不可兼得
	购买经济适用房	2018 年	第三种方式	农民工自由选择，不可兼得
	购买限价商品房	2017 年	第二种方式	农民工自由选择，不可兼得
	购买商品房	2016 年	第二种方式	保留
卫生和计划生育部门	孕产妇保健	2016 年	第二种方式	农民工自由选择，不可兼得
	儿童保健	2016 年	第二种方式	农民工自由选择，不可兼得
	重性精神疾病管理	2016 年	第二种方式	农民工自由选择，不可兼得
	慢性病管理	2017 年	第三种方式	农民工自由选择，不可兼得
	独生子女父母奖励	2018 年	第三种方式	农民工自由选择，不可兼得
	计划生育家庭特别扶助	2018 年	第三种方式	农民工自由选择，不可兼得
	计划生育家庭老年人扶助	2018 年	第三种方式	农民工自由选择，不可兼得

续表

主管部门	市民权益名称	与户籍脱钩的时间	与户籍脱钩的方式	原户籍地对应权益的处理
民政部门	参加居民委员会选举	2017 年	第二种方式	农民工自由选择，不可兼得
	参加村民委员会选举	2017 年	第二种方式	农民工自由选择，不可兼得
	自然灾害救助	2016 年	第二种方式	农民工自由选择，不可兼得
	受灾人员救助	2016 年	第二种方式	农民工自由选择，不可兼得
	困难人群治疗特定传染病的医疗救助	2016 年	第二种方式	农民工自由选择，不可兼得
公安部门	居民身份证申领和发放	2016 年	第二种方式	保留
	普通护照和出入境通行证办理	2016 年	第二种方式	保留
人民法院	人身损害死亡赔偿金	2016 年	第一种方式	不存在保留与否问题
	人身损害残疾赔偿金	2016 年	第一种方式	不存在保留与否问题
	人身损害被扶养人生活费	2016 年	第一种方式	不存在保留与否问题

（二）建议在 2030 年前推进未落户的农民工逐步平等享受兜底保障性质的市民权益

主要是与农民工年老退休后及随迁老人相关的 5 项权益，与农民工中的特殊群体相关的 12 项权益，与贫困农民工相关的 5 项权益，共 22 项，如表 2 所示。

表 2　　建议在 2030 年前推进的未落户农民工逐步平等享受兜底保障性质的市民权益

主管部门	市民权益名称	与户籍脱钩的时间	与户籍脱钩的方式	原户籍地对应权益的处理
民政部门	高龄津贴	2023 年	第三种方式	农民工自由选择，不可兼得
	老年人长期护理保障	2023 年	第三种方式	农民工自由选择，不可兼得
	基本养老服务补贴	2023 年	第三种方式	农民工自由选择，不可兼得
	殡葬补贴	2021 年	第三种方式	农民工自由选择，不可兼得
	烈士遗属褒扬	2025 年	第三种方式	农民工自由选择，不可兼得
	军人死亡抚恤	2025 年	第三种方式	农民工自由选择，不可兼得
	军人残疾抚恤（生活保障）	2025 年	第三种方式	农民工自由选择，不可兼得
	军人残疾抚恤（辅助器械配备）	2025 年	第三种方式	农民工自由选择，不可兼得
	军人优抚对象医疗补助	2025 年	第三种方式	农民工自由选择，不可兼得
	军人住房优待	2025 年	第三种方式	农民工自由选择，不可兼得
	义务兵家属优待金	2021 年	第三种方式	从哪里服兵役，就从哪里享受，不可兼得
	义务教育阶段残疾人特殊教育	2021 年	第三种方式	农民工自由选择，不可兼得
	残疾人教育资助	2021 年	第三种方式	农民工自由选择，不可兼得

续表

主管部门	市民权益名称	与户籍脱钩的时间	与户籍脱钩的方式	原户籍地对应权益的处理
民政部门	残疾儿童抢救性康复	2021 年	第三种方式	农民工自由选择，不可兼得
	残疾人基本医疗保障医疗康复项目	2021 年	第三种方式	农民工自由选择，不可兼得
	残疾人就业服务	2021 年	第三种方式	农民工自由选择，不可兼得
	最低生活保障	2025 年	第三种方式	农民工自由选择，不可兼得
	医疗救助	2021 年	第三种方式	农民工自由选择，不可兼得
人力资源和社会保障部门	就业援助	2025 年	第三种方式	农民工自由选择，不可兼得
卫生和计划生育部门	老年人保健	2021 年	第三种方式	农民工自由选择，不可兼得
住房和城乡建设部门	廉租住房	2025 年	第三种方式	农民工自由选择，不可兼得
	住房救助	2025 年	第三种方式	农民工自由选择，不可兼得

三、关于调动地方推进农民工市民化的积极性的建议

从实际情况来看，对于有序推进农民工市民化，无论是推动符合条件的农民工在城镇落户，还是推动未落户农民工逐步平等享受市民权益，一些地方政府及原户籍人口（尤其是发达地区和大城市）的积极性往往是不高的，推进工作的力度往往是不大的。究其原因，

一是长期以来实行的城乡二元管理体制对人们的思想观念造成禁锢，对农民和农民工的歧视根深蒂固；二是推进农民工市民化将会增加地方政府财政负担，农民工及其随迁子女将会使用原户籍人口及其子女独享的城镇资源，形成中考、高考等方面的竞争。纯粹从资源竞争来说，城镇原户籍人口自然增长也会带来城镇资源的竞争，但是一些城镇政府及原户籍人口对此不以为意，却视农民工为城镇资源的侵占者，这背后还是思想观念的歧视。可见，思想观念的原因与物质利益的原因相互交织、相互影响，使得一些地方政府及原户籍人口对有序推进农民工市民化的积极性不高。他们最希望的格局是：农民工到本城镇来就业，但不要享受市民权益，年老后回归农村故乡。面对以上问题，国家在有序推进农民工市民化，包括推动符合条件的农民工在城镇落户，以及推动未落户农民工逐步平等享受市民权益过程中，需要采取有针对性的措施，调动这些地方政府及原户籍人口的积极性。

（一）大力开展宣传，破除对农民和农民工的歧视观念

要充分利用互联网、广播、电视、报纸、杂志以及社会组织，通过发布新闻、发表文章、发表文学和艺术作品、举办论坛、开展文艺和技能比赛、组织文化活动，以及对优秀农民工和农民工工作先进集体及个人按规定进行表彰奖励等多种方式，大力开展宣传工作，努力营造关心关爱农民工的社会氛围，破除对农民和农民工的歧视观念，使尊重农民工、公平对待农民工、让农民工共享经济社会发展成果成为全社会的自觉行动。

一是宣传农民工市民化的必要性和可行性。使全社会都认识到，农民工市民化是实现现代化的必由之路，是社会发展的客观规律，全社会都要顺应和把握这一客观规律，顺应社会发展的潮流，同时努力避免过程中的失误，把好事办好。

二是宣传公民权利平等的观念。引导社会认识到中华人民共和国的公民依法享有平等的权利，介绍发达国家即使对于非法移民的子女也赋予平等接受教育权等做法。

三是宣传以人为本的理念，构建和谐社会、共圆中国梦的目标。使全社会都认识到只有农民和农民工总体上也过上了小康生活，才算全面建成小康社会；只有农民和农民工总体上也过上了现代生活，才算实现中华民族伟大复兴中国梦；不维护好农民工的权益，将影响劳动关系的和谐稳定、影响社会的和谐稳定。

四是宣传党和国家的法规政策。宣传党和国家顺应和把握农民工市民化的客观规律，制定出台的关于农民工发展和农民工工作的方针、政策、法律、法规，加强对法规政策的阐释解读。使全社会都了解应当做什么、如何做。

五是宣传农民工工作经验。使各地区、各部门、用人单位、社会其他方面了解和借鉴其他地区、部门、单位落实党和国家的法规政策，结合实际做好农民工工作的好经验、好做法。

六是宣传农民工群体的巨大贡献和农民工中的先进典型。使全社会了解农民工群体对于促进经济社会发展、改善城市居民生活、解决“三农”问题所发挥的重要作用，了解农民工中的优秀人才、道德模范的感人事迹，从而尊重农民工。

七是宣传农民工以及农村留守儿童、留守妇女、留守老人的工作和生活状态。使全社会了解农民工及其家庭在现代化过程中做出的巨大牺牲，从而唤醒社会的公益心，关心关爱农民工及其家庭。

八是对相关热点问题开展及时有效的舆论引导。针对诸如农民工市民化将挤占城镇资源、导致农村萧条等认识，进行全面客观的分析，使相关群体能够正确全面地认识出现的问题。

（二）探索建立农民工工作考核评估机制，督促各地推进农民工市民化

《国务院关于进一步做好为农民工服务工作的意见》（国发［2014］40号）要求“各级人民政府要把农民工工作列入经济社会发展总体规划和政府目标考核内容，建立健全考核评估机制，落实相关责任”。各级人民政府及其农民工工作议事协调机构应当落实好这一要求，通过加强工作考核，督促下级人民政府及其部门全面做好有序推进农民工市民化各项工作。为了完善考核评估机制，使考核结果更加全面客观，建议采取第三方采集信息、评估工作实绩的办法，将农民工工作考核与农民工市民化进程动态监测工作结合起来，通过各地区、各城镇农民工市民化进程的快慢、质量的高低，来评估其农民工工作实绩的优劣。农民工市民化进程动态监测工作，将在第十五章专门研究。

（三）建立财政转移支付同农民工市民化挂钩机制，激励各地推进农民工市民化

《中共中央关于全面深化改革若干重大问题的决定》和《国家新型城镇化规划（2014—2020年）》《国务院关于进一步做好为农民工服务工作的意见》（国发［2014］40号）均提出要建立政府、企业、个人共同参与的农民工市民化成本分担机制和财政转移支付同农民工市民化挂钩机制。根据《国家新型城镇化规划（2014—2020年）》要求，2014年年底，国家发改委等11个部门联合印发了《国家新型城镇化综合试点方案》（以下简称《试点方案》），提出将江苏、安徽两省和宁波等62个城市（镇）列为国家新型城镇化综合试点地区。《试点方案》提出了新型城镇化综合试点的五大主要任务，其中之一是建立健全由政府、企业和个人共同参与的农业转移人口市民

化成本分担机制。根据农业转移人口市民化成本分类，明确成本承担主体和支出责任；按照事权与支出责任相适应的原则，合理确定各级政府在教育、基本医疗、社会保障等公共服务方面的事权，建立健全城镇基本公共服务支出分担机制。为了推动试点的开展，国家也将出台相关的配套政策，其中之一是财政转移支付与农业转移人口市民化挂钩的具体办法。要完善转移支付办法，中央和省级财政安排转移支付时要考虑常住人口。①

关于横向的政府、企业、个人共同参与的农民工市民化成本分担机制，由于相关法律法规对政府、企业、个人应当承担的义务（比如企业、个人缴纳养老保险费的义务，政府免费提供义务教育的职责）已经做出了规定，可以依据相关法律法规执行。需要探索的关键问题是如何建立各级政府之间纵向的财政转移支付同农民工市民化挂钩机制。结合实际情况，对开展这项工作提出以下建议：

1. "分项计算，统一转移"。根据《中共中央关于全面深化改革若干重大问题的决定》有关改革财政转移支付制度的要求，今后将完善一般性转移支付增长机制，重点增加对革命老区、民族地区、边疆地区、贫困地区的转移支付。中央出台增支政策形成的地方财力缺口，原则上通过一般性转移支付调节。清理、整合、规范专项转移支付项目，逐步取消竞争性领域专项和地方资金配套，严格控制引导类、救济类、应急类专项，对保留专项进行甄别，属地方事务的划入一般性转移支付。按照这一改革方向，不宜分别针对推进农民工市民化过程中的各项市民权益实行专项转移支付。与此同时，也不宜按照农民工（实际工作中还应包括其他未落户的常住人口）数量以及农民工市民化平均财政成本进行计算后给予转移支付，因为农民工数量以及农民工市民化平均财政成本不能动态地反映各地

① 64个新型城镇化试点城市披露：含3个计划单列市［N］. 21世纪经济报道，2015-1-9.

区、各城镇推进农民工市民化的计划和实际进展。本书第十章、第十二章及本章前文已经分析，推进农民工市民化是一个逐步、因地制宜、多种方式并行的过程，不同地区、不同城镇即使其农民工数量以及农民工市民化平均财政成本相同，但其计划和实际推动落户并全面享有市民权益的农民工数量、持居住证者享有的市民权益项目数量、持居住证并符合居住年限等条件者享有的市民权益项目数量，都可能差别很大，所需要承担的财政支出总成本相应地也差别很大，而且呈现出前期少、后期多的逐步增加的特征。假如简单地按照农民工数量以及农民工市民化平均财政成本进行计算后给予转移支付，中央财政和省级财政在前期可能难以承担；而且，这种做法还可能导致有的地区、有的城镇在获得上级财政转移支付资金后反而不积极推进农民工市民化，以结余更多资金挪作其他用途，造成逆向激励。

为此，建议实行“分项计算，统一转移”：一是统计本财政年度内在本地区、本城镇落户并全面享受市民权益的农民工数量、农民工市民化平均财政成本，计算已落户农民工市民化总财政成本及需要转移支付的资金数额。二是统计居住证持有人的数量、持居住证即可享有的市民权益项目数量及具体名称、各项权益的人均财政成本，计算持居住证即可享有的市民权益的市民化总财政成本及需要转移支付的资金数额。三是统计持居住证并符合居住年限等条件者享有的市民权益项目数量及具体名称、各项权益的人均财政成本，计算持居住证并符合居住年限等条件者享有的市民权益的市民化总财政成本及需要转移支付的资金数额。四是汇总计算以上各类市民化总财政成本及需要转移支付的资金数额，得出本财政年度内在本地区、本城镇的农民工市民化总财政成本及需要转移支付的资金数额，统一在“农民工市民化专项转移支付”项目下支付。通俗地说，就是对于已落户农民工，将其纳入户籍常住人口进行计算并转移支付；对于未落户农民工，按照随迁子女教育、住房保障、居民养老保险、居民医疗保险等各项市民权益的实际享受人数及人均财政成本进行分项和汇总计算并统一转移支付。

2. “钱随人走，有增有减”。本章前文已经分析，有些公共服务权益不能在户籍地和常住地重复享受，政府提供这些公共服务的财政支出成本不能也不会在户籍地和常住地重复支付。在这种情况下，应当避免一方面农民工在常住地享受公共服务，财政承担了成本，另一方面中央财政和省级财政仍然继续按照户籍人口数量计算并对农民工户籍地进行财政转移支付。中央财政和省级财政应当在对于城镇农民工市民化财政成本增加转移支付的同时，相应地减少给予农民工户籍地的同类转移支付。比如对于农民工随迁子女义务教育的转移支付，一方面中央财政和省级财政应当根据各城镇为农民工随迁子女提供义务教育的人数及生均财政成本，增加转移支付资金数额；另一方面应当根据农民工户籍地迁走的农民工随迁子女人数及生均财政成本，减少对其转移支付资金数额。也就是要根据在城镇和农村、常住地和户籍地的实际学生人数及生均财政成本来确定财政转移支付资金数额。

3. “先拨后算，多退少补”。赋予农民工及其家属市民权益，对各地区、各城镇的财政支出将会增加压力，假如转移支付资金不能及时到位，可能会影响农民工实际中真正享受这些市民权益。因此，中央财政和省级财政应当根据各地区、各城镇推进农民工市民化的计划，在每个财政年度的初期预算并拨付转移支付资金；在财政年度终了后，再根据该地区、该城镇推进农民工市民化计划的实际执行情况，决算确定给予该地区、该城镇的转移支付资金，多退少补。

（四）充分发挥市场机制的作用，引导各地推进农民工市民化

2004年以来，随着经济高速发展带来对劳动力需求的大幅增加，

以及年轻劳动力供给增幅的缩小，我国一些地区开始出现“招工难”现象。2012 年，全国 15～59 岁（含不满 60 周岁）劳动年龄人口为 93 727 万人，比 2011 年末减少 345 万人，占总人口的 69.2%，比 2011 年末下降 0.60 个百分点。这是劳动年龄人口总量首次出现下降，表明 2011 年中国劳动年龄人口数量达到峰值、出现拐点，开始进入下降通道。2013 年，15～59 岁（含不满 60 周岁）人口为 93 500 万人，比 2012 年末减少 227 万人；而根据法定最低就业年龄调整口径后的劳动年龄人口（16～59 岁，含不满 60 周岁）为 91 954 万人，占总人口的 67.6%。2014 年，16～59 岁人口为 91 583 万人，占总人口的 67.6%，比 2013 年末减少 371 万人。与此同时，人口老龄化快速上升，2012 年，全国 60 周岁及以上人口为 19 390 万人，占总人口的 14.3%，比 2011 年末提高 0.59 个百分点；2013 年，60 周岁及以上人口为 20 243 万人，占总人口的 14.9%，比 2012 年末提高 0.6 个百分点；2014 年，60 周岁及以上人口为 21 242 万人，占总人口的 15.5%，比 2013 年末提高 0.6 个百分点。[①] 从城乡人口年龄分布看，目前有不少研究提出，农村人口老龄化程度比城镇更为严重。这种判断是基于常住人口统计而非户籍人口统计。假如不考虑农村劳动力转移因素，将在城镇常住的农民工纳入农村统计而非城镇统计，那么城镇的户籍人口老龄化程度显著高于农村。2013 年，南京市 60 周岁及以上人口占总人口比例为 18%，北京市达到 20%，上海市更高达 27.1%；预计到 2025 年，上海市户籍人口老龄化率将达到 39.6%。[②]

在上述背景下，无论是从合理调节全国人口年龄分布的宏观要

① 数据来源于国家统计局发布的《中华人民共和国 2012 年国民经济和社会发展统计公报》《中华人民共和国 2013 年国民经济和社会发展统计公报》《中华人民共和国 2014 年国民经济和社会发展统计公报》。

② 老龄化，上海准备好了吗？[N]. 新民晚报，2014-5-3.

求还是从各城市自身的利益出发，各城市都需要吸引农业转移劳动力，都离不开农民工尤其是新生代农民工。在农民工家庭向城镇迁移定居过程中，即使农民工带老人一并迁移定居，由于农村户籍人口与城镇相比更加年轻，因此这种迁移定居有利于缓解城镇常住人口老龄化程度、有利于合理调节全国人口年龄分布；实际上，考虑到城镇生活成本更高、老年人长期形成的生活习惯难以适应城镇生活等因素影响，随同农民工一并向城镇迁移定居的老年人比例可能不高，从而更加有利于城镇自身的利益。预测未来，各地区、各城镇吸引农民工尤其是新生代农民工越多，则越能增强本地区、本城镇经济竞争力，缓解本地区、本城镇人口老龄化压力。假如本地区的新生代农民工被外地吸引迁移定居，将会加剧本地区人口老龄化，出现年轻人流走、留下老年人需要被养老的局面。因此，未来各地区、各城镇之间将会逐步展开对吸引新生代农民工的竞争。

目前，劳动年龄人口总量下降的趋势刚刚出现，对劳动力市场供需关系的影响尚不显著，大城市凭借较高的工资收入、更完善的生活设施，尚能够在提供市民权益不足的情况下吸引农民工。但未来随着劳动力市场供需关系的显著变化，新生代农民工分享经济社会发展成果的意愿不断强化，步入结婚年龄的农民工将会越来越不满足于漂泊就业，将会对买得起住房、孩子能够上学等市民权益越来越看重。因此，未来各地区、各城镇之间对吸引新生代农民工的竞争手段，将会越来越偏向赋予农民工市民权益，使其能够在本地区、本城镇定居。哪个地区、哪个城镇的农民工市民化进程推进得快，则哪个地区、哪个城镇在吸引新生代农民工方面将会取得先发优势。这种市场机制的强大作用，有利于引导各地区、各城镇推进农民工市民化。国家层面应当允许、鼓励这种竞争，切不可由于某些地区、某些城市出现“招工难”、人口老龄化加剧，而通过行政手段，用全国的资源予以干预。

第十四章　农民工社会融合问题研究

“融合”是指将两种或多种不同的事物合成一体。“社会融合”则是指将社会中的不同群体合成一体。相应地，“农民工社会融合”是指将农民工群体与城镇原市民群体合成一体，从而避免群体性的排斥和冲突。从古今中外的历史和现实来看，在人口的大流动、大迁移过程中，都面临着新流入人口与原住民之间的社会融合问题。如果社会融合得好，就会促进社会和谐稳定、促进经济社会发展；如果社会融合得不好，则会影响社会和谐稳定、阻碍经济社会发展、降低人民生活质量。《国务院关于进一步做好为农民工服务工作的意见》（国发［2014］40号）围绕“有序推进农民工市民化”目标，提出了“四个着力”的工作布局，其中第四个“着力”就是着力促进农民工社会融合；努力推进农民工本人融入企业、子女融入学校、家庭融入社区、群体融入城镇。这是有序推进农民工市民化的支撑，也是衡量农民工市民化质量的重要标志。

一、农民工社会融合的含义

人口迁移过程中的社会融合，大致可以划分为两类。一类是本国农业人口向二、三产业和城镇转移过程中的社会融合，另一类是外国人口向本国迁移过程中的社会融合。西方发达国家在工业化、城镇化发展阶段，都经历过本国农业人口向二、三产业和城镇转移，以及在此过程中的社会融合；目前，在后工业化、后城镇化阶段，这些国家面临的是外国人口向本国迁移以及在此过程中的社会融合。从国外迁移来的人口，其相互之间以及与本国人口之间，在种族、民族、宗教、文化、核心价值观及生活习俗等方面往往存在很大差别，社会融合压力很大。对此，西方发达国家促进国外移民社会融合的主要做法可以概括为“求同存异”：一是在国家事务层面“求同”。无论移民来自哪个国家，属于何种种族、民族、宗教、文化、核心价值观和生活习俗，都要促进其认同本国、热爱本国，认同本国的政治制度，遵守本国的法律。二是在群体事务和个人事务层面“存异”。在遵守法律、不损害他人权利的前提下，每个群体、每个人都可以保持自己的宗教、文化、核心价值观、生活习俗，相互之间提倡包容。

我国农民工在市民化过程中的社会融合，与西方发达国家目前面临的国外移民社会融合相比，具体情况有很大不同，融合难度要小得多。无论是农民、农民工还是城镇原市民，在认同国家、热爱国家、认同国家政治制度、遵守法律法规等方面都没有性质上的差别，在文化、核心价值观、生活习俗等方面更是具有共同基础。因此，促进我国农民工在市民化过程中的社会融合，应当深入调查了解我国的实际情况及存在的问题，采取有针对性的措施。

目前，关于我国农民工社会融合问题有不少研究，但对于农民工社会融合的定义，尚未形成共识。有的研究认为，农民工社会融入（社会融合）的衡量标准最主要的五项标志依次是：医疗、教育等社会福利与城市相同，稳定的工作，户口已经迁至城市，有宿舍或其他固定住处，政治经济地位、权利平等。此外，在相对发达地区还包括城市归属感、心理适应度、文化习俗、语言习惯等精神方

面的因素，而欠发达地区则更多考虑基本的物质生活条件。[①] 有的研究认为，流动人口（主要是农民工）社会融合指数的维度和指标包括：经济立足（含就业稳定、职业类型、收入水平）、社会接纳（含社交网络、社区参与、组织参与）、文化交融（含语言使用、居住融合、文化接纳）、身份认同（含居留安排、团聚打算、认同结果）。[②] 这些成果从不同角度进行研究，对做好农民工工作具有很大的参考价值；但是，从有序推进农民工市民化的工作布局来看，这些研究对农民工社会融合的定义过于宽泛，将就业、劳动保障权益、市民权益等内容也纳入社会融合，使得社会融合的概念类似于市民化的概念，可能造成工作布局的重复凌乱。

笔者认为：从我国农民工市民化的“四个着力”工作布局以及农民工实际情况看，我国农民工在市民化过程中的社会融合，应当主要是采取措施消除农民工群体与原市民群体之间，由于城乡生产和生活方式不同而产生的差别、排斥、冲突，从而使两大群体合成一体。也就是说，农民工与城镇户籍人口的平等就业权利、平等劳动社会保障权利、平等市民权益等权利层面，主要通过着力稳定和扩大农民工就业创业、着力维护农民工的劳动保障权益、着力推动农民工逐步实现平等享受城镇基本公共服务和在城镇落户等三个“着力”去实现，而着力促进农民工社会融合的任务则是在社会心理层面上，消除农民工群体与原市民群体之间的排斥和冲突，实现相互接纳。农民工社会融合的具体含义包括以下几个方面。

（一）工作融合，主要是农民工本人融入企业

1. 农民工本人尽快适应生产方式的转变。农民工由务农转变为

① 国务院发展研究中心课题组. 农民工市民化——制度创新与顶层政策设计［M］. 北京：中国发展出版社，2011：283-284.

② 国家卫生和计划生育委员会流动人口司. 中国流动人口发展报告（2014）［M］. 北京：中国人口出版社，2014：40.

从事二、三产业，在生产方式或者说工作方式上，面临着转变。农业生产的特征，一方面包括劳动条件恶劣、劳动强度大、苦脏累等；另一方面包括个人自由度大、可以自主安排劳动时间、独立性强、散漫等。而企业里的产业工人的劳动特征，包括工作任务和工作要求由企业决定、服从企业管理、遵守劳动纪律、群体协作性强、有规定的劳动时间等。这就要求农民工尽快适应生产方式的转变，不仅要学习掌握新的职业技能，而且要学习掌握生产过程中的人际交往能力，调整自己的心态、约束自己的行为。只有农民工适应了二、三产业生产方式的转变，才能较好地完成工作任务，消除内心因不适应、排斥而产生的不良情绪，与原市民员工融为一体。

2. 企业平等对待农民工。劳动和社会保障法律法规是企业在劳动和社会保障领域的基本行为规范而非全部行为规范，企业在遵守法律法规的前提下，还拥有自由裁量的内部管理的权利。因此，即使全面落实了劳动和社会保障法律法规，也不意味着农民工得到了平等对待；要实现平等对待农民工的目标，企业除了应当全面遵守法律法规之外，还必须在内部管理上平等对待农民工与原市民员工，以消除排斥和冲突。比如在企业内部的职务晋升、评选优秀先进、参加培训、非法定的企业福利等方面，企业应当对农民工与原市民员工一视同仁。

（二）学习融合，主要是农民工随迁子女融入学校

1. 农民工随迁子女尽快适应城镇学校。目前，农民工平均工资水平虽然经过多年较快增长，但仍然低于城镇户籍职工平均工资水平。据国家统计局发布的 2013 年平均工资主要数据显示[①]，全国全

① 国家统计局. 2013 年就业人员平均工资为 45 676 元［EB/OL］.［2014-5-27］. http://finance.sina.com.cn/china/20140527/093019235838.shtml.

部调查单位就业人员平均工资为 45 676 元，月均 3 806 元；其中，全国城镇非私营单位就业人员年平均工资 51 474 元，月均 4 290 元；全国城镇私营单位就业人员年平均工资 32 706 元，月均 2 726 元。外出农民工人均月收入则只有 2 609 元[①]。在较大的工资收入差距下，农民工的随迁子女到城镇学校就读后，在服装鞋帽等衣着打扮、文具书包等用品、收费补习班等课外学习方面，往往与城镇原市民子女存在一定差距，加上有的随迁子女是新来乍到、口音不同，都可能对成长中的儿童和青少年造成心理困扰，影响其自尊自信人格的培养和对班级集体的融入。对此，农民工及学校都应当加强对随迁子女的关心和心理疏导，教育引导其树立正确的价值观、尽快适应城镇学校、融入新的集体。

2. 城镇学校关爱农民工随迁子女。目前，一些地方按照国家要求，以公办中小学为主解决了农民工随迁子女平等接受义务教育问题，但是却规定农民工随迁子女只能选择就读一些教学质量较差的学校，或者对农民工随迁子女单独编班，这些做法都会引起农民工随迁子女与原市民子女之间的排斥和冲突，不利于社会融合。为此，公办义务教育学校要普遍对农民工随迁子女开放，与城镇户籍学生混合编班，统一管理。另外，农民工在城镇往往居住面积小、居住环境差，随迁子女课后写作业、学习的条件较差；很多农民工劳动时间长、本人也缺乏教育子女的意识和能力，使得随迁子女的家庭教育环节薄弱；有些随迁子女原来学习基础较差，难以跟上班级学习进度。针对农民工随迁子女面临的这些特殊问题，城镇学校以及社会有关方面应当给予其特殊的关爱，帮助其弥补与原市民子女之间存在的客观差距。

---

① 数据来源于国家统计局发布的《2013 年全国农民工监测调查报告》。

（三）生活融合，主要是农民工家庭融入社区

农民工在市民化过程中，面临着城乡不同生活方式的撞击。农村生活方式与城镇生活方式存在着较大不同，这种不同涉及面很宽，有的不同无关文明程度的高低，只是文化多样性的体现，并且可以在由农民转变为市民后继续保持原有的方式；有的不同虽然无关文明程度的高低，但是与城镇生活的客观需要不适应，需要相应改变；有的不同则表现出文明程度的高低，需要学习城镇生活方式，不断提高自身综合素质。在后两种情况下，都需要农民工及其家庭尽快改变原有农村生活方式、融入城镇生活方式。融入得好，就能促进农民工社会融合；反之，则会引起原市民对农民工群体的排斥，也会降低城镇的文明程度和整体生活质量。归纳起来，农民工生活融合至少要做到“四讲三学”：

1. 讲文明。与城镇相比，农村地广人稀，贴近自然，生活方式单纯、粗犷、随意。有些人习惯了大声说话、粗言粗语，在屋里屋外光膀子行走。田野里的草地可以随意踩，枝条野花可以随意摘。城镇是人口密集的地区，人的自然性受到更多约束、社会性增强。城镇文明要求市民不能光膀子，不能大声喧哗、说脏话，不能随意踩踏草地、摘花折枝，在公交车上要主动给老幼孕残人员让座，注重个人的坐姿、站姿、行姿，以及与他人打交道时的礼仪，等等。农民工迁移到城镇后，要注意讲文明，遵守城镇市民的行为规范。

2. 讲卫生。在一部分农村，受经济发展水平的制约，基本上没有垃圾处理和环境卫生设施，没有淋浴设施。有些人习惯了随地吐痰、乱扔垃圾，不能做到经常洗澡，缺乏有关身心健康的知识。城镇文明则要求市民讲卫生，要保持身体清洁、穿着整洁，不能随地吐痰、乱扔垃圾，注重妇幼保健和疾病预防，加强体育锻炼，保持心理健康。

3. 讲秩序。农村人口密度小、生活方式简单，需要排队的情形很少，有些人习惯了散漫、随意。由于自然村落和世代继承，缺乏建设规划，农村住宅建设往往各行其是、参差不齐。城镇人口密度大、生活丰富多样，乘坐公交车、参观博物馆、到超市购物、在景点游览、去政府部门办事，以及从银行取款，很多情形下由于人多而需要有序进行。城镇建设应当依据建设规划，保持街道房屋的整洁有序。因此，城镇文明要求市民讲秩序，在各种需要排队的场合，自觉按照先后顺序依次排队，不插队、不拥挤、不推搡，相互谦让。要求市民不乱搭乱建、自觉遵守建设规划。

4. 讲法制。农村生活中的社会关系简单，往往依靠风俗习惯进行调整，有些人对法律法规了解少、对常年生活中习得的风俗习惯掌握多。城镇生活中的社会关系复杂，购物、就餐、维修等各种消费行为中形成的消费关系，购买、租赁住房形成的物权关系，计划生育、子女上学、居民医疗保险等各种公共服务中形成的行政法律关系，以及其他一些关系，构成一个庞大的社会关系体系。风俗习惯对于调整这个复杂的社会关系体系显得力不从心，必须主要依靠法律法规进行调整。因此，城镇文明要求市民讲法制，树立法制意识、了解相关法律知识、掌握运用法律维护自身合法权益的能力。

5. 学安全防护。农村社会是熟人社会，一个村落人口不多，相互之间熟悉，有的甚至沾亲带故，居民之间信任度高。有些人家的大门白天是开着的，即使无人在家也无须担心失窃；儿童自行结伴玩耍，去其他人家、去田野河流，家长不会时刻照看。农村里道路简单、汽车少、基本没有红绿灯，行人、非机动车、机动车往往混道而行，交通安全意识淡薄。城市社会是陌生人社会，人口多、来自各地，人员流动频繁，大多数人相互之间不认识。即使是居住在同一社区的邻居，大多数人也不在同一单位工作，早出晚归见面少，彼此不了解对方的姓名、工作单位、工作地点。城镇道路复杂、汽车多，红绿灯、斑马线、人行道是保持交通安全和通畅的重要设施。建筑密度大，各种管道、电力线路错综复杂，消防安全责任大。因此，农民工要尽快适应城镇的安全防护要求：一是交通安全，红灯停、绿灯行，不能闯红灯，不能行人、非机动车与机动车混道而行，横穿马路要走人行横道；二是消防安全，要掌握预防火灾、扑灭火情、火灾逃生等基本能力；三是防拐，加强对未成年子女尤其是婴幼儿的看护，防止被陌生人拐走；四是防骗，不贪非分之财、不怕恐吓、冷静理性，防止被各种骗术骗走财物；五是防盗，无论在夜晚还是白天，通常情况下要关闭家门，出行要防止扒手；六是防抢，尽量不要在夜深、地僻、人少的地方行走，确实需要的应结伴而行；七是防食物中毒；八是防煤气中毒。

6. 学生活技能。总体上说，我国目前仍然是一个发展中国家，广大农村的经济社会发展水平较低，农村生活还是一种维持基本需要甚至最低需要的简单生活。很多人的米面、蔬菜自给自足，每年买几次衣物用品，主要的时间用于劳作，闲暇时邻里聊天、看看电视，如果生病了就到村医务室拿点药。与农村生活相比，城镇生活则更加丰富多彩，也更加复杂多样。米面、蔬菜在哪里买更加便利？衣物用品在哪里买更加便宜？水电气热的费用如何交纳？怎样乘坐地铁、公共汽车出行？怎样利用图书馆、博物馆、文化馆？如何为子女申请入学？到医院就医应该注意哪些问题？如何办理银行开户和存款取款？如何给农村亲朋汇款、寄物？假若失业了如何办理失业登记并申请待遇？如何美容化妆、搭配服装、布置家居？如何搞好饮食卫生、食品营养、健康保健？农民工需要尽快学习掌握这些新的生活技能，才能充分利用城镇生活的便利、体会到城镇生活的丰富、提高生活的幸福指数。

7. 学人际交往。农村以家庭为单位的生产经营方式和简单的生活方式，使得农村社会关系也比较简单。城镇二、三产业的现代生产经营方式和复杂多样的生活方式，相应地带来复杂的社会关系。复杂的社会关系既需要法律体系进行基本行为规范的调整，也需要市民具备处理各种社会关系的人际交往能力。如何进行亲子教育？如何处理夫妻关系？如何处理与父母、兄弟姐妹及其他亲属的关系？如何构建和谐邻里关系？如何处理与单位领导、同事、下属以及客户的关系？这些都是农民工转变为市民后需要学习掌握的人际交往能力。

（四）感情融合，主要是农民工群体融入城镇

1. 原市民群体在情感上接纳农民工群体。总体上说，目前农村经济社会发展水平不高，与城镇相比差距更大。农民和农民工的平均收入水平远低于城镇原市民，他们的衣食住行用等生活水平相应地也远低于原市民群体。农民和农民工的平均受教育年限也低于原市民，使得他们的言谈举止、知识视野与原市民群体相比也有所逊色。从个体心理来看，在这些客观因素的影响下，部分原市民在与农民工个人的具体接触中，看到他们款式老旧、质地较差的穿着，听到他们用不标准的普通话说着日常琐事，往往存在轻视心理。从群体心理来看，由于城乡二元管理体制的长期影响，农民和农民工在社会认知、社会感情方面处于不利地位，部分城镇原市民对农民和农民工群体存在不正确的认知、不友善的感情，即使未具体接触，也对农民工群体产生一种抽象的视为二等公民的歧视心理。哪里有歧视，哪里就有排斥和冲突。因此，农民工社会融合，不仅要做到工作融合、学习融合、生活融合，而且要最终做到感情融合，消除部分原市民对农民工个人或群体的歧视心理，从感情上接纳他们。

2. 农民工群体建立对城镇的归属感。现阶段，农民工权益维护尽管总体上取得了巨大进展，但是部分农民工平等的就业权益、劳动保障权益仍然未依法落实到位，平等市民权益尚处于推进过程中，

大量农民工集中居住在“城中村”等与原市民分隔的区域，而且往往会面对部分原市民的歧视。这些因素导致多数农民工目前尚未建立对城镇的归属感，自我认知为城镇的“边缘人”。对于不愿意在城镇定居、希望将来回到农村的农民工来说，其在农村尚有感情归宿；对于希望市民化的农民工尤其是新生代农民工来说，农村不愿回、城镇融不进，加上部分农民工不能全面客观地认识解决农民工问题的艰巨性、长期性，慢慢地就会产生对城镇和原市民群体的排斥心理，导致社会冲突。因此，应当促进农民工群体建立对城镇的归属感，进而建立对城镇的责任感、对原市民的好感，消除排斥和冲突。

二、促进农民工社会融合的政策措施建议

根据本章上文对农民工社会融合含义的分析，我们可以有针对性地采取政策措施，逐步实现农民工社会融合的各项指标任务。一是要广泛开展农民工市民化宣传，本书第十三章已经对此做了研究，不再赘述。二是要全面普及开展新市民培训，下文还将专门研究。除此以外，还应当按照《国务院关于进一步做好为农民工服务工作的意见》（国发［2014］40号）的要求开展以下工作。

（一）开展“人文关怀进企业、进一线”活动

由农民工工作领导小组办公室会同人力资源社会保障、国有资产管理、总工会、共青团、妇联等部门（单位），发起和鼓励各类企业开展“人文关怀进企业、进一线”活动。活动主要内容：一是平等对待农民工。除依法维护农民工与原市民员工平等的就业权益、劳动保障权益之外，在企业管理的各方面，包括企业内部职务晋升、评选优秀先进、参加培训、非法定的企业福利等，对农民工与原市民员工也一视同仁。二是加强对农民工的思想政治工作和科普宣传

教育，引导农民工树立社会主义核心价值观。三是关心农民工尤其是青年农民工、一线农民工的业余生活。组织开展各类文化活动，有条件的配备文化体育设施，丰富他们的业余文化生活。四是关心农民工尤其是青年农民工、一线农民工的心理健康状况。通过开设心理咨询室或与社会心理咨询机构合作等方式，对有需要的农民工开展心理疏导。

（二）开展“关爱流动儿童”活动

由教育部门会同共青团、妇联等单位，在义务教育学校中组织开展“关爱流动儿童”活动。活动主要内容：一是要求公办义务教育学校要普遍对农民工随迁子女开放，与城镇户籍学生混合编班，统一管理。二是针对农民工随迁子女课后学习环境较差、家庭教育环节薄弱、学习基础较差等特殊问题，给予其特殊关爱，帮助其弥补与原市民子女之间存在的客观差距。学校要组织教师对学习基础较差的学生进行补课；在放学后开放教室供农民工随迁子女留校学习、写作业。各级团组织要组织青年志愿者义务为农民工随迁子女补习功课，开展有益身心的文体活动。各级妇联组织要组织“爱心妈妈”对农民工随迁子女给予关爱。

（三）开展社区群众文体活动

由民政部门会同文化、总工会、共青团、妇联等部门（单位），指导街道、社区经常性地开展社区群众文体活动，活动主要内容：利用社区文化活动室、公园、城市广场等场地，在保障安全和不扰民的前提下，组织开展广场舞、体育健身、歌咏比赛等群众性文体活动，促进农民工与原市民之间交往、交流，增进双方的感情。

三、全面普及开展新市民培训

《国务院办公厅关于做好农民进城务工就业管理和服务工作的通知》（国办发［2003］1号）和《国务院关于解决农民工问题的若干意见》（国发［2006］5号）印发实施以来，浙江宁波、四川成都、重庆等城市陆续探索开展了新市民培训。从实际效果看，新市民培训使农民工掌握了城镇生活的新观念、新知识、新技能，对于提升农民工综合素质、促进农民工社会融合特别是生活融合，起到了重要作用。《国务院关于进一步做好为农民工服务工作的意见》（国发［2014］40号）提出，“通过依托各类学校开设农民工夜校等方式，开展新市民培训，培养诚实劳动、爱岗敬业的作风和文明、健康的生活方式”。各地区、各有关部门应当按照国务院要求，全面普及开展新市民培训。

（一）新市民培训的组织主体

新市民培训是一项新工作，培训内容涉及面很宽，目前法律法规尚未明确负责这项工作的职能部门。《国务院关于进一步做好为农民工服务工作的意见》（国发［2014］40号）提出，新市民培训工作由国务院农民工工作领导小组办公室牵头。在此前的实践中，浙江宁波市由教育部门牵头，四川成都市由总工会牵头，重庆市由人力资源社会保障部门牵头。考虑到新市民培训涉及很多方面，而县以上各级农民工工作领导小组办公室设在人力资源社会保障部门，主要承担农民工工作的统筹规划、综合协调、组织推动、督促检查等综合性职责，建议各地新市民培训工作可以由农民工工作领导小组办公室牵头，以更好地统筹协调各方面力量做好这项工作；但是，也可以根据本地实际情况明确由教育、总工会等部门（单位）牵头。

牵头部门（单位）应会同其他有关部门（单位）成立新市民培训工作小组，具体负责新市民培训工作。

新市民培训工作小组的参与部门建议包括：①农民工办。主要负责新市民培训工作的统筹规划、综合协调、组织推动、督促检查、汇总统计等职责。如果当地政府确定新市民培训工作由其他部门（单位）牵头，则农民工办主要负责统筹规划、汇总统计职责。②教育部门。主要负责协调所属各类学校在优先保障本校教学需要的前提下，将教学场所、教学设施等向新市民培训开放；配合邀请新市民培训师资等。③公安部门。主要负责治安安全、交通安全、消防安全等方面的培训内容设计、专业培训师资的委派等。④民政部门。主要负责协调社区为新市民培训提供培训场所、培训设施。⑤司法部门。主要负责法制宣传、法律援助等方面的培训内容设计、专业培训师资的委派等。⑥财政部门。主要负责将新市民培训工作经费列入地方财政支出预算，并监督经费的使用。⑦卫生计生部门。主要负责食品药品安全、疾病预防、营养保健、心理健康等方面的培训内容设计、专业培训师资的委派等。⑧总工会。主要负责新市民培训的具体组织；依托所属培训机构、企业工会，为新市民培训提供场所、师资。⑨共青团。主要负责新市民培训的具体组织；依托所属培训机构、志愿者组织，为新市民培训提供场所、师资。⑩妇联。主要负责新市民培训的具体组织；依托所属培训机构，为新市民培训提供场所、师资。

新市民培训是一项日常的任务繁重的工作，每年需要举办大量培训班。每一个培训班的成功举办，都需要做好时间地点的协调确定、师资的邀请和接送、学员的招生和报名、培训班现场的管理及相关统计等大量事务性工作，需要有专门人员承担这些具体的培训班组织管理工作。因此，建议在基层（具体由各地区根据实际情况界定，可为县区，也可为街道、社区）新市民培训工作小组中，通过多种途径配备足够的培训班组织管理人员：一是总工会、共青团、妇联组织应当将新市民培训工作作为新时期本系统的重要任务，抽调工作人员参加；二是基层政府的人力资源社会保障、教育、民政、司法等有关部门在具备条件的情况下，抽调本系统工作人员参加；三是基层共青团组织可以动员志愿者参加；四是基层民政部门可以动员社区工作人员参加；五是通过政府购买服务的方式，委托社会组织承办培训班。

（二）新市民培训的师资和培训对象

新市民培训的内容涉及面很广，为了节约人力、财力、时间，更加经济高效地实现培训目标，建议尽量邀请通识型人员作为培训师资，由尽量少的师资承担起每一个培训班的培训任务。师资来源可包括：①各类学校的在职教师。②各类培训机构的具备条件的培训人员。③有关部门（单位）具备条件的工作人员，尤其是交通安全、消防安全、疾病预防、心理健康等方面的专业人员。④具备条件的社会志愿者，尤其是律师、社会科学工作者，以及已退休的具备条件的“老干部、老教师、老党员、老劳模、老军人”等。

基层新市民培训工作小组应当在以上培训师资基础上，建立常备性的师资库，并根据实际情况不定时进行调整。师资库中的信息可以包括：师资个人基本情况，联系方式，可以为新市民培训班上课的时间，培训内容专长，学员的总体评价等。为了提高培训质量，基层新市民培训工作小组应当加强培训师资队伍建设，组织培训师资进行集中培训。

新市民培训的对象建议包括已经在本城镇落户的农业转移人口，以及在本城镇就业的农民工及其随迁家属。尽管在本城镇就业的农民工流动性比较大，其中部分人未来可能会选择去其他城镇就业定居，或者回农村就业定居，但是在新市民培训中不应该将其排除在

外。这是因为：其一，无论是长期定居的市民，还是短期在本城镇就业居住的临时市民，都会影响本城镇的经济社会发展以及和谐稳定，都需要促进他们与原市民的社会融合。其二，农民工对本人及家庭未来就业和定居地的选择，受到很多因素的影响，具有不确定性，即使现在不希望在本城镇定居，但未来也可能实际上在本城镇定居，允许其参加新市民培训有利于促进社会融合。其三，自由流动是法律赋予公民的基本权利，即使已经在本城镇落户的人口、暂未落户但希望在本城镇定居的人口，参加了新市民培训后，未来也有权利且可能迁移到其他城镇或农村定居。因此，不能根据农民工是否在本城镇定居的意愿来赋予或限制其参加新市民培训的权利。

在培训班的招生和报名管理方面，建议采取讲座方式，保持开放性，凡有意愿报名参加培训班的，在每个培训班名额限度内均允许参加，不限制其在本城镇内的就业街区、居住街区、参加培训的次数、是否完整地参加同一个培训班等。

（三）新市民培训的内容：四讲三学两适应

所谓“四讲”：就是本章第一部分关于生活融合的分析中所提出的“讲文明、讲卫生、讲秩序、讲法制”。

所谓“三学”：就是本章第一部分关于生活融合的分析中所提出的“学安全防护、学生活技能、学人际交往”。

所谓“两适应”：指的是“适应企业、适应学校”，也就是本章第一部分关于工作融合、学习融合的分析中所提出的农民工本人适应生产方式转变、农民工随迁子女适应城镇学校。

除此之外，各地区、各城镇还可以根据实际情况增加其他培训内容。比如，可以将面向全体市民开展宣传培训的社会主义核心价值观、对本城镇总体情况的介绍、本城镇生活指南等内容纳入新市民培训内容。在理论教学的同时，还可以穿插各种寓教于乐的活动，比如看电影，化妆技巧培训，站姿、坐姿、行姿的训练，服装的搭配，心理咨询和诊断，免费健康检查，等等。

在策划和确定新市民培训的内容时，应基于新市民培训的目标，将培训定位于基础知识培训，而不同于既有初级技能培训又有高技能人才培训的职业技能培训。也就是说，新市民培训内容的特点应当是广而不深，涉及很多方面，但每一方面都不必做深入的讲解和探讨；即使有些内容本身专业性比较强、门槛比较高，比如食品药品安全、疾病预防、心理健康等，但是培训的目标应当是使培训对象掌握这些内容的基本要求，做到应知应会，而不是使其成为这些领域的行家里手，更不是成为专家权威。

（四）新市民培训的方式

新市民培训的对象有几亿人，为了保质保量地完成好培训任务，同时节约人力、物力、财力、时间，建议采取多种方式开展培训。

一是依托各类学校、培训机构或其他固定场所，开设“新市民学校”“农民工夜校”。在“新市民学校”“农民工夜校”中，利用本城镇农民工业余时间尤其是夜晚时间，经常性地举办培训班，邀请老师为农民工及其随迁家属进行培训。这种培训方式有确定的地点、时间、内容，随着培训对象口口相传，不断被越来越多的农民工及其随迁家属知晓和认可，可以吸引越来越多的农民工及其随迁家属参加。同时，这种培训方式可以让农民工与老师面对面接触、互动交流，对新观念、新知识、新技能的领会和掌握更深刻，从而提高培训实效。还可增进农民工相互之间的交往，丰富农民工精神文化生活，甚至有利于青年农民工交友婚恋，成为未来一段美好的记忆。为此，建议将“新市民学校”“农民工夜校”方式作为新市民培训的主要方式。

二是到大中型企业为农民工上门培训。大中型企业往往有很多

农民工，企业里有大型会议、培训场所和会议、培训设施，企业的人力资源部门和工会还可在培训中起到配合协助作用。基层新市民培训工作小组派员到大中型企业上门培训，既能方便农民工、助力企业，又能节约培训项目的人力、物力、财力、时间。

三是免费提供培训资料引导农民工及其随迁家属自学。可以将新市民培训教材印制成册免费向农民工发放，同时将电子版通过政府网站予以发布，供农民工及其随迁家属、社会其他方面免费查阅、下载、转发、印制。

四是利用互联网开展培训。可以依托现有资源，开设新市民培训网校，在专门的新市民培训网站上加挂各类培训内容、视频、新闻信息等，供农民工及其随迁家属查阅。还可以与移动通信企业合作，开通新市民培训短信、微信、微博等。

五是鼓励和支持社会组织参与开展新市民培训。近些年来，民办非企业单位、社会团体等社会组织发展较快，在为农民工提供服务方面发挥了积极作用。在新市民培训工作中，也应该充分发挥社会组织的积极性，比如向其免费提供培训教材及版权、委派授课老师等，还可以通过开展业务培训、组织经验交流、政府购买服务等方式，引导和支持其依法开展新市民培训活动。

六是在农民工职业技能培训中加载新市民培训。目前，针对农民工的培训有多种类别：农民工自费参加的职业技能培训，企业出资对农民工进行的职业技能培训，企业出资对农民工进行的安全生产培训，政府有关部门和工青妇组织出资对农民工进行的职业技能培训，政府有关部门出资对少数民族农牧民工进行的汉语培训。其中，在政府有关部门和工青妇组织出资对农民工进行的职业技能培训中，可以加载新市民培训，以方便农民工、节约培训班组织成本。

（五）新市民培训的资源保障

一是资金保障。与职业技能培训相比，新市民培训所需经费少得多。主要用于支付培训班组织管理人员的加班补助费、授课老师的劳务费、培训资料的印制费、网站建设费等。建议所需经费由市、县级财政列支，同时上级财政通过建立财政转移支付同农民工市民化挂钩机制，将新市民培训支出纳入农民工市民化支出范围给予适当转移支付。

二是培训场所和设施保障。包括培训教室、桌椅、扩音器、电脑、投影仪、电、水等。建议有关部门明确，各类公办的学校、培训机构或其他机构，应在保障本单位优先使用的前提下，将本单位由财政资金建设的教学、培训、会议场所及其设施免费向新市民培训提供；有条件的地方，也可由新市民培训专项经费购买部分培训设施，或者向学校等机构给予适当补贴。

三是培训教材保障。新市民培训的内容既有各地根据本地实际情况确定的内容，更主要的是针对农民工转变为新市民普遍面临的问题所确定的通用内容“四讲三学两适应”。为了避免各省（区、市）、各城镇分别自行开发培训教材，造成教材开发总体效率低下、资源浪费、成本提高，建议由国家层面统一组织开发新市民培训通用教材。聘请“四讲三学两适应”涉及的各领域专家、先行开展新市民培训的城市有关实务人员共同起草、审定，上传到政府网站上向社会公布。农民工及其随迁家属或其他任何个人、组织均可免费查阅、下载、转发；各级新市民培训工作小组以及其他社会组织均可自行印制该新市民培训通用教材，并免费向农民工及其随迁家属提供。考虑到各级新市民培训工作小组以及其他社会组织印制并免费向农民工及其随迁家属提供的新市民培训通用教材数量有限，建议允许合法出版单位免费使用新市民培训通用教材版权，印制成书

并有偿向农民工及其随迁家属发行，销量及价格由市场调节，如同出版发行和购买法律法规汇编。未免费领取到新市民培训教材的农民工可以自愿、理性选择：如果价格高，则选择不买，上网查阅；如果价格很低，则选择买一本，方便使用。

新市民培训是一项投入成本低、社会效益高的重要工作，对于促进农民工社会融合，进而推动农民工市民化、以人为核心的城镇化具有重要意义。当然，我们也要看到，新市民培训不同于技术技能性质的职业技能培训，而是涉及农民工及其随迁家属长期形成的个人思想观念、行为习惯的改变；通过新市民培训，只是能够使农民工及其随迁家属了解和掌握与城镇工作、学习、生活相适应的新观念、新知识、新技能，至于如何让这些新观念、新知识、新技能在农民工及其随迁家属的心里生根、发芽，真正形成与城镇相适应的个人思想观念、行为习惯，成为一名高素质的新市民，则不是通过一天、几天甚至几十天的培训能够实现的。成为一名高素质的新市民，需要农民工及其随迁家属个人有意识地长期修养，需要原市民与新市民之间长期的良好社会互动、正面影响，这是中国在工业化、城镇化、农业现代化的全过程中，全社会应负起的共同责任。

第十五章　农民工市民化进程动态监测问题研究

农民工市民化是一个长期的过程，在这一过程中，各阶段、各地区、各城镇的进展情况如何？存在什么问题？需要采取什么政策措施去推动工作、实现目标？这些都是决策者、执行者、研究者以及全社会关心的问题。为了不仅定性而且定量地掌握各阶段农民工市民化进展情况，《国务院关于进一步做好为农民工服务工作的意见》（国发［2014］40号）提出，做好农民工市民化进程动态监测工作。根据这一要求，建议尽快启动开展农民工市民化进程动态监测工作，编制并发布“农民工市民化进程指数”。具体的监测工作方案建议如下。

一、关于农民工市民化进程动态监测各项指标及其定义

动态监测农民工市民化进程，首先要合理建立农民工市民化进程动态监测指标体系，包括确定各项指标，明确各项指标的定义，分配各项指标的权重、分值及计分办法，等等。

今后一个时期，农民工工作的总目标是有序推进农民工市民化；实现总目标的政策措施是“四个着力”工作总布局，即着力做好就业创业、劳动保障权益维护、推动平等享受市民权益、社会融合等四方面工作。本书第五章第一部分探讨明确了农民工市民化的含义，

即“农民工市民化”是指农民工在城镇就业和常住，并且享有与城镇户籍居民平等的市民权益；并且提出，衡量农民工是否市民化的标准只能是在本城镇就业和常住的农民工是否享有与本城镇户籍居民平等的市民权益，与此同时，为了实现更高质量的市民化，应当做好农民工就业创业、劳动保障权益维护、社会融合等相关层面的工作。根据这一总目标、总布局以及相关理论分析，本着监测统计服务于中心工作的要求，建议农民工市民化进程动态监测指标体系以平等享受市民权益指标（即狭义的农民工市民化指标）为重点，兼顾就业、劳动保障权益维护、社会融合方面的指标。其中，平等享受市民权益指标是衡量农民工是否市民化的标准；就业创业、劳动保障权益维护、社会融合等三方面的指标，则是衡量农民工市民化质量的指标。

（一）平等享受市民权益指标及其定义

为了全面地反映农民工平等享受各项市民权益的实际进展情况，建议平等享受市民权益指标将农民工享受本书第九章研究列出的国家层面设定的59项市民权益的比例均纳入在内，这些市民权益包括：入读公办幼儿园的权利、学前教育资助、就读公立义务教育学校的权利、义务教育免费、义务教育阶段救助、参加中考的权利、普通高中国家助学金、参加高考的权利、高等教育新生入学救助，参加城乡居民社会养老保险、参加城乡居民社会养老保险的缴费补贴、参加居民基本医疗保险（城镇居民基本医疗保险或新型农村合作医疗）、参加居民基本医疗保险的缴费补贴、城乡居民大病保险、灵活就业人员参加职工基本养老保险、参加失业保险及享受失业待遇、就业援助，慢性病管理、孕产妇保健、儿童保健、老年人保健、重性精神疾病管理、独生子女父母奖励、计划生育家庭特别扶助、计划生育家庭老年人扶助，购买经济适用房、购买限价商品房、购买商品房、公共租赁住房、廉租住房、住房救助，参加居民委员会选举、参加村民委员会选举、高龄津贴、老年人长期护理保障、基本养老服务补贴、殡葬补贴、烈士遗属褒扬、军人死亡抚恤、军人残疾抚恤（生活保障）、军人残疾抚恤（辅助器械配备）、军人优抚对象医疗补助、军人住房优待、义务兵家属优待金、义务教育阶段残疾人特殊教育、残疾人教育资助、残疾儿童抢救性康复、残疾人基本医疗保障医疗康复项目、残疾人就业服务、最低生活保障、医疗救助、自然灾害救助、受灾人员救助、困难人群治疗特定传染病的医疗救助，居民身份证申领和发放、普通护照和出入境通行证办理，人身损害死亡赔偿金、人身损害残疾赔偿金、人身损害被扶养人生活费。另外，各地区、各城镇为了推动本地工作而开展监测调查时，也可以将农民工享受本地区、本城镇设定的市民权益的比例作为补充指标列入。

以上各项指标的定义是：有意愿且符合条件的常住农民工中，在监测年度内在就业城镇实际平等享受了该项市民权益的人数所占比例；指标作用是大致反映农民工平等享受市民权益的进展，以及有关部门工作绩效。这里所谓“符合条件”，指的是符合该项市民权益根据自身功能而非户籍因素设定的享受条件；比如享受最低生活保障权益，必须是申请者的家庭收入低于当地最低生活保障标准，即使是就业城镇户籍人口，也必须符合这一条件才能享受最低生活保障权益；也就是说，计算平等享受该项市民权益的农民工所占比例时，公式的分母不是全体农民工，而是农民工中家庭收入低于当地最低生活保障标准的人数。所谓“有意愿”，指的是符合条件的农民工选择行使自己的权利；也就是说，享有权利而不愿意行使权利的农民工，在衡量平等享受该项市民权益的农民工所占比例时，不应纳入计算公式的分母。所谓“常住农民工”，指的是在就业城镇居住6个月以上的农民工；也就是说，非常住农民工不应纳入计算公式的分母。

需要指出的是：本书前文已反复强调，推动农民工逐步平等享受市民权益的方式是“两条腿走路”，一方面是逐步推动符合条件的农民工根据自身意愿在城镇落户，并立即依法全面享受各项市民权益；另一方面是推动未落户农民工也能逐步平等享受各项市民权益，包括持身份证享受市民权益、持居住证享受市民权益、持居住证且符合居住年限等其他条件者享受市民权益。在监测农民工平等享受市民权益时，如果仅仅监测未落户农民工享受各项市民权益的比例，那么将会导致已经在就业城镇落户的农民工被遗漏，从而既不能全面反映农民工平等享受市民权益的进程，也不能全面反映有关地区、有关部门的工作绩效。为此，建议增加设定“本年度城镇落户率”指标，指的是在就业城镇常住的农民工中，在监测年度内落户的人数所占比例；指标作用是大致反映农民工在就业城镇落户的状况以及有关部门的工作绩效。作为计算公式中分母的“在就业城镇常住的农民工”是指监测时点的农民工数量与监测年度内落户农民工数量之和；在下一年度监测时，已经落户的原农民工不能再统计为农民工。“在监测年度内落户的人数”是指本监测年度内落户的农民工数量，不包括本监测年度之前已经落户的农民工数量；在需要时，后一数据可以通过累计相加获得。

（二）就业创业指标及其定义

建议从《国务院关于进一步做好为农民工服务工作的意见》（国发〔2014〕40号）提出的着力稳定和扩大农民工就业创业的各项政策措施中，选取部分重要内容设立监测指标：

1. 接受职业培训的比例。指的是除经商（私营企业主、个体工商户、农贸市场经营户）之外的农民工中，监测时点之前接受过专门的二、三产业职业技能培训或参加过职业教育的比例；指标作用是大致反映农民工职业技能水平以及有关部门的工作绩效。这里的职业培训或教育，既包括政府部门予以补贴的，也包括企业或农民工个人全额支付培训费的；既包括在就业城镇参加的，也包括在其他城镇参加的；既包括监测年度内，也包括监测年度之前。计算公式的分母不是全部农民工，而是除经商（私营企业主、个体工商户、农贸市场经营户）之外的农民工，因为经商农民工往往无接受职业培训或教育的需求。

2. 享有平等就业权的情况。指的是在监测时点就业地区、就业城镇是否设定针对农民工就业的城乡、区域户籍限制等歧视性规定；指标作用是大致反映农民工能否享有平等就业权以及有关部门的工作绩效。保护劳动者的平等就业权、反对就业歧视，既涉及户籍歧视，也涉及性别、民族、宗教信仰、身高等其他方面的歧视；既涉及就业政策的制定，也涉及就业政策在用人单位的落实。严格意义上的平等就业，指的是无论在就业政策的制定还是落实方面，无论在户籍还是性别、民族、宗教信仰、身高等其他方面，任何劳动者都未受到歧视性对待。考虑到反就业歧视问题十分复杂，实践中即使是就业城镇户籍人口也可能由于性别、身高等因素而受到歧视，这些问题需要从反就业歧视的角度去专门研究、推动解决。因此，这里从推动农民工市民化角度，将“享有平等就业权的情况”指标定义为清理政策性的户籍歧视情况。

3. 公共就业服务满意度。指的是在监测年度内接受过就业城镇公共就业服务机构的公共就业服务的农民工中，对服务表示满意的人数所占比例；指标作用是大致反映公共就业服务工作绩效。公共就业服务从内容来看，包括政策咨询、职业指导、职业介绍、就业信息查询、输出地输入地劳务对接及“春风行动”等专项活动；从层级来看，包括市、县（区）、街道（乡镇）、社区（村）各级公共就业服务机构。为了既简单又能大致反映公共就业服务工作绩效，

故选择满意度指标。

4. 享受创业扶持政策的比例。指的是在就业城镇创业的农民工中，在监测时点之前至少享受了一项创业扶持政策的人数所占比例；指标作用是大致反映有关部门开展农民工创业扶持工作的绩效。创业扶持政策包括财政支持、创业投资引导、创业培训、政策性金融服务、创业担保贷款和贴息、生产经营场地和创业孵化基地等，由于创业农民工的具体需要、实际享受扶持政策的情况复杂多样，为了简便起见，可将至少享受了一项创业扶持政策的农民工都纳入计算公式的分子；由于创业扶持政策有的是一次性扶持，不是每年都能享受，因此将该指标的时间段设定为监测时点以及之前，而非监测年度内。

（三）劳动保障权益指标及其定义

建议从《国务院关于进一步做好为农民工服务工作的意见》（国发［2014］40号）提出的着力维护农民工的劳动保障权益各项政策措施中，选取部分重要内容设立监测指标：

1. 劳动合同签订率。指的是依法应当签订劳动合同的农民工中，在监测时点实际签订了劳动合同的人数所占比例；指标作用是大致反映用人单位招用农民工的规范程度以及有关部门工作绩效。

2. 拖欠工资比例。指的是在用人单位就业的农民工中，监测年度内曾经发生过或正在发生工资被拖欠的农民工人数所占比例；指标作用是大致反映农民工工资权益依法得到保护情况以及有关部门工作绩效。

3. 参加职工基本养老保险、职工基本医疗保险、工伤保险、失业保险、生育保险的比例等五项指标。指的是依法应当参加以上五项社会保险的农民工中，在监测时点分别实际参加了以上各项社会保险的人数所占比例；指标作用是大致反映农民工参加职工社会保险权益受保障情况以及有关部门工作绩效。计算公式的分母不是全部农民工，而是依法应当参加五项社会保险的农民工。

4. 工伤职业病人待遇可及率。指的是在监测时点之前在就业城镇因工受伤或患职业病的农民工中，已经依法享受到有关工伤职业病待遇的人数所占比例；指标作用是大致反映已经受到工伤职业病伤害的农民工获得国家法定待遇的状况以及有关部门工作绩效。“受到工伤职业病伤害的农民工”既包括工伤农民工，也包括患职业病农民工；既包括已经过职业病诊断鉴定、工伤认定的农民工，也包括因难以认定与用人单位的劳动关系而未能进行职业病诊断鉴定、工伤认定的农民工；但不包括正在进行职业病诊断鉴定、工伤认定、待遇审核程序的农民工。“已经依法享受到有关工伤职业病待遇”既包括工伤保险待遇，也包括民政部门或其他部门对难以认定与用人单位的劳动关系的患职业病农民工给予的待遇（参见本书第八章）。

5. 劳动保障监察执法满意度。指的是在监测年度内向劳动保障监察机构进行过投诉或举报的农民工中，对劳动保障监察机构工作满意的人数所占比例；指标作用是大致反映农民工通过劳动保障监察机构获得权益维护的状况以及有关部门工作绩效。

（四）社会融合指标及其定义

建议从《国务院关于进一步做好为农民工服务工作的意见》（国发［2014］40号）提出的着力促进农民工社会融合各项政策措施中，选取部分重要内容设立监测指标：

1. 工作融合满意度。指的是在监测年度内在用人单位就业的农民工中，对所在单位平等相待、人文关怀等方面满意的人数所占比例；指标作用是大致反映农民工本人融入用人单位的状况以及有关部门工作绩效。

2. 学习融合满意度。指的是在监测年度内有随迁子女在就业城镇就学的农民工中，对学校平等相待、关心关爱方面满意的人数的比例；指标作用是大致反映农民工随迁子女融入学校的状况以及有关部门工作绩效。

3. 新市民培训普及率。指的是在就业城镇的全部农民工中，监测时点之前曾经或正在接受新市民培训的农民工人数所占比例；指标作用是大致反映农民工生活融合状况以及有关部门工作绩效。“监测时点之前曾经或正在接受新市民培训的农民工”既包括监测年度内，也包括监测年度之前；既包括在就业城镇接受新市民培训，也包括在其他城镇接受新市民培训；既包括参加培训班、讲座等形式的培训，也包括通过网络下载教材自学。

4. 就业城镇归属感。指的是在就业城镇的全部农民工中，在监测时点自我感觉属于本城镇的新市民的人数所占比例；指标作用是大致反映原市民对农民工的感情接纳及农民工对就业城镇的感情接纳状况，以及有关部门工作绩效。

二、关于农民工市民化进程动态监测各项指标的权重、分值及计分办法

在以上四大类共77项指标中，平等享受市民权益类指标是最关键的指标类别，因此应该赋予最高权重；劳动保障权益维护类指标涉及农民工最基本的权益，法律已经做出了明确规定，任何违法侵权行为都会引起社会广泛关注，社会要求度比较高，因此也应该赋予较高权重；就业创业类指标、社会融合类指标也是事关农民工市民化质量的指标，应该赋予适当的权重。同时，还应该兼顾监测、计算的方便。综合考虑，建议赋予农民工市民化进程动态监测指标体系满分为100分，其中平等享受市民权益类指标共59分，劳动保

障权益维护类指标共17分，就业创业类指标、社会融合类指标各12分。“本年度城镇落户率”指标相对于各项具体的市民权益指标来说属于间接指标，不直接赋予分值，而是通过平等享受市民权益类指标的59分来计算。也就是说，在计算平等享受市民权益类指标的得分时，应当分别计算在就业城镇落户并全面依法享受各项市民权益的得分，以及未落户农民工分别享受各项市民权益的得分。以上四类77项指标的得分之和，即为农民工市民化进程动态监测得分，称之为“农民工市民化进程指数”。

“农民工市民化进程指数”可以大致反映全国或各地区的农民工享受平等的市民权益以及与之密切相关的稳定和扩大农民工就业创业、维护农民工劳动保障权益、促进农民工社会融合等方面的进展程度。但是结合实际情况来看，在解读和使用“农民工市民化进程指数”时，有两个问题需要强调说明：

1. 前些年，一些小城市和建制镇已经取消了对农民工等群体在本城市（建制镇）落户的限制。《国务院关于进一步推进户籍制度改革的意见》（国发［2014］25号）进一步提出“全面放开建制镇和小城市落户限制。在县级市市区、县人民政府驻地镇和其他建制镇有合法稳定住所（含租赁）的人员，本人及其共同居住生活的配偶、未成年子女、父母等，可以在当地申请登记常住户口”。根据这一要求，预计下一步各小城市和建制镇的落户限制将会全面放开。不过，实际中很多农民工不愿选择在小城市和建制镇落户，城镇落户率不高。对此情形可以有不同评估：一是认为这些小城市和建制镇已经一步到位完成了户籍制度改革，只要农民工及其随迁家属愿意即可在本城市（建制镇）落户并平等享受市民权益。因此，计算本年度城镇落户率时应当以愿意落户的农民工作为分母，本年度城镇落户率为100％，平等享受市民权益类指标应计为满分59分。二是认为“农民工市民化进程指数”应当大致反映农民工实际上平等享受市民

权益的情况。尽管小城市和建制镇全面放开了落户限制，但农民工由于种种原因而未选择落户，实际上并没有享受到平等的市民权益。因此，对小城市和建制镇也同样只能按照实际落户人数与全部常住农民工总数之比来计算本年度城镇落户率和得分。第一种评估有一定合理性，但第二种评估更加符合监测目的及有序推进农民工市民化工作目标。本书采纳第二种评估。

2."农民工市民化进程指数"主要反映权益尤其是市民权益的平等程度，也可以反映同一地区、城镇在不同年度纵向比较的农民工享受公共服务的水平的高低，但是不能反映不同地区、不同城镇之间横向比较的农民工生活水平的高低。也就是说，农民工市民化进程指数越高的地区、城镇，其常住农民工的生活水平不一定也越高；一些经济发达的地区、特大城市，农民工市民化进程指数可能相对较低，而一些经济欠发达的地区、中小城市，农民工市民化进程指数反而可能相对较高。现实中，经济欠发达建制镇的户籍人口，在户籍城镇享有100％市民权益，但一些人却选择到特大城市、超大城市流动就业，宁愿接受市民化程度降低的代价，原因就是其在特大城市、超大城市反而能够提高生活水平（包括收入水平、享受公共服务的水平）。所以，开展动态监测工作后，可能会出现发达地区、大城市的农民工市民化进程指数低于欠发达地区、中小城市指数的情况。

关于农民工市民化进程动态监测各项指标的权重、分值及计分办法，具体如表1所示。

表1　　　　农民工市民化进程动态监测指标

序号	类别	指标名称	分值	计分办法	得分
一	平等享受市民权益指标		59		

续表

序号	类别	指标名称	分值	计分办法	得分
1		本年度城镇落户率		监测年度内在就业城镇落户的农民工人数÷（监测年度内在就业城镇落户的农民工人数＋监测时点常住农民工人数）×59	
2		入读公办幼儿园的比例	1	监测时点在就业城镇入读公办幼儿园的随迁子女人数÷监测时点适龄随迁幼儿人数×（1－本年度城镇落户率×1）	
3		享受学前教育资助的比例	1	监测年度内在就业城镇享受学前教育资助的幼儿人数÷监测年度内符合享受学前教育资助条件的幼儿人数×（1－本年度城镇落户率×1）	
4		就读公立义务教育学校的比例	1	监测年度内在就业城镇就读公立义务教育学校的随迁子女人数÷监测年度内适龄随迁子女人数×（1－本年度城镇落户率×1）	
5		义务教育免费的比例	1	监测年度内在就业城镇享受义务教育免费的随迁子女人数÷监测年度内在就业城镇公办或民办义务教育学校就读的随迁子女人数×（1－本年度城镇落户率×1）	
6		享受义务教育阶段救助的比例	1	监测年度内在就业城镇享受义务教育阶段救助的随迁子女人数÷监测年度内符合享受义务教育阶段救助条件的随迁子女人数×（1－本年度城镇落户率×1）	
7		参加中考的比例	1	监测年度内在就业城镇参加中考的随迁子女人数÷监测年度及上一年度曾在就业城镇就读的应届初中毕业随迁子女人数×（1－本年度城镇落户率×1）	

续表

序号	类别	指标名称	分值	计分办法	得分
8		享受普通高中国家助学金的比例	1	监测年度内在就业城镇享受普通高中国家助学金的随迁子女人数÷监测年度符合享受普通高中国家助学金条件的随迁子女人数×（1－本年度城镇落户率×1）	
9		参加高考的比例	1	监测年度内在就业城镇参加高考的随迁子女人数÷监测年度及上一年度曾在就业城镇就读的应届高中毕业随迁子女人数×（1－本年度城镇落户率×1）	
10		享受高等教育新生入学救助的比例	1	监测年度内在就业城镇享受高等教育新生入学救助的随迁子女人数÷监测年度符合享受高等教育新生入学救助条件的随迁子女人数×（1－本年度城镇落户率×1）	
11		参加城乡居民社会养老保险的比例	1	监测年度内在就业城镇参加城乡居民社会养老保险的农民工及其随迁家属人数÷监测年度内在就业城镇符合参加城乡居民社会养老保险条件的农民工及其随迁家属人数×（1－本年度城镇落户率×1）	
12		享受城乡居民社会养老保险缴费补贴的比例	1	监测年度内在就业城镇享受城乡居民社会养老保险缴费补贴的农民工及其随迁家属人数÷监测年度内在就业城镇符合享受城乡居民社会养老保险缴费补贴条件的已参保农民工及其随迁家属人数×（1－本年度城镇落户率×1）	

续表

序号	类别	指标名称	分值	计分办法	得分
13		参加居民基本医疗保险（城镇居民基本医疗保险或新型农村合作医疗）的比例	1	监测年度内在就业城镇参加居民基本医疗保险的农民工及其随迁家属人数÷监测年度内在就业城镇符合参加居民基本医疗保险条件的农民工及其随迁家属人数×（1－本年度城镇落户率×1）	
14		享受居民基本医疗保险缴费补贴的比例	1	监测年度内在就业城镇享受居民基本医疗保险缴费补贴的农民工及其随迁家属人数÷监测年度内在就业城镇符合享受居民基本医疗保险缴费补贴条件的已参保农民工及其随迁家属人数×（1－本年度城镇落户率×1）	
15		参加城乡居民大病保险的比例	1	监测年度内在就业城镇参加城乡居民大病保险的农民工及其随迁家属人数÷监测年度内在就业城镇符合参加城乡居民大病保险条件的农民工及其随迁家属人数×（1－本年度城镇落户率×1）	
16		灵活就业人员参加职工基本养老保险的比例	1	监测年度内在就业城镇参加职工基本养老保险的灵活就业农民工人数÷监测年度内在就业城镇符合参加职工基本养老保险条件的灵活就业农民工人数×（1－本年度城镇落户率×1）	
17		参加失业保险及平等享受失业待遇的比例	1	监测年度内在就业城镇与城镇户籍职工平等参加失业保险及平等享受失业待遇的农民工人数÷监测年度内在就业城镇符合与城镇户籍职工平等参加失业保险及平等享受失业待遇条件的农民工人数×（1－本年度城镇落户率×1）	

续表

序号	类别	指标名称	分值	计分办法	得分
18		享受就业援助的比例	1	监测年度内在就业城镇享受就业援助的农民工人数÷监测年度内在就业城镇符合享受就业援助条件的农民工人数×（1－本年度城镇落户率×1）	
19		享受慢性病管理的比例	1	监测年度内在就业城镇享受慢性病管理的农民工及其随迁家属人数÷监测年度内在就业城镇符合享受慢性病管理条件的农民工及其随迁家属人数×（1－本年度城镇落户率×1）	
20		享受孕产妇保健的比例	1	监测年度内在就业城镇享受孕产妇保健的农民工及其随迁家属人数÷监测年度内在就业城镇符合享受孕产妇保健条件的农民工及其随迁家属人数×（1－本年度城镇落户率×1）	
21		享受儿童保健的比例	1	监测年度内在就业城镇享受儿童保健的农民工随迁子女人数÷监测年度内在就业城镇符合享受儿童保健条件的农民工随迁子女人数×（1－本年度城镇落户率×1）	
22		享受老年人保健的比例	1	监测年度内在就业城镇享受老年人保健的农民工随迁家属人数÷监测年度内在就业城镇符合享受老年人保健条件的农民工随迁家属人数×（1－本年度城镇落户率×1）	
23		享受重性精神疾病管理的比例	1	监测年度内在就业城镇享受重性精神疾病管理的农民工及其随迁家属人数÷监测年度内在就业城镇符合享受重性精神疾病管理条件的农民工及其随迁家属人数×（1－本年度城镇落户率×1）	

续表

序号	类别	指标名称	分值	计分办法	得分
24		享受独生子女父母奖励的比例	1	监测年度内在就业城镇享受独生子女父母奖励的农民工人数÷监测年度内在就业城镇符合享受独生子女父母奖励条件的农民工人数×（1－本年度城镇落户率×1）	
25		享受计划生育家庭特别扶助的比例	1	监测年度内在就业城镇享受计划生育家庭特别扶助的农民工家庭数÷监测年度内在就业城镇符合享受计划生育家庭特别扶助条件的农民工家庭数×（1－本年度城镇落户率×1）	
26		享受计划生育家庭老年人扶助的比例	1	监测年度内在就业城镇享受计划生育家庭老年人扶助的农民工家庭数÷监测年度内在就业城镇符合享受计划生育家庭老年人扶助条件的农民工家庭数×（1－本年度城镇落户率×1）	
27		购买经济适用房的比例	1	监测年度内在就业城镇购买经济适用房的农民工家庭数÷监测年度内在就业城镇符合购买经济适用房条件的农民工家庭数×（1－本年度城镇落户率×1）	
28		购买限价商品房的比例	1	监测年度内在就业城镇购买限价商品房的农民工家庭数÷监测年度内在就业城镇符合购买限价商品房条件的农民工家庭数×（1－本年度城镇落户率×1）	
29		购买商品房的权利	1	①监测年度内常住农民工在就业城镇享有购买首套商品房权利的，计（1－本年度城镇落户率×1）分；②附条件享有购买首套商品房权利的，计（1－本年度城镇落户率×1）×50%分；③无购买首套商品房权利的，计0分	

续表

序号	类别	指标名称	分值	计分办法	得分
30		享受公共租赁住房的比例	1	监测年度内在就业城镇享受公共租赁住房的农民工家庭数÷监测年度内在就业城镇符合享受公共租赁住房条件的农民工家庭数×（1－本年度城镇落户率×1）	
31		享受廉租住房的比例	1	监测年度内在就业城镇享受廉租住房的农民工家庭数÷监测年度内在就业城镇符合享受廉租住房条件的农民工家庭数×（1－本年度城镇落户率×1）	
32		享受住房救助的比例	1	监测年度内在就业城镇享受住房救助的农民工家庭数÷监测年度内在就业城镇符合享受住房救助条件的农民工家庭数×（1－本年度城镇落户率×1）	
33		参加居民委员会选举的比例	1	监测年度内在就业城镇参加居民委员会选举的常住农民工家庭数÷监测年度内在就业城镇符合参加居民委员会选举条件的农民工家庭数×（1－本年度城镇落户率×1）	
34		参加村民委员会选举的比例	1	监测年度内在就业城镇的“城中村”参加村民委员会选举的常住农民工家庭数÷监测年度内在就业城镇符合参加“城中村”村民委员会选举条件的农民工家庭数×（1－本年度城镇落户率×1）	

续表

序号	类别	指标名称	分值	计分办法	得分
35		享受高龄津贴的比例	1	监测年度内在就业城镇享受高龄津贴的农民工随迁家属及已超过退休年龄（男年满60岁、女年满55岁）的原农民工人数÷监测年度内在就业城镇符合享受高龄津贴条件的农民工随迁家属及已超过退休年龄的原农民工人数×（1－本年度城镇落户率×1）	
36		享受老年人长期护理保障的比例	1	监测年度内在就业城镇享受老年人长期护理保障的农民工随迁家属及已超过退休年龄的原农民工人数÷监测年度内在就业城镇符合享受老年人长期护理保障条件的农民工随迁家属及已超过退休年龄的原农民工人数×（1－本年度城镇落户率×1）	
37		享受基本养老服务补贴的比例	1	监测年度内在就业城镇享受基本养老服务补贴的农民工随迁家属及已超过退休年龄的原农民工人数÷监测年度内在就业城镇符合享受基本养老服务补贴条件的农民工随迁家属及已超过退休年龄的原农民工人数×（1－本年度城镇落户率×1）	
38		享受殡葬补贴的比例	1	监测年度内在就业城镇享受殡葬补贴的农民工及其随迁家属人数÷监测年度内在就业城镇符合享受殡葬补贴条件的农民工及其随迁家属人数×（1－本年度城镇落户率×1）	
39		享受烈士遗属褒扬的比例	1	监测年度内在就业城镇享受烈士遗属褒扬的农民工家庭数÷监测年度内在就业城镇符合享受烈士遗属褒扬条件的农民工家庭数×（1－本年度城镇落户率×1）	

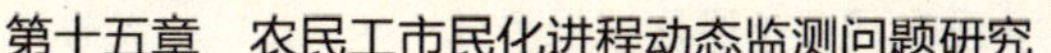

续表

序号	类别	指标名称	分值	计分办法	得分
40		享受军人死亡抚恤的比例	1	监测年度内在就业城镇享受军人死亡抚恤的农民工家庭数÷监测年度内在就业城镇符合享受军人死亡抚恤条件的农民工家庭数×（1－本年度城镇落户率×1）	
41		享受军人残疾抚恤（生活保障）的比例	1	监测年度内在就业城镇享受军人残疾抚恤（生活保障）的农民工家庭数÷监测年度内在就业城镇符合享受军人残疾抚恤（生活保障）条件的农民工家庭数×（1－本年度城镇落户率×1）	
42		享受军人残疾抚恤（辅助器械配备）的比例	1	监测年度内在就业城镇享受军人残疾抚恤（辅助器械配备）的农民工家庭数÷监测年度内在就业城镇符合享受军人残疾抚恤（辅助器械配备）条件的农民工家庭数×（1－本年度城镇落户率×1）	
43		享受军人优抚对象医疗补助的比例	1	监测年度内在就业城镇享受军人优抚对象医疗补助的农民工家庭数÷监测年度内在就业城镇符合享受军人优抚对象医疗补助条件的农民工家庭数×（1－本年度城镇落户率×1）	
44		享受军人住房优待的比例	1	监测年度内在就业城镇享受军人住房优待的农民工家庭数÷监测年度内在就业城镇符合享受军人住房优待条件的农民工家庭数×（1－本年度城镇落户率×1）	
45		享受义务兵家属优待金的比例	1	监测年度内在就业城镇享受义务兵家属优待金的农民工家庭数÷监测年度内在就业城镇符合享受义务兵家属优待金条件的农民工家庭数×（1－本年度城镇落户率×1）	

续表

序号	类别	指标名称	分值	计分办法	得分
46		接受义务教育阶段残疾人特殊教育的比例	1	监测年度内在就业城镇接受义务教育阶段残疾人特殊教育的农民工随迁子女人数÷监测年度内在就业城镇符合接受义务教育阶段残疾人特殊教育条件的农民工随迁子女人数×（1－本年度城镇落户率×1）	
47		享受残疾人教育资助的比例	1	监测年度内在就业城镇享受残疾人教育资助的农民工随迁子女人数÷监测年度内在就业城镇符合享受残疾人教育资助条件的农民工随迁子女人数×（1－本年度城镇落户率×1）	
48		享受残疾儿童抢救性康复的比例	1	监测年度内在就业城镇享受残疾儿童抢救性康复的农民工随迁子女人数÷监测年度内在就业城镇符合享受残疾儿童抢救性康复条件的农民工随迁子女人数×（1－本年度城镇落户率×1）	
49		享受残疾人基本医疗保障医疗康复项目的比例	1	监测年度内在就业城镇享受残疾人基本医疗保障医疗康复项目的农民工及其随迁家属人数÷监测年度内在就业城镇符合享受残疾人基本医疗保障医疗康复项目条件的农民工及其随迁家属人数×（1－本年度城镇落户率×1）	
50		享受残疾人就业服务的比例	1	监测年度内在就业城镇享受残疾人就业服务的农民工及其随迁家属人数÷监测年度内在就业城镇符合享受残疾人就业服务条件的农民工及其随迁家属人数×（1－本年度城镇落户率×1）	

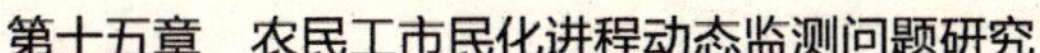

续表

序号	类别	指标名称	分值	计分办法	得分
51		享受最低生活保障的比例	1	监测年度内在就业城镇享受最低生活保障的农民工家庭数÷监测年度内在就业城镇符合享受最低生活保障条件的农民工家庭数×（1－本年度城镇落户率×1）	
52		享受医疗救助的比例	1	监测年度内在就业城镇享受医疗救助的农民工及其随迁家属人数÷监测年度内在就业城镇符合享受医疗救助条件的农民工及其随迁家属人数×（1－本年度城镇落户率×1）	
53		享受自然灾害救助的比例	1	监测年度内在就业城镇享受自然灾害救助的农民工家庭数÷监测年度内在就业城镇符合享受自然灾害救助条件的农民工家庭数×（1－本年度城镇落户率×1）	
54		享受受灾人员救助的比例	1	监测年度内在就业城镇享受受灾人员救助的农民工家庭数÷监测年度内在就业城镇符合享受受灾人员救助条件的农民工家庭数×（1－本年度城镇落户率×1）	
55		享受困难人群治疗特定传染病的医疗救助的比例	1	监测年度内在就业城镇享受困难人群治疗特定传染病的医疗救助的农民工及其随迁家属人数÷监测年度内在就业城镇符合享受困难人群治疗特定传染病的医疗救助条件的农民工及其随迁家属人数×（1－本年度城镇落户率×1）	

续表

序号	类别	指标名称	分值	计分办法	得分
56		享有居民身份证申领权利的情况	1	①监测年度内常住农民工在就业城镇享有居民身份证申领权利的，计（1－本年度城镇落户率×1）分；②附条件享有居民身份证申领权利的，计（1－本年度城镇落户率×1）×50%分；③在就业城镇无居民身份证申领权利的，计0分	
57		享有普通护照和出入境通行证办理权利的情况	1	①监测年度内常住农民工在就业城镇享有普通护照和出入境通行证办理权利的，计（1－本年度城镇落户率×1）分；②附条件享有普通护照和出入境通行证办理权利的，计（1－本年度城镇落户率×1）×50%分；③在就业城镇无普通护照和出入境通行证办理权利的，计0分	
58		享受平等的人身损害死亡赔偿金的情况	1	①如果有关司法解释或立法明确，常住农民工及其随迁家属能够在就业城镇与户籍人口享受平等的人身损害死亡赔偿金，计（1－本年度城镇落户率×1）分；②不符合第一种情形的，计0分	
59		享受平等的人身损害残疾赔偿金的情况	1	①如果有关司法解释或立法明确，常住农民工及其随迁家属能够在就业城镇与户籍人口享受平等的人身损害残疾赔偿金，计（1－本年度城镇落户率×1）分；②不符合第一种情形的，计0分	
60		享受平等的人身损害被扶养人生活费的情况	1	①如果有关司法解释或立法明确，常住农民工及其随迁家属能够在就业城镇与户籍人口享受平等的人身损害被扶养人生活费，计（1－本年度城镇落户率×1）分；②不符合第一种情形的，计0分	

续表

序号	类别	指标名称	分值	计分办法	得分
小计			59		
二	就业创业指标		12		
1		接受职业培训的比例	3	监测时点及之前在就业城镇或其他城镇曾经或正在接受职业培训或职业教育的农民工人数÷监测时点在就业城镇就业的全部农民工人数×3	
2		享有平等就业权的情况	3	①就业城镇及所在省区市均未设定就业的城乡、区域户籍限制的，计3分；②就业城镇或所在省区市设定了就业的城乡、区域户籍限制的，计2分	
3		公共就业服务满意度	3	监测年度内在就业城镇接受过公共就业服务的农民工对服务的评价：①表示满意的，计3分；②表示基本满意的，计1.5分；③表示不满意的，计0分；④所有人员评价的平均得分，计为本项得分	
4		享受创业扶持政策的比例	3	监测时点及之前在就业城镇享受过至少一项创业扶持政策的农民工人数÷监测时点及之前在就业城镇正在或曾经创业的农民工人数×3	
小计			12		
三	劳动保障权益维护指标				
1		劳动合同签订率	3	监测时点在就业城镇已经与用人单位签订了劳动合同的农民工人数÷监测时点在就业城镇依法应当与用人单位签订劳动合同的农民工人数×3	

续表

序号	类别	指标名称	分值	计分办法	得分
2		拖欠工资比例	3	监测年度内在就业城镇发生过或正在发生工资被拖欠的农民工人数÷监测年度内在就业城镇用人单位就业的农民工人数×3	
3		参加职工基本养老保险的比例	1	监测时点在就业城镇已经参加了职工基本养老保险的农民工人数÷监测时点在就业城镇应当参加职工基本养老保险的用人单位就业的农民工人数×1	
4		参加职工基本医疗保险的比例	1	监测时点在就业城镇已经参加了职工基本医疗保险的农民工人数÷监测时点在就业城镇应当参加职工基本医疗保险的用人单位就业的农民工人数×1	
5		参加工伤保险的比例	1	监测时点在就业城镇已经参加了工伤保险的农民工人数÷监测时点在就业城镇应当参加工伤保险的用人单位就业的农民工人数×1	
6		参加失业保险的比例	1	监测时点在就业城镇已经参加了失业保险的农民工人数÷监测时点在就业城镇应当参加失业保险的用人单位就业的农民工人数×1	
7		参加生育保险的比例	1	监测时点在就业城镇已经参加了生育保险的农民工人数÷监测时点在就业城镇应当参加生育保险的用人单位就业的农民工人数×1	

续表

序号	类别	指标名称	分值	计分办法	得分
8		工伤职业病人待遇可及率	3	监测时点及之前在就业城镇已经依法享受到工伤保险待遇或其他有关工伤职业病待遇的农民工人数÷监测时点及之前在就业城镇因工受伤或患职业病的农民工人数（不包括正在进行职业病诊断鉴定、工伤认定、待遇审核程序的农民工）×3	
9		劳动保障监察执法满意度	3	监测年度内在就业城镇曾经或正在向劳动保障监察机构投诉或举报的农民工对劳动保障监察执法的评价：①表示满意的，计3分；②表示基本满意的，计1.5分；③表示不满意的，计0分；④所有人员评价的平均得分，计为本项得分	
小计			17		
四	社会融合指标				
1		工作融合满意度	3	监测年度内在就业城镇用人单位就业的农民工对所在单位平等相待、人文关怀等方面的评价：①表示满意的，计3分；②表示基本满意的，计1.5分；③表示不满意的，计0分；④所有人员评价的平均得分，计为本项得分	
2		学习融合满意度	3	监测年度内有随迁子女在就业城镇就学的农民工对子女所在学校平等相待、关心关爱等方面的评价：①表示满意的，计3分；②表示基本满意的，计1.5分；③表示不满意的，计0分；④所有人员评价的平均得分，计为本项得分	

续表

序号	类别	指标名称	分值	计分办法	得分
3		新市民培训普及率	3	监测时点及之前在就业城镇或其他城镇曾经或正在接受新市民培训的农民工人数÷监测时点在就业城镇就业的全部农民工人数×3	
4		就业城镇归属感	3	监测时点自我感觉属于就业城镇新市民的农民工人数÷监测时点在就业城镇就业的全部农民工人数×3	
小计			12		
总计			100		

三、关于农民工市民化进程动态监测的组织开展方式

（一）农民工市民化进程动态监测的主体

为准确反映全国农民工规模、流向、分布、就业、收支及生活和社会保障等情况，国家统计局于 2008 年年底建立了农民工监测调查制度。监测调查在农民工输出地开展，调查范围是全国 31 个省（自治区、直辖市）的农村地域。监测调查采取抽样调查的方式，2009 年的调查样本为全国 31 个省（自治区、直辖市）的 7 100 多个行政村和 6.8 万个农村住户的农民工；2013 年的调查样本扩大到 1 527 个调查县（区）的 8 930 个村和 23.5 万名农村劳动力，根据监测调查结果推算全国农民工情况。监测调查采用入户访问调查的形式，按季度进行，并且每年年初发布上年度全国农民工监测调查报告。

《国务院关于进一步做好为农民工服务工作的意见》（国发

[2014] 40 号）提出，“建立输入地与输出地相结合、综合统计与部门统计相结合、标准统一、信息共享的农民工统计调查监测体系，做好农民工市民化进程动态监测工作”。这对农民工统计调查监测工作提出了更高要求，不仅要在输出地开展调查，而且要在输入地开展调查；不仅要反映全国农民工规模、流向、分布、就业、收支及生活和社会保障等情况，而且要动态监测农民工市民化进程。国家统计局是法定的统计部门，统计力量最强，有在输出地开展全国农民工监测调查的基础，因此，在输入地开展的农民工市民化进程动态监测工作也应当由国家统计局组织开展。

（二）农民工市民化进程动态监测的层级

确定农民工市民化进程动态监测的层级，既要考虑到监测工作的必要性，即农民工工作的需要；又要考虑到可行性，即监测工作所需要的人力、财力投入。从必要性来看，当然是层级越多越好；从可行性来看，则层级越多越需要投入更多的人力、财力。在实际监测工作中，建议综合必要性与可行性的现实情况来确定监测层级，选择不同的方案：

1. 第一方案：在全国层级开展监测。也就是说，最终形成和发布的监测报告仅仅为全国农民工市民化进程监测报告，反映全国的总体情况。为此，只需要在全国 31 个省（自治区、直辖市）中抽取部分城镇为样本，开展输入地监测调查。

2. 第二方案：在省（自治区、直辖市）层级开展监测。也就是说，最终形成和发布的监测报告不仅包括全国农民工市民化进程监测报告，而且包括分省（自治区、直辖市）农民工市民化进程监测报告；既反映全国的总体情况，也能反映各省（自治区、直辖市）的情况。为此，需要在各省（自治区、直辖市）抽取更多的城镇为样本，开展输入地监测调查。

3. 第三方案：在中等以上城市（含地级小城市）层级开展监测。也就是说，最终形成和发布的监测报告不仅包括全国和分省（自治区、直辖市）农民工市民化进程监测报告，而且包括各中等以上城市（含地级小城市）农民工市民化进程监测报告；既反映全国和各省（自治区、直辖市）的情况，也能反映各中等以上城市（含地级小城市）的情况。为此，需要在所有中等以上城市（含地级小城市），开展输入地监测调查。

4. 第四方案：在城市和建制镇层级开展监测。也就是说，最终形成和发布的监测报告不仅包括全国和分省（自治区、直辖市）农民工市民化进程监测报告，而且包括各中等以上城市（含地级小城市）、各县级小城市和建制镇农民工市民化进程监测报告；既反映全国和各省（自治区、直辖市）的情况，也能反映各中等以上城市（含地级小城市）、各县级小城市和建制镇的情况。为此，需要在所有城市和建制镇，开展输入地监测调查。

（三）农民工市民化进程动态监测的调查方法

从统计学理论和实践来看，开展农民工市民化动态监测可以有多种方法可供选择：一是全面普查，比如每年开展一次全国农民工人口普查；二是业务主管部门的行政记录统计；三是抽样调查。全面普查所需要投入的人力、财力、物力成本太高，超出了监测结果所产生的价值，因而不宜采用。建议以抽样调查为主、业务主管部门的行政记录统计为辅，开展农民工市民化动态监测。

1. 业务主管部门的行政记录统计。也就是教育、人力资源社会保障、卫生计生、住房建设、民政、公安等各项业务工作的主管部门在日常工作中对与农民工相关事项的记录，比如教育部门的学籍管理系统对在某城镇、某地区就学的随迁子女总量的记录，人力资源社会保障部门对在某城镇、某地区参加社会保险的农民工总量的

记录，住房建设部门对在某城镇、某地区租赁公共租赁住房的农民工总量的记录等。完善、客观的行政记录能够真实、准确地反映实际情况，但是，如果农民工市民化动态监测的层级不仅限于形成和发布全国监测报告而且将形成和发布省级、市级报告，那么监测结果就与各城镇、各地区的利益密切相关，在依法统计的机制尚不完善的情况下，一些城镇、地区就有可能篡改行政记录的数据以影响监测结果。因此，在开展农民工市民化动态监测工作中，除了某城镇、某地区农民工总量等总量性数据可以采用行政记录统计之外，其他反映工作进度的数据不宜采用行政记录。

2. 抽样调查。也就是按照农民工总量的一定比例抽取样本进行调查，并根据样本的调查结果推算总体情况。为了保证抽样调查的科学性，建议注意以下事项：①保证样本的代表性。既要有在用人单位就业的农民工，又要有从事个体私营经营的农民工，还要有家政服务员等自由职业农民工；既要有在大中型企业就业的农民工，又要有在小微企业就业的农民工；既要有在制造业就业的农民工，又要有在建筑业、服务业就业的农民工；既要有新生代农民工，又要有中老年农民工等。②监测调查形式可以适当灵活。以入户访问调查为主要形式，也可以采用电话访谈形式，还可以采用召开座谈会并分别填写调查问卷的形式。③调查问卷设计要科学。针对大多数涉及权益的监测指标应该设计两个问题：一是调查对象是否具备该项权益所规定的享受条件（不包括户籍条件），这是确定计分公式中分母的关键；二是调查对象是否享受了该项权益，以此确定计分公式中的分子。④调动调查对象配合调查的积极性。由于监测指标繁多，调查问卷中的提问数量更多，完成一份调查问卷耗时较长。可以通过向调查对象赠送小礼品等方式，调动调查对象配合调查的积极性，避免其敷衍答问。⑤培训调查员。由于监测指标涉及众多领域的内容，专业性很强，为了让调查员全面准确地掌握各种指标、提问的意图及含义，应当邀请各有关领域的专家对调查员进行专门的培训。⑥合理确定监测周期。监测调查可以按季度进行，也可以每年监测一次，连续多年开展，形成动态的农民工市民化进程指数。

（四）农民工市民化进程动态监测结果的发布及使用

农民工市民化进程动态监测工作是一项非常重要的基础性、全面性的工作，建议监测结果由国家统计局会同国务院农民工工作领导小组办公室发布，具体包括：①每年年初发布上年度“农民工市民化进程动态监测报告”。将在农民工输入地开展监测的基础上进行的农民工市民化进程动态监测结果，与现行的在农民工输出地开展监测的基础上发布的每年度全国农民工监测调查报告进行整合，统一在每年年初发布上年度“农民工市民化进程动态监测报告”，核心指标是农民工市民化进程指数，包括全国指数、分省（自治区、直辖市）指数，在可行的情况下还包括分城市指数；同时发布农民工就业创业、劳动保障权益维护、部分重要市民权益的平等享受、社会融合等其他重要内容。②每年发布“农民工市民化进程白皮书”。在输入地和输出地监测结果的基础上，组织专业人员深入分析研究，发现存在的问题，提出对策建议，起草“农民工市民化进程白皮书”并向社会发布。

为了提高工作的整体性、系统性、关联性、科学性，降低行政成本，建议对农民工市民化进程动态监测结果的使用要尽可能广泛：①将监测结果报送党中央、国务院并向社会公布，供决策者、执行者、研究者以及社会其他方面参考。②实行农民工市民化进程动态监测与农民工工作考核评估机制相结合（参见本书第十三章第三部分）。将各省（自治区、直辖市）以及各城市的农民工市民化进程指数，作为一项重要指标，纳入地方政府目标考核内容，替代目前一些地方单独建立的农民工工作考核评估机制。③实行农民工市民化

进程动态监测与财政转移支付同农民工市民化挂钩机制相结合（参见本书第十三章第三部分）。中央和省级财政部门在确定对各省（自治区、直辖市）以及各城市的农民工市民化转移支付时，以各省（自治区、直辖市）以及各城市的农民工市民化进程指数、推进农民工平等享受各项市民权益的得分情况，来计算确定资金数额。

结束语　对未来的展望

从农民工群体的视角展望中国未来，希望并且相信将会呈现这样一幅画面：

党和政府以及全国人民坚持中国特色社会主义道路，围绕实现社会主义现代化、实现中华民族伟大复兴的宏伟目标，牢固树立以人为本的理念，全面深化改革开放，不断推进经济建设、政治建设、文化建设、社会建设、生态文明建设以及国防和军队建设、党的建设。到2020年左右，全面建成了小康社会。到2030年左右，中国的经济总量已经超越美国而成为世界第一；中国大陆总人口基本达到峰值，约为15亿人左右；人均GDP按照2014年美元币值及汇率计算约为1.9万美元，进入了高收入国家行列；城镇化率达到70%左右，城镇常住人口约为10.5亿人，农村常住人口约为4.5亿人；从事农林牧渔第一产业的劳动力比例下降到10%左右，约为8 000万人，在城镇和农村从事二、三产业的劳动力比例则达到90%。

到2030年，统筹区域发展取得决定性成效，东中西部地区优势互补、协调发展的区域发展格局基本形成。国家“五纵五横”综合运输大通道（黑河至三亚的南北沿海运输大通道、京沪运输大通道、满洲里至港澳台运输大通道、包头至广州运输大通道、临河至防城港运输大通道，天津和唐山至新疆吐尔尕特的西北北部出海运输大通道、青岛至拉萨运输大通道、连云港至阿拉山口的陆桥运输大通道、上海至成都的沿江运输大通道、上海至瑞丽运输大通道）建成，

并且基本形成了以高速铁路、普通铁路、高速公路为骨干，以普通国省道为基础，与民航、水路和管道共同组成的连接东西、纵贯南北的综合交通运输网络。普通铁路网覆盖了20万以上人口城市，快速铁路网覆盖了50万以上人口城市；国家高速公路基本覆盖县城，普通国省道基本覆盖其他建制镇；民用航空服务覆盖全国95%左右的人口。在良好基础设施的支撑下，大量绿色环保的劳动密集型企业从东部地区梯度转移到中西部地区，中国经济继续保持着强大的实业基础和“世界制造业强国”地位；武汉、成都、重庆、西安等特大城市依靠人才优势，与北京、天津、上海、苏州、广州、深圳等超大城市一起，在高新技术产业领域具备强大的国际竞争力。在产业布局的带动下，以陆桥通道、沿长江通道为两条横轴，以沿海、京哈京广、包昆通道为三条纵轴，以轴线上城市群和节点城市为依托、其他城镇化地区为重要组成部分，大中小城市和小城镇协调发展的“两横三纵”城镇化战略格局基本形成。由于中西部地区基础设施、产业和城镇的快速健康发展，当地农业人口绝大多数就地就近转移就业，部分以前在东部沿海地区就业的农业转移人口也回到故乡附近的城镇常住，人口的区域分布更加合理。

到2030年，城市群发展模式基本成型。京津冀、长江三角洲、珠江三角洲等三大城市群，已成为世界级城市群，在更高层次参与国际合作和竞争，对全国经济社会发展发挥着重要支撑和引领作用。哈长、江淮、海峡西岸、中原、长江中游、北部湾、成渝和关中—天水等城市群，已经成为推动国土空间均衡开发、引领区域经济发展的重要增长极。各城市群内的协调发展机制基本建立，产业和人口由特大城市主城区向周边和其他城镇疏散转移，中小城市和小城镇的人口经济集聚能力得到加强，城市群内的中心城市对其他城镇发挥着辐射带动功能。在各类城镇中，资源利用更趋集约高效、环境污染防治更趋有效、生态系统更趋稳定，望得见山、看得见水、记得住乡愁。均衡的发展增强了中小城市和小城镇对农业转移人口的吸引力，大中小城市和小城镇的人口分布更加合理。

到2030年，依法治国方略得到更好贯彻落实，社会建设取得更大成就。立足于中国国情、借鉴世界先进理念和做法的中国特色社会主义法律体系更加科学完备，用人单位和社会各方面的守法意识显著增强，用人单位与劳动者普遍依法签订劳动合同，拖欠工资、不参加社会保险、工伤职业病不再是突出问题；劳动者权益受到少数企业侵害的现象虽然时有发生，但是在严格执法、公正司法的保障下，基本上能够得到依法救济。农业转移劳动力基本上都接受过职业教育或培训，职业技能显著提高，成为适应产业发展需要的新型产业工人。基本公共服务均等化规划得到落实，区域之间、城乡之间、城镇内部不同群体之间总体上实现了基本公共服务均等化；户籍管理制度与居住证管理制度已经合并，仅仅发挥常住地人口登记功能，城乡二元管理体制被彻底废除；部分农业转移人口已经在常住城镇落户，未落户的常住人口也能在所在城镇全面享受市民权益。他们在农村的土地承包经营权、宅基地使用权、集体经济收益分配权被依法保留并流转，没有太大的后顾之忧；多数人在城镇购买了紧凑但宜居的限价商品房（安居房），少数人租住公共租赁住房；经过新市民培训，基本上适应了城镇工作和生活方式，综合素质得到提高，与原市民和谐相处、融为一体，真正成为城镇市民。市民群体的不断壮大，又扩大了城镇建设投资需求和居民消费需求，引导中国经济继续保持稳定健康的发展速度，同时也使经济发展的成果更加惠及数以亿计的普通群众，使农业转移人口过上了更加幸福的现代生活。

到2030年，统筹城乡发展也取得积极进展，城乡一体化发展格局总体形成。由于大多数农业人口已经转移到二、三产业就业，转移到城镇常住，选择留在农村务农的约8 000万劳动力人均经营22

亩耕地，家庭农场、农业合作社成为农业生产经营的主要模式；少数农业龙头企业发挥着引领和带动作用，部分农民成为其中的农业产业工人。农业的生产手段机械化、生产条件设施化、生产技术科学化、经营方式产业化、生产服务社会化、产品布局区域化、生产环境生态化、劳动者职业化，全国总体上实现了农业现代化，现代化的农业给职业农民带来较高的收入。在传统的牧区，由于牧民数量的减少，人均草场面积增加，休养生息、生态保护成效明显，“风吹草低见牛羊”的美丽画面在中国的草原地区随处可见。由于农村人口向城镇转移，自然村落的数量大幅度减少，东中部地区以往密集分布的村庄不见了，在地形地势更适宜人居的地方、在传统的古村，通过迁村并点形成了数量少得多的新村落——新农村社区，新农村建设已经为这里修建了硬化道路、电力、自来水、燃气、通信以及垃圾和污水处理设施，超市、餐馆等商业服务企业和社会化的农业生产服务企业在新农村社区设点，政府扶持的养老院、社区养老服务企业为高龄老人提供费用低廉的养老服务，便捷的交通将新农村社区与附近的城市连接在一起。在新农村社区里，不仅保留着传统风俗习惯和乡音乡韵，保留着优美的自然风景，而且能够享受环境整洁、衣食住行用玩便捷的现代生活。因为收入水平和生活水平都提高了，务农的不再是中老年人，到处都可见到青春飞扬、充满自信的年轻人，职业农民的年龄结构更趋合理，农业发展更加可持续。

到 2030 年，“春运”不再一票难求了，穿梭不息、密布全国的火车、汽车、飞机、轮船上不再挤满着肩背幼儿、手提行李、满脸疲惫的农民工了。当然，与平时相比“春运”仍然人潮如涌，那些已经在城镇定居的农业转移人口惦记着故乡的老人和祠堂，想念故乡的亲朋好友，怀念故乡的山水草木，于是在中华民族的传统节日回到故乡欢度春节。

当然，对远方、对大都市的向往仍然是很多农村年轻人的青春梦想，仍然有一些农村年轻人到城市去就业，但是与他们的父辈不同，他们不再被称为“农民工”，如同从北京到上海、从哈尔滨到三亚去就业的年轻人一样，选择就业地、定居地或者暂时漂泊地，已成为一项很平常的公民权，他们到哪里都能享受到平等的就业权益、劳动保障权益、市民权益。“农民工”无论是作为称谓还是作为客观实在的群体，都已经不存在了。

后　记

农民工问题是中国在努力实现现代化的历史进程中伴随的一个战略性的重大问题，中央高度重视、社会广泛关注。经过30多年的发展，党的十八大站在新的历史起点上，提出“有序推进农业转移人口市民化”，推动农民工发展进入了市民化新阶段。十八届三中全会、中央城镇化工作会议以及《国家新型城镇化规划（2014—2020年）》《国务院关于进一步推进户籍制度改革的意见》《国务院关于进一步做好为农民工服务工作的意见》等重要会议和文件对有序推进农民工市民化的总体目标、指导思想、基本原则、政策措施等做出了全面的总体部署。那么，如何贯彻落实好党中央、国务院的决策部署呢？比如，如何推进符合条件的农民工在城镇落户？农民工全家在城镇落户后，其原有的土地承包经营权、宅基地使用权等如何处理？如何实现城镇基本公共服务常住人口全覆盖？这些具体政策问题都亟待结合实际研究提出意见。

与此同时，尽管党中央、国务院已经明确了农民工市民化的发展方向和总体部署，但在现实中仍然存在不同的认识。一些观点认为造成中国农民工问题的根源在于户籍管理制度，因此立即废除户籍管理制度是彻底解决农民工问题的充分和必要条件；一些观点认为农民工发展的方向应该是进城挣钱、回乡定居，否则城市资源承载不了日益扩大的人口规模；一些观点认为城镇化只是为了换取农民的土地，还造成农村“空心化”、传统文化失落。对这些观点应该如何看待？

正是带着以上政策问题（怎么办）和认识问题（怎么看），我决定写一本书，力求全面系统地研究解答中国农民工问题的现状、产生农民工问题的深层次原因、解决农民工问题的历史过程，以及下一步从根本上解决农民工问题的基本思路，同时对贯彻落实党中央、国务院关于农民工工作的决策部署研究提出具体的政策建议；在正面研究解答的同时，对社会上存在的不同观点进行分析探讨。

我是从皖南农村走出来的农家子弟，至今还有亲戚朋友是农民工，对农民工有天然的朴素感情。从学习和工作角度看，我与农民工群体也很有缘。1992 年在中国人民大学劳动人事学院劳动经济学专业准备毕业论文时，班主任姚裕群老师承担了北京市委政策研究室关于北京市农民工状况分析的课题，我受姚老师委托设计调查问卷并组织同学开展调查，这是我开展的第一个社会调查。1993 年我作为劳动部新入部人员锻炼队队长，与其他七位新同事一起在河北邯郸钢铁总厂锻炼一年，对企业农民工用工情况进行了分析，发表了第一篇关于农民工的文章《国有企业使用农民工存在的问题》。2003 年，《国务院办公厅关于做好农民进城务工就业管理和服务工作的通知》印发实施后，我与其他三位同事根据领导安排赴广东开展农民工调研并提交了详细调研报告，这是我工作后第一次带队开展调研；同年，受中国劳动社会保障出版社王洪玉主任邀请，我编著了《农民工劳动保障权益维护》一书，是该社社会反响很好的“金袋鼠丛书”之一。2004 年起，我在原劳动保障部法制司承担普法工作，编写了《农民工维权手册》，报经部、司领导审定后免费向社会公布。2006—2008 年，我任法制司法规处处长，在部、司领导的指挥下，配合全国人大常委会法工委、国务院法制办，参与制定、出台《劳动合同法》《就业促进法》《劳动争议调解仲裁法》等法律，《职工带薪年休假条例》等行政法规，《就业服务与就业管理规定》

等部门规章；参与起草《社会保险法（草案）》《劳动合同法实施条例（草案）》《工伤保险条例修正案（草案）》《女职工劳动保护规定（修订草案）》以及《企业职工带薪年休假实施办法（草案）》《劳动争议仲裁委员会办案规则（草案）》等法律、行政法规、部门规章。在参与立法工作过程中，按照科学发展观关于以人为本，统筹城乡发展、统筹区域发展、统筹经济社会发展的要求，始终将赋予农民工与城镇户籍职工平等的劳动保障权益作为基本原则。2009年，我到人力资源社会保障部农民工工作司任副司长，更加直接地从事农民工工作，先后参与组织中国农民工发展研究、起草《国务院关于进一步做好为农民工服务工作的意见》，并配合研究起草《国务院办公厅关于积极稳妥推进户籍管理制度改革的通知》《国务院关于进一步推进户籍制度改革的意见》《国家新型城镇化规划（2014—2020 年）》。20 多年来，我于工作之余还撰写并在《经济研究参考》《行政管理改革》《中国劳动保障报》《中国人事报》《南方周末》等报刊上发表有关农民工问题的论文 20 多篇。可以说，本书的写作也是对我本人 20 多年来有关农民工问题的实践、观察、研究的一个小结。

当然，在长期从事实践工作中，我切身体会到一个往往被一些人忽视的常识：指责、毁坏易，建言、建设难！毁坏一栋房子，只需要摧毁一根柱子而已；而建设一栋房子，需要勘察、设计、施工、监理，钢筋工、泥瓦工、木工等各方面精心操作、密切配合，哪一个环节出现问题都难以成功。农民工市民化问题比盖一栋房子要复杂得多、涉及面广得多，需要理论界、实务界乃至全社会通力合作才能把这件利国利民的好事办成、办好。我结合从事农民工工作的实践所进行的研究，只是一名努力履职的钢筋工为农民工市民化这栋大厦的建设提出一些建议，其中很难做到虑事周全，因此本书一定有不少疏漏之处，敬请方家批评指正。无论是出于对“面朝黄土背朝天”的农民和“背井离乡求发展”的农民工的深深同情，还是站在国家和全社会的长远发展立场上理性思考，我都真诚地希望有越来越多的各界人士重视和研究农民工问题、关心和关爱农民工，共同促进中国的农民工问题能够更快、更好地得到根本解决。

衷心感谢杨志明副部长、邱小平副部长为本书作序！他们从党和国家的发展大局出发谋划农民工工作，对农民工群体充满感情，对克服困难、推动解决农民工问题充满激情，在多年的工作中一直深切地感染着我、激励着我。

作　者

2015 年 12 月